Learn Hindi through Odia

ବ୍ୟାକରଣ ସହିତ

ଓଡ଼ିଆ-ହିନ୍ଦୀ

କଥାବାର୍ତ୍ତା ଶିକ୍ଷା

କାଲହସ୍ତି ଗୌରୀନାଥ

ଡକ୍ଟର ରବିନାରାୟଣ ମହାରଣା

V&S PUBLISHERS

Published by:

F-2/16, Ansari road, Daryaganj, New Delhi-110002
☎ 23240026, 23240027 • *Fax:* 011-23240028
Email: info@vspublishers.com • *Website:* www.vspublishers.com

Regional Office : Hyderabad
5-1-707/1, Brij Bhawan (Beside Central Bank of India Lane)
Bank Street, Koti, Hyderabad - 500 095
☎ 040-24737290
E-mail: vspublishershyd@gmail.com

Branch Office : Mumbai
Jaywant Industrial Estate, 1st Floor–108, Tardeo Road
Opposite Sobo Central Mall, Mumbai – 400 034
☎ 022-23510736
E-mail: vspublishersmum@gmail.com

Follow us on:

© Copyright: V&S PUBLISHERS
ISBN 978-93-505711-1-8
Edition 2018

DISCLAIMER

While every attempt has been made to provide accurate and timely information in this book, neither the author nor the publisher assumes any responsibility for errors, unintended omissions or commissions detected therein. The author and publisher makes no representation or warranty with respect to the comprehensiveness or completeness of the contents provided.

All matters included have been simplified under professional guidance for general information only, without any warranty for applicability on an individual. Any mention of an organization or a website in the book, by way of citation or as a source of additional information, doesn't imply the endorsement of the content either by the author or the publisher. It is possible that websites cited may have changed or removed between the time of editing and publishing the book.

Results from using the expert opinion in this book will be totally dependent on individual circumstances and factors beyond the control of the author and the publisher.

It makes sense to elicit advice from well informed sources before implementing the ideas given in the book. The reader assumes full responsibility for the consequences arising out from reading this book.

For proper guidance, it is advisable to read the book under the watchful eyes of parents/guardian. The buyer of this book assumes all responsibility for the use of given materials and information.

The copyright of the entire content of this book rests with the author/publisher. Any infringement/transmission of the cover design, text or illustrations, in any form, by any means, by any entity will invite legal action and be responsible for consequences thereon.

Printed at Repro Knowledgecast Limited, Thane

ପ୍ରକାଶକୀୟ प्रकाशकीय (Publisher's Note)

ଯେତେବେଳେ ଆମେ ତେଲୁଗୁ ଭାଷୀ ଲୋକମାନଙ୍କପାଇଁ ହିନ୍ଦୀ ଶିକ୍ଷା ପୁସ୍ତକକୁ ସଂପ୍ରତିକ ବଜାରରେ ଉପସ୍ଥାପିତ କଲୁ, ସେତେବେଳେ ଆମ ପ୍ରକାଶନକୁ ନିରନ୍ତର ଭାବରେ ପାଠକଙ୍କ ଠାରୁ ପତ୍ର ଆସିବାକୁ ଲାଗିଲା । ଏହା କେବଳ ଆମକୁ ଉତ୍ସାହିତ କଲା ନାହିଁ, ଅନ୍ୟପକ୍ଷରେ ରାଷ୍ଟ୍ରଭାଷା ହିନ୍ଦୀକୁ ତେଲୁଗୁ ଭାଷା-ଭାଷୀ ଲୋକମାନଙ୍କ ନିକଟରେ ପରିଚିତ କରାଇବା ଦ୍ୱାରା ଆମେ ଯେଉଁ ସଫଳତା ପାଇଲୁ, ସେହି କ୍ରମରେ ଏହି ରାଷ୍ଟ୍ରଭାଷା ହିନ୍ଦୀକୁ ଆମେ କ୍ରମେ ସମଗ୍ର ଭାରତର ପ୍ରାନ୍ତୀୟ ପ୍ରଦେଶମାନଙ୍କରେ ପରିଚିତ କରାଇବାର ଅଭିଳାଷ ପୋଷଣ କଲୁ । ଏହି କ୍ରମରେ 'ଓଡ଼ିଆ-ହିନ୍ଦୀ କଥାବାର୍ତା ଶିକ୍ଷା' ପୁସ୍ତକର ପରିପ୍ରକାଶ ମାତ୍ର ।

'ରେପିଡେକ୍ସ'- ଏହି ନାମ ଓ ତାହାର ଗୁଣ ସହିତ ପ୍ରାୟ ସମସ୍ତେ ପରିଚିତ । ଏହି କାରଣରୁ ଏହା ଉପରେ ଚର୍ଚା କଲେ ତାହା ଅତିଶୟୋକ୍ତି ହେବ ନିଶ୍ଚୟ । ବର୍ତମାନ ଆମେ ସିଧା ସଳଖ ଏହି ପୁସ୍ତକର ଗୁଣ ଉପରେ ବିଚାର-ବିମର୍ଷ କରିବା । ଲେଖକଙ୍କୁ ପ୍ରଥମରୁ କହି ଦିଆ ଯାଇଥିଲା ଯେ ଦେଶରେ ହିନ୍ଦୀ ପରେ ତେଲୁଗୁ ହେଉଛି ସବୁଠାରୁ ଅଧିକ ପରିମାଣରେ କୁହା ଯାଉଥିବା ଭାଷା । ଆମର ଏଠିକାର ଲୋକମାନଙ୍କୁ ଗୋଟିଏ ପ୍ରାନ୍ତରୁ ଅନ୍ୟ ପ୍ରାନ୍ତକୁ ଯିବା-ଆସିବା କରିବା ଓ ସେହି ସେହି ଅଂଚଳର ଲୋକମାନଙ୍କ ସହିତ ମିଳାମିଶା କରିବାର ଏକାନ୍ତ ଆବଶ୍ୟକତା ରହୁଛି । ତେଣୁ ଏପରି ଏକ ପୁସ୍ତକର ଲେଖନ ପ୍ରାରମ୍ଭ ହେବା ଦରକାର ଯାହା ହିନ୍ଦୀ ଜାଣିଥିବା ଲୋକମାନଙ୍କ ପାଖରେ ତେଲୁଗୁ ଭାଷା-ଭାଷୀମାନେ ଯେପରି ଅଳ୍ପ ପରିଶ୍ରମରେ ହିନ୍ଦୀରେ ନିଜର ମନୋଭାବକୁ ପ୍ରକାଶ କରି ପାରିବେ ଓ ଭାବର ବିନିମୟ ହୋଇ ପାରିବ । ସେହି କ୍ରମରେ ବର୍ତମାନ ଓଡ଼ିଆ ଭାଷା-ଭାଷୀ ଲୋକମାନଙ୍କ ପାଇଁ ଏହି ପୁସ୍ତକ । ଏହା ସାହାଯ୍ୟରେ ମଧ୍ୟ ଓଡିଆ ଭାଷା-ଭାଷୀ ଲୋକମାନେ ଅଳ୍ପ ପରିଶ୍ରମରେ ହିନ୍ଦୀ ଶିକ୍ଷା କରି ପାରିବେ ଓ ହିନ୍ଦୀ ମାଧ୍ୟମରେ ନିଜର ମନୋଭାବକୁ ଅନ୍ୟମାନଙ୍କ ସମ୍ମୁଖରେ ପ୍ରକାଶ କରି ପାରିବେ ।

ଲେଖକ ମଧ୍ୟ ପ୍ରାଥମିକ ପର୍ଯ୍ୟାୟରେ ଆମର ବିଚାରଧାରକୁ ଭଲ ଭାବରେ ହୃଦୟଙ୍ଗମ କରିଥିଲେ ଓ ସେହି କ୍ରମରେ ମଧ୍ୟ ପୁସ୍ତକ ପ୍ରସ୍ତୁତ କରିଥିଲେ । ଏହି ପୁସ୍ତକ ସେହି ମୂଳ ପୁସ୍ତକର ଓଡ଼ିଆ ରୂପାନ୍ତର । ଏଥିରେ କଠିନ ମନେ ହେଉଥିବା ବ୍ୟାକରଣକୁ ଅତ୍ୟନ୍ତ ସରଳ ଭାବରେ ବୁଝାଇ ଦିଆ ଯାଇଛି, ଯେପରି ସାଧାରଣ କଥାବାର୍ତା ବେଳେ ଏହା ପ୍ରତିବନ୍ଧକ ହେବ ନାହିଁ । ଅନ୍ୟଥା ଲୋକମାନେ ଭାଷା ଶିଖିବା ପରିବର୍ତେ ତାହାର ବ୍ୟାକରଣ ପ୍ରତି ଧ୍ୟାନ ଦେଇ ମୂଳ ଉଦ୍ଦେଶ୍ୟ ଠାରୁ ଦୂରେଇ ଯିବେ । ଏହି ପୁସ୍ତକ ପଢ଼ି ଓଡ଼ିଆ ଭାଷା-ଭାଷୀ ଲୋକମାନେ ହିନ୍ଦୀରେ ବିଦ୍ୱାନ ଯେ ହୋଇ ଉଠିବେ ତାହା ନୁହେଁ, ତେବେ ହିନ୍ଦୀରେ ଅତି କମରେ ହିନ୍ଦୀ ଭାଷା-ଭାଷୀ ଲୋକମାନଙ୍କ ସହିତ ପ୍ରଖର ଭାବରେ କଥାବାର୍ତା କରି ନିଜ ନିଜ ମଧ୍ୟରେ ଭାବର ଆଦାନ ପ୍ରଦାନ କରି ପାରିବେ ।

ଏହି ପୁସ୍ତକ ସହିତ ଏକ ସିଡି ଦିଆ ଯାଇଛି, ଯାହାକି ହିନ୍ଦୀର ଉଚ୍ଚାରଣ ଶୈଳୀ ଦିଗରେ ଓଡିଆ ଭାଷା-ଭାଷୀ ପାଠକମାନଙ୍କ ପାଇଁ ବିଶେଷ ଭାବରେ ସହାୟକ ହୋଇ ଉଠିବ । ବି ଏଣ୍ଡ ଏସ ପବ୍ଲିଶର୍ସଙ୍କ କାର୍ଯ୍ୟଶୈଳୀ ସହିତ ଆପଣମାନେ ବିଶେଷ ଭାବରେ ପରିଚିତ ଅଛନ୍ତି । ଏହି ପୁସ୍ତକ ସେହି ଶୃଙ୍ଖଳାର ଅନ୍ୟତମ ସୋପାନ ।

ଏହି ପୁସ୍ତକର ସାଜ-ସଜ୍ଜା ଓ ପାଠ୍ୟ ସାମଗ୍ରୀ ଉଭୟ ଆପଣମାନଙ୍କ ଦ୍ୱାରା ଆଦୃତ ହେବ ବୋଲି ଆଶା ।

ପ୍ରସ୍ତାବନା प्रस्तावना (Preface)

ଭାରତ ହେଉଛି ଏକ ବୃହତମ ଦେଶ। ଏଠାରେ ବିଭିନ୍ନ ଭାଷା-ଭାଷୀ ଲୋକମାନେ ବାସ କରିଥାନ୍ତି। ଭାରତରେ ଯେତିକି ଭାଷା ଏଠାକାର ଲୋକମାନଙ୍କ ଦ୍ୱାରା କୁହାଯାଏ, ତାହା ଗଣନା କରିବା କେବେ ସମ୍ଭବପର ନୁହେଁ। ପ୍ରାୟତଃ ହଜାରେ ଭାଷା ଏଠାରେ କୁହାଯାଇଥାଏ। ଭାରତର ସମ୍ବିଧାନ ଅନୁସାରେ କିନ୍ତୁ ଏଠାରେ ପ୍ରାୟ **20** ଟି ଭାଷା ପ୍ରଚଳିତ। ଅଧିକାଂଶ ଲୋକମାନେ ହିନ୍ଦୀ କହିଥାନ୍ତି। ଏହି କାରଣରୁ ଭାରତ ସରକାର ହିନ୍ଦୀକୁ ଦେଶର ମାତୃଭାଷା ବୋଲି ମାନ୍ୟତା ପ୍ରଦାନ କରିଛନ୍ତି।

ପୁରାତନ କାଳରେ ଯେଉଁ ଗାଁର ଲୋକ ସେହି ଗାଁରେ ଏବଂ ଯେଉଁ ପ୍ରାନ୍ତର ଲୋକ ସେହି ପ୍ରାନ୍ତରେ ରହୁଥିଲେ। ଏହି କାରଣରୁ ସେମାନେ ଯେଉଁଠିକାର ଭାଷା ସେହିଠାରେ ହିଁ କହୁଥିଲେ। ଯେଉଁ ପ୍ରାନ୍ତରେ ତିଆରି ହୋଇଥିବା ଦ୍ରବ୍ୟମାନ ସେହି ପ୍ରାନ୍ତରେ କ୍ରୟ-ବିକ୍ରୟ ଓ ଉପଯୋଗ ହେଉଥିଲା। ସେତେବେଳେ ତାହା ଏକ ଛୋଟ ସମାଜ ଥିଲା, ଏଣୁକରି ସେମାନଙ୍କୁ ଭାଷାର ଯେଉଁ ମହତ୍ୱ ରହିଛି, ତାହା ଜଣା ପଡୁ ନଥିଲା। ହେଲେ ବର୍ତମାନ ସମାଜ ବହୁତ ବଡ଼ ହୋଇ ଗଲାଣି, ବିସ୍ତାରିତ ହୋଇ ଗଲାଣି, ସେହି କାରଣରୁ ଲୋକମାନଙ୍କୁ ଗୋଟିଏ ସ୍ଥାନରୁ ଅନ୍ୟ ଗୋଟିଏ ସ୍ଥାନକୁ କେବଳ ରହିବା ପାଇଁ ଯିବାକୁ ପଡୁଛି। ଯେଉଁଠିକାର ଦ୍ରବ୍ୟ ସେଇଠି ବିକ୍ରି କରିବାକୁ ସୁଯୋଗ ମଧ୍ୟ ମିଳୁନାହିଁ। ଖାଇବା-ପିଇବା ବ୍ୟବସ୍ଥା ବଢ଼ି ଯାଇଛି। ଦ୍ରବ୍ୟର ସତେଜତାର ପରୀକ୍ଷଣ କ୍ଷେତ୍ରରେ ସାଂକେତିକ ଜ୍ଞାନର ସମୃଦ୍ଧି ଦେଖା ଦେଇଛି। ସେହି କାରଣରୁ ଗୋଟିଏ ସ୍ଥାନରେ ତିଆରି କରାଯାଇଥିବା ଦ୍ରବ୍ୟ ଦେଶର କେତେ କେତେ ଦୂର ଦୂରାନ୍ତରକୁ ଯାଇ ବିକ୍ରି ହେଉଛି। ଏହି କାରଣରୁ ମଧ୍ୟ ଲୋକମାନେ ବିବିଧ ବ୍ୟବସାୟ, ଉଦ୍ୟୋଗ, ବ୍ୟାପାରାଦିରେ ଲିପ୍ତ ରହୁଛନ୍ତି ଓ ଗୋଟିଏ ସ୍ଥାନରୁ ଅନ୍ୟ ସ୍ଥାନକୁ ସେମାନଙ୍କର ଯିବା-ଆସିବା ବର୍ତମାନ ଏକ ସର୍ବ ସାଧାରଣ କଥାରେ ପରିଣତ ହୋଇ ଗଲାଣି। ଏହି ଭଳି ସ୍ଥିତିରେ ସମସ୍ତଙ୍କପାଇଁ ସବୁ ଭାଷାର ଜ୍ଞାନ ଅନିବାର୍ଯ୍ୟ ହୋଇ ଉଠିଛି। ଆମ ଦେଶରେ ଅତ୍ୟଧିକ ପରିମାଣରେ ଲୋକମାନେ ହିନ୍ଦୀ ଭାଷୀ। ଏହି କାରଣରୁ ହିନ୍ଦୀ ଭାଷାକୁ ଶିଖିବା ପ୍ରତ୍ୟେକଙ୍କ ପାଇଁ ଅତ୍ୟନ୍ତ ଗୁରୁତ୍ୱପୂର୍ଣ୍ଣ ହୋଇ ଉଠିଛି। ଏହାକୁ ଦୃଷ୍ଟିରେ ରଖି ଆମେ ଓଡ଼ିଆ ଭାଷା ମାଧ୍ୟମରେ ହିନ୍ଦୀ ଶିଖିବା ପାଇଁ ଏହି ପୁସ୍ତକଟି ସଂରଚନା କରିଛୁ।

ସର୍ବସାଧାରଣ ଭାବରେ ପୁସ୍ତକରେ ସଂଭାଷଣ ଓ ଅଳ୍ପ-ବହୁତ ଶବ୍ଦକୋଷ ଦିଆ ଯାଇଥାଏ। ମାତ୍ର ଆମେ ଏଥିରେ ବ୍ୟାକରଣ ମଧ୍ୟ ଉପସ୍ଥାପିତ କରିଛୁ। ଯାହା ଫଳରେ ଲୋକମାନେ ବ୍ୟାକରଣ ସହିତ ଭାଷା ଶିଖି ପାରିବେ। ବ୍ୟାକରଣ ବିନା କୌଣସି ଭାଷା ବି ଶିଖି ହେବ ନାହିଁ। ଏହି ଉଦ୍ଦେଶ୍ୟ ହେତୁ ହିନ୍ଦୀ ବର୍ଣ୍ଣମାଳା ଠାରୁ ଆରମ୍ଭ କରି ବ୍ୟାକରଣର ଅନେକ ଛୋଟ-ବଡ଼ ଅଂଶ ଏହି ପୁସ୍ତକରେ ଉପସ୍ଥାପିତ କରିଛୁ।

ଆଜିକାଲି ଇଂରାଜୀ ଭାଷା ବହୁଳ ଭାବରେ ବ୍ୟବହୃତ ହେଉଛି। ଏହି କାରଣରୁ ଓଡ଼ିଆ-ଇଂରାଜୀ ଭାଷା ଶିକ୍ଷା କାଳରେ ପ୍ରତ୍ୟେକ ବିଷୟର ଶୀର୍ଷକ (**Heading**) ଓ ଉପଶୀର୍ଷକ (**Sub-heading**) ଇଂରାଜୀରେ ଦିଆ ଯାଇଛି। ଯାହା ଫଳରେ ଲୋକମାନେ ଏହି ଦୁଇ ଭାଷା ସହିତ ଇଂରାଜୀ ମଧ୍ୟ ଶିଖି ପାରିବେ।

କୌଣସି ଭାଷା ବ୍ୟବହାର କ୍ଷେତ୍ରରେ ଯେପରି କୁହା ଯାଇଥାଏ. ସେପରି ଶିଖିବା ଠିକ ନୁହେଁ। ଯଦି ସେପରି ଶିକ୍ଷା ଦିଆ ଯାଏ, ତେବେ ଏହି ପୁସ୍ତକଗତ (**Bookish**) ଜ୍ଞାନ ବୋଲି ମନେହେବ। ଏହି କାରଣରୁ ନିତ୍ୟ ବ୍ୟବହାରିକ ଭାଷା ବ୍ୟତିରେକ ବ୍ୟାକରଣ ସହିତ ଓଡ଼ିଆ-ହିନ୍ଦୀ ଭାଷାରେ କିପରି କଥାବାର୍ତା କରାଯାଏ ତାହା ମଧ୍ୟ ଏହି ପୁସ୍ତକରେ ଶିଖାଇ ଦିଆ ଯାଇଛି।

ଏହି ପୁସ୍ତକ ହିନ୍ଦୀ ପ୍ରବେଶିକା, ମାଧ୍ୟମିକା, ବିଶାରଦ, ଭୂଷଣ, ପଣ୍ଡିତ ପରୀକ୍ଷାର୍ଥୀମାନଙ୍କ ପାଇଁ, ଏବଂ ଇଂଟରମୀଡିଏଟ୍, ଡିଗ୍ରୀ କ୍ଷେତ୍ରରେ ଯେଉଁ ମାନଙ୍କର ଦ୍ୱିତୀୟ ଭାଷା ହିନ୍ଦୀ ରହିଛି ସେମାନଙ୍କ ପାଇଁ ମଧ୍ୟ ଅତ୍ୟନ୍ତ ଉପଯୋଗୀ। ପାଠଶାଳାରେ ପଢୁଥିବା ବିଦ୍ୟାର୍ଥୀମାନେ ମଧ୍ୟ ନିଜର ପାଠପଢ଼ା ସହିତ ଏହି ପୁସ୍ତକର ସହାୟତା ଗ୍ରହଣ କରି ପାରିବେ। ଯାହା ଫଳରେ ସେମାନଙ୍କର ଭାଷା ଜ୍ଞାନ ଅତ୍ୟନ୍ତ ସମୃଦ୍ଧ ହୋଇ ଉଠିବ। ଏହା ଛଡା ଯେଉଁମାନଙ୍କୁ ହିନ୍ଦୀ ଭାଷା ଉପରେ ଅଳ୍ପ ବହୁତ ଧାରଣା ରହିଛି, ସେମାନଙ୍କ ପାଇଁ ଏହି ପୁସ୍ତକ ଯେ ଅତ୍ୟନ୍ତ ଉପଯୋଗୀ ହୋଇ ପାରିବ, ଏଥିରେ ସନ୍ଦେହ ନାହିଁ।

ଏହି ପୁସ୍ତକ ଆପଣମାନଙ୍କ ସମ୍ମୁଖକୁ ଆସିବା ଦିଗରେ ସମସ୍ତ ଶ୍ରେୟ ବି ଏଣ୍ଡ ଏସ ପବ୍ଲିଶର୍ସର ଅଧିନେତା ଶ୍ରୀ ସାହିଲ ଗୁପ୍ତାଙ୍କୁ ଓ ମୋର ପ୍ରିୟ ମିତ୍ର ଶ୍ରୀ ରାଘବେନ୍ଦ୍ର ରାଓ, ଯିଏକି ଏହି ସଂସ୍ଥା ସାଉଥ ଇଣ୍ଡିଆ ମ୍ୟାନେଜର (ହାଇଦରାବାଦ) ପଦରେ ଅଧିଷ୍ଠିତ ଅଛନ୍ତି, ତାଙ୍କୁ ଅର୍ପଣ କରୁଛି। ଏହା ଛଡା ମୋର ପୂଜ୍ୟ ଗୁରୁ ପ୍ରତିମ ହିନ୍ଦୀ ପଣ୍ଡିତ ଶ୍ରୀ ପଟେଲ ନରେଶ ରେଡ୍ଡି, ଯିଏକି ଏହି ପୁସ୍ତକ ରଚନା କାଳରେ ଅନେକ ସମୟରେ ମୋତେ ଉଚିତ ପରାମର୍ଶ ପ୍ରଦାନ କରିଛନ୍ତି ଓ ମୋର ଅନ୍ୟତମ ମିତ୍ର ଶ୍ରୀ ଠାକୁର ସୁଦର୍ଶନ ସିଂହଙ୍କ ନିକଟରେ ମଧ୍ୟ ମୁଁ ମୋର କୃତଜ୍ଞତା ଜ୍ଞାପନ କରୁଛି।

ଆଜି ମୋର ଏତାଦୃଶ ଉନ୍ନତ ମାର୍ଗରେ ପହଁଚିବା ଦିଗରେ ମୋର ମାତା-ପିତା ଶ୍ରୀ କାଳହସ୍ତି ସୋମରାଜୁ ଓ ଶ୍ରୀମତୀ ଶ୍ୟାମଳାମ୍ବାଙ୍କୁ, ମୋର ଅଗ୍ରଜ ମଣିଭୂଷଣଙ୍କୁ ଏହି ଅବସରରେ ମୋର ପ୍ରଣିପାତ ଜଣାଉଛି। ମୋର ସାନ ଭାଇ କାଳହସ୍ତି ଭାସ୍କରଙ୍କ କର କମଳରେ ଏହି ପୁସ୍ତକୁ ଅର୍ପଣ କରୁଛି। ମୋର ସାନ ଭଉଣୀ ଶ୍ରୀମତୀ ତାଟିକୋଣ୍ଡା ଲକ୍ଷ୍ମୀ ରାଜେଶ୍ୱରୀଙ୍କୁ ମଧ୍ୟ ଏହି ଅବସରରେ ଧନ୍ୟବାଦ ଅର୍ପଣ କରୁଛି, ଯିଏ କି ମୋତେ ପ୍ରତ୍ୟେକ ମୁହୂର୍ତରେ ପ୍ରୋତ୍ସାହିତ କରିଛନ୍ତି, ତାହା ମୁଁ କେବେ ଭୁଲି ପାରିବି ନାହିଁ।

ମୋର ଧର୍ମପତ୍ନୀ ଶ୍ରୀମତୀ ଗୌରୀ, ମୋ ପୁତ୍ର ଭାସ୍କର ଓ କନ୍ୟା ବୀରା ସୋମେଶ୍ୱରୀ ସେମାନଙ୍କର ଅକୁଣ୍ଠିତ ସହାୟତା ପାଇଁ ସେମାନେ ସମସ୍ତେ ମୋର ଅଭିନନ୍ଦନୀୟ। ଏହି ପୁସ୍ତକର ଓଡ଼ିଆ ଭାଷାନ୍ତର ଓ ସଂପାଦନା କାର୍ଯ୍ୟ କରିଥିବା ମୋର ସହକର୍ମୀ ବନ୍ଧୁ ତଥା ଓଡ଼ିଆ ଭାଷା ସାହିତ୍ୟ ବିଭାଗର ବରିଷ୍ଠ ଅଧ୍ୟାପକ ଡକ୍ଟର ରବିନାରାୟଣ ମହାରଣାଙ୍କୁ ମଧ୍ୟ ଧନ୍ୟବାଦ। ଏହି ପୁସ୍ତକକୁ ତ୍ରୁଟି ଶୂନ୍ୟ କରିବାପାଇଁ ଯଥା ସମ୍ଭବ ପ୍ରଚେଷ୍ଟା କରା ଯାଇଛି। ତଥାପି ଯଦି କୌଣସି ସ୍ଥାନରେ ତ୍ରୁଟି ରହିଥାଏ, ତାହା ଦୃଷ୍ଟିକୁ ଆସିଲା ମାତ୍ରେ ପୁସ୍ତକର ପୁନର୍ମୁଦ୍ରଣ କାଳରେ ତାହାର ଆବଶ୍ୟକୀୟ ସଂଶୋଧନ କରାଯିବ। ଏହି ବିନୀତ ପ୍ରାର୍ଥନାକୁ ପାଠକମାନଙ୍କ ସମ୍ମୁଖରେ ଉପସ୍ଥାପିତ କରିବା ସହିତ ....

ରଚୟିତା

କାଳହସ୍ତି ଗୌରୀନାଥ

ଏମ୍. ଏ., ଏଲ.ଏଲ.ବି.

ହୈଦରାବାଦ

ତା: **01-12-2013**

ବିଷୟ ସୂଚୀ विषय सूची (Contents)

ପ୍ରକାଶକୀୟ / प्रकाशकीय / ପ୍ରକାଶକୀୟ (Publisher's Note)

ପ୍ରସ୍ତାବନା / प्रस्तावना ପ୍ରସ୍ତାୱନା / (Preface)

Part - 1

1. ହିନ୍ଦୀ ବର୍ଣ୍ଣମାଳା / वर्णमाला / ହିନ୍ଦୀ ୱ୍ର୍ଣ୍ଣମାଲା (Alphabet) 13

2. ମାତ୍ରା ସହିତ ବ୍ୟଂଜନ ବର୍ଣ୍ଣ / बारहखड़ियाँ / ବାରହଖଡିୟାଁ (Grouping) 17

3. ଯୁକ୍ତାକ୍ଷର / संयुक्ताक्षर / ସଂୟୁକ୍ତାକ୍ଷର (Grouping) 20

4.. ଭାଷାଭାଗ / भाषा भाग / ଭାଷା ଭାଗ (Parts of Speech) 25

5. ଶବ୍ଦ ନିର୍ମାଣ ଓ ଶବ୍ଦ ବିଭାଜନ / शब्द निर्माण और शब्द विभाजन / ଶବ୍ଦ ନିର୍ମାଣ ଔର ଶବ୍ଦ ୱିଭାଜନ (Word Formation and Word Division) 80

6. ବାକ୍ୟ / वाक्य / ୱାକ୍ୟ (Sentence) 81

7. ବାଚ୍ୟ / वाच्य / ୱାଚ୍ୟ (Voice) 83

8. ଉପସର୍ଗ / उपसर्ग / ଉପସର୍ଗ (Prefix) 85

9. ପ୍ରତ୍ୟୟ / प्रत्यय / ପ୍ରତ୍ୟୟ (Suffix) 86

10. ବିଧିବାଚକ / विधि वाचक / ୱିଧି ୱାଚକ (Imperative Mood) 89

11. ଗୋଟିଏ ଶବ୍ଦରେ ଲେଖା ଯାଉଥିବା କଥା / एक शब्द में लिखने वाली वातें / ଏକ ଶବ୍ଦ ମେଁ ଲିଖନେ ୱାଲୀ ୱାତେଁ (One Word) 91

12. ସମାର୍ଥକ ଶବ୍ଦ / समानार्थक शब्द / ସମାନାର୍ଥକ ଶବ୍ଦ (Synonyms) 93

13. ବିପରୀତ ଶବ୍ଦ / विलोम शब्द / ୱିଲୋମ ଶବ୍ଦ (Antonyms) 94

14. ଦ୍ୱିଅର୍ଥ ବୋଧକ ଶବ୍ଦ / द्विदार्थ शब्द / ଦ୍ୱିଦାର୍ଥ ଶବ୍ଦ (Word with double meaning) 95

15. ଦ୍ୱିରୁକ୍ତ ଶବ୍ଦ / द्विरुक्त शब्द / ଦ୍ୱିରୁକ୍ତ ଶବ୍ଦ (Double stressed word) 98

16. ସନ୍ଧି / संधि / ସଂଧି (Union) 99

17. ଲୋକୋକ୍ତି ବା ପ୍ରବଚନ / कहावतें / କହାୱତେଁ (Proverbs) 101

18. ରୂଢ଼ି / मुहावरें / ମୁହାୱରେଁ (Idioms) 103

Part - 2

ଶବ୍ଦାବଳୀ / शब्दावली / ଶବ୍ଦାୱଲୀ **(Vocabulary)** **111-134**

Part - 3

ପ୍ରଶ୍ନବାଚକ ସମ୍ଭାଷଣ / प्रश्नवाचक संभाषण / ପ୍ରଶ୍ନୱାଚକ ସଂଭାଷଣ
(Question Tag Conversations) **137-158**

Part - 4

1. ବନ୍ଦନା / वंदन / ୱଂଦନ **(Welcome)** **161**
2. ଶିଷ୍ଟାଚାର / शिष्टाचार / ଶିଷ୍ଟାଚାର **(Courtesy and Tradition)** **162**
3. ମୋଚି / मोची / ମୋଚୀ **(Cobbler)** **163**
4. ବ୍ୟାଙ୍କରେ / बैंक में / ବ୍ୟାଂକ ମେଁ **(In the Bank)** **164**
5. ଦର୍ଜି ଦୋକନ / दर्जी की दुकान / ଦର୍ଜୀ କୀ ଦୁକାନ **(Tailoring Shop)** **166**
6. ବାରିକ ଦୋକାନ / नाई की दुकान / ନାଈ କୀ ଦୁକାନ **(Barbar Shop)** **168**
7. ଚଷମା ଦୋକାନ / चश्मे की दुकान / ଚଶ୍ମେ କୀ ଦୁକାନ **(Opticals Shop)** **170**
8. ରାସ୍ତାରେ / सडक पर / ସଡକ ପର **(On the Road Shop)** **173**
9. ଫଳ ଦୋକାନ / फलों की दुकान / ଫଲୋଁ କୀ ଦୁକାନ **(Fruits Shop)** **175**
10. ପରିବା ଦୋକାନ / सब्जी की दुकान / ସବ୍ଜୀ କୀ ଦୁକାନ **(Vegetable Shop)** **177**
11. ତେଜରାତି ଦୋକାନ / पसारी की दुकान / ପସାରୀ କୀ ଦୁକାନ **(Grocery Shop)** **178**
12. ଲୁଗା ଦୋକାନ / कपडे की दुकान / କପଡେ କୀ ଦୁକାନ **(Cloth Shop)** **180**
13. ବଜାର / बाजार / ବାଜାର **(Market)** **183**
14. ବସଷ୍ଟାଣ୍ଡ / बस सैंड / ବସ ସୈଣ୍ଡ **(Bus Stand)** **185**
15. ଆମ ଦେଶ / हमारा राष्ट्र / ହମାରା ରାଷ୍ଟ୍ର **(Our State)** **188**
16. ଜଳଖିଆ ଦୋକାନ / जलपान गृह / ଜଲପାନ ଗୃହ **(Tiffen Centre)** **190**
17. ଭୋଜନାଳୟ / भोजनालय / ଭୋଜନାଲୟ **(Hotel)** **192**
18. ଡାକଘର / डाकघर / ଡାକଘର **(Post Office)** **195**
19. ରେଳ ଷ୍ଟେସନ / रेलवे स्टेशन / ରେଲୱେ ସ୍ଟେଶନ **(Railway Station)** **197**
20. ଖେଳ / खेल / ଖେଲ **(Sports)** **200**

21.	ସ୍ୱାସ୍ଥ୍ୟ / स्वास्थ्य / स्वास्थ्य (Health)	203
22.	ବୈଦ୍ୟ / हकीम / हकीम (Doctor)	206
23.	ମନୋରଞ୍ଜନ / मनोरंजन / मनोरंजन (Entertainment)	208
24.	ରୁଟି ଦୋକାନ / बेकरी / बेकरी (Bakery)	211
25.	ମରାମତି / मरम्मत / मरम्मत (Repair)	214
26.	କମ୍ପ୍ୟୁଟର କିଣା-ବିକା / कंप्युटर की खरीद / कंप्युटर की खरीद (Computer Purchase)	217
27.	ଔଷଧ ଦୋକାନ / दवाई की दुकान / दवाई दुकान (Medical Shop)	219
28.	ସିଟି ବସଷ୍ଟାଣ୍ଡ / सिटी बस स्टाप / सिटी बसस्थ्प (City Bus Stop)	222
29.	ସିଟି ବସରେ / सिटी बस में / सिटी बस में (In the City Bus)	225
30.	ଗଛ ଲତା / पेड़ और पौधे / पेड़ और पौधे (Trees and Plants)	227
31.	ପ୍ରୋତ୍ସାହନ / प्रोत्साहन / प्रोत्साहन (Encouragement)	230
32.	କଥାବାର୍ତ୍ତା / संभाषण / संभाषण (Conversation)	232
33.	ପରିବାର / परिवार / परिवार (Family)	234
34.	ଘର / घर / घर (House / Home)	235
35.	ସାମର୍ଥ୍ୟ / सामर्थ्य / सामर्थ्य (Efficiency)	237
36.	ଅନୁରୋଧ / प्रार्थना पत्र / प्रार्थना पत्र (Request)	238
37.	ପରାମର୍ଶ / सलाह / सलाह (Advice)	239
38.	ଖୁସି / मन प्रसन्नता / मन प्रसन्नता (Peace of Mind)	241
39.	ପ୍ରଶଂସା / तारिफ / तारिफ (Praise)	242
40.	କ୍ରୋଧ / क्रोध / क्रोध (Anger)	243
41.	କୃତଜ୍ଞତା / कृतज्ञता / कृतज्ञता (Gratitude)	245
42.	ନିମନ୍ତ୍ରଣ / आह्वान (Invitation)	246
43.	କ୍ଷମା ପ୍ରାର୍ଥନା / क्षमा / क्षमा (Sorry)	247
44.	ପ୍ରକୃତି / प्रकृति / प्रकृति (Nature)	248
45.	ବର୍ଷା ରତୁ / बर्षा ऋतु / बर्षा रतु (Rainy Season)	250
46.	ରତୁ / ऋतुयें / रतुध्ये (Seasons)	251
47.	ସାନ୍ତ୍ୱନା / सांत्वना / सांत्वना (Consolation)	253

48. ବାଲ୍ୟକାଳ / बचपन / ବଚପନ (Childhood) 254
49. ଯୌବନ / यौवन / ଯୌୱ୍ୱନ (Youth) 256
50. ବାର୍ଦ୍ଧକ୍ୟ / बुढापा / ବୁଢାପା (Old Age) 258
51. ଯୋଗ / योगा / ଯୋଗା (Yoga) 259

Part - 5

1. ପତ୍ର ଲିଖନ / पत्र लिखना / ପତ୍ର ଲିଖନା (Letter Writing) 263
2. ଅଭିନନ୍ଦନ ପତ୍ର / अभिनंदन पत्र / ଅଭିନନ୍ଦନ ପତ୍ର (Letter of Congratulation) 265
3. ବଂଧୁଙ୍କ ନିକଟକୁ ପତ୍ର / मित्र को पत्र / ମିତ୍ର କୋ ପତ୍ର (Letter to friend) 267
4. ଛୁଟି ଦରଖାସ୍ତ / छुटी का आवेदन पत्र / ଛୁଟୀ କା ଆୱେଦନ ପତ୍ର (Leave Application) 269
5. ପୁସ୍ତକ କ୍ରୟ ପାଇଁ ବରାଦ ପତ୍ର / पुस्तक ऑर्डर देने के लिए पत्र / ପୁସ୍ତକ ଆର୍ଡର ଦେନେ କେ ଲିୟେ ପତ୍ର (Letter of Order for Books) 270
6. ଅଭିଯୋଗ ପତ୍ର / शिकायत पत्र / ଶିକାୟତ ପତ୍ର (Complaint Letter) 271
7. ଆବେଦନ ପତ୍ର / दरखास्त पत्र / ଦରଖାସ୍ତ ପତ୍ର (Application) 272

Part - 6

ବ୍ୟାକରଣ ସହିତ ଓଡ଼ିଆ-ହିନ୍ଦୀ କଥାବାର୍ତା ଶିକ୍ଷା
व्याकरण सहित ओडिआ - हिन्दी बोलना सीखें
Grammatical Way - Learn Hindi through Odia 273-288

ଭାଗ - ୧
भाग - १
PART -1

1 ହିନ୍ଦୀ ବର୍ଣ୍ଣମାଳା हिन्दी वर्णमाला (Alphabet)

ସ୍ୱର स्वर (Vowels)

ହିନ୍ଦୀ ଭାଷାକୁ ଶିଖିବାକୁ ହେଲେ ସର୍ବ ପ୍ରଥମେ ସେହି ଭାଷାର ବର୍ଣ୍ଣମାଳା ଶିଖିବା ଦରକାର। ବର୍ତମାନ ହିନ୍ଦୀ ଭାଷାର ବର୍ଣ୍ଣମାଳା ଅନୁସାରେ **51** ଅକ୍ଷର ରହିଛି। କିନ୍ତୁ ଓଡିଆ ଭାଷାରେ ବର୍ତମାନ **50** ଗୋଟି ଅକ୍ଷର ରହିଛି। ହିନ୍ଦୀ ଭାଷାରେ ପ୍ରଥମ **13** ଗୋଟି ଅକ୍ଷରକୁ ସ୍ୱରବର୍ଣ୍ଣ କୁହା ଯାଇଥାଏ। ଆମ ଓଡ଼ିଆ ଭାଷାରେ କିନ୍ତୁ ସ୍ୱରବର୍ଣ୍ଣ **11** ଟି। ହିନ୍ଦୀରେ ରହିଥିବା 'ଅଂ' ଓ 'ଅଃ' ଓଡ଼ିଆ ସ୍ୱରବର୍ଣ୍ଣରେ ନାହିଁ।

ଅ **अ**	ଆ **आ**	ଇ **इ**	ଈ **ई**	ଉ **उ**	ଊ **ऊ**
ଋ **ऋ**	ଏ **ए**	ଐ **ऐ**	ଓ **ओ**	ଔ **औ**	

ଅଂ **ଅଃ** (ମନେ ରଖନ୍ତୁ : ଏହି ଅଂ ଓ ଅଃ ବର୍ଣ୍ଣଦ୍ୱୟ କିନ୍ତୁ ଓଡ଼ିଆ ଭାଷାରେ ନାହିଁ)

अं **अ:**

ବ୍ୟଞ୍ଜନ ବର୍ଣ୍ଣ व्यंजन (Consonants)

ହିନ୍ଦୀ ଭାଷରେ ଉପରୋକ୍ତ ସ୍ୱରବର୍ଣ୍ଣକୁ ଛାଡି ଦେଲେ ପରବର୍ତୀ ସମସ୍ତ ବର୍ଣ୍ଣକୁ ବ୍ୟଞ୍ଜନ ବର୍ଣ୍ଣ ବୋଲି କୁହାଯାଇଥାଏ। ତନ୍ମଧ୍ୟରୁ ପ୍ରଥମ ପର୍ଯ୍ୟାୟେରେ ଆସେ ବର୍ଗ୍ୟ ବର୍ଣ୍ଣ। ପରେ ପରେ ଅବଶିଷ୍ଟ ବର୍ଣ୍ଣକୁ ଅବର୍ଗୀ କୃତ ବୋଲି କୁହା ଯାଇଥାଏ। କାରଣ 5 ଟି କରି ବର୍ଣ୍ଣକୁ କେତୋଟି ବର୍ଗ ମଧ୍ୟରେ ଅନ୍ତର୍ଭୁକ୍ତ କରା ଯାଇଥାଏ, ଯେପରି କ ବର୍ଗ, ଚ ବର୍ଗ, ଟ ବର୍ଗ, ତ ବର୍ଗ, ପ ବର୍ଗ ଓ ୟ ବର୍ଗ ଏବଂ ଅବଶିଷ୍ଟ ପାଇଁ କୌଣସି ବର୍ଗ ନଥାଏ।

ପ୍ରଥମେ ସେହି ବର୍ଗ୍ୟ ବର୍ଣ୍ଣକୁ ଚିହ୍ନିବା।

କ **क**	ଖ **ख**	ଗ **ग**	ଘ **घ**	ଙ **ङ**	- 'କ' ବର୍ଗ
ଚ **च**	ଛ **छ**	ଜ **ज**	ଝ **झ**	ଞ **ञ**	- 'ଚ' ବର୍ଗ

ଟ	ଠ	ଡ	ଢ	ଣ	- 'ଟ' ବର୍ଗ
ट	ठ	ड	ढ	ण	
ତ	ଥ	ଦ	ଧ	ନ	- 'ତ' ବର୍ଗ
त	थ	द	ध	न	
ପ	ଫ	ବ	ଭ	ମ	- 'ପ' ବର୍ଗ
प	फ	ब	भ	म	
ଯ	ର	ଳ	ଲ	ୱ	- 'ୟ' ବର୍ଗ
(No letter)	र	ल	ळ	व	

(ଓଡ଼ିଆ 'ଯ' ପାଇଁ ହିନ୍ଦୀରେ ସ୍ୱତନ୍ତ୍ର ବର୍ଣ୍ଣ ନାହିଁ। ତେଣୁ 'ଯ' ପାଇଁ 'ୟ'ର ବ୍ୟବହାର କରା ଯାଇଥାଏ।)

ଶ	ଷ	ସ	ହ	ୟ	ଲ
श	ष	स	ह	य	ल

ଂ	ଃ	ଁ
ं	ः	ँ

ମନେରଖ : ଓଡ଼ିଆ ଭାଷାରେ ସଂପ୍ରଦିୟକ ବର୍ଣ୍ଣମାଳା ଅନୁସାରେ **50** ଅକ୍ଷର ରହିଛି। ହିନ୍ଦୀରେ ସଂପ୍ରଦାୟକି ବର୍ଣ୍ଣମାଳା ଅନୁସାରେ **51** ଅକ୍ଷର ରହିଛି।

ସଂଯୁକ୍ତାକ୍ଷର संयुक्ताक्षर (Compound Letters)

क्ष	त्र	ज्ञ	श्री
କ୍ଷ	ତ୍ର	ଜ୍ଞ	ଶ୍ରୀ

(ଓଡ଼ିଆ ଭାଷାରେ କେବଳ 'କ୍ଷ'କୁ ସଂଯୁକ୍ତାକ୍ଷର ବୋଲି ଗ୍ରହଣ କରା ଯାଇଥାଏ।)

ବ୍ୟଞ୍ଜନ ଓ ସ୍ୱର ବର୍ଣ୍ଣର ମିଶ୍ରଣ ଚିହ୍ନ
व्यंजन और स्वर की मिलावट - चिन्ह
(Joining of Consonants and Vowels- symbols)

କୌଣସି ଭାଷାରେ ବ୍ୟଞ୍ଜନ ସ୍ୱତନ୍ତ୍ର ଭାବରେ ଅର୍ଥ ପ୍ରଦାନ କରି ନଥାଏ। ତାହା ସହିତ ସ୍ୱରର ସମ୍ମିଶ୍ରଣ ଏକାନ୍ତ ଦରକାର। ଏହା କିପରି ହୋଇଥାଏ ତାହା ଜଣାଇବା ପାଇଁ ନିମ୍ନରେ କେତେକ ଉଦାହରଣ ପ୍ରସ୍ତୁତ କରାଗଲା। ଏହାକୁ ସାବଧାନତା ପୂର୍ବକ ଅଧ୍ୟୟନ କରିବା ଦରକାର।

ବ୍ୟଞ୍ଜନ (व्यंजन)	**+**	**ସ୍ୱର (स्वर)**	**=**	**ସମ୍ମିଶ୍ରିତ ରୂପ (सम्मिश्रित रूप)**
କ୍	+	ଅ	=	କ
क्	+	अ	=	क
କ୍	+	ଆ	=	କା
क्	+	आ	=	का
କ୍	+	ଇ	=	କି
क्	+	इ	=	कि
କ୍	+	ଈ	=	କୀ
क्	+	ई	=	की
କ୍	+	ଉ	=	କୁ
क्	+	उ	=	कु
କ୍	+	ଊ	=	କୂ
क्	+	ऊ	=	कू
କ୍	+	ଋ	=	କୃ
क्	+	ऋ	=	कृ
କ୍	+	ଏ	=	କେ
क्	+	ए	=	के

କ୍	+	ଐ	=	କୈ
क्	+	ऐ	=	कै
କ୍	+	ଓ	=	କୋ
क्	+	ओ	=	को
କ୍	+	ଔ	=	କୌ
क्	+	औ	=	कौ
କ୍	+	ଅଂ	=	କଂ
क्	+	अं	=	कं
କ୍	+	ଅଃ	=	କଃ
क्	+	अ:	=	क:

ମନେରଖ : ଏହି ପ୍ରକାରରେ ଅବଶିଷ୍ଟ ବ୍ୟଂଜନ ଗୁଡ଼ିକୁ ସ୍ୱର ଚିହ୍ନରେ ଯୋଗ କରି ବାରହଖଡିୟାଁ ଶିଖି ନେବା ଦରକାର।

ବ୍ୟଞ୍ଜନ ଓ ବ୍ୟଞ୍ଜନ ବର୍ଣ୍ଣର ମିଶ୍ରଣ - ଚିହ୍ନ

व्यंजन और व्यंजन की मिलावट - चिन्ह

(Joining of Consonants and Consonants- symbols)

ବାରହଖଡିୟାଁ ନ ଶିଖିଲେ ଏହା ଶିଖିବା ସମ୍ଭବ ନୁହେଁ। ଏଣୁ ଏସବୁକୁ ସାବଧାନତା ସହିତ ପଢ଼ନ୍ତୁ।

ଅକ୍ଷର अक्षर	ଚିହ୍ନ चिन्ह	ଅକ୍ଷର अक्षर	ଚିହ୍ନ चिन्ह	ଅକ୍ଷର अक्षर	ଚିହ୍ନ चिन्ह
क	क	च	च	ट	ट
ख	ख	छ	छ	ठ	ठ
ग	ग	ज	ज	ड	ड
घ	घ	झ	झ	ढ	ढ

ଅକ୍ଷର अक्षर	ଚିହ୍ନ चिन्ह	ଅକ୍ଷର अक्षर	ଚିହ୍ନ चिन्ह
ण	ण्	य	य्
त	त्	र	/
थ	थ्	ल	ल्
द	द	व	व्
ध	ध्	श	श्
न	न्	ष	ष्
प	प्	स	स्
फ	फ्	ह	ह
ब	ब्	क्ष	क्ष्
भ	भ्		
म	म्		

2 ବାରହଖଡିୟାଁ बारहखडियाँ (Grouping)

ନିମ୍ନୋକ୍ତ ବାରହଖଡିୟାଁକୁ ସାବଧାନତାର ସହିତ ଅଧ୍ୟୟନ କରନ୍ତୁ। ପ୍ରତ୍ୟେକ ହିନ୍ଦୀ ଅକ୍ଷର ତଳେ ତାହାର ସମ୍ବନ୍ଧିତ ଅକ୍ଷର ଦିଆ ଯାଇଛି। ସେହି ସମ୍ବନ୍ଧିତ ସ୍ୱର ଅକ୍ଷରର ଚିହ୍ନ କିପରି ହୋଇଛି ତାହା ଲକ୍ଷ୍ୟ କର।

କ	କା	କି	କୀ	କୁ	କୂ	କୃ	କେ	କୈ	କୋ	କୌ	କଂ	କଃ
क	का	कि	की	कु	कू	कृ	के	कै	को	कौ	कं	क:
ଖ	ଖା	ଖି	ଖୀ	ଖୁ	ଖୂ	ଖୃ	ଖେ	ଖୈ	ଖୋ	ଖୌ	ଖଂ	ଖଃ
ख	खा	खि	खी	खु	खू	खृ	खे	खै	खो	खौ	खं	ख:
ଗ	ଗା	ଗି	ଗୀ	ଗୁ	ଗୂ	ଗୃ	ଗେ	ଗୈ	ଗୋ	ଗୌ	ଗଂ	ଗଃ
ग	गा	गि	गी	गु	गू	गृ	गे	गै	गो	गौ	गं	ग:

ଘ	ଘା	ଘି	ଘୀ	ଘୁ	ଘୂ	ଘୃ	ଘେ	ଘୈ	ଘୋ	ଘୌ	ଘଂ	ଘଃ
घ	घा	घि	घी	घु	घू	घृ	घे	घै	घो	घौ	घं	घः
ଚ	ଚା	ଚି	ଚୀ	ଚୁ	ଚୂ	ଚୃ	ଚେ	ଚୈ	ଚୋ	ଚୌ	ଚଂ	ଚଃ
च	चा	चि	ची	चु	चू	चृ	चे	चै	चो	चौ	चं	चः
ଛ	ଛା	ଛି	ଛୀ	ଛୁ	ଛୂ	ଛୃ	ଛେ	ଛୈ	ଛୋ	ଛୌ	ଛଂ	ଛଃ
छ	छा	छि	छी	छु	छू	छृ	छे	छै	छो	छौ	छं	छः
ଜ	ଜା	ଜି	ଜୀ	ଜୁ	ଜୂ	ଜୃ	ଜେ	ଜୈ	ଜୋ	ଜୌ	ଜଂ	ଜଃ
ज	जा	जि	जी	जु	जू	जृ	जे	जै	जो	जौ	जं	जः
ଝ	ଝା	ଝି	ଝୀ	ଝୁ	ଝୂ	ଝୃ	ଝେ	ଝୈ	ଝୋ	ଝୌ	ଝଂ	ଝଃ
झ	झा	झि	झी	झु	झू	झृ	झे	झै	झो	झौ	झं	झः
ଟ	ଟା	ଟି	ଟୀ	ଟୁ	ଟୂ	ଟୃ	ଟେ	ଟୈ	ଟୋ	ଟୌ	ଟଂ	ଟଃ
ट	टा	टि	टी	टु	टू	टृ	टे	टै	टो	टौ	टं	टः
ଠ	ଠା	ଠି	ଠୀ	ଠୁ	ଠୂ	ଠୃ	ଠେ	ଠୈ	ଠୋ	ଠୌ	ଠଂ	ଠଃ
ठ	ठा	ठि	ठी	ठु	ठू	ठृ	ठे	ठै	ठो	ठौ	ठं	ठः
ଡ	ଡା	ଡି	ଡୀ	ଡୁ	ଡୂ	ଡୃ	ଡେ	ଡୈ	ଡୋ	ଡୌ	ଡଂ	ଡଃ
ड	डा	डि	डी	डु	डू	डृ	डे	डै	डो	डौ	डं	डः
ଢ	ଢା	ଢି	ଢୀ	ଢୁ	ଢୂ	ଢୃ	ଢେ	ଢୈ	ଢୋ	ଢୌ	ଢଂ	ଢଃ
ढ	ढा	ढि	ढी	ढु	ढू	ढृ	ढे	ढै	ढो	ढौ	ढं	ढः
ଣ	ଣା	ଣି	ଣୀ	ଣୁ	ଣୂ	ଣୃ	ଣେ	ଣୈ	ଣୋ	ଣୌ	ଣଂ	ଣଃ
ण	णा	णि	णी	णु	णू	णृ	णे	णै	णो	णौ	णं	णः
ତ	ତା	ତି	ତୀ	ତୁ	ତୂ	ତୃ	ତେ	ତୈ	ତୋ	ତୌ	ତଂ	ତଃ
त	ता	ति	ती	तु	तू	तृ	ते	तै	तो	तौ	तं	तः
ଥ	ଥା	ଥି	ଥୀ	ଥୁ	ଥୂ	ଥୃ	ଥେ	ଥୈ	ଥୋ	ଥୌ	ଥଂ	ଥଃ
थ	था	थि	थी	थु	थू	थृ	थे	थै	थो	थौ	थं	थः
ଦ	ଦା	ଦି	ଦୀ	ଦୁ	ଦୂ	ଦୃ	ଦେ	ଦୈ	ଦୋ	ଦୌ	ଦଂ	ଦଃ
द	दा	दि	दी	दु	दू	दृ	दे	दै	दो	दौ	दं	दः
ଧ	ଧା	ଧି	ଧୀ	ଧୁ	ଧୂ	ଧୃ	ଧେ	ଧୈ	ଧୋ	ଧୌ	ଧଂ	ଧଃ
ध	धा	धि	धी	धु	धू	धृ	धे	धै	धो	धौ	धं	धः
ନ	ନା	ନି	ନୀ	ନୁ	ନୂ	ନୃ	ନେ	ନୈ	ନୋ	ନୌ	ନଂ	ନଃ
न	ना	नि	नी	नु	नू	नृ	ने	नै	नो	नौ	नं	न

ପ	ପା	ପି	ପୀ	ପୁ	ପୂ	ପୃ	ପେ	ପୈ	ପୋ	ପୌ	ପଂ	ପଃ
प	पा	पि	पी	पु	पू	पृ	पे	पै	पो	पौ	पं	पः
ଫ	ଫା	ଫି	ଫୀ	ଫୁ	ଫୂ	ଫୃ	ଫେ	ଫୈ	ଫୋ	ଫୌ	ଫଂ	ଫଃ
फ	फा	फि	फी	फु	फू	फृ	फे	फै	फो	फौ	फं	फः
ବ	ବା	ବି	ବୀ	ବୁ	ବୂ	ବୃ	ବେ	ବୈ	ବୋ	ବୌ	ବଂ	ବଃ
ब	बा	बि	बी	बु	बू	बृ	बे	बै	बो	बौ	बं	बः
ଭ	ଭା	ଭି	ଭୀ	ଭୁ	ଭୂ	ଭୃ	ଭେ	ଭୈ	ଭୋ	ଭୌ	ଭଂ	ଭଃ
भ	भा	भि	भी	भु	भू	भृ	भे	भै	भो	भौ	भं	भः
ମ	ମା	ମି	ମୀ	ମୁ	ମୂ	ମୃ	ମେ	ମୈ	ମୋ	ମୌ	ମଂ	ମଃ
म	मा	मि	मी	मु	मू	मृ	मे	मै	मो	मौ	मं	मः
ଯ	ଯା	ଯି	ଯୀ	ଯୁ	ଯୂ	ଯୃ	ଯେ	ଯୈ	ଯୋ	ଯୌ	ଯଂ	ଯଃ
य	या	यि	यी	यु	यू	यृ	ये	यै	यो	यौ	यं	यः
ର	ରା	ରି	ରୀ	ରୁ	ରୂ	ରୃ	ରେ	ରୈ	ରୋ	ରୌ	ରଂ	ରଃ
र	रा	रि	री	रु	रू	रृ	रे	रै	रो	रौ	रं	रः
ଲ	ଲା	ଲି	ଲୀ	ଲୁ	ଲୂ	ଲୃ	ଲେ	ଲୈ	ଲୋ	ଲୌ	ଲଂ	ଲଃ
ल	ला	लि	ली	लु	लू	लृ	ले	लै	लो	लौ	लं	लः
ୱ	ୱା	ୱି	ୱୀ	ୱୁ	ୱୂ	ୱୃ	ୱେ	ୱୈ	ୱୋ	ୱୌ	ୱଂ	ୱଃ
व	वा	वि	वी	वु	वू	वृ	वे	वै	वो	वौ	वं	वः
ଶ	ଶା	ଶି	ଶୀ	ଶୁ	ଶୂ	ଶୃ	ଶେ	ଶୈ	ଶୋ	ଶୌ	ଶଂ	ଶଃ
श	शा	शि	शी	शु	शू	शृ	शे	शै	शो	शौ	शं	शः
ଷ	ଷା	ଷି	ଷୀ	ଷୁ	ଷୂ	ଷୃ	ଷେ	ଷୈ	ଷୋ	ଷୌ	ଷଂ	ଷଃ
ष	षा	षि	षी	षु	षू	षृ	षे	षै	षो	षौ	षं	षः
ସ	ସା	ସି	ସୀ	ସୁ	ସୂ	ସୃ	ସେ	ସୈ	ସୋ	ସୌ	ସଂ	ସଃ
स	सा	सि	सी	सु	सू	सृ	से	सै	सो	सौ	सं	सः
ହ	ହା	ହି	ହୀ	ହୁ	ହୂ	ହୃ	ହେ	ହୈ	ହୋ	ହୌ	ହଂ	ହଃ
ह	हा	हि	ही	हु	हू	हृ	हे	है	हो	हौ	हं	हः
କ୍ଷ	କ୍ଷା	କ୍ଷି	କ୍ଷୀ	କ୍ଷୁ	କ୍ଷୂ	କ୍ଷୃ	କ୍ଷେ	କ୍ଷୈ	କ୍ଷୋ	କ୍ଷୌ	କ୍ଷଂ	କ୍ଷଃ
क्ष	क्षा	क्षि	क्षी	क्षु	क्षू	क्षृ	क्षे	क्षै	क्षो	क्षौ	क्षं	क्षः
ତ୍ର	ତ୍ରା	ତ୍ରି	ତ୍ରୀ	ତ୍ରୁ	ତ୍ରୂ	ତ୍ରୃ	ତ୍ରେ	ତ୍ରୈ	ତ୍ରୋ	ତ୍ରୌ	ତ୍ରଂ	ତ୍ରଃ
त्र	त्रा	त्रि	त्री	त्रु	त्रू	त्रृ	त्रे	त्रै	त्रो	त्रौ	त्रं	त्र

3 ଦ୍ୱିତ୍ୱାକ୍ଷର - ସଂଯୁକ୍ତାକ୍ଷର द्वित्वाक्षर - संयुक्ताक्षर
(Double Letters)

ଦ୍ୱିତ୍ୱାକ୍ଷର / द्वित्वाक्षर (Double Letter)

ଗୋଟିଏ ବ୍ୟଞ୍ଜନ ଅକ୍ଷରର ତଳରେ ଆଉ ଗୋଟିଏ ସେହି ଅକ୍ଷର (ବ୍ୟଂଜନ)ର ଚିହ୍ନ ଆସିଲେ ତାହାକୁ ଦ୍ୱିତ୍ୱାକ୍ଷର ବୋଲି କୁହା ଯାଇଥାଏ। ଯେପରି :

କ୍କ	ଗ୍ଗ	ଚ୍ଚ	ଜ୍ଜ	ଟ୍ଟ	ତ୍ତ	ନ୍ନ	ପ୍ପ	ଲ୍ଲ	ଯ୍ୟ
क्क	ग्ग	च्च	ज्ज	ट्ट	त्त	न्न	प्प	ल्ल	य्य

ଉଦାହରଣ:

ସୁବ୍‌ବୟ୍ୟା	सुब्बय्या	ବଚ୍ଚା	बच्चा
ଏଲ୍ଲୟ୍ୟା	एल्लय्या	କଚ୍ଚା	कच्चा
ପୁଲ୍ଲୟା	पुल्लय्या	କଦ୍ଦୁ	कद्दु
ଅପ୍ପାରାଓ	अप्पाराव	ଉଲ୍ଲୁ	उल्लु

ସଂଯୁକ୍ତାକ୍ଷର / संयुक्ताक्षर (Compound Letter)

ଗୋଟିଏ ଅକ୍ଷର ତଳେ ଆଉ ଗୋଟିଏ ଭିନ୍ନ ଅକ୍ଷର ଆସିଲେ ତାହାକୁ ସଂଯୁକ୍ତାକ୍ଷର କୁହାଯାଏ। ଯେପରି :

କ୍ୱ	ତ୍ସ	ଣ୍ମ	ପ୍ର	ନ୍ୟ	କ୍ଲ	ବ୍ମ	ହ୍ୟ	ବ୍ୟ	ଦ୍ଧ
क्व	त्स	ण्म	प्र	न्य	क्ल	ब्म	ह्य	व्य	द्ध

ଉଦାହରଣ :

ତାମ୍ର	....	ताम्र
ପୁତ୍ର	....	पुत्र
କ୍ୟା (କଣ ?)	....	क्या
ବ୍ୟାପାର	....	व्यापार
ଅଚ୍ଛା	....	अच्छा

ଏଗାର	....	ଗ୍ୟାରହ	....	ग्यारह
ଅଷ୍ଟ (ଆଠ)	....	ଅଷ୍ଟ	....	अष्ट
ପେଚା	....	ଉଲ୍ଲୁ	....	उल्लु
ଜ୍ୱର	....	ଜ୍ୱର	....	ज्वर
ଦ୍ୱାର	....	ଦ୍ୱାର	....	द्वार
ବ୍ୟବସ୍ଥା	....	ବ୍ୟବସ୍ଥା	....	व्यवस्था
ନ୍ୟାୟ	....	ନ୍ୟାୟ	....	न्याय
କର୍ଣ୍ଣ	....	କର୍ଣ	....	कर्ण
ଧ୍ୟାନ	....	ଧ୍ୟାନ	....	ध्यान
ପ୍ରାର୍ଥନା	....	ପ୍ରାର୍ଥନା	....	प्रार्थना
ସୁନା	....	ସୁବର୍ଣ୍ଣ	....	सुवर्ण

ସଂଯୁକ୍ତାକ୍ଷର ଲିଖନ ଶୈଳୀ संयुक्ताक्षर लिखने का तरीका

(Process to write the Compound Letter)

ହିନ୍ଦୀ ଅକ୍ଷର ଦୁଇ ପ୍ରକାର। 1. ପାଇ ବାଲୀ ଅକ୍ଷର ଓ 2. ବେପାଇ ବାଲୀ ଅକ୍ଷର।

ପାଇ ବାଲୀ ଅକ୍ଷର :

କ	ଖ	ଗ	ଘ	ଚ	ଛ	ଜ	ଝ	ଞ
क	ख	ग	घ	च	छ	ज	झ	ञ
ତ	ଥ	ଧ	ନ	ପ	ଫ	ବ	ଭ	ମ
त	थ	ध	न	प	फ	ब	भ	म
ୟ	ବ (ୱ)	ଶ	ଷ	ସ				
य	व	श	ष	स				

ବେପାଇ ବାଲୀ ଅକ୍ଷର :

ଟ	ଠ	ଡ	ଢ	ଦ	ର	ଲ	ଳ	ହ
ट	ठ	ड	ढ	द	र	ल	ळ	ह

ମନେ ରଖନ୍ତୁ : ପାଇ ବାଲୀ ବ୍ୟଂଜନର ଲାଗିକି ରହିଥିବା ଲମ୍ବା ଗାର (त ରେ ।) ଅନ୍ୟ ବଂଜନ ସହିତ ଯୋଗ ହେଲାବେଳେ ଲୋପ ପାଇ ଅନ୍ୟ ବ୍ୟଂଜନ ସହିତ ମିଶିଥାଏ। ଏହା ବେପାଇ ବାଲୀରେ ସମ୍ଭବ ନୁହେଁ।

ଉଦାହରଣ :	କାହିଁକି	....	କ୍ୟୁଁ	....	क्युँ
	କଣ	....	କ୍ୟା	....	क्या
	ଗୋ ମାଂସ	....	ଗୋସ୍ତ	....	गोस्त
	ବିଛଣା	....	ବିସ୍ତର	....	बिस्तर

ବେପାଇ ବାଲୀ ଅକ୍ଷର ଉପରେ ଅନ୍ୟ ବ୍ୟଂଜନ ଆସିଲେ ପ୍ରଥମେ ପ୍ରଥମ ଅକ୍ଷର ଲେଖି ତା' ତଳକୁ ଅନ୍ୟ ବ୍ୟଂଜନଟିକୁ ଲେଖିବାକୁ ପଡ଼ିବ। ଯଦି ସେପରି ନ କରିବେ ତେବେ ପ୍ରଥମେ ପ୍ରଥମ ଅକ୍ଷରକୁ ଅଧା ଲେଖି ତା' ପାଖରେ ଦ୍ୱିତୀୟ ବ୍ୟଂଜନକୁ ଲେଖିବାକୁ ପଡ଼ିବ।

ଉଦାହରଣ :	ପେଚା	....	ଉଲ୍ଲୁ	....	उल्लु
	ଗୁଣ୍ଡୁଚି ମୂଷା	....	ଟିଡ୍ଡୀ	....	टिड्डी
	ବିଲେଇ	....	ବିଲ୍ଲୀ	....	बिल्ली
	ଦହି	....	ମଟ୍ଠା	....	मट्ठा

ହିନ୍ଦୀ ଶବ୍ଦର ଉଚ୍ଚାରଣ हिन्दी शब्दों के उच्चारण
(Pronunciation of Hindi Words)

ହିନ୍ଦୀ ଭାଷାରେ ଉଚ୍ଚାରଣ ହିଁ ହେଉଛି ମୁଖ୍ୟ କଥା। ଏଥିପାଇଁ କିଛି ନିୟମ ରହିଛି। ସେସବୁକୁ ସାବଧାନତାର ସହିତ ଅଧ୍ୟୟନ କରିବା ଦରକାର।

ନିୟମ (1) : ହିନ୍ଦୀ ଶବ୍ଦରେ ଦୁଇଟି ବା ତିନୋଟି ଅକ୍ଷର ରହିଥାଏ। ସେଠାରେ ଶେଷ ବ୍ୟଂଜନକୁ ଅଧା ଉଚ୍ଚାରଣ କରା ଯାଇଥାଏ।

ଉଦାହରଣ :	**ଓଡ଼ିଆ ଶବ୍ଦ**	**ହିନ୍ଦୀ ଶବ୍ଦ**	**ହିନ୍ଦୀ ଶବ୍ଦର ଉଚ୍ଚାରଣ**
	ଦଶ	दस	ଦସ୍
	ଘର	घर	ଘର୍
	କଲମ	कलम	କଲମ୍
	ବହି	किताब	କିତାବ୍

ଉଚ୍ଚାରଣ ଅନୁସାରେ ବର୍ଣ୍ଣର ବର୍ଗୀକରଣ उच्चारण के असुसार वर्णों का वर्गीकरण

(Classification of Letters according to Pronunciation)

ଓଡିଆ ଅକ୍ଷର ଉଚ୍ଚାରଣରେ ଦୁଇଟି ମୁଖ୍ୟାଂଶ ରହିଛି । ୧. ହ୍ରସ୍ୱ (ବିନା ଦୀର୍ଘ) ଓ ୨. ଦୀର୍ଘ । ନିମ୍ନୋକ୍ତ ତାଲିକାକୁ ଅଧ୍ୟୟନ କଲେ କେଉଁ ଅକ୍ଷର କେଉଁପରି ଭାବରେ ଉଚ୍ଚାରଣ କରାଯିବ ତାହା ସ୍ପଷ୍ଟ ହୋଇଉଠିବ ।

ସ୍ୱର ବର୍ଣ୍ଣ ଉଚ୍ଚାରଣର ତାଲିକା / स्वर के उच्चारण / Pronunciation of Vowels

ବର୍ଣ୍ଣ वर्ण	କଣ୍ଠ कण्ठ	ତାଲୁ तालू	ଓଠ ओठ	ମୂର୍ଦ୍ଧା मूर्धा	ଦାନ୍ତ दान्तों	କଣ୍ଠତାଲୁ कण्ठतालू	କଣ୍ଠ ଓଷ୍ଠ कण्ठ ओष्ठ
ହ୍ରସ୍ୱ ह्रस्व	ଅ अ	ଇ इ	ଉ उ	ଋ ऋ	ଌ* लृ*	ଏ ए	ଓ ओ
ଦୀର୍ଘ दीर्घ	ଆ आ	ଈ ई	ଊ ऊ	ୠ* ॠ*	ୡ* ॡ*	ଐ ऐ	ଔ औ

ଏହି * ଚିହ୍ନିତ ଅକ୍ଷର ବର୍ତମାନ ଓଡ଼ିଆ ବା ହିନ୍ଦୀରେ ବ୍ୟବହାର ହେଉ ନାହିଁ ।

ବ୍ୟଞ୍ଜନ ବର୍ଣ୍ଣର ଉଚ୍ଚାରଣ / व्यंजन के उच्चारण / Pronunciation of Consonants

ବର୍ଣ୍ଣ वर्ण	କଣ୍ଠ कण्ठ	ତାଲୁ तालु	ମୂର୍ଦ୍ଧ मूर्ध	ଦାନ୍ତ दान्त	ଓଷ୍ଠ୍ୟ ओठ	ନାସିକ नाशिक
	କ क	ଚ च	ଟ ट	ତ त	ପ प	
	ଖ ख	ଛ छ	ଠ ठ	ଥ थ	ଫ फ	ଙ ङ
	ଗ ग	ଜ ज	ଡ ड	ଦ द	ବ ब	
	ଘ घ	ଝ झ	ଢ ढ	ଧ ध	ଭ भ	ଞ ञ
			ଣ ण	ନ न	ମ म	
		ଯ य	ର र	ଲ ल		
		ୱ व	ଷ ष			
	ହ ह	ଶ श	ଳ ळ			

ନିୟମ (2): ଚାରିଗୋଟି ଅକ୍ଷର ଦ୍ୱାରା ନିର୍ମିତ ଶବ୍ଦରେ ପ୍ରଥମେ 2ୟ ଓ ପରେ 4ର୍ଥ ଅକ୍ଷର ଅଧା ଉଚ୍ଚାରିତ ହେବ।

ଉଦାହରଣ :	ଚୁପକର	**चुपकर**	ଚୁପ୍ କର୍
	ରସମନ	**रसमन**	ରସ୍ ମନ୍

ନିୟମ (3): ପାଂଚଟି ଅକ୍ଷର ଦ୍ୱାରା ନିର୍ମିତ ଶବ୍ଦରେ ପ୍ରଥମେ 3ୟ ଓ ପରେ 5ମ ଅକ୍ଷରକୁ ଅଧା ଉଚ୍ଚାରଣ କରାଯିବ।

ଉଦାହରଣ :	ଭରଭର	**भरभर**	ଭର୍ ଭର୍
	ପୀତାମ୍ବର	**पीताम्बर**	ପୀତାମ୍ ବର୍

ନିୟମ(4): ତିନି ଅକ୍ଷରର ଶବ୍ଦରେ ଶେଷ ଅକ୍ଷର ଦୀର୍ଘ ଥିଲେ 2ୟ ଅକ୍ଷର ଅଧା ହିଁ ଉଚ୍ଚାରଣ କରାଯିବ।

ଉଦାହରଣ :	ଖତରା	**खतरा**	ଖତ୍ ରା
	ଖୁଶବୁ	**खुशबु**	ଖୁଶ୍ ବୁ

ନିୟମ (5) : ଚାରିଅକ୍ଷର ବିଶିଷ୍ଟ ଶବ୍ଦରେ 1ମ, 2ୟ ଅକ୍ଷର ସଂଯୁକ୍ତାକ୍ଷର ଥିଲେ, 2ୟ ଅକ୍ଷର ପୂରା ଉଚ୍ଚାରିତ ହେବ।

ଉଦାହରଣ :	ସ୍ୱୟଂସେବକ	**स्वयंसेवक**	ସ୍ୱୟଂ ସେଓ୍ୱକ୍
	ଚିତ୍ରକାର	**चित्रकार**	ଚିତ୍ର କର୍

ନିୟମ (6) : ଆରବୀ, ପାର୍ସୀ, ଉର୍ଦ୍ଦୁ ଶବ୍ଦ ହିନ୍ଦୀରେ ଲେଖା ଯିବା ସମୟରେ ଏହି ସବୁ ଅକ୍ଷର ତଳେ ବିନ୍ଦୁ ଦିଆଯାଏ। ଏହି ସବୁ ଶବ୍ଦର ଉଚ୍ଚାରଣ ତାହାର ମାତ୍ରାନୁସାରେ କରା ଯାଇଥାଏ।

ଉଦାହରଣ :	ଫକୀର	**.फकीर**	ଫକ୍ ଈର୍
	ଫୁଲ	**.फूल**	ଫୂ ଲ୍
	ବଳିଦାନ	**.बलिदान**	ବଲିଦ୍ ଦାନ୍
	ମଶହଲ	**.मशहल**	ମଶ୍ ହଲ୍

ହିନ୍ଦୀ ଉଚ୍ଚାରଣରେ ଅନୁସାରକୁ ମନେ ରଖିବା ପାଇଁ ଯେଉଁ ନିୟମ ରହିଛି, ତାହା ଦୁଇ ପ୍ରକାରର।

ଉଦାହରଣ :	ମୁଁ	....	ମୈଁ	....	**मैं**
	ଶେଷ	....	ଅନ୍ତ	....	**अन्त / अंत**
	ଆଖି	....	ଆଁଖ	....	**आँख**
	ଅଛି	....	ହୁଁ	....	**हुँ**

4 ଭାଷା ଭାଗ भाषा भाग (Parts of Speech)

କୌଣସି ଭାଷାକୁ ଶିଖିବା ପାଇଁ ପ୍ରଥମେ ସେହି ଭାଷାର ବ୍ୟକରଣକୁ ଭଲ ଭାବରେ ଶିଖିନେବା ଦରକାର। ତେଣୁ ଓଡ଼ିଆ ଓ ହିନ୍ଦୀ ଭାଷାର ବିଭାଗୀକରଣ ସହିତ ଆମେ ପରିଚିତ ହେବା। ଏହି ଭାଷାର ବିଭାଗୀ କରଣ ଆଠ ପ୍ରକାରର। ଯେପରି :

1.	ସଂଜ୍ଞା	संज्ञा	(Noun)
2.	ସର୍ବନାମ	सर्वनाम	(Pronoun)
3.	ବିଶେଷଣ	विशेषण	(Adjective)
4.	କ୍ରିୟା	क्रिया	(Verb)
5.	କ୍ରିୟା ବିଶେଷଣ	क्रिया विशेषण	(Adverb)
6.	ସମ୍ବନ୍ଧ ସୂଚକ	सम्बन्ध सूचक	(Preposition)
7.	ସମୁଚ୍ଚୟ ବୋଧକ	समुच्छय बोधक	(Conjunction)
8.	ବିସ୍ମୟାଦି ବୋଧକ	विस्मयादि बोधक	(Interjection)

ସଂଜ୍ଞା / संज्ञा (Noun)

1. **ସଂଜ୍ଞା / संज्ञा (Noun)** : କୌଣସି ବସ୍ତୁ, ବ୍ୟକ୍ତି ବା ଭାବର ନାମକୁ ସଂଜ୍ଞା କୁହାଯାଏ।

ଯେପରି :									
	ଆମ୍ବ	ଆମ	आम	ଖେତ	ଖେତ	खेत	ଦୁନିଆ	ଦୁନିୟା	दुनिया
	ମାଆ	ମାତା	माता	ବାପା	ପିତା	पिता	ସୂର୍ଯ୍ୟ	ସୂରଜ	सूरज

ସଂଜ୍ଞା ତିନି ପ୍ରକାରର। ମାତ୍ର ସେଥି ମଧ୍ୟରୁ ଜାତିବାଚକ ସଂଜ୍ଞାର ଦୁଇଟି ବିଭାଗ ରହିଛି।

୧. **ବ୍ୟକ୍ତି ବାଚକ / व्यक्ति वाचक (Proper Noun)** : ଏହା ବ୍ୟକ୍ତିର ନାମକୁ ପ୍ରକାଶ କରିଥାଏ। ଯେପରି : (ଶ୍ୟାମ) श्याम (ରାମ) राम, (କୃଷ୍ଣ) कृष्ण, (ରାଧା) राधा ।

୨. **ଜାତି ବାଚକ / जाति वाचक (Common Noun)** : ଏହା ଗୋଟିଏ ବର୍ଗର ବା ଜାତିର ନାମକୁ ପ୍ରକାଶ କରିଥାଏ। ଯେପରି : ପୁଅ (ଲଡକା) लडका ନଈ (ନଦୀ) नदी

୩. **ଭାବ ବାଚକ / भाव वाचक (Abstract Noun)** : ଏହା ବିବିଧ ପ୍ରକାରର ଭାବ, ଦଶା ଓ ଗୁଣମାନଙ୍କୁ ପ୍ରକାଶ କରିଥାଏ। ଯେପରି : (ସନ୍ତୋଷ) संतोष , (କ୍ରୋଧ) क्रोध

ଜାତି ବାଚକରେ ଦୁଇଟି ଉପବିଭାଗ ରହିଛି :

୧. ସମୂହ ବାଚକ ସଂଜ୍ଞା / समूह वाचक संज्ञा

୨. ଦ୍ରବ୍ୟ ବାଚକ ସଂଜ୍ଞା / द्रव्य वाचक संज्ञा:

୧. ସମୂହ ବାଚକ ସଂଜ୍ଞା / समूह वाचक संज्ञा : ଏଠାରେ ଗୋଟିଏ ସମୂହକୁ ପ୍ରକାଶ କରା ଯାଇଥାଏ। ଯେପରି: ଦଳ दल, ସେନା सेना ,

୨. ଦ୍ରବ୍ୟ ବାଚକ ସଂଜ୍ଞା / द्रव्य वाचक संज्ञा: : ଗୋଟିଏ ଦ୍ରବ୍ୟର ନାମ ପ୍ରକାଶ ପାଇଥାଏ।

ଯେପରି : ଦହି दही , ପାଣି पानी,

ନିମ୍ନୋକ୍ତ କେତେକ ସଂଜ୍ଞାବାଚକ ଶବ୍ଦକୁ ସାବଧାନତାର ସହିତ ପଢ଼ନ୍ତୁ ଓ ମନେ ରଖନ୍ତୁ।

1.	ରାଜା	ନୃପ	नृप
2.	ସ୍ତ୍ରୀ	ଔରତ	औरत
3.	ଚୌକିଦାର	ଚୌକିଦାର	चौकिदार
4.	ସେଓ	ସେୱ	सेव
5.	ଆମ୍ବ	ଆମ	आम
6.	କଣ୍ଢେଇ	ଗୁଡିୟା	गुडिया
7.	ଗୋଲାପ	ଗୁଲାବ	गुलाब
8	ସୂର୍ଯ୍ୟ	ସୂରଜ	सूरज
9.	ଚଢ଼େଇ	ଚିଡିୟା	चिडिया
10.	ଚାକୁ	ଚାକୁ	चाकू
11.	ଘୋଡା	ଘୋଡା	घोडा
12.	ନୋଟା	ଲୋଟା	लोटा
13.	ଅଂଗୁଳି	ଅଂଗୁଠୀ	अंगुठी
14.	ଅଣ୍ଡା	ଅଣ୍ଡା	अंडा
15.	ଗୁଡି	ପତଙ୍ଗ	पतंग
16.	ଆକାଶ	ଆସମାନ	आशमान
17.	ବଳଦ	ବୈଲ	बैल
18.	ଡଙ୍ଗା / ନାବ	ନୌକା / ନାୱ	नौका / नाव
19.	ଅଙ୍ଗୁର	ଅଂଗୁର	अंगुर
20.	ନଦୀମାନ	ନଦିୟାଁ	नदियाँ
21.	ସମୁଦ୍ର	ସାଗର	सागर

22.	ଅଧାପକ	ଅଧ୍ୟାପକ	अध्यापक
23.	କ୍ଷେତ	ଖେଚ	खेत
24.	ଜଗତ	ଜଗ	जग
25.	ମାଁ	ମାଁ	माँ

(ଅ) ଲିଙ୍ଗ / लिंग (Gender)

ଭାଷାର ଶୁଦ୍ଧ ପ୍ରୟୋଗପାଇଁ ସଂଜ୍ଞା ଶବ୍ଦମାନଙ୍କର ତତ୍ତ୍ୱଜ୍ଞାନ ଶିକ୍ଷା ଏକାନ୍ତ ଆବଶ୍ୟକ। ସଂଜ୍ଞାର ଯେଉଁ ରୂପରୁ ତାହା ପୁରୁଷ ଜାତି ବା ସ୍ତ୍ରୀ ଜାତି ବୋଲି ଜଣାପଡେ, ତାହାକୁ ଲିଙ୍ଗ କୁହା ଯାଇଥାଏ। ଏହା ସାଧାରଣତଃ ତିନି ପ୍ରକାରର। ଯେପରି : ପୁଂଲିଙ୍ଗ, ସ୍ତ୍ରୀ ଲିଙ୍ଗ ଓ କ୍ଳୀବ ଲିଙ୍ଗ।

1. **ପୁଂଲିଙ୍ଗ / पुलिंग (Masculine Gender)** : ପୁରୁଷ ଜାତି ସହିତ ସମ୍ବନ୍ଧ ସ୍ଥାପନ କରୁଥିବା ଶବ୍ଦକୁ ପୁଂଲିଙ୍ଗ କୁହା ଯାଇଥାଏ।

ଯେପରି : ବର୍ଷ साल, ମାସ महीने, ସପ୍ତାହ हफ्ते, ବୃକ୍ଷ बृक्ष ବା ପାହାଡ पहाड ଇତ୍ୟାଦି।

ଉଦାହରଣ: ବୈଶାଖ / **वैशाख**, ସୋମବାର / **सोमवार**, ପର୍ବତ / **पर्वत**, ବଟବୃକ୍ଷ / **वटवृक्ष**

'ଅ'/अ ବା 'ଆ'/ आ ରେ ଶେଷ ହେଉଥିବା ଶବ୍ଦ ପୁଂଲିଂଗ ହୋଇଥାଏ।

ଉଦାହରଣ : ପିଲା	ବଚ୍ଚା	बच्चा
ପୁଅପିଲା	ଲଡକା	लडका
ଜେଜେବାପା	ଦାଦା	दादा

2. **ସ୍ତ୍ରୀଲିଙ୍ଗ / स्त्रीलिंग (Feminine Gender)** : ନାରୀ ଜାତି ସହିତ ସମ୍ବନ୍ଧ ସ୍ଥାପନ କରୁଥିବା ଶବ୍ଦମାନଙ୍କୁ ସ୍ତ୍ରୀଲିଙ୍ଗ କୁହାଯାଏ। **ଯେପରି : ନଦୀ ଓ ଭାଷାର ସମ୍ବନ୍ଧ ପ୍ରକାଶ କରୁଥିବା ଶବ୍ଦ।**

ଉଦାହରଣ : ତାମିଲ	तामिल
ଗଂଗା	गंगा
ଗୋଦାବରୀ	गोदावरी

ଇ (इ) ବା ଈ (ई) ରେ ଶେଷ ହେଉଥିବା ଶବ୍ଦ ସ୍ତ୍ରୀଲିଂଗ ଶବ୍ଦ ହୋଇଥାଏ।

ଯେପରି : (ଲଡକୀ) लडकी , (ବାଳିକା) बालिका, (ବଚ୍ଚୀ) बच्ची, (ଦେବୀ) देवी ଇତ୍ୟାଦି।

3. କ୍ଳୀବଲିଙ୍ଗ (ଅନ୍ୟପୁରୁଷ ଲିଙ୍ଗ) / अन्य पुरुष लिंग (Neutral Gender) : ଶବ୍ଦମାନଙ୍କରେ ପୁଂଲିଙ୍ଗ ବା ସ୍ତ୍ରୀଲିଙ୍ଗ ସହିତ ଅସମ୍ବନ୍ଧିତ ଶବ୍ଦକୁ ହିନ୍ଦୀରେ ଅନ୍ୟପୁରୁଷ ଲିଂଗ ଓ ଓଡିଆରେ ତାହାକୁ କ୍ଳୀବ ଲିଂଗ ବୋଲି କୁହା ଯାଇଥାଏ।

ସୂଚନା:

(୧) କେତେକ ପୁଂଲିଙ୍ଗ ଶବ୍ଦର ଶେଷରେ 'ଇନ' (इन) ଆସିଲେ ତାହା ସ୍ତ୍ରୀଲିଙ୍ଗ ଶବ୍ଦପରି ବଦଳେ।

ଉଦାହରଣ :

ଓଡିଆ ପୁଂଲିଙ୍ଗ ଶବ୍ଦ	ହିନ୍ଦୀ ଶବ୍ଦ	ଉଚ୍ଚାରଣ	ଓଡ଼ିଆ ସ୍ତ୍ରୀଲିଙ୍ଗ ଶବ୍ଦ	ହିନ୍ଦୀଶବ୍ଦ	ଉଚ୍ଚାରଣ
ଧୋବା	**धोबी**	ଧୋବୀ	ଧୋବଣୀ	**धोबिन**	ଧୋବିନ
ବର	**दुल्हा**	ଦୁହ୍ଲା	କନ୍ୟା	**दुल्हन**	ଦୁହ୍ଲନ
ପଡୋଶୀ	**पडोस**	ପଡୋସ	ପଡୋଶୀଆଣୀ	**पडोसिन**	ପଡୋସିନ
ମାଳୀ	**माला**	ମାଲୀ	ମାଲୁଣୀ	**मालिन**	ମାଲିନ
ଭିକାରୀ	**भिखारी**	ଭିଖାରୀ	ଭିକାରୁଣୀ	**भिखारिन**	ଭିଖାରିନ
କମାର	**लुहार**	ଲୁହାର	କମାରୁଣୀ	**लुहारिन**	ଲୁହାରିନ

(୨) କେତେକ ପୁଂଲିଙ୍ଗ ଶବ୍ଦର ଶେଷରେ 'ନୀ' (नी) ଆସିଲେ ତାହା ସ୍ତ୍ରୀଲିଙ୍ଗ ହୋଇ ଯାଏ।

ଉଦାହରଣ :

ଓଡିଆ ପୁଂଲିଙ୍ଗ ଶବ୍ଦ	ହିନ୍ଦୀ ଶବ୍ଦ	ଉଚ୍ଚାରଣ	ଓଡ଼ିଆ ସ୍ତ୍ରୀଲିଙ୍ଗ ଶବ୍ଦ	ହିନ୍ଦୀଶବ୍ଦ	ଉଚ୍ଚାରଣ
ମୟୂର	**मोर**	ମୋର	ମୟୂରୀ	**मोरनी**	ମୋରନୀ
ସେଠ	**सेठ**	ସେଠ	ସେଠାଣୀ	**सेठानी**	ସେଠାନୀ
ଓଟ	**ऊँट**	ଊଁଠ	ମାଈ ଓଟ	**ऊँठनी**	ଊଁଠନୀ
ଦିଅର	**देवर**	ଦେୱର	ଯାଆ	**देवरानी**	ଦେୱରାନୀ

(୩) କେତେକ ପୁଂଲିଙ୍ଗ ଶବ୍ଦର ଶେଷରେ 'ଇତ୍ରୀ' (इत्री) ଆସିଲେ ତାହା ସ୍ତ୍ରୀଲିଙ୍ଗ ହୋଇଥାଏ।

ଉଦାହରଣ :

ଓଡିଆ ପୁଂଲିଙ୍ଗ ଶବ୍ଦ	ହିନ୍ଦୀ ଶବ୍ଦ	ଉଚ୍ଚାରଣ	ଓଡ଼ିଆ ସ୍ତ୍ରୀଲିଙ୍ଗ ଶବ୍ଦ	ହିନ୍ଦୀଶବ୍ଦ	ଉଚ୍ଚାରଣ
କବି	**कवि**	କବି	କବିୟତ୍ରୀ	**कवियत्री**	କବିୟତ୍ରୀ / କବିୟିତ୍ରୀ
ଲେଖକ	**लेखक**	ସେଠ	ଲେଖିକା	**लेखिका**	ଲେଖିକା / ରଚଇତ୍ରୀ

ଅପ୍ରାଣୀ ବାଚକ ବସ୍ତୁ / अप्राणी वाचक वस्तुएँ (Lifeless Articles)

ନିମ୍ନରେ ଦିଆ ଯାଇଥିବା ଶବ୍ଦଗୁଡିକ ପୁଂଲିଙ୍ଗ ଶବ୍ଦ :

ଓଡ଼ିଆ ଶବ୍ଦ	ହିନ୍ଦୀ ଶବ୍ଦ	ଉଚ୍ଚାରଣ
ଗ୍ରନ୍ଥ	ग्रंथ	ଗ୍ରନ୍ଥ
ସହର	शहर	ଶହର
କଦଳୀ	केला	କେଲା
ଫୁଲ	फूल	ଫୂଲ
ଘର	घर	ଘର
କନା / ଲୁଗା	कपडा	କପଡା
ଆମ୍ବ	आम	ଆମ
ଫଳ	फल	ଫଲ
ହାତ	हाथ	ହାଥ
ପାହାଡ	पहाड	ପହାଡ

ନିମ୍ନରେ ଦିଆ ଯାଇଥିବା ଶବ୍ଦମାନ ସ୍ତ୍ରୀଲିଙ୍ଗ ଶବ୍ଦ :

ଲତା	लता	ଲତା
ବହି	किताब	କିତାବ
ଗାଡି	गाडि	ଗାଡି
ରୁଟି	रोटी	ରୋଟୀ
ବେକାରୀଆ	बेकारी	ବେକାରୀ
ଘଡି	घडी	ଘଡୀ
ଚୌକି	कुर्सी	କୁର୍ସୀ
କଲମ	कलम	କଲମ
ଜିନିଷ	चीज	ଚୀଜ

କେତେକ ପୁଂଲିଙ୍ଗ ଓ ସ୍ତ୍ରୀଲିଙ୍ଗ ଶବ୍ଦ :

ପୁଂଲିଙ୍ଗ		x	ସ୍ତ୍ରୀଲିଙ୍ଗ		ପୁଂଲିଙ୍ଗ		x	ସ୍ତ୍ରୀଲିଙ୍ଗ	
ଛାତ୍ର	छात्र	x	ଛାତ୍ରୀ	छात्रा	ମିୟାଁ	मियाँ	x	ବୀବୀ	बीबी
ସେଠ	सेठ	x	ସେଠାନୀ	सेठानी					
ଅଭିନେତା	अभिनेता	x	ଅଭିନେତ୍ରୀ	अभिनेत्री	ସର୍ପ	सर्प	x	ସର୍ପିଣୀ	सर्पिणी
ମିତ୍ର	मित्र	x	ସହେଲୀ	सहेली	ବିଦ୍ୱାନ	विद्वान	x	ବିଦୁଷୀ	विदुषी
ପ୍ରେମୀ	प्रेमी	x	ପ୍ରେମିକା	प्रेमिका	ଚୌଧରୀ	चौधरी	x	ଚୌଧରାନୀ	चौधरानी
ଯୁବକ	युवक	x	ଯୁଓ୍ୱତୀ	युवती	ଦାସ	दास	x	ଦାସୀ	दासी
ବାଦଶାହ	वादशाह	x	ବେଗମ	वेगम	ମୁର୍ଗା	मुर्गा	x	ମୁର୍ଗୀ	मुर्गी
କୌଆ	कौआ	x	ମାଦା କୌଆ	मादा कौआ	ଅଧିକାରୀ	अधिकारी	x	ଅଧିକାରୀଣୀ	अधिकारिणी
ହରିଣ	हरिण	x	ମାଦା ହରିଣ	मादा हरिण	ଶିଷ୍ୟ	शिष्य	x	ଶିଷ୍ୟା	शिष्या
ଠାକୁର	ठाकुर	x	ଠାକୁରାଇନ	ठाकुराइन	ଶ୍ରୀମାନ	श्रीमान	x	ଶ୍ରୀମତୀ	श्रीमती
ଲେଖକ	लेखक	x	ଲେଖିକା	लेखिका	ବଚ୍ଚା	बच्चा	x	ବଚ୍ଚୀ	बच्ची
ପୁରୁଷ	पुरुष	x	ସ୍ତ୍ରୀ	स्त्री	ସଖା	सखा	x	ସଖୀ	सखी
ସାହବ	साहब	x	ସାହିବା	साहिबा	ରାଜପୁତ	राजपुत	x	ରାଜପୁତନୀ	राजपुतनी
ନାଈ	नाई	x	ନାଇନ	नाइन	ପିତା	पिता	x	ମାତା	माता
ଦୁହ୍ଲା	दुल्हा	x	ଦୁହ୍ଲନ	दुल्हन	ଭୀଲ	भील	x	ଭୀଲନୀ	भीलनी
ମୋର	मोर	x	ମୋରନୀ	मोरनी	ବକରା	बकरा	x	ବକରୀ	बकार
ଦାଦା	दादा	x	ଦାଦୀ	दादी	ଆଦମୀ	आदमी	x	ଔରତ	औरत
ଘୋଡା	घोडा	x	ଘୋଡୀ	घोडी	ସିଂହ	सिंह	x	ସିଂହନୀ	सिंहनी
ତୋତା	छात्र	x	ମୈନା	छात्रा	ବୈଲ	मियाँ	x	ଗାୟ	बीबी

ପୁଂଲିଙ୍ଗ		x	ସ୍ତ୍ରୀଲିଙ୍ଗ		ପୁଂଲିଙ୍ଗ		x	ସ୍ତ୍ରୀଲିଙ୍ଗ	
ମାମା	मामा	x	ମାମୀ	मामा	ପୂଜାରୀ	पूजारी	x	ପୂଜାରିନ	पूजारिन
ବେଟା	बेटा	x	ବେଟୀ	बेटा	ଧୋବୀ	धोबी	x	ଧୋବିନ	धोबिन
ଲଡକା	लडका	x	ଲଡକୀ	लडकी	ପଣ୍ଡିତ	पंडित	x	ପଣ୍ଡିତାଇନ	पंडिताइन
ଭୈଂସା	भैंसा	x	ଭୈଂସ	भैंस	ଯୁବରାଜ	युबराज	x	ଯୁବରାନୀ	युवरानी
ଅଧ୍ୟାପକ	अध्यापक	x	ଅଧ୍ୟାପିକା	अध्यापिका	ରାଜା	राजा	x	ରାନୀ	रानी
ପଡୋସୀ	पडोसी	x	ପଡୋସନ	पडोसन	ବାପ	बाप	x	ମାଁ	माँ
ବାଲକ	बालक	x	ବାଲିକା	बालिका	ଊଁଠ	ऊँठ	x	ଊଁଠନୀ	ऊँठनी
ଦେବର	देवर	x	ଦେବରାନୀ	देवरानी	ଭାଇ	भाई	x	ବହନ	बहन
ବ୍ରହ୍ମା	व्रह्मा	x	ବ୍ରାହ୍ମିଣୀ	व्राह्मिणी	ଯୁବକ	युवक	x	ଯୁବତୀ	युवती
ଲୁହାର	लुहार	x	ଲୁହାରିନ	लुहारिन	ଶେର	शेर	x	ଶେରନୀ	शेरनी
ହାଥୀ	हाथी	x	ହାଥିନୀ	हाथिनी	ଇନ୍ଦ୍ର	इन्द्र	x	ଇନ୍ଦ୍ରାଣୀ	इन्द्राणी
ସମ୍ରାଟ	सम्राट	x	ସମ୍ରାଜ୍ଞୀ	साम्राज्ञी	କବୁତର	कबुतर	x	କବୁତରୀ	कबुतरी
ବିଦ୍ୟାର୍ଥୀ	विद्यार्थी	x	ବିଦ୍ୟାର୍ଥିନୀ	विद्यार्थिनी	ନାନା	नाना	x	ନାନୀ	नाना
ମାଲୀ	माली	x	ମାଲିନ	मालिन	ତେଲୀ	तेली	x	ତେଲିନ	तेलिन
କୁତ୍ତା	कुत्ता	x	କୁତ୍ତିୟାଁ	कुत्तियाँ	ପୁତ୍ର	पुत्र	x	ପୁତ୍ରୀ	पुत्री
ନୌକର	नौकर	x	ନୌକରାନୀ	नौकरानी	ସସୁର	ससुर	x	ସାସ	सास
ବର	वर	x	ବଧୂ	वधू	କବି	कवि	x	କବୟିତ୍ରୀ	कवयित्री
ପ୍ରିୟ	प्रिय	x	ପ୍ରିୟା	प्रिया	ସେବକ	सेवक	x	ସେବିକା	सेविका

(ଆ) ବଚନ / **वचन (Numbers)**

ସଂଜ୍ଞା ବା ସର୍ବନାମ ଦ୍ୱାରା ବସ୍ତୁ ବା ବ୍ୟକ୍ତିଙ୍କ ସଂଖ୍ୟାକୁ ପ୍ରକାଶ କରାଯାଉଥିବା ଶବ୍ଦକୁ **ବଚନ** (**वचन / Numbers**) କୁହାଯାଏ। ଯଦି ଶବ୍ଦ ଦ୍ୱାରା ସଂଖ୍ୟାର ପରିମାଣ ଏକ ବୋଲି ଜଣାଯାଏ, ତେବେ ତାହାକୁ ଏକ ବଚନ (**एक वचन / Singular**) ଓ ଯଦି ଶବ୍ଦ ସଂଖ୍ୟାର ପରିମାଣକୁ ଏକାଧିକ ବୋଲି ପ୍ରକାଶ କଲା, ତେବେ ତାହା ବହୁବଚନ (**बहु वचन / Plural**) ବୋଲି ଗୃହୀତ ହେବ। କିନ୍ତୁ ଲିଙ୍ଗ ବଦଳାଇବାର କିଛି ନିୟମ ରହିଛି। ସେସବୁକୁ ସାବଧନତାର ସହିତ ଅଧ୍ୟୟନ କରିବାକୁ ପଡ଼ିବ।

1. **ବ୍ୟଂଜନ** (**व्यंजन / Consonat**) ଅକ୍ଷରରେ ଶେଷ ହେଉଥିବା ପୁଂଲିଙ୍ଗ ଶବ୍ଦ ବହୁବଚନରେ ସେହି ରୂପରେ ରହିଥାଏ।
   ଯେପରି : ପାଠକ **पाठक** - ପାଠକ **पाठक**, ଘର **घर** - ଘର **घर**, ପେଡ **पेड** - ପେଡ **पेड**
2. ଆ (**आ**) ଆକାରାନ୍ତ ପୁଂଲିଙ୍ଗ ଶବ୍ଦ ବହୁବଚନରେ ଏ (**ए**) ହୋଇ ବଦଳି ଯାଏ।
   ଯେପରି : ଘୋଡା **घोडा** - ଘୋଡେ **घोडे**
3. ଇ (**इ**) ଇକାରାନ୍ତ ସ୍ତ୍ରୀଲିଙ୍ଗ ଶବ୍ଦ ବହୁବଚନରେ ଇୟାଁ (**इयाँ**) ଯୁକ୍ତ ହୋଇ ରହିଥାଏ।
   ଯେପରି : ଲଡକୀ **लडकी** - ଲଡକୀୟାଁ **लडकीयाँ**
4. ଆ (**आ**) ଆକାରାନ୍ତ ସ୍ତ୍ରୀଲିଙ୍ଗ ଶବ୍ଦ ବହୁବଚନରେ ଏ (**ए**) ଦ୍ୱାରା ଯୁକ୍ତ ହୋଇ ଯାଇଥାଏ।
   ଯେପରି: ମାତା **माता** - ମାତାଏଁ **माताएँ**
5. ଅଧା ଉଚ୍ଚାରିତ ହେଉଥିବା ସ୍ତ୍ରୀଲିଙ୍ଗ ଶବ୍ଦ ବହୁବଚନରେ ଏଁ (**एँ**) ଯୋଗ ହୋଇ ବଦଳିଥାଏ।
   ଯେପରି : କିତାବ **किताव** - କିତାବେଁ **कितावें**
6. ଇ (**इ**) ବା ଈ (**ई**) ବିନା ଅନ୍ୟ ସ୍ୱରାନ୍ତ ଶବ୍ଦ ବହୁବଚନରେ ୟାଁ (**याँ**) ବା ୟେଁ (**यें**)ରେ ବଦଳି ଯାଇଥାଏ।

ଯେପରି :	ମେଜ	**मेज**	....	ମେଜେଁ	**मेजें**
	ଲତା	**लता**	....	ଲତାୟେଁ	**लतायें**
	କଲୀ	**कली**	....	କଲୀୟାଁ	**कलीयाँ**

ଏକ ବଚନ	एक वचन	ବହୁ ବଚନ	बहु वचन	ଏକ ବଚନ	एक वचन	ବହୁ ବଚନ	बहु वचन
ଧାରା	धारा	ଧାରାଯେଁ	धारायें	ଛାତ୍ରା	छात्रा	ଛାତ୍ରାଯେଁ	छात्रायें
ସରିତା	सरिता	ସରିତାଯେଁ	सरितायें	ନଦୀ	नदी	ନଦୀୟାଁ	नदीयाँ
ଘୋଡା	घोडा	ଘୋଡେ	घेडे	କୁର୍ସୀ	कुर्सी	କୁର୍ସିୟାଁ	कुर्सियाँ
ଘଡି	घडि	ଘଡିୟାଁ	घडियाँ	ଆଁଖ	आंख	ଆଁଖେଁ	आंखें
ଦେବୀ	देवी	ଦେବିୟାଁ	देवियाँ	ଯୁବରାଣୀ	युवराणी	ଯୁବରାଣିୟାଁ	युवराणियाँ
ସ୍ତ୍ରୀ	स्त्री	ସ୍ତ୍ରିୟାଁ	स्त्रियाँ	ଖିଲୌନା	खिलौना	ଖିଲୌନେ	खिलौने
ଆଲମାରୀ	आलमारी	ଆଲମାରିୟାଁ	आलमारियाँ	ଘଂଟା	घण्टा	ଘଂଟେ	घण्टे
ଦରୱାଜା	दरवाजा	ଦରୱାଜେ	दरवाजे	ଔରତ	औरत	ଔରତେଁ	औरतें
ବଚ୍ଛା	वच्चा	ବଚ୍ଛେ	वच्चे	ମାତା	माता	ମାତାଯେଁ	मातायें
ମେଜ	मेज	ମେଜେଁ	मेजें	ପହାଡୀ	पाहाडी	ପହାଡିୟାଁ	पाहाडियॉ
ଲତା	लता	ଲତାଯେଁ	लतायें	ତାରିକା	तारिका	ତାରିକାଯେଁ	तारिकायें
ସଫଲତା	सफलता	ସଫଲତାଯେଁ	सफलतायें	ବୁଢ଼ିୟା	बुढिया	ବୁଢ଼ିୟାଁ	बुढियाँ
ନୌକା	नौका	ନୌକାଯେଁ	नौकायें	ଊଁଗଲୀ	ऊँगली	ଊଁଗଲିୟାଁ	ऊंगलियाँ
କେଲା	केला	କେଲେ	केले	ଆଇନା	आइना	ଆଇନେ	आइने
ପୋତୀ	पोती	ପୋତିୟାଁ	पोतियाँ	ଧଂଧା	धंधा	ଧଂଧେ	धंधे
ଶତାବ୍ଦୀ	शताव्दी	ଶତାବ୍ଦିୟାଁ	शताव्दियाँ	କିରଣ	किरण	କିରଣେଁ	किरणें
ଯୁକ୍ତି	युक्ति	ଯୁକ୍ତିୟାଁ	युक्तियॉ	ନୌକା	नौका	ନୌକାଯେଁ	नौकायें
ତରଂଗ	तरंग	ତରଂଗେଁ	तरंगें	କୁମାରୀ	कुमारी	କୁମାରିୟାଁ	कुमारियाँ
ଦୱା	दवा	ଦୱାଯେଁ	दवायें	ମୁହର	मुहर	ମୁହରେଁ	मुहरें
ଆଶା	आशा	ଆଶାଯେଁ	आशायें	ଚୀଜ	चीज	ଚିଜେଁ	चिजें

ଏକ ବଚନ	एक वचन	ବହୁ ବଚନ	बहु वचन	ଏକ ବଚନ	एक वचन	ବହୁ ବଚନ	बहु वचन
କଲମ	कलम	କଲମେଁ	कलमें	ବନିତା	वनिता	ବନିତାୟେଁ	वनितायें
କବିତା	कविता	କବିତାୟେଁ	कवितायें	ବେଟା	बेटा	ବେଟେ	बेटे
ଚିଡ଼ିୟା	चिडिया	ଚିଡିୟାଁ	चिडियाँ	ଲଡକା	लडका	ଲଡକେ	लडके
କଲୀ	कली	କଲିୟାଁ	कलियाँ	ତୋତା	तोता	ତୋତେ	तोते
କପଡ଼ା	कपडा	କପଡେ	कपडे	ସଂସ୍ଥା	संस्था	ସଂସ୍ଥାୟେଁ	संस्थायें
ତାରା	तारा	ତାରେ	तारे	ବସ୍ତୁ	वस्तु	ବସ୍ତୁଏଁ	वस्तुँ
ନାକ	नाक	ନାକେଁ	नाकें	ଲହର	लहर	ଲହରେଁ	लहरें
ସାସ	सास	ସାସେଁ	सासें	ଲୋଗ	लोग	ଲୋଗୋଁ	लोगों
ରାଜା	राजा	ରାଜାଓଁ	राजाओं	ପତ୍ନୀ	पत्नी	ପତ୍ନିୟାଁ	पत्नियाँ
ଗାଡୀ	गाडी	ଗାଡୀୟାଁ	गाडीयाँ	ବାତ	बात	ବାତେଁ	बातें
ରାତ	रात	ରାତେଁ	रातें	ଜୀଭ	जीभ	ଜୀଭେଁ	जीभें
ପୁସ୍ତକ	पुस्तक	ପୁସ୍ତକେଁ	पुस्तकें	ନାୱ	नाव	ନାୱେଁ	नावें
ପତ୍ତା	पत्ता	ପତ୍ତେ	पत्ते	ଗାୟ	गाय	ଗାୟେଁ	गायें
ପଣ୍ଡିତ	पंडित	ପଣ୍ଡିତୋଁ	पंडितों	ଘଟା	घटा	ଘଟାୟେଁ	घटायें
ପାଠଶାଳା	पाठशाला	ପାଠଶାଳାୟେଁ	पाठशालायें	ଋତୁ	ऋतु	ଋତୁୟେଁ	ऋतुयें
ଅଂଗୁଠୀ	अंगुठी	ଅଂଗୁଠିୟାଁ	अंगुठियाँ	ନୌକରାନୀ	नौकरानी	ନୌକରାନିୟାଁ	नौकरानियाँ
ନେତା	नेता	ନେତାଓଁ	नेताओं	ଦୀୱାର	दीवार	ଦୀୱାରେଁ	दीवारें
କୱଇତ୍ରୀ	कवइत्री	କୱଇତ୍ରିୟୋଁ	कवइत्रियों	ଉପାଧି	उपाधि	ଉପାଧିୟାଁ	उपाधियाँ
ସଂପତି	संपत्ति	ସଂପତିୟାଁ	संपत्तियाँ	ସାଂସ	सांस	ସାଁସେ	साँसे
ଲଡ଼କୀ	लडकी	ଲଡକିୟାଁ	लडकियाँ	ନାରୀ	नारी	ନାରିୟାଁ	नारियाँ
ବେଟୀ	वेटी	ବେଟିୟାଁ	वेटियाँ	ନୌକା	नौका	ନୌକାୟେଁ	नौकायें

ବହୁବଚନରେ ବଦଳୁ ନଥିବା ଶବ୍ଦ / बहुवचन में नहीं बदलनेवाली शब्द
(Non-Changable Words in Plural Forms)

ନଡିଆ	नारियल	ବିଦ୍ୱାନ	विद्वान	ପିତା	पिता	ଘର	घर	ଭାଇ	भाई
ମନ୍ଦିର	मंदिर	ଶଶୁର	ससुर	ଗଛ	पेड	ହୃଦୟ	हृदय	କମଳ	कमल
ନର	नर	ମୋତି	मोति	ନଗର	नगर	ମାମୁଁ	मामा	ମଗର	मगर
ଦାଦା	काका	ଜଂଗଲ	जंगल	ମହାତ୍ମା	महात्मा	ପଣ୍ଡିତ	पंडित	ହାତ	हाथ
ଆମ୍ବ	आम	ନନ୍ଦନ	नन्दन	ସମ୍ରାଟ	सम्राट	ସପ	सौप	ଦହି	दही
ପେଚା	उल्लु	ଫୁଲ	फूल	ପାଦ	पैर	ନେତ୍ର	नेत्र		
ସମୁଦ୍ର	समुद्र	ଶିଶୁ	वाल	ପାହାଡ	पहाड	କାନ	कान	ବଚନ	वचन
ଦାନ୍ତ	दान्त	ଧନ	धन	ପର୍ବତ	पर्वत	ଦେବ	देव	କାମ	काम
ନାମ	नाम	ନକ୍ଷତ୍ର	नक्षत्र	ଲୋକ	आदमि	ଘିଅ	घी	ପାଣି	पानी
ରାଜା	राजा	ଦାଦା	चाचा	ଜେଜେ	दादा	କବି	कवि	ପୁତ୍ର	पुत्र

(ଇ) କାରକ-ବିଭକ୍ତି / कारक-बिभक्ति (Case Endings)

କୌଣସି ଭାଷାକୁ ଭଲ ଭାବରେ ଶିଖିବାକୁ ହେଲେ ସେହି ଭାଷାର ଶବ୍ଦଭଣ୍ଡାର ଉପରେ ବିସ୍ତୃତ ଜ୍ଞାନ ରହିବା ସଂଗେ ସଂଗେ ତାହାର ପ୍ରୟୋଗ କୌଶଳକୁ ଜାଣିବା ଏକାନ୍ତ ଆବଶ୍ୟକ।

କାରକର ଆଠଟି ଭେଦ ରହିଛି। ତାହା ହେଉଛି:

1. **କର୍ତ୍ତା କାରକ (कर्ता कारक / Nominative Case) :**
   ଏହା କର୍ତ୍ତା ସହିତ ସମ୍ବନ୍ଧ ରଖିଥାଏ। ଏହା ପ୍ରଥମା ବିଭକ୍ତି। ଏହର ଚିହ୍ନ ହେଉଛି 'ନେ' (ने)।
2. **କର୍ମ କାରକ (कर्म कारक / Objective Case) :**
   ଏହା କାମ ସହିତ ସମ୍ବନ୍ଧ ରଖିଥାଏ। ଏହା ଦ୍ୱିତୀୟା ବିଭକ୍ତି। ଏହାର ଚିହ୍ନ : 'କୋ, କି' (को, की)।
3. **କରଣ କାରକ (कारण कारक / Instrumental Case) :**
   ଏହା କାରଣ ସହିତ ସମ୍ବନ୍ଧ ରଖିଥାଏ। ଏହା ତୃତୀୟା ବିଭକ୍ତି। ଏହାର ଚିହ୍ନ ହେଉଛି 'ସେ' (से)।
4. **ସଂପ୍ରଦାନ କାରକ (संप्रदान कारक / Dative Case) :**
   ଏହା ପ୍ରୟୋଜନ ସଂବନ୍ଧିତ। ଏହା ଚତୁର୍ଥୀ ବିଭକ୍ତି। ଏହାର ଚିହ୍ନ ହେଉଛି 'କେ ଲିଏ' (के लिए)।

5. **ଅପାଦାନ କାରକ (अपादान कारक / Ablative Case)** :
କରା ଯାଇଥିବା କାର୍ଯ୍ୟକୁ ସମ୍ବନ୍ଧୀ। ଏହା ପଂଚମୀ ବିଭକ୍ତି। ଏହି ବିଭକ୍ତିର ଚିହ୍ନ ହେଉଛି 'ସେ' (से)।

6. **ସମ୍ବନ୍ଧ କାରକ (संबन्ध कारक /Possessive Case)** :
ଏହ ସମ୍ବନ୍ଧକୁ ପ୍ରକାଶ କରେ। ଏହା ଷଷ୍ଠୀ ବିଭକ୍ତି। ଏହାର ଚିହ୍ନ : 'କା, କେ, କୀ' (का, के, की)।

7. **ଅଧିକରଣ କାରକ (अधिकरण कारक / Locative Case)** : ଏହା କ୍ଷେତ୍ର ସମାଚାରକୁ ସୂଚାଏ। ଏହା ସପ୍ତମୀ ବିଭକ୍ତି। ଏହି ବିଭକ୍ତିର ଚିହ୍ନ ହେଉଛି 'ମେଁ, ପର' (मैं, पर)।

8. **ସମ୍ବୋଧନ କାରକ (संबोधन कारक / Vocative Case)** : ଏହା ସମ୍ବୋଧନକୁ ସୂଚାଇ ଥାଏ। ଏହା ଅଷ୍ଟମୀ ବିଭକ୍ତି। ଏହାର ଚିହ୍ନ 'ହୈ, ଅରେ, ଆହା' (है, अरे, आहा)।

ବର୍ତମାନ ଏହି କାରକ ଦିଗରେ ଉଦାହରଣ ସହିତ ବିଶେଷ ଜ୍ଞାନ ଲାଭ କରିବା। ଯେପରି :

1. **କର୍ତା କାରକ (कर्ता कारक / Nominative Case)** : ଏଠାରେ 'ନେ' (ने)ର ପ୍ରୟୋଗ ଦ୍ୱାରା କର୍ତା ସଂପର୍କରେ ସୂଚନା ପ୍ରକାଶ ପାଇଥାଏ।

ଉଦାହରଣ : ଗୌରୀ ଆମ୍ବ ଖାଇଛି। — गौरी ने आम खायी है।
ଗୌରୀ ନେ ଆମ ଖାୟୀ ହୈ।

2. **କର୍ମ କାରକ (कर्म कारक / Objective Case)** : ଏଠାରେ 'କୋ' (को) ପ୍ରୟୋଗ ହେବା ଫଳରେ ବାକ୍ୟରେ କର୍ତା ଦ୍ୱାରା କରା ଯାଇଥିବା କାମ ସଂପର୍କରେ ତଥ୍ୟ ପ୍ରକାଶ ପାଇଥାଏ।

ଉଦାହରଣ : ସେଠ ଚାକରକୁ ଡାକିଲେ। — सेठ ने नौकर को बुलाया।
ସେଠ ନେ ନୌକର କୋ ବୁଲାୟା।

3. **କରଣ କାରକ (कारण कारक / Instrumental Case)** : ଏଠରେ 'ସେ', 'ଦ୍ୱାରା' (को) ପ୍ରୟୋଗ ହେବା ଦ୍ୱାରା କ୍ରିୟାର ସାଧନ ବା ମାଧମ ସଂପର୍କରେ ତଥ୍ୟ ପ୍ରକାଶ ପାଇଥାଏ।

ଉଦାହରଣ : ରାମ ବାଣ ଦ୍ୱାରା ରାବଣକୁ ମାରିଲେ। — राम ने वाण द्वारा रावण को मारा।
ରାମ ନେ ବାଣ ଦ୍ୱାରା ରାବଣ କୋ ମାରା।

4. ସଂପ୍ରଦାନ କାରକ (संप्रदान कारक / Dative Case) : ଏଠାରେ 'କେ ଲିଏ' (के लिए) ପ୍ରୟୋଗ ହେବା ଦ୍ୱାରା କରା ଯାଉଥିବା କାର୍ଯ୍ୟର ଉଦ୍ଦେଶ୍ୟ ସଂପର୍କରେ ତଥ୍ୟ ପ୍ରକାଶ ପାଇଥାଏ।

ଉଦାହରଣ : ଆମେ ଯୋଗ ସ୍ୱାସ୍ଥ୍ୟ ପାଇଁ କରିଥାଉ। हम योग स्वास्थ्य के लिये करते हैं।

ହମ ଯୋଗ ସ୍ୱାସ୍ଥ୍ୟ କେ ଲିୟେ କରତେ ହୈଁ।

5. ଅପାଦାନ କାରକ (अपादान कारक / Ablative Case) : ଏଠାରେ 'ସେ' (से) ପ୍ରୟୋଗ ହେବା ଦ୍ୱାରା ଯେଉଁ ସ୍ଥାନ ବା ବସ୍ତୁ ଠାରୁ କୌଣସି ବ୍ୟକ୍ତି ବା ବସ୍ତୁର ପୃଥକତା ବା ତୁଳନା କରାଗଲା, ତାହା ପ୍ରକାଶ ପାଇଥାଏ।

ଉଦାହରଣ : ଫଳ ଗଛରୁ ଅଲଗା ହୋଇଗଲା। फल पेड से अलग हो गया।

ଫଲ ପେଡ ସେ ଅଲଗ ହୋ ଗୟା।

6. ସମ୍ବନ୍ଧ କାରକ (संबन्ध कारक /Possessive Case) : ଏଠାରେ 'କା' (का) ପ୍ରୟୋଗ ହେବା ଦ୍ୱାରା କର୍ତା ବା ସଂଜ୍ଞା ସହିତ ଅନ୍ୟ କୌଣସି ସଂଜ୍ଞା ବା ବ୍ୟକ୍ତି, ବସ୍ତୁ ଇତ୍ୟାଦିର ସଂପର୍କ ପ୍ରକାଶ ପାଇଥାଏ।

ଉଦାହରଣ : ତୁମ ଭଉଣୀର ନାମ କଣ ? तुम्हारा बहन का नाम क्या है ?

ତୁହ୍ମାରା ବହନ କା ନାମ କ୍ୟା ହୈ ?

7. ଅଧିକରଣ କାରକ (अधिकरण कारक / Locative Case) : ଏଠାରେ 'ମେ, ପର' (में, पर) ପ୍ରୟୋଗ ହେବା ଦ୍ୱାରା କ୍ରିୟାର ଆଧାର, ଆଶ୍ରୟ ବା ଶର୍ତ ସଂପର୍କରେ ତଥ୍ୟ ପ୍ରକାଶିତ ହୋଇଥାଏ।

ଉଦାହରଣ : ଶିବା ସିନେମା ସୁଟିଙ୍ଗ୍‌ରେ ଅଛନ୍ତି। शिवा सिनेमा शुटिङ्ग में हैं।

ଶିବା ସିନେମା ସୁଟିଙ୍ଗ୍ ମେଁ ହେଁ।

8. ସମ୍ବୋଧନ କାରକ (संबोधन कारक / Vocative Case): ଏଠାରେ 'ହେ, ଅରେ, ଅହା' (है, अरे, अहा) ପ୍ରୟୋଗ ହେବା ଦ୍ୱାରା ବାକ୍ୟରେ କର୍ତାର ମନୋଭାବ ବା କାହାକୁ ଡାକୁଥିବାର ମନୋଭାବ ସଂପର୍କରେ ତଥ୍ୟ ପ୍ରକାଶ ପାଇଥାଏ।

ଉଦାହରଣ : ହେ ଭଗବାନ ! କୃପା କର। हे भगवान! कृपा करो

ହେ ଭଗୱାନ ! କୃପା କରୋ।

ସୂଚନା : କାରକ ପ୍ରୟୋଗ କଲାବେଳେ ସବୁକିଛି ନିୟମ ଅନୁସାରେ କରିବାକୁ ହୋଇଥାଏ। ଓଡ଼ିଆ ଓ ହିନ୍ଦୀ ଉଭୟରେ କାରକ ସଂଜ୍ଞା ଓ ସର୍ବନାମ ପରେ ଆସିଥାଏ। ଅତ୍ୟନ୍ତ ସାବଧାନତା ପୂର୍ବକ ଏହାକୁ ଲକ୍ଷ୍ୟ କରିବାକୁ ହୋଇଥାଏ।

କୋ (को) : ଏହା କେବଳ ପ୍ରାଣୀ ବାଚକ ଶବ୍ଦ କ୍ଷେତ୍ରରେ ପ୍ରୟୋଗ ହୋଇଥାଏ। 'କା, କେ, କୀ' (का, के, की) ପରି ସଂବନ୍ଧ କାରକ ଷଷ୍ଠୀ ବିଭକ୍ତି ପ୍ରତ୍ୟୟ 'କା' (का) ପରେ ଆସୁଥିବା ସମସ୍ତ ସଂଜ୍ଞା ପରେ କୌଣସି ବିଭକ୍ତି ଆସିଲେ ତାହା ଏକ ବଚନ ହେଲେ ମଧ୍ୟ ତାହା 'କେ' (के) ପରି ପରିବର୍ତ୍ତିତ ହେବ। ଅର୍ଥାତ ଅ କାରାନ୍ତ ସଂଜ୍ଞା ଏ କାରନ୍ତ ସଂଜ୍ଞାରେ ବଦଳି ଗଲେ ସ୍ତ୍ରୀଲିଙ୍ଗରେ କୌଣସି ପରିବର୍ତ୍ତନ ଘଟେ ନାହିଁ।

ଉଦାହରଣ : ମାଙ୍କ ବହିରେ **माताजी की किताब में**

ମାତାଜୀ କୀ କିତାବ ମେଁ

ଏହି ବାକ୍ୟରେ ସଂଜ୍ଞା ପରେ ବିଭକ୍ତି 'ମେଁ' (में) ଆସିଥିଲେ ମଧ୍ୟ 'କୀ' (ी)ର ପରିବର୍ତ୍ତନ ଘଟିଲା ନାହିଁ। ସାବଧାନତା ସହକାରେ ଲକ୍ଷ୍ୟ କରନ୍ତୁ।

କଳାଶାଳାର ବିଦ୍ୟାର୍ଥୀମାନଙ୍କ ଦ୍ୱାରା **कलाशाला के विद्यार्थियों से**

କଲାଶାଲା କେ ବିଦ୍ୟାର୍ଥିୟୋଁ ସେ

ଏହି ବାକ୍ୟରେ କଳାଶାଳା ପରେ 'କା (का) ଆସିବାର ଥିଲା, ହେଲେ 'ବିଦ୍ୟାର୍ଥିୟୋଁ' (ସଂଜ୍ଞା) ପରେ ବିଭକ୍ତି 'ସେ' (से) ପ୍ରୟୋଗ କରାଗଲା। ତେଣୁ 'କା' (का) କାରକ 'କେ' (के)ରେ ପରିଣତ ହେଲା।

ସୂଚନା :

ପୁଂଲିଙ୍ଗ ଏକ ବଚନରେ 'କା' (का),
ପୁଂଲିଙ୍ଗ ବହୁ ବଚନରେ 'କେ' (के).
ସ୍ତ୍ରୀଲିଙ୍ଗ ଏକ ବଚନରେ 'କୀ'(की) ଏବଂ
ସ୍ତ୍ରୀଲିଙ୍ଗ ବହୁ ବଚନରେ 'କୀ' (की) ଯୋଗ ହୋଇଥାଏ।

ହେଲେ ସ୍ତ୍ରୀଲିଙ୍ଗରେ କୌଣସି ପରିବର୍ତ୍ତନ ନ ହେଲେ ମଧ୍ୟ ପୁଂଲିଙ୍ଗ ଏକ ବଚନ 'କା' (का) ସଂଜ୍ଞା ପରେ କୌଣସି କାରକ ଆସିଲେ ତାହା 'କେ' (के) ରେ ବଦଳି ଯାଇଥାଏ।

ସର୍ବନାମ / सर्वनाम (Pronoun)

2. **ସର୍ବନାମ / सर्वनाम (Pronoun) :**

ସଂଜ୍ଞା ପରିବର୍ତେ ପ୍ରୟୋଗ କରାଯାଉଥିବା ଶବ୍ଦକୁ ସର୍ବନାମ କୁହା ଯାଇଥାଏ।

ଯେପରି : ଆମେ, ତୁମେ, ସେ, ଇତ୍ୟାଦି।

ସୂଚନା : 'ମୁଁ' (में) ଠାରୁ ବାକ୍ୟ ଆରମ୍ଭ ହେଲେ ବାକ୍ୟ ଶେଷରେ 'ହୁଁ' (हुँ) ବ୍ୟବହାର କରାଯିବ। ମାତ୍ର 'ଆମେ' (हम), 'ସେ' (वह), 'ଆପଣ' (आप), 'ସେମାନେ'(वे) ଓ 'ଏହା' (यह) ବାକ୍ୟର ଆରମ୍ଭରେ ରହିଥିଲେ, ବାକ୍ୟ ଶେଷରେ 'ହୋ' (हो) ଆସିଥାଏ।

ଉଦାହରଣ : ମୁଁ ଖାଦ୍ୟ ଖାଉଛି।	मैं खाना खाता हुँ।	ମୈଁ ଖାନ ଖାତା ହୁଁ।
ତୁମେ କେଉଁଠି ଅଛ ?	तुम कहाँ हो ?	ତୁମ କହାଁ ହୋ ?
ଆପଣ କେବେ ଆସୁଛନ୍ତି ?	आप कब आते हैं ?	ଆପ କବ ଆତେ ହୈଁ ?

ସର୍ବନାମର ପ୍ରକାର ଭେଦ / सर्वनाम बिभाजन (Division of Pronoun)

ସର୍ବନାମ ସାଧାରଣତଃ ଛଅ ପ୍ରକାରର। ସବୁ ପ୍ରକାରର ସର୍ବନାମକୁ ଭଲ ଭାବରେ ଅଧ୍ୟୟନ କରନ୍ତୁ।

1. **ପୁରୁଷ ବାଚକ ସର୍ବନାମ / पुरुष वाचक सर्वनाम (Personal Pronoun) :**

ଏହା ଶୁଣିଲା ବାଲା ବା କହିବା ବାଲା ବା ସେହି ବିଷୟ ସହିତ ସଂପର୍କ ରହୁଥିବା ବାଲାଙ୍କ ଉପରେ ତଥ୍ୟ ପ୍ରକାଶ କରିଥାଏ। ଯେପରି :

ମୁଁ	ମୈଁ	मैं
ଆମେ	ହମ	हम
ତୁମେ	ତୁମ	तुम
ତୁ	ତୁ	तु
ଅପଣ	ଆପ	आप
ଏହା	ୟହ	यह
ସେ	ୱ୍ୱହ	वह
ଏମାନେ	ୟେ	ये
ସେମାନେ	ୱ୍ୱେ	वे

2. **ନିଜ ବାଚକ ସର୍ବନାମ / निज वाचक सर्वनाम (Reflexive Pronoun) :**

ଯେଉଁ ସର୍ବନାମକୁ ପ୍ରୟୋଗ କର୍ତା କାରକ ସ୍ୱୟଂ ପାଇଁ କରିଥାଏ, ତାହାକୁ ନିଜ ବାଚକ ସର୍ବନାମ କୁହାଯାଇଥାଏ। ଏଠାରେ କର୍ତାର କଡରେ 'ହୀ' (ही) ପ୍ରୟୋଗ ହୋଇଥାଏ।

ଉଦାହରଣ :	ଆପଣ ହିଁ	ଆପ ହୀ	आप ही
	ଆମେମାନେ ହିଁ	ହମ ହୀ	हम ही
	ତୁମେ ହିଁ	ତୁମ ହୀ	तुम ही
	ଏହା ହିଁ	ୟହ ହୀ	यह ही

3. **ନିଶ୍ଚୟ ବାଚକ ସର୍ବନାମ / निश्चय वाचक सर्वनाम (Demonstrative Pronoun) :**

ଏହା ବ୍ୟକ୍ତି ବା ବସ୍ତୁ ଉପରେ ନିଶ୍ଚିତତାକୁ ସୂଚାଇଥାଏ।

ଉଦାହରଣ :	ଏହା	ୟହ	यह
	ତାହା	ୱହ	वह
	ଏଇଟା	ୟେ	ये
	ସେଇଟା	ୱେ	वे

4. **ଅନିଶ୍ଚିତ ବାଚକ ସର୍ବନାମ / अनिश्चित वाचक सर्वनाम (Indefinite Pronoun) :**

ଏହା କୌଣସି ବ୍ୟକ୍ତି ବା ବସ୍ତୁ ଉପରେ ନିଶ୍ଚିତତା ସଂପର୍କରେ ସୂଚନା ଦିଏ ନାହିଁ।

ଉଦାହରଣ :	କେଉଁ	କୋଇ	कोई
	କିଛି	କୁଛ	कुछ
	ସବୁ	ସବ	सब

5. **ସମ୍ବନ୍ଧ ବାଚକ ସର୍ବନାମ / संबन्ध वाचक सर्वनाम (Relative Pronoun) :**

ଏହା ଗୋଟିଏ ଶବ୍ଦ ବା ବାକ୍ୟ ସହିତ ଅନ୍ୟ ଏକ ଶବ୍ଦ ବା ବାକ୍ୟ ମଧ୍ୟରେ ଥିବା ପରସ୍ପର ସମ୍ବନ୍ଧକୁ ସୂଚିତ କରିଥାଏ।

ଉଦାହରଣ :	ଯିଏ	ଯୋ	जो
	ତେଣୁ	ସୋ	सो
	ଯେଉଁ	ଯିସ	जिस
	ସେହି	ଉସ	उस

ଯିଏ(जो) କାମ କରୁଛନ୍ତି, ସିଏ ଫଳ ଲାଭ କରୁଛନ୍ତି। ଏଠାରେ 'ଜୋ' ହେଉଛି ଏକ ସଂବନ୍ଧ ବାଚକ ସର୍ବନାମ। ଏହାକୁ ଆମେ ବୁଝାଇବାପାଇଁ ତାହାକୁ 'ହମ' (हम)ଅର୍ଥରେ ବ୍ୟବହାର କରିବାକୁ ହେଲା।

1. ହିନ୍ଦୀରେ - 'ଜୋ'(जो) ଶବ୍ଦ ଆସିଲେ ସେହି ବାକ୍ୟରେ ମଧ୍ୟ ସେ ଶବ୍ଦ ଠିକ ସେହି ଶବ୍ଦ ଓଡ଼ିଆ ବ୍ୟବହୃତ ହୋଇଥାଏ।
2. 'ଜୋ' (जो) ଶବ୍ଦ ସଂଜ୍ଞା ସହିତ ବା ସର୍ବନାମ ସହିତ ଅଧିକ ସଂପର୍କ ରଖିଥାଏ ।
3. 'ଜୋ' (जो) ଶବ୍ଦ କେତେବେଳେ ବାକ୍ୟର ପ୍ରଥମରେ ବା କେତେବେଳେ ବାକ୍ୟର ମଧ୍ୟଭାଗରେ ବ୍ୟବହୃତ ହୋଇଥାଏ।

   ଉଦାହରଣ : ଯିଏ ଭଲ ପଢ଼େ ସେ ଉତୀର୍ଣ୍ଣ ହୋଇଥାଏ।

   जो अच्छा पढता है वह पास होता है।

   ଜୋ ଅଛା ପଢ଼ତା ହୈ ୱହ ପାସ ହୋତା ହୈ।

   ସେମାନେ ମହାପୁରୁଷ ଯେଉଁମାନେ ଦେଶ ପାଇଁ କଷ୍ଟ ସ୍ୱୀକାର କରିଥାନ୍ତି।

   वे महापुरुष होते हैं, जो देश के लिए कष्ट सहन करते हैं।

   ୱେ ମହାପୁରୁଷ ହୋତେ ହୈଁ, ଜୋ ଦେଶ କେ ଲିଏ କଷ୍ଟ ସହନ କରତେ ହୈଁ।
4. ବିଭକ୍ତିମାନ - ବାକ୍ୟରେ ଯେଉଁଠି 'ନେ'(ने), 'କୋ'(को), 'ସେ'(से), 'ପର'(पर) ଆସିଲେ 'ଜୋ'(जो)ର ରୂପ ବଦଳି ଯାଇଥାଏ।

ଉଦାହରଣ :	**एक वचन ଏକ ବଚନ**	**बहु वचन ବହୁ ବଚନ**
ଜୋ (जो) + ନେ (ने)	जिसने ଜିସନେ	जिन्होंने ଜିହ୍ନୋନେ
ଜୋ (जो) + କୋ (को)	जिसको ଜିସକୋ /	जिनको ଜିନକୋ /
	जिसे ଜିସେ	जिन्हें ଜିହ୍ନେ
ଜୋ (जो) + ସେ (से)	जिससे ଜିସସେ	जिनसे ଜିନସେ
ଜୋ (जो) + ପର (पर)	जिसपर ଜିସ ପର	जिनपर ଜିନ ପର

5. 'ଜୋ' (जो) ଶବ୍ଦ ବିଶେଷଣ ପରି ମଧ୍ୟ ବ୍ୟବହୃତ ହୋଇଥାଏ। ସଂଜ୍ଞାପରେ ବିଭକ୍ତି ଆସିଲେ ଏକ ବଚନରେ ଯାହା 'ଜିସ'(जिस), ତାହା ବହୁବଚନରେ 'ଜିନ' (जिन)ରେ ପରିବର୍ତ୍ତିତ ହୋଇଥାଏ। ଯେପରି :

   ଜିସ ଦେଶ ମେଁ ଗଂଗା ବହତୀ ହୈ ଉସ ଦେଶ ମେଁ ହମ ରହତେ ହୈଁ।

   जिस देश में गंगा बहती है उस देश में हम रहते हैं।

ଉଦାହରଣ : ଯେଉଁ ଅଫିସରେ ଆପଣ କାମ କରୁଛନ୍ତି ତାହା କେଉଁଠି ?

ଜିସ ଦଫ୍‌ତର ମେଁ ଆପ କାମ କରତେ ହେଁ ଓ୍ୱହ କହାଁ ହୈ ?

जिस दफ्तर में आप काम करते है वह कहाँ है ?

- ଏକ ବଚନ

ଯେଉଁ ପିଲାମାନଙ୍କୁ ତୁମେ ଦରକାର କରୁଛ, ସେମାନେ ଏଠାରେ ନାହାନ୍ତି ।

ଜିନ ବଚ୍ଚୋଁ କୋ ତୁମ ଚାହତେ ହୋ ଓ୍ୱେ ୟହାଁ ନହୀଁ ହେଁ ।

जिन बच्चों को तुम चाहते हो वे यहाँ नहीं है।

- ବହୁ ବଚନ

6. **ପ୍ରଶ୍ନ ବାଚକ ସର୍ବନାମ / प्रश्न वाचक सर्वनाम (Interrogative Pronoun) :**

ଏହାର ପ୍ରୟୋଗ ଦ୍ୱାରା କୌଣସି ବ୍ୟକ୍ତି ବା ବସ୍ତୁ ସଂପର୍କରେ ପ୍ରଶ୍ନ ପଚରା ଯାଇଥାଏ ।

ଉଦାହରଣ :			
	କଣ	କ୍ୟା	क्या
	କିଏ	କୌନ	कौन
	କାହାର	କିସକା	किसका

କେଉଁଟା कौनसा କୌନସା (Which)

ହିନ୍ଦୀ ଭାଷା ଜାଣିଥିବା ପ୍ରତ୍ୟେକ ବ୍ୟକ୍ତି ଏହି ଶବ୍ଦକୁ ଜାଣନ୍ତି । ଓଡ଼ିଆରେ ଏହାକୁ 'କେଉଁ' ବୋଲି କୁହାଯାଏ ।

ଉଦାହରଣ :		
	ତାହା କେଉଁ ସଂଖ୍ୟା ?	वह कौनसा नंवर है ?
		ଓ୍ୱହ କୌନସା ନମ୍ବର ହୈ ?
	ତାହା କେଉଁ ଗାଡି ?	वह कौन सा गाडी है ?
		ଓ୍ୱହ କୌନ ସୀ ଗାଡ଼ୀ ହୈ ?

ଇଏ इन्होंने ଇହ୍ନୋଁନେ (This Person)

ଏହି ଶବ୍ଦ ମଧ୍ୟ ଆମେ ପ୍ରତିଦିନ ବ୍ୟବହାର କରିଥାଉ ।

ଉଦାହରଣ :		
	ଇଏ ସେଠାରେ ନଥିଲେ ।	ये वहाँ नहीं है।
		ୟେ ଓ୍ୱହାଁ ନହୀଁ ହୈ ।
	ଇଏ ରୋଟୀ ଖାଇଛନ୍ତି ।	इन्होंने रोटी खायी।
		ଇହ୍ନୋନେ ରୋଟୀ ଖାୟୀ ।

ଓ୍ୱହ / ଉହ୍ନୋନେ उन्होंने (That Person)

ସେ ସ୍ଥାନରେ 'ଓ୍ୱହ' (वह) ବା 'ଉହ୍ନୋନେ (उन्होंने)'ର ପ୍ରୟୋଗ କରା ଯାଇଥାଏ।

ଉଦାହରଣ: ସେ ଏଠାକୁ ଆସିବେ वह यहाँ आयेगें।

ଓ୍ୱହ ୟହାଁ ଆୟେଗେଁ।

ସେ କହିଲେ ଯେ କାଲି ଏଠାରେ ଗୋଟିଏ ବଡ ଉତ୍ସବ ହେବ।

उन्होंने कहा कि कल यहाँ बडा उत्सब होगा।

ଉହ୍ନୋନେ କହା କି କଲ ୟହାଁ ବଡା ଉତ୍ସବ ହୋଗା।

(କ) ସର୍ବନାମର ରୂପାନ୍ତରୀକରଣ सर्बनाम का रुपान्तर

ବିଭକ୍ତି ଦ୍ୱାରା ସର୍ବନାମର ରୂପ ବଦଳିଥାଏ। ତେଣୁ ଅତ୍ୟନ୍ତ ସାବଧାନତା ସହିତ ଏହାକୁ ଅଧ୍ୟୟନ କରନ୍ତୁ।

1	କୌନ	कौन	+	କା	का	=	କିସକା	किसका	whose
2	କୌନ	कौन	+	କା	का	=	କିନକା	किनका	whose
3	କୌନ	कौन	+	ନେ	का	=	କିହ୍ନୋନେ	किन्होने	who
4	ତୁମ	तुम	+	କା	का	=	ତୁହ୍ମାରା	तुम्हारा	your
5	ମୈଁ	मैं	+	କା	का	=	ମେରା	मेरा	my
6	ଆପ	आप	+	କା	का	=	ଆପକା	आपका	yours
7	କୌନ	कौन	+	ସେ	का	=	କିସସେ	किससे	by whom
8	କୌନ	कौन	+	କୋ	का	=	କିନକୋ	किनका	to whom
9	ମୈଁ	मैं	+	ସେ	का	=	ମୁଝସେ	मुझसे	by whom
10	ତୁମ	तुम	+	ସେ	का	=	ତୁମସେ	तुमसे	by you
11	ଆପ	आप	+	ସେ	का	=	ଆପସେ	आपसे	by you
12	ମୈଁ	मैं	+	ନେ	का	=	ମୈଁନେ	मैने	I

13	ତୁମ	तुम	+	ନେ	ने	=	ତୁମନେ	तुमने	you
14	ୟହ	यह	+	ନେ	ने	=	ଇସନେ	इसने	he
15	ହମ	हम	+	କା	का	=	ହମାରା	हमारा	our / ours
16	ୱହ	वह	+	ନେ	ने	=	ଉସନେ	उसने	that
17	ୟହ	यह	+	କା	का	=	ଇସକା	इसका	of this
18	ୱେ	वे	+	କା	का	=	ଉନକା	उनका	of that
19	ୟେ	ये	+	ନେ	ने	=	ଇନ୍ହୋନେ	इन्होने	these
20	ୱହ	वह	+	କା	का	=	ଉସକା	उसका	of him
21	ୟେ	ये	+	କା	का	=	ଇନକା	इनका	of these
22	ଆପ	आप	+	ନେ	ने	=	ଆପନେ	आपने	you
23	ମୈଁ	मैं	+	କୋ	को	=	ମୁଝେ	मुझे	to me
24	ତୁମ	तुम	+	କୋ	को	=	ତୁମକୋ	तुमको	to you
25	ୟହ	यह	+	କୋ	को	=	ଇସକୋ	इसको	to this
26	ୱହ	वह	+	କୋ	को	=	ଉସକୋ	उसको	to that
27	ୱେ	वे	+	ସେ	को	=	ଉନସେ	उनसे	by them
28	ୱହ	वह	+	ସେ	को	=	ଉସସେ	उनसे	by them
29	ୟେ	ये	+	ସେ	को	=	ଇସସେ	इससे	by them
30	ତୁମ	तुम	+	ସେ	को	=	ତୁମସେ	तुमसे	by you
31	ହମ	हम	+	ସେ	को	=	ହମସେ	हमसे	by us
32	ଆପ	आप	+	କୋ	को	=	ଆପକୋ	आपको	to you
33	ୟହ	यह	+	ସେ	को	=	ଇସସେ	इससे	by this / From this

(ଖ) ପୁରୁଷ / पुरुष (Persons)

ଓଡ଼ିଆ ଓ ହିନ୍ଦୀ ଭାଷାରେ ତିନି ପ୍ରକାରର ପୁରୁଷ ରହିଛି। ତାହା ହେଉଛି :-

୧. **ପ୍ରଥମ ପୁରୁଷ / ଉତମ ପୁରୁଷ उत्तम पुरुष (First Person)** : କଥା କହୁଥିବା ବା ଲେଖୁଥିବା ବ୍ୟକ୍ତି ନିଜ ସଂପର୍କରେ ଯେଉଁ ସର୍ବନାମକୁ ବ୍ୟବହାର କରିଥାନ୍ତି, ତାହାକୁ ଉତମ ପୁରୁଷ ସର୍ବନାମ କୁହାଯାଏ। **ଉଦାହରଣ :**

ମୁଁ	मैं	ମୈଁ
ଆମେ	हम	ହମ

୨. **ଦ୍ୱିତୀୟ ପୁରୁଷ / ମଧମ ପୁରୁଷ मध्यम पुरुष (Second Person)** : ଶୁଣିଲା ବାଲା ବା ସମ୍ମୁଖ ଭାଗରେ ବ୍ୟକ୍ତି ରହି କଥା କହିଲା ବେଳେ ଯେଉଁ ସର୍ବନାମର ବ୍ୟବହାର କରିଥାନ୍ତି, ତାହାକୁ ଦ୍ୱିତୀୟ ପୁରୁଷ ବା ମଧମ ପୁରୁଷ ସର୍ବନାମ ବୋଲି କୁହା ଯାଇଥାଏ।

ଉଦାହରଣ :

ତୁ	तु	ତୁ
ତୁମେ	तुम	ତୁମ
ଆପଣ	आप	ଆପ

୩. **ତୃତୀୟ ପୁରୁଷ / ଅନ୍ୟ ପୁରୁଷ / अन्य पुरुष (Third Person) :** ଯାହା ଉପରେ ଲେଖା ଯାଉଥାଏ ତାହାକୁ ତୃତୀୟ ପୁରୁଷ ବା ଅନ୍ୟ ପୁରୁଷ ବୋଲି କୁହା ଯାଇଥାଏ।

ଉଦାହରଣ :

ସେ	वे	ୱେ	ଏ	ये	ୟେ
ସେମାନେ	वह	ୱହ	ଏହା	यह	ୟହ

ବିଶେଷଣ / विशेषण (Adjective)

3. **ବିଶେଷଣ / विशेषण (Adjective)** : ଏହା ସଂଜ୍ଞା ବା ସର୍ବନାମର ଗୁଣକୁ ପ୍ରକାଶ କରିଥାଏ।

ଉଦାହରଣ :

ବୀରୁ ଭଲ।	वीरु अच्छा है।	ୱୀରୁ ଅଛା ହୈ।
ସେ ଛୋଟ।	वह छोटा है।	ୱହ ଛୋଟା ହୈ।
ଏହା ମିଠା।	यह मिठा है।	ୟହ ମିଠା ହୈ।

କେତେକ ବିଶେଷଣ कुछ विशेषण (Some Adjective)

ଖରାପ	बुरा	ବୁରା	ତାଜା	ताजा	ତାଜା
ଭଲ	अच्छा	ଅଛା	ସଢା	सडा	ସଢା
ବଡ	बडा	ବଡା	ପାପୀ	पापी	ପାପୀ
ଛୋଟ	छोटा	ଛୋଟା	ପବିତ୍ର	पवित्र	ପବିତ୍ର

ଗୋଲିଆ	गोल	ଗୋଲ	ପତଳା	पतला	ପତଲା
ଲମ୍ବା	लम्बा	ଲମ୍ବା	ମୋଟା	मोटा	ମୋଟା
ଗେଡା	नोटा	ନାଟା	ଧଳା	सफेद	ସଫେଦ
ଚଉଡା	चौडा	ଚୌଡା	କଳା	काला	କାଲା
ସମତଳ	समतल	ସମତଲ	ମଟାଳ	भूरा	ଭୂରା
ଦୃଢ଼	पक्का	ପକା	ପାଣ୍ଡୁର	पीला	ପୀଲା
ମିଠା	मीठा	ମୀଠା	ନାଲିଆ	लाल	ଲାଲ
ପରିଷ୍କାର	साफ	ସାଫ	କଡା	कडुआ	କଡୁଆ
ଅପରିଷ୍କାର	गंदा	ଗଂଦା	ଉଂଚ	उँचा	ଉଂଚା
ବୀର	वीर	ୱୀର	ତଳୁଆ	नीचा	ନୀଚା
ଭୀତ	भीर	ଭୀର	ବୁଦ୍ଧିଆ	अकलमंद	ଅକଲମନ୍ଦ
ସୁନ୍ଦର	सुंदर	ସୁଂଦର	ମୂର୍ଖ	मूर्ख	ମୂର୍ଖ
ପାଗଳାମି	भद्दा	ଭଦ୍ଦା	ଥଣ୍ଡା	ठण्डा	ଠଣ୍ଡା
ଗରମ	गरम	ଗରମ			

କ୍ରିୟା / क्रिया (Verb)

4. କ୍ରିୟା / क्रिया (Verb) : ଏହା କାମ କରିବା ସଂପର୍କରେ ସୂଚାଇ ଥାଏ। ଯେପରି :

କୁକୁର ଭୁକୁଛି।	कुत्ता भौंकता है।	କୁତ୍ତା ଭୌଁକତା ହୈ।
ଚଢ଼େଇ ଉଡୁଛି।	पक्षी उडते हैं।	ପକ୍ଷୀ ଉଡତେ ହୈଁ।
ଘୋଡା ଦୌଡୁଛି।	घाडा दौडता है।	ଘୋଡା ଦୌଡତା ହୈ।
ଆମ୍ଭେମାନେ ଦେଖୁଛୁ।	हम देखते हैं।	ହମ ଦେଖତେ ହୈଁ।

କୌଣସି ଭାଷାରେ କଥା କହିବା, ଲେଖିବା ଓ ତାହାକୁ ବୁଝିବାପାଇଁ ଆମକୁ ସେହି ଭାଷାର କ୍ରିୟାକୁ ଭଲ ଭାବରେ ଜାଣିବା ଦରକାର, ତାହାହେଲେ ଆମେ ସେହି ଭାଷାକୁ ଠିକ ଭାବରେ ଶିଖି ପାରିବା। ଅନ୍ୟ ପକ୍ଷରେ ଭଲ ଭାବରେ ମଧ୍ୟ କଥାବାର୍ତ୍ତା କରି ପାରିବା।

କାର୍ଯ୍ୟ ବା କାମକୁ ପ୍ରକାଶ କରୁଥିବା ଶବ୍ଦକୁ କ୍ରିୟା क्रिया (Verb)କୁହାଯାଏ। ଏହା ଦୁଇ ପ୍ରକାରର। ଯେପରି:

୧। ସକର୍ମକ କ୍ରିୟା सकर्मक क्रिया (Transitive Verb) ଓ

୨। ଅକର୍ମକ କ୍ରିୟା। अकर्मक क्रिया (Intransitive Verb)

୧। ସକର୍ମକ କ୍ରିୟା **सकर्मक क्रिया** (Transitive Verb): ଗୋଟିଏ ବାକ୍ୟରେ କର୍ତା, କର୍ମ ଓ କ୍ରିୟା ରହିଥାନ୍ତି। କର୍ମର ସହାୟତାରେ ପୂରା ଅର୍ଥ ପ୍ରକାଶ କରୁଥିବା କ୍ରିୟାକୁ **ସକର୍ମକ କ୍ରିୟା** କୁହାଯାଏ।

ଉଦାହରଣ: କୃଷ୍ଣା ପାଠ ପଢୁଛି। **कृष्णा पाठ पढ रहा है।** କୃଷ୍ଣା ପାଠ ପଢ଼ ରହା ହୈ।

ଏଠାରେ : କର୍ତା କୃଷ୍ଣା (**कृष्णा**), କର୍ମ ପାଠ (**पाठ**) ଓ କ୍ରିୟା ପଢୁଛି (**पढ रहा है**)।

୨। ଅକର୍ମକ କ୍ରିୟା। **अकर्मक क्रिया** (Intransitive Verb): ଗୋଟିଏ ବାକ୍ୟରେ କର୍ମ ନଥାଇ ମଧ୍ୟ ଯଦି ତାହାର ଅର୍ଥ ପ୍ରକାଶ ପାଉଥାଏ, ତେବେ ତାହାକୁ ଅକର୍ମକ କ୍ରିୟା କୁହା ଯାଇଥାଏ।

ଉଦାହରଣ : ଆମେ ବସିଲୁ । **हम बैठे।** ହମ ବୈଠେ ।

ଏଠାରେ : କର୍ତା (**हम**), କ୍ରିୟା (**बैठे**), ସେହିପରି-

ରାଜୁ ଶୋଇଲା। **राजु सोया।** ରାଜୁ ଶୋୟା ।

ଏଠାରେ : କର୍ତା (**राजु**), କ୍ରିୟା (**सोया**)।

ସୂଚନା : 'କିନକୋ' **किनको** ବା 'କିସକୋ' **किसको** (କାହାକୁ) ଶବ୍ଦ ଦ୍ୱାରା ପ୍ରଶ୍ନ ପଚରାଗଲେ ଯେଉଁ ସମାଧାନ ଆସିଥାଏ ତାହାକୁ ସକର୍ମକ କ୍ରିୟା କୁହା ଯାଇଥାଏ।
ଯଦି ସେପରି ନ ହୁଏ, ତେବେ ତାହା ଅକର୍ମକ କ୍ରିୟା ହୋଇଥାଏ।

ବର୍ତମାନ ଆମେ କେତେକ କ୍ରିୟା ସମ୍ବନ୍ଧରେ ବିଶେଷ ଧାରଣା ଗ୍ରହଣ କରି ପାରିବା।

1	ଲେଖିବା	**लिखना**	ଲିଖନା	**9**	ଶିଖିବା	**सीखना**	ସୀଖନା
2	ଖୋଲିବା	**खोलना**	ଖୋଲନା	**10**	ଚଢ଼ିବା	**चढना**	ଚଢ଼ନା
3	ପଢ଼ିବା	**पढना**	ପଢ଼ନା	**11**	ପିଇବା	**पीना**	ପୀନା
4	ଖାଇବା	**खाना**	ଖାନା	**12**	ଆସିବା	**आना**	ଆନା
5	ଯିବା	**जाना**	ଜାନା	**13**	ଶୁଣିବା	**सुना**	ସୁନା
6	ଦେଖିବା	**देखना**	ଦେଖନା	**14**	କତରିବା	**कतरना**	କତରନା
7	କାଟିବା	**काटना**	କାଟନା	**15**	ଚାଲିବା	**चलना**	ଚଲନା
8	ଡରିବା	**डरना**	ଡରନା	**16**	ଦୌଡିବା	**दौडना**	ଦୌଡନା

17	କରିବା	करना	କରନା	37	ଖେଳିବା	खेलना	ଖେଲନା
18	କାନ୍ଦିବା	रोना	ରୋନା	38	ହସିବା	हँसना	ହଁସନା
19	ବସିବା	बैठना	ବୈଠନା	39	ଉଠିବା	उठना	ଉଠନା
20	କୁଦିବା	कुदना	କୁଦନା	40	ଉଛୁଳିବା	उछलना	ଉଛଲନା
21	ପହଁରିବା	तैरना	ତୈରନା	41	ବୁଡ଼ିବା	डुबना	ଡୁବନା
22	ନେବା	लेना	ଲେନା	42	ଚଲେଇବା	चलाना	ଚଲାନା
23	ଦେବା	देना	ଦେନା	43	ବନ୍ଦ କରିବା	बंद करना	ବନ୍ଦ କରନା
24	ଉଡ଼ିବା	उडना	ଉଡନା	44	ଘୂରେଇବା	घुमना	ଘୁମାନା
25	ଅଜାଡ଼ିବା	डालना	ଡାଲନା	45	ବାହାର କରିବା	निकलना	ନକଲନା
26	ଚିଲେଇବା	चिलाना	ଚିଲାନା	46	ଜୀତିବା	जीतना	ଜୀତନା
27	ପିନ୍ଧିବା	पहनना	ପହନନା	47	ଓହ୍ଲାଇବା	उतरना	ଉତରନା
28	ବହିବା	बहना	ବହନା	48	ଶୋଇବା	सोना	ସୋନା
29	ଚେଇଁବା	जागना	ଜାଗନା	49	କହିବା	बोलना	ବୋଲନା
30	ମାରିବା	मारना	ମାରନା	50	ଝଗଡ଼ିବା	झगडना	ଝଗଡ଼ନା
31	ଓଢ଼ଣାଦେବା	ओढना	ଓଢ଼ନା	51	ମରିବା	मरना	ମରନା
32	ଫଳିବା	उगलना	ଉଗଲନା	52	ଛୁଇଁବା	छुना	ଛୁନା
33	ରୋକିବା	रोकना	ରୋକନା	53	ପାଇବା	पाना	ପାନା
34	ରଚିବା	रचना	ରଚନା	54	ଖସିଯିବା	फिसलना	ଫିସଲନା
35	ନିଗିଡ଼ିବା	निगलना	ନିଗଲନା	55	ଶୁଙ୍ଘିବା	शुंघना	ଶୁଂଘନା
36	ଚରେଇବା	चराना	ଚରାନା	56	ଚରିବା	चरना	ଚରନା

କ୍ରିୟାର୍ଥକ ସଂଜ୍ଞା / क्रियार्थक संज्ञा (Gerund)

କ୍ରିୟା କେତେକ କ୍ଷେତ୍ରରେ ସଂଜ୍ଞା ପରି କାର୍ଯ୍ୟ କରିଥାଏ। ଏବଂ ସେତିକି ବେଳେ ସେହି କ୍ରିୟାକୁ 'କ୍ରିୟାର୍ଥକ ସଂଜ୍ଞା' ବୋଲି କୁହା ଯାଇଥାଏ। କ୍ରିୟା ଶବ୍ଦର ଶେଷରେ 'ନା' (ना) ପ୍ରୟୋଗ କରାଗଲେ ତାହା କ୍ରିୟାର୍ଥକ ସଂଜ୍ଞାରେ ପରିଣତ ହୋଇଥାଏ।

ଉଦାହରଣ :	କ୍ରିୟାର ମୂଳ	ଧାତୁ	....	କ୍ରିୟାର୍ଥକ	ସଂଜ୍ଞା
	ପଢ୍	पढ	....	ପଢ଼ନା	पढना
	ଲିଖ୍	लिख	....	ଲିଖନା	लिखना
	ସୀଖ୍	सीख	....	ସୀଖନା	सीखना
	ଖେଲ୍	खेल	....	ଖେଲନା	खेलना
	ଚଢ଼୍	चढ	....	ଚଢ଼ନା	चढना
	ଖା	खा	....	ଖାନା	खाना
	ପୀ	पी	....	ପୀନା	पीना
	ଆ	आ	....	ଆନା	आना
	ଜା	जा	....	ଜାନା	जाना
	ଦେଖ୍	देख	....	ଦେଖନା	देखना
	ସୁନ୍	सुन	....	ସୁନନା	सुनना
	କାଟ୍	काट	....	କାଟନା	काटना
	କତର୍	कतर	....	କତରନା	कतरना
	କର୍	कर	....	କରନା	करना
	ହଁସ୍	हँस	....	ହଁସନା	हँसना

ଦୌଡ୍	दौड	....	ଦୌଡନା	दौडना
ଖେଲ୍	खेल	....	ଖେଲନା	खेलना
ସୋ	सो	....	ସୋନା	सोना
ଡର୍	डर	....	ଡରନା	डरना
ଚଲ୍	चल	....	ଚଲନା	चलना
ବୈଠ୍	बैठ	....	ବୈଠନା	बैठना
ଉଠ୍	उठ	....	ଉଠନା	उठना
କୁଦ୍	कुद	....	କୁଦନା	कुदना
ଉଛଲ୍	उछल	....	ଉଛଲନା	उछलना
ତୈର୍	तैर	....	ତୈରନା	तैरना
ଡୁବ୍	डुब	....	ଡୁବନା	डुबना
ଲେ	ले	....	ଲେନା	लेना
ଚଲା	चला	....	ଚଲନା	चलाना
ଦେ	दे	....	ଦେନା	देना
ଉଡ୍	उड	....	ଉଡନା	उडना
ଘୁମ୍	घुम	....	ଘୁମନା	घुमना
ଘୁମା	घुमा	....	ଘୁମାନା	घुमाना
ଡାଲ୍	डाल	....	ଡାଲନା	डालना
ନିକାଲ	निकाल	....	ନିକଲନା	निकालना
ଚିଲ୍ଲା	चिल्ला	....	ଚିଲ୍ଲାନା	चिल्लाना
ଜୀ	जी	....	ଜୀନା	जीना

ପହନ୍	पहन	....	ପହନନା	पहनना
ଉତର୍	उतर	....	ଉତରନା	उतरना
ବହ	बह	....	ବହନା	बहना
ଜାଗ	जाग	....	ଜାଗନା	जागना
ବୋଲ	बोल	....	ବୋଲନା	बोलना
ମାର୍	मार	....	ମାରନା	मारना
ଝଗଡ୍	झगड	....	ଝଗଡନା	झगडना
ଓଢ଼	ओढ	....	ଓଢ଼ନା	ओढना
ମର	मर	....	ମରନା	मरना
ଉଗଲ	उगल	....	ଉଗଲନା	उगलना
ଛୁ	छु	....	ଛୁନା	छुना
ରୋକ୍	रोक	....	ରୋକନା	रोकना
ପା	पा	....	ପାନା	पाना
ରଚ	रच	....	ରଚନା	रचना
ଫିସଲ	फिसल	....	ଫିସଲନା	फिसलना
ନିଗଲ	निगल	....	ନିଗଲନା	निगलना
ସୁଂଘ	सुंघ	....	ସୁଂଘନା	सुंघना
ଚରା	चरा	....	ଚରାନା	चराना
ଚର୍	चर	....	ଚରନା	चरना

(ଅ) କାଳ ବିଭାଜନ / काल विभाजन (Tenses)

କୌଣସି ଭାଷାକୁ ଶିଖିଲା ବେଳେ ପ୍ରଥମେ ଆମକୁ ସେହି ଭାଷାର ଲୋକଙ୍କ କଥାକୁ ଠିକ ଭାବରେ ବୁଝିବା ବା ସେମାନେ ଯେପରି ଆମ କଥାକୁ ଠିକ ଭାବରେ ବୁଝି ପାରିବେ, ସେଥିପ୍ରତି ଧ୍ୟାନ ଦେବା ଦରକାର। ତେଣୁ ବ୍ୟାକରଣ ଜ୍ଞାନର ପ୍ରାଥମିକ ଆବଶ୍ୟକତା ରହିଛି।

ଭାଷା ଶିକ୍ଷା ଦିଗରେ 'କାଳ' (काल / Tense) ହେଉଛି ଏକ ଗୁରୁତ୍ୱପୂର୍ଣ୍ଣ ଅଂଶ। ଏହା ଜାଣିବା ଦ୍ୱାରା ଶିଖୁଥିବା ଭାଷା ଉପରେ ଆମର ପୂର୍ଣ୍ଣ ଦକ୍ଷତା ଆସିଯିବ।

କାର୍ଯ୍ୟ ହୋଇ ସାରିବା ପରେ ତାହା କେତେବେଳେ ହେଲା, ବା କାର୍ଯ୍ୟ ହେବାର ସମୟ କ୍ଷେତ୍ରରେ ତାହା କେତେବେଳେ ହେବ ବା ହେଉଛି, ତାହାକୁ କାଳ ପ୍ରକାଶ କରିଥାଏ। ସବୁ ଭାଷା ପରି ହିନ୍ଦୀ ଭାଷାରେ ମଧ୍ୟ କାଳ ତିନି ପ୍ରକାର ରହିଛି। ଯେପରି :- **ବର୍ତ୍ତମାନ କାଳ, ଅତୀତ କାଳ ଓ ଭବିଷ୍ୟତ କାଳ।**

I	ବର୍ତ୍ତମାନ କାଳ	बर्त्तमान काल	(**Present Tense**)
II	ଅତୀତ କାଳ	भूत काल	(**Past Tense**)
III	ଭବିଷ୍ୟତ କାଳ	भबिष्यत काल	(**Future Tense**)

I. ବର୍ତ୍ତମାନ କାଳ बर्त्तमान काल (Present Tense): ଏହା କାର୍ଯ୍ୟ ହେଉଥିବାର ସମୟକୁ ସୂଚୀତ କରିଥାଏ। ଉଦାହରଣ : କୃଷକଟି ବଳଦ ଗାଡି ଚଳାଉଛି। ବାପା ଲୁଗା ସିଲାଇ କରୁଛନ୍ତି।

किसान बैलगाडी चलाती है। पिताजी कपडे सी रहे हैं।

କିସାନ ବୈଲ ଗାଡି ଚଲାତା ହୈ। ପିତାଜୀ କପଡେ ସୀ ରହେ ହୈଁ।

ଏହି ବର୍ତ୍ତମାନ କାଳର ତିନିଗୋଟି ବିଭାଗ ରହିଛି। ସେଗୁଡିକ ହେଲା -

(୧) ସାମାନ୍ୟ ବର୍ତ୍ତମାନ କାଳ / सामान्य बर्तमान काल (Simple Present Tense) : ଏହା ସାଧାରଣ ଅଭ୍ୟାସକୁ ବୁଝାଇଥାଏ। ଯେପରି :

ସେ ଇଂରାଜୀରେ କଥା କୁହନ୍ତି। ସୀତା ଲୁଗା ଧୁଏ।

वह अंग्रेजी में बात करता है। सीता कपडे धोती है।

ୱହ ଅଂଗ୍ରେଜୀ ମେଁ ବାତ କରତା ହୈ। ସୀତା କପଡେ ଧୋତୀ ହୈ।

ସୂର୍ଯ୍ୟ ପୂର୍ବ ଦିଗରେ ପ୍ରକାଶିତ ହୁଅନ୍ତି। ପକ୍ଷୀ ଉଡନ୍ତି।

सूरज पूरब में चमकता है। पक्षी उडते हैं।

ସୂରଜ ପୂରବ ମେଁ ଚମକତା ହୈ। ପକ୍ଷୀ ଉଡତେ ହୈଁ।

(୨) ତତ୍କାଳୀକ ବର୍ତ୍ତମାନ କାଳ / तत्कालिक बर्तमान काल (Present Continuous Tense):
ଏହା ସେହି ମୁହୂର୍ତ୍ତରେ କରା ଯାଉଥିବା କାର୍ଯ୍ୟକୁ ବୁଝାଇଥାଏ। ଉଦାହରଣ :

ଘୋଡା ଦୌଡୁଛି।	ସେ ଲୋକଟି ବହି ପଢୁଛନ୍ତି।
घोडे दौड रहे है।	वह आदमी किताब पढ रहा है।
ଘୋଡେ ଦୌଡ ରହେ ହୈ।	ୱହ ଆଦମୀ କିତାବ ପଢ଼ ରହା ହୈ।

ସୂଚନା : ଏଥିରେ କ୍ରିୟାର ଶେଷରେ 'ରହ' (रह)ର ରୂପ ଆସିଥାଏ। ଅର୍ଥାତ କ୍ରିୟା ଶେଷରେ 'ରହା ' (रहा), 'ରହେ' (रहे), 'ରହୀ' (रही) ପ୍ରଭୃତି ବ୍ୟବହାର କରା ଯାଇଥାଏ।

'ହୁଏ'/ हुए (While)

କୌଣସି ଏକ ବିଷୟ ଉପରେ ଅନ୍ୟ ଲୋକକୁ କହିବା ବେଳେ ତାହା କିପରି ହେଲା କହୁ କହୁ ଆଉ ଏକ କଥା କିପରି ଘଟିଲା ତାହା ଯଦି ବ୍ୟକ୍ତ ହେବାକୁ ଥାଏ, ତେବେ ସେହି କ୍ଷେତ୍ରରେ 'ହୁଏ' (हुए) ଶବ୍ଦର ବ୍ୟବହାର ଘଟିଥାଏ। ଉଦାହରଣ :

ସେ ଯାଉ ଯାଉ ମତେ କହିଲା	उसने जाते हुए मुझ से बात की।
	ଉସନେ ଜାତେ ହୁଏ ମୁଝ ସେ ବାତ କୀ।
ପିଲାଟି କାନ୍ଦି କାନ୍ଦି ଖାଇଲା।	वच्चे ने रोते हुए खाना खाए।
	ବଚ୍ଚେ ନେ ରୋତେ ହୁଏ ଖାନା ଖାୟା।

(୩) ସନ୍ଦିଗ୍ଧ ବର୍ତ୍ତମାନ କାଳ / संदिग्ध बर्तमान काल (Doubtful Present Tense): ଏହା କାର୍ଯ୍ୟର ସନ୍ଦେହଜନକ ସ୍ଥିତି ସଂକ୍ରାନ୍ତରେ ବ୍ୟକ୍ତ କରିଥାଏ। ଉଦାହରଣ :-

ମୁଁ ଖାଉଥିବି।	मैं खाता हुँगा।
	ମୈଁ ଖାତା ହୁଁଗା।
ତୁମେ ପଢୁଥିବ।	तुम पढते होंगे।
	ତୁମ ପଢ଼ତେ ହୋଗେ।

ସୂଚନା : ଏହା ଦ୍ୱାରା କ୍ରିୟାର ଶେଷରେ 'ହୋଁଗା'(होंगा), ହୋଁଗୀ (होंगी), ହୋଁଗେ (होंगे)' ପରି ଶବ୍ଦ ବ୍ୟବହାର କରାଯାଇଥାଏ।

II **ଅତୀତ କାଳ भूत काल (Past Tense)** : ଏହା ବିଗତ ସମୟ ସଂପର୍କରେ ସୂଚିତ କରେ।

ଉଦାହରଣ : ମୁଁ ଲେଖିଲି। मैने लिखा। ମୈଁନେ ଲିଖା।

ତୁମେ ଗାଇଲ। तुमने गाया। ତୁମନେ ଗାୟା।

ଏହା ଛଅ ଭାଗରେ ବିଭାଜିତ । ଯେପରି :

1 ସମାନ୍ୟ ଅତୀତ	ସାମାନ୍ୟ ଭୂତକାଲ	सामान्य भूतकाल	(**Simple Past Tense**)
2 ଆସନ୍ନ ଅତୀତ	ଆସନ୍ନ ଭୂତକାଲ	आसन्न अतीत	(**Present Perfect Tense**)
3 ପୂର୍ଣ୍ଣ ଅତୀତ	ପୂର୍ଣ୍ଣ ଭୂତକାଲ	पूर्ण भूतकाल	(**Past Perfect Tense**)
4 ଅପୂର୍ଣ୍ଣ ଅତୀତ	ଅପୂର୍ଣ୍ଣ ଭୂତକାଲ	अपूर्ण भूतकाल	(**Imperfect Past Tense**)
5 ସଂଦିଗ୍ଧ ଅତୀତ	ସଂଦିଗ୍ଧ ଭୂତକାଲ	संदिग्ध भूतकाल	(**Doubtful Past Tense**)
6 ସର୍ତାତ୍ମକ ଅତୀତ	ହେତୁ ହେତୁ ଭୂତକାଲ	हेतु हेतु भूतकाल	(**Conditional Past Tense**)

ବର୍ତମାନ ଏହି ଉପରୋକ୍ତ ଛଅ ଗୋଟି ଅତୀତ କାଳ ସମ୍ବନ୍ଧରେ ସବିଶେଷ ଧାରଣା ଗ୍ରହଣ କରିବା।

1 ସମାନ୍ୟ ଅତୀତ / सामान्य भूतकाल (**Simple Past Tense**) : ଏହା ହୋଇଯାଇଥିବା କାର୍ଯ୍ୟର ସାମାନ୍ୟ ବୋଧ-ସୂଚକ କ୍ରିୟା ରୂପ।

ଉଦାହରଣ : ମାଆ ଆସିଛନ୍ତି ସେ ଗଲେ

माताजी आयी है। वह गया।

ମାତାଜୀ ଆୟୀ ହୈ। ୱହ ଗୟା।

2 ଆସନ୍ନ ଭୂତକାଲ / आसन्न अतीत (**Present Perfect Tense**) : ଏହା ବ ମାନ ସମାପ୍ତ ହୋଇଥିବା କାମକୁ ସୂଚୀତ କରିଥାଏ।

ଉଦାହରଣ : ରାମକୃଷ୍ଣ ଏବେ ଆସିଲେ।

रामकृष्ण अभी आया है।

ରାମକୃଷ୍ଣ ଅଭୀ ଆୟା ହୈ।

3 ପୂର୍ଣ୍ଣ ଭୂତକାଳ / पूर्ण भूतकाल (**Past Perfect Tense**): ଏହା ବହୁତ ପୂର୍ବରୁ ଶେଷ ହୋଇ ସାରିଥିବା କାର୍ଯ୍ୟ ସଂପର୍କରେ ସୂଚନା ପ୍ରଦାନ କରିଥାଏ।

ଉଦାହରଣ : ଭଗତ ସିଂହ ଦେଶ ପାଇଁ ପ୍ରାଣାର୍ପଣ କଲେ। ସେ ଯେବେ ବି ଆସିଲେ।

भगत सिंह ने देश के लिये प्राणार्पण किया। वह जब ही आया।

ଭଗତ ସିଂହ ନେ ଦେଶ କେ ଲିଏ ପ୍ରାଣାପ୍ରଣ କିୟା। ୱହ ଜବ ହୀ ଆୟା।

4 ଅପୂର୍ଣ୍ଣ ଭୂତକାଳ / अपूर्ण भूतकाल (**Imperfect Past Tense**) : ଏହା ଅତୀତରେ ଅପୂର୍ଣ୍ଣ ରହିଥିବା କାର୍ଯ୍ୟକୁ ପ୍ରକାଶ କରିଥାଏ।

ଉଦାହରଣ : ଗୌରୀ ରୋଟୀ ଖାଉଥିଲା। ଶ୍ୟାମ ଆସୁଥିଲା।

गौरी रोटी खाति थी। श्याम आता था।

ଗୌରୀ ରୋଟୀ ଖାତି ଥୀ। ଶ୍ୟାମ ଆତା ଥା।

5 ସଂଦିଗ୍ଧ ଭୂତକାଳ / संदिग्ध भूतकाल (**Doubtful Past Tense**) : ଏହା ଅତୀତରେ ହୋଇଯାଇଥିବା କାର୍ଯ୍ୟର ସନ୍ଦେହାତ୍ମକ ସ୍ଥିତି ସଂକ୍ରାନ୍ତରେ ସୂଚନା ପ୍ରଦାନ କରିଥାଏ।

ଉଦାହରଣ : ମଣିଭୂଷଣ ରାଓ ଆସିଥିବେ। ଶିବା ପାଠ ପଢ଼ିଥିବେ।

मणिभूषण राव आया होगा। शिबा पाठ पढा होगा।

ମରିଭୂଷଣ ରାଓ ଆୟା ହୋଗା। ଶିବା ପାଠ ପଢ଼ା ହୋଗା।

6 ହେତୁ ହେତୁ ଭୂତକାଳ / हेतु हेतु भूतकाल (**Conditional Past Tense**) :ଏହ ଅତୀତରେ ହେବାକୁ ଥିବା କୌଣସି କାର୍ଯ୍ୟ କୌଣସି କାରଣ ବଶତଃ ନ ହୋଇ ପାରିଥିବା ସଂକ୍ୟାନ୍ତରେ ସୂଚୀତ କରିଥାଏ।

ଉଦାହରଣ : ସୁରେଶ ଖୁବ ପଢ଼ିଥିଲେ ନିଶ୍ଚିତ ଭାବରେ ପାସ କରି ଯାଇଥାନ୍ତା।

सुरेश खुब पढा होता तो जरुर पास हो गया होता।

ସୁରେଶ ଖୁବ ପଢ଼ା ହୋତା ତୋ ଜରୁର ପାସ ହୋ ଗୟା ହୋତା।

ମଣିକଣ୍ଠ ଯଦି ଔଷଧ ଖାଇଥାନ୍ତା ତାହାଲେ ତାହାର ସୁସ୍ଥ ହୋଇ ଯାଇଥାନ୍ତା।

मणिकण्ठ ने दवा खाया होता तो स्वस्थ हो गया होत।

ମଣିକଣ୍ଠ ନେ ଦୱା ଖାୟା ହୋତା ତୋ ସ୍ୱସ୍ଥ ହୋ ଗୟା ହୋତା।

ଆପଣଙ୍କୁ ସେହି ସମୟରେ ପଚାରିବାର ଥିଲା ।

आपको उसी समय पुछना था ।

ଆପକୋ ଉସୀ ସମୟ ପୁଛନା ଥା ।

ଆପଣଙ୍କୁ ସେତିକି ବେଳେ ଆସିବାର ଥିଲା ।

आपको तभी आना था ।

ଆପକୋ ତଭୀ ଆନା ଥା

ସୂଚନା : ଏହା ସର୍ବସାଧାରଣରେ ପ୍ରତ୍ୟେକ ବ୍ୟକ୍ତିଙ୍କ କଥା ବାର୍ତା କରିବାର କଳା-କୌଶଳ । ଏଥିରେ କ୍ରିୟାର କଢ଼ରେ 'ଥା'(था) ବ୍ୟବହାର କର ଯାଇଥାଏ ।

'ଥା'/ **था (Was)**

ହିନ୍ଦୀରେ ବର୍ତମାନ କାଳରେ 'ହୈ'(ଅଛି), ଅତୀତ କାଳରେ 'ଥା, ଥେ, ଥୀ'(ଥିଲା)ରେ ପରିଣତ ହୋଇଥାଏ; ଠିକ ଯେପରି ଇଂରାଜୀରେ ବର୍ତମାନ କାଳର **is** ଅତୀତ କାଳରେ **was** ରେ ପରିଣତ ହୋଇଥାଏ । ହିନ୍ଦୀରେ କର୍ତା ଅନୁସାରେ 'ଥା, ଥେ ବା ଥୀ' (था, थे, थी)ର ପ୍ରୟୋଗ ହୋଇଥାଏ ।

ସୂଚନା **1**: କର୍ତା ଅନୁସାରେ 'ଥେ' ଓ 'ଥୀ'ର ପ୍ରୟୋଗ ହୋଇଥାଏ ।

ଉଦାହରଣ : ଆପଣ କେଉଁଠି ଥିଲେ ?

आप कहाँ थे ?

ଆପ କହାଁ ଥେ ?

ଲକ୍ଷ୍ମୀ କରୁଥିଲା ।

लक्ष्मी कर रही थी ।

ଲକ୍ଷ୍ମୀ କର ରହୀ ଥୀ ।

ସୂଚନା **2**: କୌଣସି ବାକ୍ୟରେ ଅଭ୍ୟାସଗତ ବା ବାରମ୍ବାରତାକୁ ପ୍ରକାଶ କରିବାକୁ ଯାଇ କ୍ରିୟା ଶବ୍ଦ 'ତା'ରେ ଶେଷ ହେଉଥିଲେ 'ଥା' ଓ 'ତେ'ରେ ଶେଷ ହେଉଥିଲେ, 'ଥେ' ହୋଇଥାଏ ।

ଉଦାହରଣ : ମୁଁ ଏପରି କରୁଥିଲି ।

मैं वेसा करता था ।

ମୈଁ ୱେସା କରତା ଥା ।

ଆପଣ ଏପରି ଦେଖୁଥିଲେ ।

आप ऐसा देखते थे ।

ଆପ ଐସା ଦେଖତେ ଥେ ।

ସୂଚନା **3**: ଗୋଟିଏ ବାକ୍ୟରେ ଅତୀତରେ 'ସେପରି ହୋଇଥିଲେ ବା ହୋଇନଥିଲେ' ଆଜି ଏପରି 'ହୋଇଥାନ୍ତା ବା ହୋଇ ନଥାନ୍ତା' ଭଳି ଭାବ ପ୍ରକାଶ କ୍ଷେତ୍ରରେ ଅତୀତ ପାଖରେ 'ତେ' ପରବର୍ତୀ କାଳରେ 'ତା' ହୋଇ ବ୍ୟବହାର କରାଯାଏ।

ଉଦାହରଣ : ଯଦି ମହାତ୍ମା ଗାନ୍ଧୀ ଜୀବୀତ ରହିଥାନ୍ତେ, ତେବେ ଏପରି ହେଉ ନଥାନ୍ତା।

अगर महात्मा गांधी जिन्दा रहते तो ऐसा नहीं होता था।

ମହାତ୍ମା ଗାନ୍ଧୀ ଜିନ୍ଦା ରହତେ ତୋ ଐସା ନହୀଁ ହୋତା ଥା।

ସୂଚନା **4**: ବିତି ଯାଇଥିବା ସମୟରେ ବା ତାହା ପୂର୍ବରୁ କରିବାକୁ ଥିବା କାର୍ଯ୍ୟ କୌଣସି କାରଣରୁ ଯଦି ନ ହୋଇ ପାରିଲା, ସେହି ସମୟ ପାଇଁ କୁହାଯାଉଥିବା କଥାରେ 'ନା'(ा) ଶବ୍ଦ କ୍ରିୟାର ଶେଷରେ ସଂଯୁକ୍ତ ହୋଇ ସେହି ଭାବକୁ ପ୍ରକାଶ କରିଥାଏ।

ଉଦାହରଣ :

ତତେ ସେଠାରେ ଦେଖିବାର ଥିଲା।	ମତେ ଏହି କାମକୁ ସେତିକି ବେଳେ କରିବାର ଥିଲା।
तुझे वहाँ देखना था।	**मुझे यह काम उसी समय करना था।**
ତୁଝେ ୱହାଁ ଦେଖନା ଥା।	ମୁଝେ ୟହ କାମ ଉସୀ ସମୟ କରନ ଥା।

ସୂଚନା **5**: କୌଣସି ବାକ୍ୟର ଶେଷରେ ବିଶେଷ କରି 'ଥା,ଥି ବା ଥେ' ଶବ୍ଦ ଆସିଲା ମାତ୍ରେ ତାହା ଯେ ଅତୀତ କାଳ କଥା କୁହାଉଛି, ତାହା ବିନା ଦ୍ୱିଧାରେ ଧରି ନେବାକୁ ପଡିବ।

III ଭବିଷ୍ୟତ କାଳ भबिष्य काल (Future Tense) : ଆସନ୍ତା ସମୟରେ ହେବାକୁ ଥିବା କାର୍ଯ୍ୟକୁ ପ୍ରକାଶ କରୁଥିବା କ୍ରିୟା ଭବିଷ୍ୟତ କାଳକୁ ସୂଚିତ କରିଥାଏ। ଏହା ସାଧାରଣତଃ ଦୁଇ ପ୍ରକାରର। ଯଥା:

1. ସାମାନ୍ୟ ଭବିଷ୍ୟତ କାଳ सामान्य भबिष्य काल (**Simple Future Tense**)

2. ସମ୍ଭାବ୍ୟ ଭବିଷ୍ୟତ କାଳ संभाव्य भबिष्य काल (**Future Indefinite Tense**)

1. ସାମାନ୍ୟ ଭବିଷ୍ୟତ କାଳ सामान्य भबिष्य काल (**Simple Future Tense**) : ଏହା ଆସନ୍ତା ସମୟରେ ହେବାକୁ ଥିବା କାମର ସାମାନ୍ୟ ରୂପକୁ ପ୍ରକାଶ କରିଥାଏ। ଯେପରି :

ଶ୍ରୀନୁ ବହି ଆଣିବ।	ଶରତ କାଲିଠୁ ହିନ୍ଦୀ ଶିଖିବ।
श्रीनु किताब लायेगा।	**शरत कल हिन्दी सीखेगा।**
ଶ୍ରୀନୁ କିତାବ ଲାୟେଗା।	ଶରତ କଲ ସେ ହିନ୍ଦୀ ସୀଖେଗା।

2. ସମ୍ଭାବ୍ୟ ଭବିଷ୍ୟତ କାଳ **संभाव्य भबिष्य काल** (**Future Indefinite Tense**) ଏହା ଆସନ୍ତା ସମୟରେ ହେବାକୁ ଥିବା କାର୍ଯ୍ୟର ସଂଭାବନାକୁ ପ୍ରକାଶ କରିଥାଏ। ଯେପରି : 'ଐସା କରେ ତୋ' ବା 'ୱେସା କରେ ତୋ' ଇତ୍ୟାଦି ଇତାଦି। ଉଦାହରଣ:

ଯଦି ସେ ଭଲ ପଢ଼ିବ ତେବେ ପାସ ହେବ।   **अगर वह खुब पढेगा तो पास होंगी।**

ଅଗର ୱହ ଖୁବ ପଢ଼େଗୀ ତୋ ପାସ ହୋଁଗୀ।

ଯଦି କୋଟେଶ୍ୱର ରାଓ ପୂଜା କରିବେ ତେବେ ଭଲ ହେବ।

अगर कोटेश्वर राव पूजा करें तो अच्छा होगा।

ଅଗର କୋଟେଶ୍ୱର ରାଓ ପୂଜା କରେଁ ତୋ ଅଛା ହୋଗା।

ସୂଚନା **1**: ଯଦି 'ମୁଁ' (**मैं**)କର୍ତ୍ତା ହୁଏ ତେବେ ନିମ୍ନ କ୍ରମରେ କ୍ରିୟାର ରୂପ ପରିବର୍ତ୍ତିତ ହୋଇଥାଏ।

କର	**कर**	ମୈଁ କରୁଗାଁ / କରୁଁଗୀ	**मैं करुँगा / करुँगी।**
ଜା	**जा**	ମୈଁ ଜାଉଁଗା / ଜାଉଁଗୀ	**मैं जाउँगा / जाउॅगी।**
ଲେ	**ले**	ମୈଁ ଲୁଁଗା / ଲୁଁଗୀ	**मैं लुंगा / लुँगी।**
ପୀ	**पी**	ମୈଁ ପାଉଁଗା / ପାଉଁଗୀ	**मैं पाँगा / पाउँगी।**
ଦେ	**दे**	ମୈଁ ଦୁଁଗା / ଦୁଁଗୀ	**मैं दुंगा / दुंगी।**
ହୋ	**हो**	ମୈଁ ହୁଁଗା / ହୁଁଗୀ	**मैं हुँगा / हुँगी।**
		(ହୋଊଁଗା / ହୋଊଁଗୀ)	**होऊँगा / होऊँगी।**

2: ଯଦି 'ତୁମ (**तुम**)' କର୍ତ୍ତା ହୁଏ ତେବେ ନିମ୍ନ କ୍ରମରେ କ୍ରିୟାର ରୂପ ପରିବର୍ତ୍ତିତ ହୋଇଥାଏ।

ପୀ	**पी**	ତୁମ ପୀଓଗେ / ପୀଓଗୀ	**तुम पीओगे / पीओगी**
ପଢ଼	**पढ**	ତୁମ ପଢ଼ୋଗେ / ପଢ଼ୋଗୀ	**तुम पढोगे / पढोगी**
ଲେ	**ले**	ତୁମ ଲୋଗେ / ଲୋଗୀ	**तुम लोगे / लोगी**

3: ଯଦି ଅ କାରାନ୍ତ ଓ ଆ କାରାନ୍ତ ଧାତୁର ଶେଷରେ 'ଏଗା' (**एगा**) ବ୍ୟବହାର ହୁଏ, ତେବେ ତାହା ଭବିଷ୍ୟତ କାଳ ହୋଇଥାଏ। ଯେପରି:

ଗା	**गा**	ରାଜା ଗାଏଗା	**राजा गाएगा**	ରାନୀ ଗାଏଗୀ	**रानी गाएगी**
ଲା	**ला**	ୱହ ଲାଏଗା	**वह लाएगा**	ୱହ ଲାଏଗୀ	**वह लाएगी**
ଚଲ	**चल**	ଯହ ଚଲେଗା	**यह चलेगा**	ଯହ ଚଲେଗୀ	**वह चलेगी**

4: ଭବିଷ୍ୟତ କାଳରେ 'ନାହିଁ' ଅର୍ଥକୁ ସୂଚିତ କରିବାକୁ କ୍ରିୟା ପୂର୍ବରୁ 'ନହୀଁ, ନୈ ବା ନ' (**नहीं, नै, न**)ବ୍ୟବହର କରାଯିବ। ଯେପରି:

ମୈଁ ନହୀଁ ଲିଖୁଂଗା / ଲିଖୁଁଗୀ ।   **मैं नहीं लिखुंगा / लिखुँगी।**

ତୁମ ନ କରେ।   **तुम न करें।**

'ଗା'/ गा (will)

ଇଂରାଜୀ ଭାଷାରେ ୱିଲ (**will**) ଭବିଷ୍ୟତ କାଳକୁ ସୂଚିତ କରିଥାଏ। ସେହିପରି ଭାବରେ ହିନ୍ଦୀରେ କର୍ତାର ଆଧାରରେ 'ଗା (गा), ଗୀ (गी), ଗେ (गे)' କ୍ରିୟା ସହିତ ମିଶି ଭବିଷ୍ୟତ କାଳକୁ ପ୍ରକାଶ କରିଥାଏ।

ଉଦାହରଣ : ମୁଁ କାଲି ଆସିବି। मैं कल आउँगा।
ମୈଁ କଲ ଆଉଁଗା।

ସୂଚନା 1: ଆସନ୍ତା ସମୟକୁ ସୂଚିତ କରୁଥିବା ବାକ୍ୟରେ 'ଗା' (गा) ଆସିଥାଏ ଓ ତାହା କ୍ରିୟା 'ଉଁ' ବା 'ଏଁ' (उँ / एँ)ଯୁକ୍ତ ହେଲା ପରେ ବ୍ୟବହୃତ ହୋଇଥାଏ।

ଉଦାହରଣ : ମୁଁ କରିବି। मैं करुँगा।
ମୈଁ କରୁଁଗା।
ଆମ୍ଭେ ଦେବୁ। हम करेंगे।
ହମ ଦେଁଗେ।

ସୂଚନା 2 : ବାକ୍ୟର କ୍ରିୟା ଶବ୍ଦ ପରେ 'ଗା' (गा) ଶବ୍ଦ ଆସିଲେ ତାହା ଭବିଷ୍ୟତ କାଳରେ ଗୃହୀତ ହେବ।

ସୂଚନା 3 : ବାକ୍ୟରେ କର୍ତା ସ୍ତ୍ରୀଲିଙ୍ଗ ହେଲେ କ୍ରିୟା ଶବ୍ଦ ପରେ 'ଗୀ' (गी) ଶବ୍ଦ ଆସିଥାଏ।

ଉଦାହରଣ : ଲତା କରିବ। लता करेगी।
ଲତା କରେଗୀ।

(ଆ) କୃଦନ୍ତ / कृदन्त (Participles)

କୃଦନ୍ତର ତିନିଗୋଟି ବିଭାଗ ରହିଛି। ଯେପରି : **1.** ବର୍ତମାନ କାଳିକ କୃଦନ୍ତ (बर्तमान कलिक कृदंत), **2.** ଭୂତ କାଳିକ କୃଦନ୍ତ (भूत कालिक कृदंत) ଓ **3.** ପୂର୍ବ କାଳିକ କୃଦନ୍ତ (पूर्वकालिक कृदंत)। କ୍ରିୟା କେଉଁ କାଳରେ ରହିଛି ତାହା ସୂଚିତ ହେବା ଲାଗି ଇଂରାଜୀରେ ଯେପରି ଇଙ୍ଗ୍ (**ing**), ଏନ୍ (**en**) ବା ଏଡ (**ed**) ରହିଥାଏ, ଠିକ ସେହିପରି ଭାବରେ ହିନ୍ଦୀ ଭାଷାରେ ମଧ୍ୟ କରା ଯାଇଥାଏ।

ବର୍ତମାନ ଏହି ଦିଗରେ ବିସ୍ତୃତ ଆଲୋଚନାକୁ ଦେଖିବା।

1. ବର୍ତ୍ତମାନ କାଳିକ କୃଦନ୍ତ / **बर्तमान कलिक कृदंत** (**Present Participle**) :

ଗୋଟିଏ କାର୍ଯ୍ୟ ହେଉଥିବା ବେଳେ ଆଉ ଗୋଟିଏ କାର୍ଯ୍ୟ ସଂପନ୍ନ ହେଲେ ତାହାକୁ ବର୍ତ୍ତମାନ କାଳିକ କୃଦନ୍ତ ବୋଲି କୁହା ଯାଇଥାଏ। ଏହି କ୍ଷେତ୍ରରେ କ୍ରିୟା ଶବ୍ଦ 'ତା' (ता) ବା 'ତା ହୁଆ' (ता हुआ) ସଂଯୁକ୍ତ ହୋଇ ରହିଯାଏ। ମାତ୍ର ଏହା କର୍ତ୍ତାର ଲିଙ୍ଗ (**Gender**) ଓ ବଚନ (**Numbers**) ଅନୁସାରେ ବଦଳିଥାଏ।

ଉଦାହରଣ :	ହସୁଥିବା ପୁଅ	**हँसते लडके**	ହଁସତେ ଲଡକେ
	ଦୌଡୁଥିବା ଘୋଡା	**दौडते घोडे**	ଦୌଡତେ ଘୋଡେ।

ଏହା ବେଳେ ବେଳେ ଏହା ବିଶେଷଣ (**Adjective**) ପରି ଉପଯୋଗ କରା ଯାଇଥାଏ। ଯେପରି :

ଉଡୁଥିବା ପକ୍ଷୀ।	**उडती हुयी चिडिया**	ଉଡତୀ ହୁୟୀ ପକ୍ଷୀ।
ହଁସୁଥିବା ପୁଅ।	**हँसते (हुए) लडके**	ହଁସତେ ହୁଏ ଲଡକେ।

ସୂଚନା : ବର୍ତ୍ତମାନ କଳିକ କୃଦନ୍ତ ପରେ ସମୟ ଆସିଲେ, ତାହାକୁ ସଂଦର୍ଭାନୁସାରେ କୃଦନ୍ତର ଅନ୍ତରେ 'ତା' (ता), 'ତୀ' (ती) ଓ 'ତେ' (ते) ଆସିଥାଏ।

ଉଦାହରଣ :	ସ୍କୁଲ ଯାଉଥିବା ସମୟ	**स्कुल जाते (हुए) समय** ସ୍କୁଲ ଜାତେ (ହୁଏ) ସମୟ।
	ସହରରୁ ଫେରୁଥିବା ସମୟ	**शहर से लौटते (हुये) समय** ଶହର ସେ ଲୌଟତେ (ହୁଏ) ସମୟ।

ପଢ଼ା ସମୟରେ କଥାବାର୍ତ୍ତା କରିବା ଅନୁଚିତ।
पढते (हुये) समय नही बोलना चाहिए।
ପଢ଼ତେ (ହୁୟେ) ସମୟ ନହୀଁ ବୋଲନା ଚାହିଏ।

2. ଭୂତ କାଳିକ କୃଦନ୍ତ / **भूत कालिक कृदंत** (**Past Participle**) :

ସମାନ୍ୟ ଭୂତ କାଳିକ କ୍ରିୟା ସହିତ 'ହୁଆ'(हुआ), 'ହୁଏ'(हुए), 'ହୁଇ'(हुई) ସଂଯୋଜିତ ହୋଇ କୃଦନ୍ତ ହୋଇଥାନ୍ତି।

ଉଦାହରଣ :	ମୃତ ମୟୂର	**मरा मोर**	ମରା ମୋର
	ଶୋଇଥିବା ଗାଈ	**सोयी गाय**	ସୋୟୀ ଗାୟ

ଏହା ବେଳେ ବେଳେ ଏହା ବିଶେଷଣ (**Adjective**) ପରି ଉପଯୋଗ କରା ଯାଇଥାଏ। ଯେପରି :

ପଢ଼ାଲେଖା କରିଥିବା ନାରୀ	**पढी लिखी हुई औरत**
	ପଢ଼ିଲିଖୀ ହୁଇ ଔରତ
ପଡିରହିଥିବା ସିଂହ	**लेटा हुआ शेर**
	ଲେଟା ହୁଆ ଶେର

3. ପୂର୍ବ କାଳିକ କୃଦନ୍ତ / **पूर्वकालिक कृदंत** (**Perfect Participle**):
କ୍ରିୟା ଶବ୍ଦ 'କର' (**कर**) ସଂଯୋଜିତ ହେବା ଦ୍ୱାରା ପୂର୍ବ କାଳିକ କୃଦନ୍ତ ହୋଇଥାଏ। ଗୋଟିଏ କର୍ତାରେ ଦୁଇଟି କ୍ରିୟା ପଦ ଥିଲେ ତନ୍ମଧ୍ୟରୁ ପ୍ରଥମ କ୍ରିୟାକୁ ପୂର୍ବକାଳିକ କୃଦନ୍ତ ବୋଲି କୁହା ଯାଇଥାଏ।

ଉଦାହରଣ : ସୋମନାଥ ରୋଟି ଖାଇ ସ୍କୁଲ ଗଲା।
सोमनाथ रोटी खा कर स्कुल गया।
ସୋମନାଥ ରୋଟୀ ଖା କର ସ୍କୁଲ ଗୟା।

ବୀରେନ୍ଦ୍ରନାଥ ଦୁଧ ପିଇ ଅଫିସକୁ ଗଲେ।
बीरेन्द्रनाथ दुध पी कर ऑफिस गया।
ବୀରେନ୍ଦ୍ରନାଥ ଦୁଧ ପୀ କର ଆଫିସ ଗୟା।

କେ, କର / के, कर

ହିନ୍ଦୀ ଭାଷାରେ ଅଧିକାଂଶ ସମୟରେ ବ୍ୟବହୃତ ହେଉଥିବା ସବୁଠାରୁ ଛୋଟିଆ ଶବ୍ଦ ହେଉଛି 'କେ' (के)। ଏହାର ଆକାର ଛୋଟ ହେଲେ ମଧ୍ୟ ଏହାର ଗୁରୁତ୍ୱ ସର୍ବାଧିକ। ଏହାକୁ ଭଲ ଭାବରେ ଜାଣିବା ଦରକାର।

1. ଏହାକୁ ପ୍ରଧାନ କ୍ରିୟା ସହିତ ଜୋଡିଦେଲେ ଏହା 'କାର୍ଯ୍ୟ ହୋଇ ଯିବାର' ସୂଚନା ପ୍ରଦାନ କରିଥାଏ। ଏହାକୁ ବ୍ୟାକରଣିକ ପରିଭାଷାରେ ପୂର୍ବକାଳିକ କୃଦନ୍ତ (**Perfect Participle**) କୁହାଯାଏ।

ଉଦାହରଣ :	ଆମେ ଖାଇ ସିନେମା ଗଲୁ।	ମୁଁ ଟିଭି ଦେଖିକି ଶୋଇ ପଡିଲି।
	हम खा कर सिनेमा गये।	**मैं टि.वि. देखकर सो गया।**
	ହମ ଖା କର ସିନେମା ଗୟେ।	ମୈଁ ଟିବି ଦେଖକର ସୋ ଗୟା।

କ୍ରିୟା ଶବ୍ଦ ପରେ 'କର' (कर) ଆସିଲେ ତାହା 'କେ' (के) ରେ ପରିର୍ବିତ ହୋଇ ଯାଏ।

ଉଦାହରଣ : ମୋ ବାପା ସ୍ନାନ କରି ପୂଜା କରନ୍ତି।

मेरे पिताजी स्नान करके पूजा करते हैं।

ମେରେ ପିତାଜୀ ସ୍ନାନ କରକେ ପଜା କରତେ ହୈଁ।

1. ସୂଚନା : 'କର' (कर) ଧାତୁ ପରେ ପୁଣି 'କର' (कर) ଆସିଲେ, ପରବର୍ତ୍ତୀ 'କର' 'କେ' (के) ରେ ପରିଣତ ହୋଇଥାଏ ।

ଉଦାହରଣ : ଲକ୍ଷ୍ମୀ ପାଠ ପଢ଼ି ଶୋଇ ପଡିଛି।

लक्ष्मी पाठ पढकर सो गया।

ଲକ୍ଷ୍ମୀ ପାଠ ପଢ଼କର ସୋ ଗୟୀ।

ସୁବ୍ରମଣ୍ୟମ ମହାଶୟ କାମ କରି ଚାଲି ଗଲେରି।

सुब्रमण्यम जी काम कर के चले गये।

ସୁବ୍ରମଣ୍ୟମ ଜୀ କାମ କର କେ ଚଲେ ଗୟେ।

ସୂଚନା **2** : ସକର୍ମକ କ୍ରିୟାମାନଙ୍କରେ ପୂର୍ବକାଳିନ କୃଦନ୍ତ ପରେ 'ଆନା' (आना), 'ଜାନା'(जाना) ପରି କ୍ରିୟା ଆସିଲେ ଅଧିକାଂଶ ସମୟରେ 'କର'(कर) ଲୋପ ପାଇଥାଏ।

ଉଦାହରଣ : ଦେଖା ଯାଏ । **देखा जाता है।**

ଦେଖ ଜାତା ହୈ।

ନେଇ ଯାଅ। **ले जाओ।**

ଲେ ଜାଓ।

ପିଇ ଯାଅ। **पी जाओ।**

ପୀ ଜାଓ।

ସୂଚନା **3** : ଗୋଟିଏ କାର୍ଯ୍ୟ କ୍ରମାନ୍ୱୟରେ ବା ଅଭ୍ୟାସ ଗତଭାବରେ ଯେତେବେଳେ କରାଯିବାର ଭାବ ପ୍ରକାଶ ପାଏ, ସେତେବେଳେ 'କର' (कर) ର ପ୍ରୟୋଗ କରା ଯାଇଥାଏ। ଏହାକୁ **'ନିତ୍ୟତ୍ୱ ବୋଧକ କ୍ରିୟା' Indefinite Present Tense** ବୋଲି ମଧ୍ୟ କୁହାଯାଏ। ଏହି ବାକ୍ୟରେ କ୍ରିୟା 'ଅତୀତ କାଳ' ବା 'ଭୂତକାଳ'ରେ ରହିଥାଏ।

ଉଦାହରଣ : ରାତି ଦଶଟା ପର୍ଯ୍ୟନ୍ତ ପଢ଼େ — रात दस बजे तक पढा कर
ରାତ ଦସ ବଜେ ତକ ପଢ଼ା କର

ମାଁ ଓ ବାପାଙ୍କୁ ସମ୍ମାନ ଦେଇ — माता और पिता पर प्रेम दिखाया कर
ମାତା ଔର ପିତା ପର ପ୍ରେମ ଦିଖାୟା କର

ପ୍ରତିଦିନ ସକାଳେ ଯୋଗ କରି — रोज सवेरे योगा किया कर
ରୋଜ ସବେରେ ଯୋଗା କିୟା କର

(ଇ) ସହାୟକ କ୍ରିୟା / सहायक क्रियायें (Auxiliary Verb)

ଅନେକ ଭାଷାରେ ସହାୟକ କ୍ରିୟାର ଉପଯୋଗ ବହୁତ ଅଧିକ ରହିଥାଏ। ଏହା ପ୍ରଧାନ କ୍ରିୟାର ରୀତି ଓ ବିଶେଷତାକୁ ପ୍ରକଟ କରିଥାଏ। ଏହି କାରଣରୁ ବାକ୍ୟରେ ଥିବା ଲିଙ୍ଗ, ବଚନ, କାଳରେ ପରିବର୍ତ୍ତନ ଆସିଥାଏ। କିନ୍ତୁ ପ୍ରଧାନ କ୍ରିୟା ମୂଳ ଧାତୁ ସ୍ଥିର ରହିଥାଏ। ଏହି କାରଣରୁ ଏଥିରେ ପରିବର୍ତ୍ତନ ହୋଇ ନଥାଏ। ସେ ସଂପର୍କରେ ନିମ୍ନରେ ପ୍ରଦାନ କରାଯାଇଥିବା ଦୃଷ୍ଟାନ୍ତଗୁଡିକରୁ ବିଶେଷ ଜ୍ଞାନ ଲାଭ କରିପାରିବା।

ହୋନା (ଆବଶ୍ୟକତା ବୋଧକ) / होना (want)

ଏହା ଏକ ସହାୟକ କ୍ରିୟା। ବ୍ୟକ୍ତି କିଛି ଦରକାର କରିବା ବେଳେ ଏହି 'ହୋନା' (।)ଶବ୍ଦ ଆସିଥାଏ।

ଉଦାହରଣ : ମୋର ଚାହା ଦରକାର — मुझे चाय चाहिए।
ମୁଝେ ଚାୟ ଚାହିଏ।

'ଲଗା' (ଆରମ୍ଭ ବୋଧକ) / लगा (to start)

ଏହା ଏକ କାର୍ଯ୍ୟ ଆରମ୍ଭ ହେବା ବିଷୟ ସଂପର୍କରେ ସୂଚନା ପ୍ରଦାନ କରିଥାଏ। ବେଳେବେଳେ ଚାଲିଥିବା କାର୍ଯ୍ୟ ସଂପର୍କରେ ମଧ୍ୟ ସୂଚନା ପ୍ରଦାନ କରିଥାଏ।

ଉଦାହରଣ : ଭାସ୍କର ବାବୁ ଦୁଇଟା ବେଳୁ ପଢ଼ିବାକୁ ଲାଗିଲେ।
भास्कर जी दो बजे से पढने लगा।
ଭାସ୍କର ଜୀ ଦୋ ବଜେ ସେ ପଢ଼ନେ ଲଗା।

କର୍ତ୍ତାର ଲିଙ୍ଗ ଓ ବଚନ ଅନୁସାରେ କେବଳ 'ଲଗା' (लगा) ର ରୂପ ବଦଳି ଯାଇଥାଏ। କ୍ରିୟା ଶବ୍ଦର ଶେଷରେ ଥିଲେ 'ନା'(ना) 'ନେ'(ने) ପରି ବଦଳି ଯାଇଥାଏ।

ଉଦାହରଣ : ସୋମେଶ୍ୱରୀ ପଢ଼ିବାକୁ ଲାଗିଲା। सोमेश्वरी पढने लगी ।
ସୋମେଶ୍ୱରୀ ପଢ଼ନେ ଲଗୀ।

'ଚୁକ' (ସମାପ୍ତି ବୋଧକ) / चुक (to end)

ଏହା ସହାୟକ କ୍ରିୟା କାର୍ଯ୍ୟ ସମାପ୍ତିକୁ ଘୋଷଣା କରିଥାଏ। ବାକ୍ୟରେ 'ଚୁକ' (।) ଆସିବ ଯେତେବେଳେ କ୍ରିୟା ଶବ୍ଦର କେବଳ ଧାତୁ ରୂପ (**Base Form**)ହିଁ ଉପଯୋଗ କରା ଯାଇଥାଏ। କର୍ତାର ଲିଙ୍ଗ, ବଚନ, ବିଭକ୍ତି ଅନୁସାରେ 'ଚୁକ' (चुक)ର ରୂପ ପରିବର୍ତିତ ହୋଇଥାଏ।

ଉଦାହରଣ : ତୁମେ ଖାଇ ସାରିଛ। तुम खा चुके हो।
ତୁମ ଖା ଚୁକେ ହୋ।
ମୁଁ ଆସି ସାରିଛି। मैं आ चुका हुं।
ମୈଁ ଆ ଚୁକା ହୁଁ।

'ସକ' (ଶକ୍ତି ବୋଧକ) / सक (Can)

ଏହା ଏକ କାମ କରିବାର ଶକ୍ତି ପ୍ରକଟ କରିବା ପାଇଁ ପ୍ରୟୋଗ ହୋଇଥାଏ। ଅନୁମତି ମାଗିବା ସମୟରେ, ଦେବାର ସମୟରେ ଓ ଆସକ୍ତି ପ୍ରକଟ କରିବା ପାଇଁ ମଧ୍ୟ ଏହା ପ୍ରୟୋଗ ହୋଇଥାଏ।

ଉଦାହରଣ : ତୁମେ ଏହି କାମ କରି ପାରିବ। तुम यह काम कर सकते हो।
ତୁମ ଯହ କାମ କର ସକତେ ହୋ।

ସକ (सक) ଆସିବ ଯେତେବେଳ କେବଳ କ୍ରିୟାର ମୂଳ ଧାତୁ ରୂପ (**Base Form**) ଆସିବ।

ଉଦାହରଣ : ପଢ଼ି ପାରିବି पढ सकता हुँ।
ଲେଖି ପାରିବି लिख सकता हुँ।

କର୍ତାର ଲିଙ୍ଗ ବଚନ ଅନୁସାରେ ସକ (सक) ର ରୂପ ବଦଳି ଯାଇଥାଏ।

ଉଦାହରଣ : ସ୍ତ୍ରୀଲୋକମାନେ ଯାଇ ପାରିବେ। औरतों जा सकती हैं।
ପିଲାମାନେ ଖେଳି ପାରିବେ। लडके खेल सकते है।

'ପା / ପାନା' (ଅବକାଶ ବୋଧକ) / पा / पाना (Can)

ଏହି ସହାୟକ କ୍ରିୟା ସ୍ୱତନ୍ତ୍ର ରୂପରେ ବା କ୍ରିୟାର୍ଥକ ସଂଜ୍ଞା ସହିତ ଆସିଥାଏ। ଏହା ମଧ୍ୟ ଅଳ୍ପ-ବହୁତ ଭାବରେ 'ସକ' ପରି ଉପଯୋଗ ହୋଇଥାଏ। ହେଲେ 'ସକ' ସ୍ୱୟଂ ନିଜର ସାମର୍ଥ୍ୟକୁ ସୂଚୀତ କଲାବେଳେ 'ପାନା'(पाना) ଅନ୍ୟର ଅନୁମତି ପ୍ରାପ୍ତ ନ ହେଲେ ନିଜର ବିବଶତା ପ୍ରକାଶ କରିଥାଏ। କର୍ତାର ଲିଙ୍ଗ, ବଚନ, କାଳ, ପୁରୁଷ ଅନୁସାରେ ହେବାକୁ ଥିବା ପରିବର୍ତନ କେବଳ ତାହାକୁ ହିଁ ହୋଇଥାଏ।

ଉଦାହରଣ : କର୍ଫ୍ୟୁ ହେତୁରୁ ଆସି ପାରିଲି ନାହିଁ। कर्फु की वजह से आ नंही पाए।
କର୍ଫ୍ୟୁ କୀ ୱଜହ ସେ ଆ ନ ପାୟା।

'ଚାହ' (ଇଚ୍ଛା ବୋଧକ) / चाह (इच्छा बोधक (want to)

ଏହି ସହାୟକ କ୍ରିୟା କୌଣସି ବସ୍ତୁକୁ ବା କାର୍ଯ୍ୟକୁ ପ୍ରାପ୍ତ କରିବାର ଇଚ୍ଛା ପ୍ରକଟ କରିବା ବେଳେ ପ୍ରୟୋଗ କରାଯାଇଥାଏ। ଏହା 'ହୋନା' (होना) ଅର୍ଥରେ ବ୍ୟବହୃତ ହୋଇଥାଏ। ଲିଙ୍ଗ, ବଚନ, କାଳ ଦ୍ୱାରା ପରିବର୍ତ୍ତନ ଯୋଗ୍ୟ ଶବ୍ଦଟିରେ କେବଳ ପରିବର୍ତ୍ତନ ଆସିଥାଏ। ମାତ୍ର କ୍ରିୟାର ଧାତୁରୂପ (**Base Form**) ବଦଳେ ନାହିଁ।

ଉଦାହରଣ : ସେ ବହି ଦରକାର କରୁଛି। **वह किताब चाहता है।**
ୱ୍ହ କିତାବ ଚାହତା ହୈ।

ତୁମେ କଣ ପଢ଼ିବାକୁ ଚାହୁଛ ? **तुम क्या पढना चाहते हो ?**
ତୁମ କ୍ୟା ପଢନା ଚାହତେ ହୋ ?

(ଇ) ସଂଯୁକ୍ତ କ୍ରିୟା / संयुक्त क्रियाएँ (Compound Verbs)

ବର୍ତ୍ତମାନ ଆମେ ହିନ୍ଦୀ ଭାଷାକୁ ଆହୁରି ଭଲ ଭାବରେ ଜାଣିବା ପାଇଁ ସେହି ଭାଷାରେ ବ୍ୟବହାର କରାଯାଉଥିବା ସଂଯୁକ୍ତ କ୍ରିୟା ଓ ତାହାର ବ୍ୟବହାର କୌଶଳ ସଂପର୍କରେ ଭଲ ଭାବରେ ଜ୍ଞାନ ଲାଭ କରିବା। ଏଡି ସଂଯୁକ୍ତ କ୍ରିୟା ଦ୍ୱାରା କିୟାର ବିଶେଷତା ଓ ତୀବ୍ରତା ପ୍ରକଟ ହୋଇଥାଏ। ଗୋଟିଏ କ୍ଷେତ୍ରରେ ସହାୟକ କ୍ରିୟା (**Auxiliary Verbs**) ନିଜର ମୂଳ ଅର୍ଥକୁ ତ୍ୟାଗ କରିଥା ଓ ପ୍ରଧାନ ମୂଳ କ୍ରିୟାରେ ଯାଇ ସେଠାରେ ବିଲୀନ ହୋଇଯାଏ।

ଯେପରି : (ପଡିବା) ପଡନା **पडना**, (ଢ଼ାଳିବା) ଡାଲନା **डालना**, (ଯିବା) ଜାନା **जाना**, (ଦେବା) ଦେନା **देना**, (ବସିବା) ବୈଠନା **बैठना** , (ଉଠିବା) ଉଠନା **उठना**, (ରଖିବା) ରଖନା **रखना**, (ଛାଡିବା) ଛୋଡନା **छोडना** ଇତ୍ୟାଦି।

(ପଡିବା) ପଡନା पडना : ଏହି ସହାୟକ କ୍ରିୟା ଶରୀରର (ଅଂଗ) କାର୍ଯ୍ୟକୁ ସୂଚିତ କରିଥାଏ। ଶୁଣିବା, ଦେଖିବା ପ୍ରଭୃତି ବିଭିନ୍ନ ଇନ୍ଦ୍ରିୟ ବିଷୟରେ ଏହା ସୂଚିତ କରିଥାଏ।

ଉଦାହରଣ : ଯିବାକୁ ପଡେ **जाना पडता** ଜାନା ପଡତା।
ଦେଖିବାକୁ ପଡେ **देखना पडता** ଦେଖନା ପଡତା।

(ନେବା) ଲେନା लेना : ଏହି ସହାୟକ କ୍ରିୟା ଆତ୍ମାର୍ଥରେ ପ୍ରୟୋଗ କରାଯାଇଥାଏ। ଏହା ପ୍ରଧାନ କ୍ରିୟା ପରେ ଆସିଥାଏ ଓ ଦୁଇଟି କ୍ରିୟା ମିଶି ସଂଯୁକ୍ତ କ୍ରିୟା ସୃଷ୍ଟି କରିଥାନ୍ତି।

ଉଦାହରଣ : ଦେଖିନେବ **देख लेना** ଦେଖ ଲେନା
ତୁମେ ଏହାକୁ ଦେଖିନେବ **तुम यह देख लेना** ତୁମ ୟହ ଦେଖ ଲେନା।

(ବସିବା) ବୈଠନା बैठना : ଏହି ସହାୟକ କ୍ରିୟା ଆକସ୍ମିକ ଭାବରେ 'ହେବା' ବା 'ହେବାକୁ ଥିବା' ସଂପର୍କରେ ସୂଚିତ କରିଥାଏ।

ଉଦାହରଣ : କହି ବସିବା **बोल बैठना** ବୋଲ ବୈଠନା
ତୁମେ ସେତିକିବେଳେ କହିବାକୁ ବସିବ **तुम उस समय बोल बैठना**
ତୁମ ଉସ ସମୟ ବୋଲ ବୈଠନା

(ଉଠିବା) ଉଠନା उठना : ଏହି ସହାୟକ କ୍ରିୟା ମଧ୍ୟ ଆକସ୍ମିକ ଭାବରେ 'ହେବା' ବା 'ହେବାକୁ ଥିବା' ସଂପର୍କରେ ସୂଚିତ କରିଥାଏ।

ଉଦାହାଣ : ଦେଖିକି ଉଠିବା **देख उठना** ଦଖ ଉଠନା
ଆପଣ ସେତିକିବେଳେ ଦେଖିକି ଉଠିବେ। **आप उस समय देख उठना।**
ଆପ ଉସ ସମୟ ଦେଖ ଉଠନା।

(ଦେବା) ଦେନା देना : ଏହି ସହାୟକ କ୍ରିୟା ଅନ୍ୟକୁ କିଛି ପ୍ରଦାନ କରୁଥିବା ବେଳେ ପ୍ରୟୋଗ ହୋଇଥାଏ।

ଉଦାହରଣ: ଯିବାକୁ ଦେବା **जाने देना** ଜାନେ ଦେନା
ଆପଣ ତାଙ୍କୁ ଯିବାକୁ ଦେବେ **आप उनको जाने देना।**
ଆପ ଉନକୋ ଜାନେ ଦେନା

'ଲେନା' (ଆତ୍ମାର୍ଥ କ୍ରିୟା) / लेना (आत्मार्थ क्रिया) (Self)

ଏହି ସହାୟକ କ୍ରିୟା ଆତ୍ମାର୍ଥ ଦିଗରେ ପ୍ରୟୋଗ ହୋଇଥାଏ।

ଉଦାହରଣ : ମୁଁ ଏହି କାମଟିକୁ କରି ନେଉଛି। **मैं यह काम कर लेता हुँ।**
ମୈଁ ୟହ କାମ କର ଲେତା ହୁଁ।
ତୁମେ ସେହି କାମଟିକୁ କରିନିଅ। **तुम वह काम कर लो।**
ତୁମ ୱହ କାମ କର ଲୋ।

'ଦେ' (ଅନୁମତି ବୋଧକ) / दे (अनुमति बोधक) (Let)

ଏହି ସହାୟକ କ୍ରିୟା ଅନୁମତି କାମନା କରେ ଓ ଅନୁମତି ପ୍ରଦାନ କରେ ମଧ୍ୟ। ଏହା କ୍ରିୟାର୍ଥକ ସଂଜ୍ଞା ପରେ ଆସିଥାଏ।

ଉଦାହରଣ : ମତେ ଅନୁମତି ଦିଅନ୍ତୁ **मुझे अनुमति दे।** ମୁଝେ ଅନୁମତି ଦେ।
ମତେ ଯିବାକୁ ଦିଅ। **मुझे जाने दो।** ମୁଝେ ଜାନେ ଦୋ।

ସୂଚନା : ବାକ୍ୟରେ ଲିଙ୍ଗ, ବଚନ, ପୁରୁଷ, କାଳ ଆଗାମୀ ପରିବର୍ତ୍ତନରେ 'ଦେବା'(देना) ଅର୍ଥରେ ଏହି ସହାୟକ କ୍ରିୟାର ପ୍ରୟୋଗ ହୋଇଥାଏ।

ଉଦାହରଣ : ତାଙ୍କୁ ଶିଖିବାକୁ ଦିଅ। **उनको सीखने दो।**
ଉନକୋ ସୀଖନେ ଦୋ।

'ଜାନା' (ବିଧିବୋଧକ) / जाना (बिधि बोधक) (Ought to)

ଏହି ସହାୟକ କ୍ରିୟା ହେଉଛି ବିଧିବୋଧକ। ଏହା ସମାପ୍ତ ହୋଇଥିବା ବା ହେଉଥିବା ବା ହେବାକୁ ଥିବା କାର୍ଯ୍ୟ ସଂପର୍କରେ ସୂଚିତ କରିଥାଏ। ଉଦାହରଣ :

ତୁମେ ଏହିଠିକି ଆସି ଯିବ	तुम यहाँ आ जाना ।	ତୁମ ୟହାଁ ଆ ଜାନା।
ମୋତେ ସିଏ ନେଇକି ଯିବ	मुझे वह लेके जाना है।	ମୁଝେ ୱହ ଲେକେ ଜାନା ହୈ।

ସୂଚନା : ଏହି ସହାୟକ କ୍ରିୟାଟି ଅତୀତ କାଳରେ କର୍ତାର ଲିଙ୍ଗ, ବଚନ ଅନୁସାରେ 'ଗୟା'(गया), 'ଗୟୀ' (गयी), 'ଗୟେ' (गये) ପରି ବଦଳି ଯାଇଥାଏ।

ଉଦାହରଣ : ମୁଁ ନେଇକି ଗଲି। मैं लेके गया। ମୈଁ ଲେକେ ଗୟା।

'ପଡନା'/ पडना (Have to)

ଏହି ସହାୟକ କ୍ରିୟା ଶରୀରର ଅଂଗ ସଂପର୍କିତ କାର୍ଯ୍ୟକୁ ସୂଚିତ କରିଥାଏ। ଏହା କାର୍ଯ୍ୟର ଆବଶ୍ୟକତାକୁ ସୂଚିତ କରିଥାଏ। ଉଦାହରଣ :

ମତେ ସେହି କାମ କରିବାକୁ ପଡ଼ିଲା।	मुझे वह काम करना पडा।	ମୁଝେ ୱହ କାମ କରନା ପଡ଼ା।.
ଏହା ମାନିବାକୁ ପଡିଲା।	यह मानना पडेगा।	ୟହ ମାନନା ପଡ଼ା।

'ଡାଲନା'(ନିଶ୍ଚୟ ବୋଧକ) / डालना (निश्चय बोधक) (Away)

ଏହି ସହାୟକ କ୍ରିୟା ନିଶ୍ଚୟ ବୋଧକ। ଏହା ଦ୍ୱାରା କୌଣସି କାର୍ଯ୍ୟର ନିଶ୍ଚିତତା ପ୍ରକଟ ହୋଇଥାଏ। ଏହା କ୍ରିୟା ପଦ ପରେ ଆସିଥାଏ। ଉଦାହରଣ :

ଭାଂଗି ଦେବ।	तोड देना	ତୋଡ ଡାଲନା।
କାଟି ଦେବ।	काट डालना	କାଟ ଡାଲନା।
ମୁଁ ତାକୁ କାଟି ଦେଉଛି।	मैं उसको काट डालता हुँ।	ମୈଁ ଉସକୋ କାଟ ଡାଲତା ହୁଁ।

'ଉଠନା'(ଆକସ୍ମିକତା ବୋଧକ) / उठना (आकस्मिकता बोधक)

ଏହି ସହାୟକ କ୍ରିୟା ଆକସ୍ମିକତା ବୋଧକ ଓ ଏହା କାର୍ଯ୍ୟର ଆକସ୍ମିକତାକୁ ପ୍ରକଟ କରିଥା,।

ଉଦାହରଣ :	କହି ଉଠିବା	बोल उठना	ବୋଲ ଉଠନା
	ଜାଗି ଉଠିବା	जाग उठना	ଜାଗ ଉଠନା
	ମୁଁ ଜାଗି ଉଠିଲି।	मैं जाग (उठा) गया।	ମୈଁ ଜାଗ (ଉଠା) ଗୟା।

'ରଖନା' / रखना (Keep)

ଏହି ସହାୟକ କ୍ରିୟା 'ଲୁଚାଇବା' ବା 'ସଂରକ୍ଷଣ କରିବା' ଅର୍ଥରେ ପ୍ରୟୋଗ ହୋଇଥାଏ।

ଉଦାହରଣ : ବେପାରୀଟି କୋଟି କୋଟି ଟଙ୍କା କମେଇ ନେଲେ।
व्यापारी ने करोड रुपये कमा लिया।
ବ୍ୟାପାରୀ ନେ କରୋଡ ରୁପୟେ କମା ଲିୟେ।

(ଉ) ପ୍ରେରଣାର୍ଥକ କ୍ରିୟା / प्रेरणार्थक क्रिया (Casual Verb)

ଏହି କାର୍ଯ୍ୟକୁ କର୍ତା ନିଜେ ନ କରି ଆଉ କାହା ଦ୍ୱାରା କରିବାପାଇଁ ପ୍ରେରଣା ଦେଲେ ବା ବ୍ୟବସ୍ଥା (**Arrangement**) କଲେ, ତାହାକୁ ପ୍ରେରଣାର୍ଥକ କ୍ରିୟା (**Casual verb**) କୁହାଯାଏ।

ନିୟମ 1: ଯଦି ଗୋଟିଏ କାମକୁ ଆମେ ସିଧା ସଳଖ ଭାବରେ କରୁଛୁ, ସେତେବେଳେ କ୍ରିୟାର ମୂଳ ଶବ୍ଦ ବଦଳେ ନାହିଁ।

ଉଦାହରଣ : କରିବା କରନା / करना
ମତେ ଆଜି ଏହି କାମ କରିବାକୁ ଅଛି। मुझे आज यह काम करना है।
ମୁଝେ ଆଜ ୟହ କାମ କରନା ହୈ।

ନିୟମ 2: ଯଦି ଗୋଟିଏ କାମକୁ ଆମେ ନିଜେ ନ କରି ଅନ୍ୟଦ୍ୱାରା କରାଇବାର ଯୋଜନା କରୁ, ସେତେବେଳେ କ୍ରିୟାର ମୂଳ ଶବ୍ଦରୂପ (**Base Form**)ର ଦ୍ୱିତୀୟ ଅକ୍ଷର ଦୀର୍ଘ ହୋଇଥାଏ।
ଯେପରି :କରନା (करना)ଶବ୍ଦରେ ଦ୍ୱିତୀୟ ଅକ୍ଷର 'ର' (र) ଦୀର୍ଘ ହୋଇଛି। ଅର୍ଥାତ 'କରନା'(करना) 'କରାନା'(कराना) ହୋଇଛି।

ଉଦାହରଣ : ମୋତେ ଆଜି ଏହି କାମଟିକୁ ତାହା ଦ୍ୱାରା କରାଇନେବାର ଅଛି।
मुझे आज यह काम इससे कराना है।
ମୁଝେ ଆଜ ୟହ କାମ ଇସ୍‌ସେ କରାନା ହୈ।

ନିୟମ 3: ଯଦି ଗୋଟିଏ କାମକୁ ଆମେ ସିଧାସଳଖ ଭାବରେ ନ କରି ଅନ୍ୟ କାହାକୁ କହି ତା' ଦ୍ୱାରା କରାଇ ନେବାର ଉପକ୍ରମ କରୁ, ତେବେ କ୍ରିୟାର ମୂଳ ଶବ୍ଦ (**Base Form**) 'ନା'(ना)ର ପୂର୍ବରୁ ବା ଦ୍ୱିତୀୟ ଅକ୍ଷର ପରେ 'ୱା'(वा) ଆସିଥାଏ। ଯେପରି: 'କରନା' (करना)ଶବ୍ଦରେ 'କର'(कर) ପରେ ବା 'ନା'(ना) ପୂର୍ବରୁ 'ୱା' (वा) ଆସି 'କରୱାନା'(करवाना) ଶବ୍ଦ ହୋଇଛି।

ଉଦାହରଣ : ମୁଁ ଆଜି ଏହି କାମ ତାଙ୍କୁ କହି ଏହାଙ୍କ ଦ୍ୱାରା କରାଇବି।
मैं आज यह काम उसको बोल के इससे करवाना है।
ମୈଁ ଆଜ ୟହ କାମ ଉସକୋ ବୋଲ କେ ଇସସେ କରୱାନା ହୈ।

ବ୍ୟାକରଣ ଭାଷାରେ ରହିଛି । ତେଣୁ ଏହାର ନିୟମ ୧ରେ କର୍ତା (**Subject**) ସିଧା ସଳଖ 'କରାନା' (करना) କହୁଛନ୍ତି । ନିୟମ ୨ରେ କର୍ମ (**Object**) କରନା (करना) କହୁଛନ୍ତି । ଏବଂ ନିୟମ ୩ରେ ଉପକର୍ତା (**Somebody else**) କରନା କହତେ ହେଁ ।

ସୂଚନା : ଏକ ବାକ୍ୟରେ କର୍ତା, କର୍ମ, କ୍ରିୟା ରହିଥାନ୍ତି । ଏହା ଆପଣମାନେ ଏହା ପୂର୍ବରୁ ଜାଣି ସାରିଛନ୍ତି ।

କର୍ତା कर्ता (**Subject**) : ଅର୍ଥାତ୍ କାମ କରିବା ବାଲା ।
କର୍ମ कर्म (**Object**) : ଅର୍ଥାତ୍ କାମର ଫଳ ପାଇଲା ବାଲା ।
କ୍ରିୟା क्रिया (**Verb**) : ଅର୍ଥାତ କାର୍ଯ୍ୟ ବା କାମ ।

ହେଲେ ଏହି ପ୍ରେରଣାର୍ଥକ କ୍ରିୟାରେ କର୍ତା, ଉପକର୍ତା, କର୍ମ ଓ କ୍ରିୟା ରହିଥାନ୍ତି । ତେଣୁ 'ସିଲାଇ' କରିବା କ୍ଷେତ୍ରରେ 'ସୀୟା (सीया), ସିଲାୟା (सिलाया) ଓ ସିଲୱାୟା (सिलवाया) ରୂପ ବାକ୍ୟରେ ଶୋଭା ପାଇଥାଏ ।

କ୍ରିୟା ବିଶେଷଣ / क्रिया विशेषण (Adverb)

5. କ୍ରିୟା ବିଶେଷଣ / क्रिया विशेषण (Adverb) : ଏହା କାର୍ଯ୍ୟର ବିଶେଷତାକୁ ସୂଚାଇଥାଏ ।

ଯେପରି: ଜୋର, ଧୀରେ ଇତ୍ୟାଦି କ୍ରିୟାର ବିଶେଷତାକୁ ସୂଚାଉଥିବାରୁ ଏସବୁ କ୍ରିୟା ବିଶେଷଣ ।

ଉଦାହରଣ : ମୁଁ କେବେ କେବେ ଭାତ ଖାଏ । ତୁମେ ଶିଘ୍ର ଲେଖୁଛ ।
मैं कभी कभी चावल खाता हुं । तुम जल्दी लिखते हो ।
ମୈଁ କଭୀ କଭୀ ଚାୱଲ ଖାତା ହୁଁ । ତୁମ ଜଲ୍‌ଦୀ ଲିଖତେ ହୋ ।

କେତେକ କ୍ରିୟା ବିଶେଷଣର ତାଲିକା / क्रिया विशेषण (Some Adverbs)

ରୋଜ	रोज	ରୋଜ	କାଲି	कल	କଲ
ଦିନ	दिन	ଦିନ	କେବେ	कब	କବ
ସବୁବେଳେ	हमेशा	ହମେଶା	ଏବେ	अब	ଅବ
ଧୀରେ ଧୀରେ	धीरे धीरे	ଧୀରେ ଧୀରେ	ସଅଳ	जल्दी	ଜଲ୍‌ଦୀ
ବେଳେବେଳେ	अक्सर	ଅକ୍ସର	କ୍ଷୀପ୍ର	तेज	ତେଜ
କେବେ କେବେ	कभी कभी	କଭୀ କଭୀ	ପରଦିନ	परसों	ପରସୋଁ
ଜୋରରେ	जोर से	ଜୋର ସେ	ଅବିକଳ	बिलकुल	ବିଲକୁଲ
ତୁରନ୍ତ	तुरंत	ତୁରନ୍ତ	ଅଧିକ	ज्यादा	ଜ୍ୟାଦା

ଆଜିକାଲି	आजकल	ଆଜକଲ	ଅଳ୍ପ	कम	କମ
ଟିକିଏ	जरा	ଜରା	ଭିତର	अंदर	ଅଂଦର
ଖୁବ	**खुब**	ଖୁବ	ବାହାର	**बाहर**	ବାହର
ଡେରୀ	देर	ଦେର	ଉପର	उपर	ଉପର
ତଳେ	निचे	ନିଚେ			

ବର୍ତ୍ତମାନ ହିନ୍ଦୀ ଭାଷାରେ ଅତି ମୁଖ୍ୟ ଓ ବେଳେବେଳେ ବ୍ୟବହୃତ ହେଉଥିବା ଶବ୍ଦକୁ ଜାଣିବା।

ଯେତେବେଳେ	**जब**	ଜବ	ଯେଉଁଠି	जहाँ	ଜହାଁ
ଯେପରି	जैसा	ଜୈସା	ଯେତେ	जितना	ଜିତନା

ଏହି ଚାରିଗୋଟି ଶବ୍ଦର ବ୍ୟବହାର କିପରି ବାକ୍ୟରେ ହୋଇଥାଏ, ତାହା ବର୍ତ୍ତମାନ ଦେଖିବା।

ଏହି ଚାରିଗୋଟି ଶବ୍ଦକୁ କ୍ରିୟା ବିଶେଷଣ (**Adverb**) ବୋଲି କୁହା ଯାଇଥାଏ। 'ଜବ' (**जब**) ସମୟ କ୍ଷେତ୍ରରେ, 'ଜହାଁ' (जहाँ) ସ୍ଥାନ କ୍ଷେତ୍ରରେ, 'ଜୈସା' (जैसा) ଭାବ କ୍ଷେତ୍ରରେ ଓ 'ଜିତନା' (जितना) ପରିମାଣ କ୍ଷେତ୍ରରେ ବ୍ୟବହାର ହୋଇଥାଏ।

ସୂଚନା : ଉପରୋକ୍ତ ଚାରିଗୋଟି କ୍ରିୟା ବିଶେଷଣକୁ ସ୍ୱତନ୍ତ୍ର ଭାବରେ କେବେହେଲେ ପ୍ରୟୋଗ କରି ହେବ ନାହିଁ। ବରଂ ଏହା ନିମ୍ନ କ୍ରମ ପରି ଆଉ ଏକ ଭାବ ସହିତ ମିଶିକି ଆସିବ।

ଉଦାହରଣ :

ଯେତେବେଳେ ମୁଁ କଲିକତା ଗଲି ସେତେବେଳେ ସେଠାରେ ଗୋଟିଏ ସିନେମା ସୁଟିଙ୍ଗ ଚାଲୁଥିଲା।

जब मैं कोलकता गया तब वहाँ एक सिनेमा शुटिंग चल रही थी।

ଜବ ମୈଁ କୋଲକତା ଗୟା ତବ ୱହାଁ ଏକ ସିନେମା ଶୁଟିଙ୍ଗ ଚଲ ରହୀ ଥୀ।

ଯେଉଁଠି ସୂର୍ଯ୍ୟ ରହିଥାନ୍ତି ସେଠାରେ ଅନ୍ଧକାର ନଥାଏ।

जहाँ सूरज रहता वहाँ अंधेरा नहीं रहता है।

ଜହାଁ ସୂରଜ ରହତା ୱହାଁ ଅଂଧେରା ନହୀଁ ରହତା ହୈ।

ଯେପରି ରାଧା ଗାଉଛି ସେପରି ରୋଜା ମଧ୍ୟ ଗାଉଛି।

जैसा राधा गाती है वैसे रोजा भी गाती है।

ଜୈସା ରାଧା ଗାତୀ ହୈ ୱେସେ ରୋଜା ଭୀ ଗାତୀ ହୈ।

ଯେତିକି ଟଙ୍କାରେ ସେହି ମେଜଟି ମିଳିଲା ସେତିକି ଟଙ୍କାରେ ଚୌକି ମିଳିବ ନାହିଁ।

जितना रुपयों में वह मेज मिली उतनी रुपयों में कुरसी नहीं मिलती।

ଜିତନା ରୁପୟୋଁ ମେଁ ୱହ ମେଜ ମିଲୀ ଉତନୀ ରୁପୟୋଁ ମେଁ କୁରସୀ ନହୀଁ ମିଲତୀ।

କେବଳ ଏତିକି ନୁହେଁ, ଏହିଭଳି ଆହୁରି ଅନେକ ଶବ୍ଦ ରହିଛି। ସେସବୁ ଶବ୍ଦର ବ୍ୟବହାର ବର୍ତମାନ ଜାଣିବା।

ଇତନା - କି / इतना - कि (so that)

କେବଳ ଗୋଟିଏ ବିଷୟର ବିଶେଷତାକୁ ପ୍ରକଟ କରିବାପାଇଁ ଏହି କ୍ରିୟା ବିଶେଷଣକୁ ପ୍ରୟୋଗ କରାଯାଇଥାଏ।

ଉଦାହରଣ : ମୁଁ ଏତେ ଦୁର୍ବଳ ଥିଲି ଯେ ଚୌକିରୁ ମଧ୍ୟ ଉଠି ପାରିଲି ନାହିଁ।

मैं इतना कमजोर था कि कुरसी से भी नहीं उठ सका।

ମୈଁ ଇତନା କମଜୋର ଥା କି କୁରସୀ ସେ ଭୀ ନହୀଁ ଉଠ ସକା।

ୟଦି - ତୋ / यदि - तो (if - were)

ଉଦାହରଣ : ଯଦି ବାବାଙ୍କ ପାଖରେ ଧନ ଥାଆନ୍ତା ତାହାଲେ ସେ ମୋଟର ସାଇକେଲ କିଣିଥାନ୍ତେ।

यदि पिताजी के पास धन होता तो वे मोटर साइकिल खरीदते।

ୟଦି ପିତାଜୀ କେ ପାସ ଧନ ହୋତା ତୋ ୱେ ମୋଟର ସାଇକିଲ ଖରୀଦତେ।

ଜିସ - ଉସ / जिस-उस (which- that)

ଉଦାହରଣ : ଯେପରି ରାମବାବୁ କରୁଛନ୍ତି ସେପରି ତୁମେ ମଧ୍ୟ କର।

जिस तरह रामबाबु कर रहा है उस तरह तुम भी करो।

ଜିସ ତରହ ରାମବାବୁ କର ରହା ହୈ ଉସ ତରହ ତୁମ ଭୀ କରୋ।

ନ - ନ / न - न (neither-nor)

ଉଦାହରଣ : ତାହା ପାଖରେ ନା ଧନ ଅଛି ନା ବିଦ୍ୟା।

उसके पास न धन है न विद्या।

ଉସକେ ପାସ ନ ଧନ ହୈ ନ ୱିଦ୍ୟା।

ଜ୍ୟୋଁହୀ - ତ୍ୟୋହୀଁ / ज्योंही - त्योंही (No sooner - than)

ଗୋଟିଏ କାମ ହେବା ବେଳେ ଆଉ ଗୋଟିଏ କାମ ଆରମ୍ଭ ହେଲେ ଏହି ଶବ୍ଦଦ୍ୱାରା ତାହାକୁ ପ୍ରକାଶ କରାଯାଏ।

ଉଦାହରଣ :ଯେତେବେଳେ ଗୌତମୀ ଏକ୍ସପ୍ରେସ ପହଞ୍ଚିଲା ସେତେବେଳେ ମୋ ସାଙ୍ଗ ସେଥିରେ ଚଢ଼ିଲା।

जब गौतमी एक्सप्रेस पहुँची तब मेरा दोस्त उसमें चढा।

ଜବ ଗୌତମୀ ଏକ୍ସପ୍ରେସ ପହୁଁଚୀ ତବ ମେରା ଦୋସ୍ତ ଉସମେଁ ଚଢ଼ା।

ୟଦ୍ୟପି- ତୋ / यद्यपि - तो (even though- Also)

ଉଦାହରଣ : ଯଦିଓ ତା ପାଖରେ ଧନ ନାହିଁ ତାହାହେଲେ ମଧ୍ୟ ସେ ଲୋକମାନଙ୍କୁ ସାହାଯ୍ୟ କରୁଛି।

यद्यपि उसके पास धन नहीं है तो भी वह लोगों को मदद करता है।

ୟଦ୍ୟପି ଉସକେ ପାସ ଧନ ନହୀଁ ହୈ ତୋ ଭୀ ୱହ ଲୋଗୋଁ କୋ ମଦଦ କରତା ହୈ।

ୟା ତୋ - ୟା / या तो - या (either - or)

ଉଦାହରଣ : ସେ କ୍ରିକେଟ ଖେଳିବେ ନହେଲେ ହକି।

वह या तो क्रिकेट खेलेगा या हाकी।

ୱହ ୟା ତୋ କ୍ରିକେଟ ଖେଲେଗା ୟା ହାକୀ।

ଜିଧର - ଉଧର / जिधर - उधर (where there is)

ଉଦାହରଣ : ଯେଉଁଠି ରାଧା ରହୁଛି, ସେଠାରେ କୃଷ୍ଣ ରହିଛନ୍ତି।

जिधर राधा रहती है, उधर कृष्ण रहता है।

ଜିଧର ରାଧା ରହତୀ ହୈ, ଉଧର କୃଷ୍ଣ ରହତା ହୈ।

ସୂଚନା : ଏହା ହିନ୍ଦୀ ଶବ୍ଦ ନୁହେଁ। ଏହା ଉର୍ଦ୍ଦୁ ଶବ୍ଦ ହେଲେ ମଧ୍ୟ ତାହା ହିନ୍ଦୀରେ ବ୍ୟବହାର କରାଯାଉଛି।

କି / कि (that)

ଏହା ସମୁଚ୍ଚୟ ବୋଧକ ଅବ୍ୟୟ ମଧ୍ୟରୁ ଗୋଟିଏ। ଏହା ଗୋଟିଏ ପ୍ରଧାନ ବାକ୍ୟକୁ ଆଉ ଗୋଟିଏ ଉପପ୍ରଧନ ବାକ୍ୟ ସହିତ ମିଶାଇବା ପାଇଁ ବ୍ୟବହାର କରାଯାଏ। କି (कि) ଲେଖିବା ପରେ କର୍ତାର କହୁଥିବା ବାକ୍ୟ ଯଥାତଥା ଲେଖିବାକୁ ହୋଇଥାଏ। ହେଲେ ଅଭ୍ୟାସ କ୍ରମରେ ଭୁଲ ବଶତଃ ମଧ୍ୟ ପରୋକ୍ଷ ସଂବାଦରେ ଏପରି ଲେଖା ଯାଇଥାଏ।

ଉଦାହରଣ : ଭାସ୍କର ବାବୁ କହିଲେ ଯେ କାଲି ଏଠାରେ ବଡ଼ ଉତ୍ସବ ହେବ।

भास्कर जी ने कहा कि कल यहाँ बडी फंकसन होगा।

ଭାସ୍କର ଜୀ ନେ କହା କି କଲ ୟହାଁ ବଡା ଫଙ୍କସନ ହୋଗା।

ସୂଚନା : 'କି' ହେଉଛି ଏକ ସମୁଚ୍ଚୟ ବୋଧକ (**Conjunction**) ଶବ୍ଦ। ତଥାପି ଏହା ଭିନ୍ନ ଭିନ୍ନ ଅର୍ଥରେ ପ୍ରୟୋଗ କରାଯାଇଥାଏ। ଯେପରି: 'ଅଥବା' (**अथवा**), 'ଇତନେ ମେଁ' (**इतने में**) ଇତ୍ୟାଦି କ୍ଷେତ୍ରରେ।

ଉଦାହରଣ : ଆପଣ ହିନ୍ଦୀ ବୁଝି ପାରୁଛନ୍ତି ନା ନାହିଁ ?

आप हिन्दी समझ सकते हैं की नहीं ?

ଆପ ହିନ୍ଦୀ ସମଝ ସକତେ ହେଁ କି ନହୀଂ ?

ସୂଚନା : 'କି' (**की**) କାମର କାରଣ ମଧ୍ୟ ପ୍ରକାଶ କରିଥାଏ।

ଉଦାହରଣ : ରହୀମ ବହୁତ ଦୁଃଖୀ କାରଣ ତାହାର ମାଁ ଅସୁସ୍ଥ।

रहीम बहुत दु:खी है क्यों की उसकी माँ बिमार है।

ରହୀମ ବହୁତ ଦୁଃଖୀ ହୈ କ୍ୟୋଁକି ଉସକୀ ମାଁ ବିମାର ହୈ।

ସୋ (ୱହ) / सो (वह) (such)

ହିନ୍ଦୀ ଭାଷାରେ, ଏପରିକି ଆମ ଓଡ଼ିଆ ଭାଷାରେ ମଧ୍ୟ ଗୋଟିଏ ବିଷୟକୁ ଭିନ୍ନ ଭିନ୍ନ ଢ଼ଂଗରେ କୁହାଯାଏ।

ଉଦାହରଣ: ଦେଖା ହୁଆ (**देखा हुआ**), କିୟା ହୁଆ (**किया हुआ**), କମାୟା ହୁଆ (**कमाया हुआ**) ।

ଦେଖା ହୋଇଥିବା / ହେଲା	**देखा हुआ**	ଦେଖା ହୁଆ
କରା ଯାଇଥିବା / ହୋଇଥିବା	**किया हुआ**	କିୟା ହୁଆ
ରୋଜଗାର କରାଯାଇଥିବା	**कमाया हुआ**	କମାୟା ହୁଆ

ମୁଁ ଯାହାବି ଏଯାଏଁ କମାଇଛି ତାହା ପୂରା ଖର୍ଚ୍ଚ କରିଦେଲି।

मैने जो भी अब तक कमाया वह पूरा खर्च कर दिया।

ମୈଁନେ ଜୋ ଭୀ ଅବ ତକ କମାୟା ୱହ ପୂରା ଖର୍ଚ କର ଦିୟା।

ଆପଣ ଯାହା କଲେ ତାହା ଠିକ।

आप जा किया वह सही है।

ଆପ ଜୋ କିୟା ୱହ ସହୀ ହୈ।

ସା / सा (Like)

ଏହି ଶବ୍ଦ ସର୍ବସାଧାରଣରେ ଶବ୍ଦକୋଷରେ ବା କୌଣସି ପୁସ୍ତକରେ ମିଳି ନଥାଏ। ହେଲେ ଲୋକଙ୍କ ବ୍ୟବହାରିକ ଜୀବନରେ, କବିତାରେ ଓ ସିନେମା ଗୀତରେ ଏହାର ପ୍ରୟୋଗ ମାତ୍ରାଧିକ ପରିମାଣରେ କରାଯାଇଥାଏ। ଏହା ପ୍ରାୟ 'ପରି'ର ସମାନାର୍ଥକ ଶବ୍ଦ।

ଉଦାହରଣ :   କେହି ତୁମ ପରି ନାହାନ୍ତି।   ପାଗଳପ୍ରେମୀ ମୋ ପରି ନାହାନ୍ତି।

कोई तुम सा नहीं रहता।   दीवाना मुझसा नहीं।

କୋଇ ତୁମ ସା ନହୀଁ ରହତା।   ଦିୱାନା ମୁଝସେ ନହୀଁ।

ସମ୍ବନ୍ଧ ସୂଚକ / सम्बन्ध सूचक (Preposition)

6. ସମ୍ବନ୍ଧ ସୂଚକ / सम्बन्ध सूचक (Preposition) :

ସଂଜ୍ଞା ଓ ସର୍ବନାମ ସହିତ ମିଶିକି ରହି ମଧ୍ୟ ତାହା ବାକ୍ୟରେ ଅନ୍ୟ ଶବ୍ଦ ସହିତ ସଂପର୍କ ସ୍ଥାପିତ କରିଥାଏ।

ଉଦାହରଣ :   କୋ (को), ସେ (से), କୀ (की), ମେଁ (में), ପର (पर) ଇତ୍ୟାଦି ହେଉଛି ସମ୍ବନ୍ଧ ସୂଚକ ଶବ୍ଦ।

ବାକ୍ୟ :   ବିଲେଇଟି ଘରେ ଅଛି।   बिल्ली कमरे में है।

ବିଲ୍ଲି କମରେ ମେଁ ହୈ।

ହାଇଦରା ବାଦ ଠାରୁ ମୁମ୍ବାଇ କେତେ ଦୂର ?

हैदराबाद से मुम्बाई कितना दूर है ?

ହୈଦରାବାଦ ସେ ମୁମ୍ବାଇ କିତନା ଦୂର ?

ଏହି ସମ୍ବନ୍ଧ ସୂଚକ ପଦ ସାଧାରଣତଃ ଦୁଇ ପ୍ରକାରର। ଯଥା :**୧. ସମ୍ବନ୍ଧ ସୂଚକ (सम्बन्ध सूचक)** ଓ **୨. ଅନୁବନ୍ଧ ସୂଚ୍କ (अनुबन्ध सूचक)**।

୧. ସମ୍ବନ୍ଧ ସୂଚକ / सम्बन्ध सूचक: ଏହା ସମ୍ବନ୍ଧ ଥିବା ବାକ୍ୟରେ ଆସିଥାଏ। ଅବ୍ୟୟ, ସଂଜ୍ଞା ଓ ସର୍ବନାମର ବିଭକ୍ତି ପରେ ତାହା ଆସିଥାଏ।

ଉଦାହରଣ :   ମୁଁ ଆପଣଙ୍କର ନିକଟ ସଂପର୍କୀୟ ବଂଧୁ।   मैं आप का करीबी रिश्तेदार हुँ।

ମୈଁ ଆପ କା କରୀବୀ ରିସ୍ତେଦାର ହୁଁ।

ତୁମେ ମୋ ଘର ଆଡକୁ ଆସୁଛ।   तुम मेरे घर की ओर आ रहे हो।

ତୁମ ମେରେ ଘର କୀ ଔର ଆ ରହେ ହୋ।

କେତେକ ସମ୍ବନ୍ଧ ବୋଧକ / सम्बन्ध सूचक

1	ପରେ	के बाद	କେ ବାଦ
2	ଆଗରୁ	के पहले	କେ ପହଲେ
3	ଉପରେ	के ऊपर	କେ ଊପର
4	ତଳେ	के नीचे	କେ ନୀଚେ
5	ପାଖରେ	के पास	କେ ପାସ
6	ଦୂରରେ	के दूर	କେ ଦୂର
7	ଭିତରେ	के अंदर	କେ ଅଂଦର
8	ବାହାରେ	के बाहर	କେ ବାହର
9	ପଛରେ	के पीछे	କେ ପୀଛେ
10	ବିଷୟରେ	के बारे में	କେ ବାରେ ମେଁ
11	ସମ୍ମୁଖରେ	के सामने	କେ ସାମନେ
12	ସାଙ୍ଗରେ	के साथ	କେ ସାଥ
13	ଆଡକୁ / ସପକ୍ଷରେ	के ओर / के तरह	କେ ଓର / କେ ତରଫ
14	ଛଡା	के अलवा	କେ ଅଲୱା
15	ଜାଗାରେ	के जगह	କେ ଜଗହ
16	ପାଇଁ	के लिये	କେ ଲିୟେ
17	ଛଡା / ସହିତ	के सिवा	କେ ସିୱା
18	ପରି	के तरह	କେ ତରହ
19	ଏଇଠି	के यहाँ	କେ ୟହାଁ

୨. ଅନୁବନ୍ଧ ବୋଧକ (**अनुबन्ध बोधक**) : ଏହା କର୍ତାର ହୋଇଥିଲେ ଅନୁବନ୍ଧ ବୋଲି ଗୃହୀତ ହେବ।

ଯଥା : ସହିତ (सहित), ତୋ (तो), ତକ (तक) ଇତ୍ୟାଦି।

ବାକ୍ୟ : ମୁଁ ଏଗରଟା ବେଳ ଯାଏଁ ରହୁଛି। मैं ग्यारह बजे तक रहता हुँ।

ମୈଁ ଗ୍ୟାରହ ବଜେ ତକ ରହତା ହୁଁ।

ମୁଁ ଭାସ୍କର ବାବୁଙ୍କ ସହିତ ଆସୁଛି। मैं भास्कर जी के साथ आता हुँ।

ମୈଁ ଭାସ୍କର ଜୀ କେ ସାଥ ଆତା ହୁଁ।

ସମୁଚ୍ଚୟ ବୋଧକ / **समुच्छय बोधक (Conjunction)**

7. **ସମୁଚ୍ଚୟ ବୋଧକ / समुच्छय बोधक (Conjunction)** : ଏହା ଦୁଇଟି ଶବ୍ଦକୁ ବା ଦୁଇଟି ବାକ୍ୟକୁ ସଂଯୋଜିତ କରିଥାଏ। ଯେପରି: ଆଉ (और), ଏହି କାରଣରୁ (इसलिए), ସେହି କାରଣରୁ (उसलिए)।

କେତେକ ସମୁଚ୍ଚୟ ବୋଧକ ଶବ୍ଦର ଉଦାହରଣ ନିମ୍ନରେ ଉପସ୍ଥାପନ କରାଗଲା।

ବା	वा	ୱା	କାରଣ	क्योंकी	କ୍ୟୋଁକି
କିମ୍ବା	या	ୟା	ଯଦ୍ୟପି	यद्यपि	ଯଦ୍ୟପି
ଅଥବା	अथवा	ଅଥୱା	ଓ / ଏବଂ	ओर/एवं / व	ଔର / ଏବଂ / ୱ
କି	कि	କି	ଫଳରେ	पर	ପର
ତ	तो	ତୋ	ପରନ୍ତୁ	पाहतू	ପରନ୍ତୁ
ଏଣୁ	अत:	ଅତଃ	କିନ୍ତୁ	किन्तु	କିନ୍ତୁ
ଧରିନିଅ	मानो	ମାନୋ	ଅର୍ଥ	माने	ମାନେ

ଉଦାହରଣ : କେଶବ ବା ରାଜେଶ କରୁଛନ୍ତି।

केशव या राजेश करते हैं।

କେଶବ ୟା ରାଜେଶ କରତେ ହୈଁ।

ତୁମକୁ ବା ମତେ ଯିବାକୁ ହେବ।

तुमको या मुझे जाना होगा।

ତୁହ୍ମେ ୟା ମୁଝେ ଜାନା ହୈ।

କେ / के (Because)

ଏହି ଶବ୍ଦକୁ ସାମାନ୍ୟ ଅର୍ଥରେ ଅର୍ଥାତ ବିଭକ୍ତି ପାଇଁ 'का' (of), ହେଲେ ହିନ୍ଦୀ ବ୍ୟବହାରିକ ଭାଷାରେ ଓ କବିତାରେ ଏହା ଏକ ସହାୟକ କ୍ରିୟା ପଦ (Helping Word) ରୂପେ ବ୍ୟବହୃତ ହୋଇଥାଏ।

ଉଦାହରଣ : କି ଯେମିତି ତୁମକୁ ସୃଷ୍ଟି କରାଯାଇଛି ମୋ ପାଇଁ।

के जैसे तुझको बनाया गया है मेरे लिए।

କେ ଜୈସେ ତୁଝକୋ ବନାୟା ଗୟା ହୈ ମେରେ ଲିଏ।

କି ଏ ବଦନ ଆଉ ଏ ଚାହାଣୀ ମୋର ଗଚ୍ଛିତ ଧନ।

के ये वदन ये निगाहें मेरी अमानत है।

କେ ୟେ ବଦନ ୟେ ନିଗାହେଁ ମେରୀ ଅମାନତ ହୈ।

କେ ସିୱା / के सिवा (Except)

ଏହା ସେହି ବ୍ୟକ୍ତି ବିନା କୌଣସି କାମ ଯେପରି ହୋଇ ପାରିବ ନାହିଁ, ସେହିପରି ଅର୍ଥରେ ଏହାର ବ୍ୟବହାର ହୋଇଥାଏ।

ଉଦାହରଣ : ତାଙ୍କ ବିନା ଏହି କାମ କେହି କରି ପାରିବେ ନାହିଁ।

उनके सिवा यह काम कोई नहीं कर सकता है।

ଉନକେ ସିୱା ୟହ କାମ କୋଇ ନହୀଁ କର ସକତା।

କେ ବିନା (विना) : ଏହା ଗୋଟିଏ ବା ପ୍ରତ୍ୟେକ ଲୋକ ବା ବସ୍ତୁ ନଥିଲେ ଅମୁକ କାମ ଯେପରି ହୋଇ ପାରିବ ନାହିଁ, ସେହିଭଳି ଭାବ ପ୍ରକାଶ କ୍ଷେତ୍ରରେ ଏହି ଶବ୍ଦ ଅତ୍ୟନ୍ତ ଉପଯୋଗୀ ହୋଇ ଉଠିଥାଏ।

ଉଦାହରଣ : ରାଜେଶ ଶଂକର ବିନା ଦୁଧ ପିଏ ନାହିଁ।

राजेश शंकर के विना दुध नहीं पिता है।

ରାଜେଶ ଶଂକର କେ ବିନା ଦୁଧ ନହୀଁ ପିତା ହୈ।

କେ ଅଲୱା / के अलवा (Besides)

ଏହା ଗୋଟିଏ ଲୋକ ବା ବସ୍ତୁ ବଦଳରେ ଅନ୍ୟ ଲୋକ ବା ବସ୍ତୁ ଦ୍ୱାରା ମଧ୍ୟ କାମ ହୋଇଯିବାକୁ ସୂଚାଏ।

ଉଦାହରଣ : ସିକନ୍ଦରବାଦକୁ ଛାଡିଦେଲେ ହାଇଦରାବାଦରେ ମଧ୍ୟ ଏପରି ଭବନ ରହିଛି।

सिकन्दराबाद के अलवा हैदराबाद में भी ऐसा भवन है।

ସିକନ୍ଦରବାଦ କେ ଅଲୱା ହୈଦରାବାଦ ମେଁ ଭୀ ଐସା ଭବନ ହୈ।

ସୂଚନା : 'କେ ଅଲୱା' (**के अलवा**), 'କେ ସେୱା' (**के सेवा**) ଇତ୍ୟାଦି ଶବ୍ଦ ସଂଜ୍ଞା ଓ ସର୍ବନାମର ପୂର୍ବରୁ ଆସିଥାଏ।

ଉଦାହରଣ : ବିନା ଅପରେସନରେ ଏହା ଭଲ ହେବ ନାହିଁ।

विना ऑपरेसन के वह ठीक् नहीं होगा।

ବିନା ଆପରେସନ କେ ୱହ ଠୀକ୍ ନହୀଁ ହୋଗା।

ତାଙ୍କ ଛଡା ସେହି କାମକୁ କିଏ କରିବ ?

सिवा उनके वह काम कौन करेंगे ?

ସିୱା ଉନକେ ୱହ କାମ କୌନ କରେଁଗେ ?

ବିସ୍ମୟାଦି ବୋଧକ / **विस्मयादि बोधक** (Interjection) :

8. ବିସ୍ମୟାଦି ବୋଧକ / विस्मयादि बोधक (Interjection) :

ଏହି ବାକ୍ୟ ଶୋକ, ହର୍ଷ, ବିସ୍ମୟ, ଘୃଣା ଆଦି ମନର ବିଭିନ୍ନ ଭାବକୁ ପ୍ରକାଶ କରିଥାଏ।

ଉଦାହରଣ: ସାବାସ୍ (**सावास**), ହାୟ (**हाय**), ଅହୋ (**अहो**), ବାପରେ (**बापरे**) ଇତ୍ୟାଦି।

ଏହି ବିସ୍ମୟାଦି ବୋଧକର ପାଂଚଟି ବିଭାଗ ରହିଛି। ତାହା ହେଉଛି :

୧ ହର୍ଷ ବୋଧକ (**हर्ष बोधक**): ଏହା ହର୍ଷ ପ୍ରକଟ କରିଥାଏ।

ଉଦାହରଣ : ଅହା (**अहा**), ସାବାସ (**सावास**)

୨. ଶୋକ ବୋଧକ (**शोक बोधक**) : ଏହା ଦୁଃଖ ପ୍ରକଟ କରିଥାଏ।

ଉଦାହରଣ : ହାୟ (**हाय**), ହେ ରାମ (**हे राम**), ହେ ଭବବାନ (**हे भगवान**)

୩. ଆଶ୍ଚର୍ଯ୍ୟ ସୂଚକ (**आश्चर्य सूचक**) : ଏହା ଆଶ୍ଚର୍ଯ୍ୟ ପ୍ରକଟ କରିଥାଏ।

ଉଦାହରଣ :	ଆଚ୍ଛା	**अच्छा**
	ଜୀ ହାଁ	**जी हाँ**
	ଠିକ ହୈ	**ठिक है**

୪. ତିରସ୍କାର ବୋଧକ (**तिरस्कार बोधक**): ଏହା ତିରସ୍କାର ପ୍ରକଟ କରିଥାଏ।

ଉଦାହରଣ :	ଛି	**छि**
	ଅରେ	**अरे**
	ଚୁପ୍	**चुप्**
	ହଟ	**हट**

୫. ସମ୍ବୋଧ ବୋଧକ (**सम्बोन्ध बोधक**): ଏହା ସମ୍ବୋଧନକୁ ପ୍ରକାଶ କରିଥାଏ।

ଉଦାହରଣ :	ଓ	**ओ**
	ଆଦି	**आदि**
	ଅରେ	**अरे**
	ଅରୀ	**अरी**

5 ଶବ୍ଦ ନିର୍ମାଣ ଓ ଶବ୍ଦ ବିଭାଜନ शब्द निर्माण और शब्द बिभाजन
(Word building and Division of words)

ଶବ୍ଦ ନିର୍ମାଣ ଦୃଷ୍ଟିକୋଣରୁ ବିଚାର କଲେ ଜଣାଯାଏ ଯେ ହିନ୍ଦୀରେ ଶବ୍ଦର ତିନିଗୋଟି ବିଭାଗ ରହିଛି । ଯଥା:

1. ରୂଢ଼ି (रूढि) **2.** ଯୌଗିକ (यौगिक) **3.** ଯୋଗ ରୂଢ଼ି (योगारूढ)

1. ରୂଢ଼ି (रूढि) : ଏହିସବୁ ଶବ୍ଦର ବିଭାଜନ କଲେ ଏହାର ଅର୍ଥ କିଛି ହେବ ନାହିଁ ।

ଉଦାହରଣ :	ମଣିଷ	ଆଦମୀ	आदमी	ମନିଷି	मनिषि
	ବିଲେଇ	ବିଲ୍ଲୀ	बिल्ली	ପିଲ୍ଲୀ	पिल्ली
	ଚୌକି	କୁର୍ସୀ	कुर्सी	କୁର୍ଚି	कुर्चि
	ନାରୀ	ଔରତ	औरत	ସ୍ତ୍ରୀ	स्त्री

2. ଯୌଗିକ (यौगिक) : ଏହା ଦୁଇ ବା ତତୋଽଧିକ ଶବ୍ଦର ସମଷ୍ଟିରେ ଏହିଭଳି ଏକ ଶବ୍ଦ ସୃଷ୍ଟି ହୋଇଥାଏ ।

ଉଦାହରଣ :	କାର୍ଯ୍ୟଦର୍ଶୀ	कार्यदर्शी
	ରୋଷେଇଘର	रसोईघर

3. ଯୋଗରୂଢ଼ି (योगारूढ) : ଏହା ମଧ୍ୟ ଯୌଗିକ ଶବ୍ଦ ପରି ଦୁଇ ବା ତତୋଽଧିକ ଶବ୍ଦମାନଙ୍କର ସମଷ୍ଟିରେ ସୃଷ୍ଟି ହୋଇଥାଏ । ତେବେ ଏହା ସାଧାରଣ ଅର୍ଥ ପରିବର୍ତ୍ତେ ଏକ ବିଶେଷ ଅର୍ଥ ପ୍ରତିପାଦନ କରିଥାଏ ।

ଉଦାହରଣ : **ଚତୁରମୁଖ (चतुरमुख)** । ଏହି ଶବ୍ଦର ସାଧାରଣ ଅର୍ଥ ହେଉଛି ଯାହାର ଚାରିଗୋଟି ମୁହଁ ଥାଏ । ମାତ୍ର ଏହାର ବିଶେଷ ଅର୍ଥ ହେଉଛି 'ବ୍ରହ୍ମା' ।

ବାୟୁ ନନ୍ଦନ (वायुनन्दन) । ସାଧାରଣ ଅର୍ଥରେ ପବନର ପୁଅ । ମାତ୍ର ବିଶେଷ ଅର୍ଥରେ 'ହନୁମାନ' ।

6 ବାକ୍ୟ वाक्य (Sentence)

ଶବ୍ଦ ଉଚ୍ଚାରଣ ସଂକ୍ରାନ୍ତରେ ଆମେ ପୂର୍ବରୁ ଜ୍ଞାନ ଲାଭ କରିଛୁ। ବର୍ତମାନ ଆମେ ବାକ୍ୟ (वाक्य / Sentence) ସମ୍ବନ୍ଧରେ ଜ୍ଞାନ ଲାଭ କରିବା।

1. ସଂପୂର୍ଣ୍ଣ ଅର୍ଥ ପ୍ରଦାନ କରୁଥିବା ଶବ୍ଦ ସମୂହକୁ ବାକ୍ୟ କୁହାଯାଇଥାଏ।

ଉଦାହରଣ :	ମୁଁ ଖେଳୁଛି।	मैं खेलता हुँ।	ମୈଁ ଖେଲତା ହୁଁ।
	ତୁମେ କିଏ ?	तुम कौन हो।	ତୁମ କୌନ ହୋ ?
	ଗାଈ ଦୁଧ ଦେଉଛି।	गाय दुध देती है।	ଗାୟ ଦୁଧ ଦେତୀ ହୈ।
	ଆମେ କାମ କରୁଛୁ।	हम काम करते हैं।	ହମ କାମ କରତେ ହୈଁ।

2. ସର୍ବ ସାଧାରଣରେ ବାକ୍ୟ ନିର୍ମାଣ କ୍ଷେତ୍ରରେ କର୍ତା (कर्ता), କର୍ମ (कर्म) ଓ କ୍ରିୟା (क्रिया) ରହିଥାନ୍ତି। ଏଠାରେ **କର୍ତା** କହିଲେ ଯିଏ କାର୍ଯ୍ୟକୁ କରେ। **କର୍ମ** କହିଲେ କାର୍ଯ୍ୟର ଫଳ ଯିଏ ଲାଭ କରେ। ଏବଂ **କ୍ରିୟା** କହିଲେ କେବଳ କାର୍ଯ୍ୟ।

ଉଦାହରଣ : ଗାଈ ଦୁଧ ଦେଉଛି। गाय दुध देती है।
ଗାୟ ଦୁଧ ଦେତୀ ହୈ।

ଏହି ବାକ୍ୟରେ ଗାଈ (କର୍ତା), ଦୁଧ (କର୍ମ) ଓ ଦେତୀ (କ୍ରିୟା)।

3. ବିନା କର୍ମରେ ମଧ୍ୟ ବାକ୍ୟ ହୋଇପାରେ।

ଯେପରି : ସୌମ୍ୟା ଖେଳୁଛି। सौम्या खेलती है।
ସୌମ୍ୟା ଖେଲତୀ ହୈ।

ଏହି ବାକ୍ୟରେ 'ସୌମ୍ୟା' ହେଉଛି କର୍ତା, 'ଖେଲତୀ' ହେଉଛି କ୍ରିୟା। ମାତ୍ର କର୍ମ (କଣ ଖେଳୁଛି ବା କାହିଁକି ଖେଳୁଛି ବା କେମିତି ଖେଳୁଛି ଇତ୍ୟାଦି) ଏଠାରେ ପ୍ରଦାନ କରାଯାଇନାହିଁ।)।

ଏଠାରେ କେତେକ ଏତାଦୃଶ ବାକ୍ୟର ଉଦାହରଣ ଦେଖିବା:

ଆମେ ପଢୁଛୁ।	हम पढते हैं।	ହମ ପଢତେ ହୈଁ।
ଦୁଧ ଧଳା।	दुध सफेद है।	ଦୁଧ ସଫେଦ୍ ହୈଁ।
ଆମର ଦେଶ ସୁନ୍ଦର।	हमारा देश सुन्दर है।	ହମାରା ଦେଶ ସୁନ୍ଦର ହୈ।

4. ବିଲୋମ ଅର୍ଥ ପ୍ରଦାନ କରୁଥିବା ବାକ୍ୟମାନରେ କ୍ରିୟାର ପୂର୍ବରୁ 'ନହୀଁ'/ **नहीं** (ନାହିଁ) ଲାଗିଥାଏ।

ଯେପରି: ମୁଁ ଘରକୁ ଯାଏ ନାହିଁ। **मैं घर नहीं जाता / जाती हुं।**

ମୈଁ ଘର ନହୀଁ ଜାତା / ଜାତୀ ହୁଁ।

ତୁମେ ଖେଳୁ ନାଁ। **तुम नहीं खेलती / खेलते हो।**

ତୁମ ନହୀଁ ଖେଲତୀ / ଖେଲତେ ହୋ।

ବାକ୍ୟ ସାଧାରଣତଃ ତିନି ପ୍ରକାର। ଯଥା : ସରଳ ବାକ୍ୟ (**सरल वाक्य-**), ମିଶ୍ରିତ ବାକ୍ୟ (**मिश्रित वाक्य**) ଓ ସଂଯୁକ୍ତ ବାକ୍ୟ (**संयुक्त वाक्य**)।

1. **ସରଳ ବାକ୍ୟ** : ଯେଉଁ ବାକ୍ୟରେ ଗୋଟିଏ କର୍ତା ଓ ଗୋଟିଏ କ୍ରିୟା ରହିଥାଏ, ତାହାକୁ ସରଳ ବାକ୍ୟ କୁହାଯାଏ।

ଉଦାହରଣ : କଲ୍ୟାଣ କାମ କରୁଛି। **कल्याण काम करता है।**

କଲ୍ୟାଣ କାମ କରତା ହୈ।

2. **ମିଶ୍ରିତ ବାକ୍ୟ** : ଯେଉଁ ବାକ୍ୟରେ ଗୋଟିଏ ସଂପୂର୍ଣ୍ଣ ବାକ୍ୟ ସହିତ ତା' ଉପରେ ଆଧାରିତ ଆଉ ଗୋଟିଏ ବା ଦୁଇଟି ଅଂଶିକ ବାକ୍ୟ ମିଶିକି ରହିଥାନ୍ତି, ତାହାକୁ ମିଶ୍ରିତ ବାକ୍ୟ (**मिश्रित वाक्य**) କୁହାଯାଏ।

ଉଦାହରଣ : ମୋର ମୁଣ୍ଡ ବିନ୍ଧୁଛି। ଏଣୁ ମୁଁ କାର୍ଯ୍ୟାଳୟକୁ ଆସି ପାରିବି ନାହିଁ।

मुझे सरर्दद हो रहा है। इसलिए मैं दफ्तर नहीं आ सकता हुँ।

ମୁଝେ ସରଦର୍ଦ ହୋ ରହା ହୈ। ଇସଲିଏ ମୈଁ ଦପ୍ତର ନହୀଁ ଆ ସକତା ହୁଁ।

ଶ୍ରୀଲକ୍ଷ୍ମୀ କହିଲେ ଯେ ସୁଦର୍ଶନ ଜଣେ ଭଲ ଗାୟକ।

श्रीलक्ष्मी ने कहा कि सुदर्शन अच्छा गायक हैं।

ଶ୍ରୀଲକ୍ଷ୍ମୀ ନେ କହା କି ସୁଦର୍ଶନ ଅଚ୍ଛା ଗାୟକ ହୈ।

3. **ସଂଯୁକ୍ତ ବାକ୍ୟ** : ଯେଉଁ ବାକ୍ୟରେ ଦୁଇ ବା ତତୋଽଧିକ ସରଳ ବାକ୍ୟ ମିଶିକି ରହିଥାନ୍ତି, ତାହାକୁ ସଂଯୁକ୍ତ ବାକ୍ୟ (**संयुक्त वाक्य**) କୁହାଯାଏ।

ଉଦାହରଣ : ମୁଁ ପିଠାପୁରମ ଯିବି ହେଲେ ଖାଇକି ଯିବି।

मैं पिठापुरम जाउॅगा लेकिन खाना खाकर जाउँगा।

ମୈଁ ପିଠାପୁରମ ଜାଉଁଗା ଲେକିନ ଖାନା ଖାକର ଜାଉଁଗା।

7 ବାଚ୍ୟ वाच्य (Voice)

ପ୍ରତ୍ୟେକ ବାକ୍ୟରେ କର୍ତା (कर्ता-**Subject**), କର୍ମ (कर्म-**Object**) ଓ କ୍ରିୟା (क्रिया-**Verb**) ରହିଥାନ୍ତି। ଏବଂ ପ୍ରତ୍ୟେକ ବାକ୍ୟରେ ଅର୍ଥ ବା ଭାବ ରହିଥାଏ। ଏହାକୁ ଆମେ ବାଚ୍ୟ (ବାଗାର୍ଥ) ଅର୍ଥାତ ବାକ୍ (वाक्)+ ଅର୍ଥ (अर्थ)= ବାଚ୍ୟ (वाच्य-**Voice**) ବୋଲି କହିଥାଉ। କ୍ରିୟାର ରୂପାନୁଯାୟୀ ବାଚ୍ୟ ତିନି ପ୍ରକାର। ଯଥା :

1.	କର୍ତୃ ବାଚ୍ୟ	कर्तृ वाच्य	**(Active Voice)**
2.	କର୍ମ ବାଚ୍ୟ	कर्म वाच्य	**(Passive Voice)**
3.	ଭାବ ବାଚ୍ୟ	भाव वाच्य	**(Impersonal Voice)**

1. କର୍ତୃ ବାଚ୍ୟ / **कर्तृ वाच्य (Active Voice) :** ଏଠାରେ କର୍ତା ସଂପର୍କରେ କୁହା ଯାଇଥାଏ।

ଉଦାହରଣ : ନରସିଂହ ରାଓ ଗୋଟିଏ ଚିଠି ଲେଖୁଛନ୍ତି।
नरसिंह राव एक खत लिख रहा है।
ନରସିଂହ ରାଓ ଏକ ଖତ ଲିଖ ରହା ହୈ।

ମୁଁ ମହାଭାରତ ପଢୁଛି।
मैं महाभारत पढ रहा हुँ।
ମୈଁ ମହାଭାରତ ପଢ଼ ରହା ହୁଁ ।

2. କର୍ମ ବାଚ୍ୟ / **कर्म वाच्य (Passive Voice) :** ଏହା କର୍ମ (**Object**) ସଂପର୍କରେ ଅର୍ଥାତ କର୍ତା ଦ୍ୱାରା କରାଯାଉଥିବା କାର୍ଯ୍ୟର ଫଳ ପ୍ରାପ୍ତି ସଂପର୍କରେ ସୂଚୀତ କରିଥାଏ। ଏଠାରେ 'ସେ'(से), ଓ 'ଗୟା (गया), ଗୟୀ (गयी), ଗୟେ (गये) ନିଶ୍ଚିତ ଭାବରେ ଆସିଥାନ୍ତି ଓ କ୍ରିୟା ଶବ୍ଦ ସର୍ବଦା ଭୂତ କାଳ (ଅତୀତ କାଳ)ରେ ରହିଥାଏ।

ଉଦାହରଣ : ରାମର ହାତରେ ରାବଣ ମରାଗଲା।
राम के हाथ से रावण मारा गया।
ରାମ କେ ହାଥ ସେ ରାୱଣ ମାରା ଗୟା।

ଗୌରୀ ଦ୍ୱାରା କାମ କରାଗଲା।
गौरी से काम किया गया।
ଗୌରୀ ସେ କାମ କିୟା ଗୟା।

3. ଭାବ ବାଚ୍ୟ / **भाव वाच्य (Impersonal Voice) :** ଏଥିରେ କର୍ତା ବା କର୍ମ ପରିବର୍ତେ ଭାବକୁ ପ୍ରାଧାନ୍ୟ ଦିଆ ଯାଇଥାଏ। ଅକର୍ମକ କ୍ରିୟାଗୁଡିକ (**अकर्मक क्रिया / Intransitive Verbs**) ଭାବବାଚ୍ୟରେ ପରିବର୍ତିତ ହୋଇ ଯାଆନ୍ତି।

ଉଦାହରଣ : କୁକୁର ଦୌଡି ପାରେ ନାହିଁ।
कुत्ता दौड नहीं सकता।
କୁତ୍ତା ଦୌଡ ନହୀଁ ସକତା।

(ଏଠାରେ କୁକୁର ଦୌଡିବା କାମକୁ ଯେ କରି ପାରୁନାହିଁ, ତାହାହିଁ ମୁଖ୍ୟ ଉଦ୍ଦେଶ୍ୟ।)

ତୁମ ଦ୍ୱାରା ଏହି କାମ କରା ଯାଇ ପାରିବ ନାହିଁ।
तुम से यह काम किया नहीं जाता।
ତୁମ ସେ ୟହ କାମ କିୟା ନହୀଁ ଜାତା।

(ଏହି ବାକ୍ୟରେ 'କାମ' ହେଉଛି ପ୍ରଧାନ।)

ଏଠାରେ ଧ୍ୟାନ ଦେବାର ମୁଖ୍ୟ ବିଷୟ ହେଉଛି ଯେ ସହାୟକ କ୍ରିୟା 'ଗୟା' (गया)ର ଦ୍ୱିତୀୟ ରୂପ ବା ଭିନ୍ନ ରୂପ 'ଜାତା' (जाता) ଆସି ଯାଉଛି। ମାତ୍ର କ୍ରିୟାର ମୂଳ ଶବ୍ଦ ସେହି ଅତୀତ କାଳ (ଭୂତ କାଳ)ରେ ରହୁଛି।

8 ଉପସର୍ଗ उपसर्ग (Prefix)

ଗୋଟିଏ ଶବ୍ଦର ପୂର୍ବରୁ ରହି ସେହି ଶବ୍ଦର ବିଶେଷତାକୁ ପ୍ରକଟ କରୁଥିବା ବାକ୍ୟାଂଶକୁ ଉପସର୍ଗ / **उपसर्ग** **(Prefix)** କୁହାଯାଏ । ଏହା ଗୋଟିଏ ବା ଦୁଇ ବା ତିନି ଅକ୍ଷର ବିଶିଷ୍ଟ ହୋଇଥାନ୍ତି । ହିନ୍ଦୀ ଭାଷାରେ ସଂସ୍କୃତ, ହିନ୍ଦୀ, ଉର୍ଦ୍ଦୁ ଭାଷାର ଉପସର୍ଗମାନ ମଧ୍ୟ ମିଳିଥାଏ ।

ଉଦାହରଣ :	ଉପ	उप	+	ନାମ	नाम	=	ଉପନାମ	उपनाम
	ଉପ	उप	+	ବନ	वन	=	ଉପବନ	उपवन

ବର୍ତମାନ ଆମେ ଏଠାରେ କିଛି ନମୂନା ଦେଖିବା, ଯାହା ଦ୍ୱାରା ଆମକୁ ଏ ସଂକ୍ରାନ୍ତରେ ଅଧିକ ସୂଚନା ମିଳିବ ।

ସୁ	सु	ସୁଯୋଗ	सुयोग	ସୁଦିନ	सुदिन	ସୁପୁତ୍ର	सुपुत्र
କୁ	कु	କୁମାର୍ଗ	कुमार्ग	କୁସଂଗୀତ	कुसंगीत	କୁପୁତ୍ର	कुपुत्र
ଅତି	अति	ଅତିଢ଼ର	अतिढर	ଅତିଶୟ	अतिशय		
ଆ	आ	ଆଜୀବନ	आजीबन	ଆଜନ୍ମ	आजन्म		
ଉପ	उप	ଉପମାନ	उपमान	ଉପକାର	उपकार		
ଅପ	अप	ଅପବାଦ	अपवाद	ଅପମାନ	अपमान		
ପ୍ରତି	प्र	ପ୍ରତିରୋଧ	प्रतिरोध	ପ୍ରତିଗ୍ରହ	प्रतिगृह		
ଅନୁ	रे	ଅନୁମତି	अनुमति	ଅନୁଜ	अनुज		

9 ପ୍ରତ୍ୟୟ प्रत्यय (Suffix)

ହିନ୍ଦୀ ବା ଓଡ଼ିଆ ଭାଷାରେ ଆମକୁ ମନେ ରଖିବାକୁ ହେବ ଯେ ପ୍ରତ୍ୟୟ (प्रत्यय / **Suffix**) ଶବ୍ଦର ଶେଷରେ ଆରୋପିତ ହୋଇ ତାହାର ଅର୍ଥକୁ ବଦଳାଇ ଦେଇଥାଏ। ଏହି ପ୍ରତ୍ୟୟ ସାଧାରଣତଃ ଦୁଇ ପ୍ରକାର।

ଯଥା: **1.** କୃତ ପ୍ରତ୍ୟୟ (कृत प्रत्यय / **Verbal Suffix**)

2. ତଦ୍ଧିତ ପ୍ରତ୍ୟୟ (तद्धित प्रत्यय /**Noun Suffix**)

1.. କୃତ ପ୍ରତ୍ୟୟ : କ୍ରିୟାର ଶେଷରେ ପ୍ରତ୍ୟୟ ସଂଯୋଜିତ ହେଲେ ତାହାକୁ କୃତ ପ୍ରତ୍ୟୟ (कृत प्रत्यय / **Verbal Suffix**) ବା କୃଦନ୍ତ ପ୍ରତ୍ୟୟ କୁହା ଯାଇଥାଏ। ଅର୍ଥାତ ଏହା କାର୍ଯ୍ୟର ଶେଷରେ ଆସୁଥିବା ଶବ୍ଦ।

ଯେପରି : ଖାଉ / **खाऊ**, ବୁରାଇ / **बुराई**, ବିଟିୟା / **बिटिया**।

ଉଦାହରଣ : ଯାଉଥିବା	**जानेवाला**	ଜାନେୱାଲା
ମିଳୁଥିବା	**मिलनेवाला**	ମିଲନେୱାଲା
ଦେଖୁଥିବା	**देखनेवाला**	ଦେଖନେୱାଲା
କରୁଥିବା	**करनेवाला**	କରନେୱଲା

2.. ତଦ୍ଧିତ ପ୍ରତ୍ୟୟ : ସଂଜ୍ଞା ଶବ୍ଦର ଶେଷରେ ଆସୁଥିବା ଶବ୍ଦକୁ ତଦ୍ଧିତ ପ୍ରତ୍ୟୟ କୁହା ଯାଇଥାଏ।

ଉଦାହରଣ : ଦୁଧବାଲା	**दुधवाला**	ଦୁଧୱାଲା
ଗାଈବାଲା	**गायवाला**	ଗାୟୱାଲା
ଧନବାନ	**धनवाला**	ଧନୱାନ

ଏହିପରି ଭାବରେ ଦେଖିବାକୁ ଗଲେ ଆମ ଓଡ଼ିଆ ଭାଷା ପରି ହିନ୍ଦୀରେ ବହୁତ ତଦ୍ଧିତ ପ୍ରତ୍ୟୟାନ୍ତ ଶବ୍ଦ ରହିଛି। ତନ୍ମଧ୍ୟରୁ କେତେକ ଦୃଷ୍ଟାନ୍ତ ନିମ୍ନରେ ଉପସ୍ଥାପିତ କରାଗଲା।

ଉଦାହରଣ :

ନୀ (नी)	ଚଟଣୀ	**चटणी**
ୟା (या)	ସୌନ୍ଦର୍ଯ୍ୟ	**सौन्दर्य**
ୱଟ (वट)	ରୁକାୱଟ	**रुकावट**

ଆଇ (आई)	सूनेई	ସୁନାଇ
ତା (ता)	सज्जनता	ସଜ୍ଜନତା
ଇକ (इक)	सांस्कृतिक	ସଂାସ୍କୃତିକ
ଆଳ (आल)	ससुराल	ସସୁରାଲ
ଅକ୍କଡ (अक्कड)	पयक्कड	ପୟକ୍କଡ

ନେ / ने

ବର୍ତ୍ତମାନ ପର୍ଯ୍ୟନ୍ତ ହିନ୍ଦୀ ବ୍ୟାକରଣର ଅନେକ ବିଷୟ ଉପରେ ଆମେ ଜ୍ଞାନ ଲାଭ କରିସାରିଛୁ। ଏବେ ଜାଣ ଯେ ଏହି 'ନେ' (ने) ପ୍ରତ୍ୟୟ କର୍ତ୍ତାର ପରେ ପରେ ଆସିଥାଏ। ଏହା ହିନ୍ଦୀ ଭାଷାର ମହତ୍ୱପୂର୍ଣ୍ଣ ଦିଗ ଅଟେ।

ନିୟମ **1**: ଏହା ଅତୀତ କାଳରେ କେବଳ କ୍ରିୟା ସହିତ ଆସିଥାଏ। ସକର୍ମକ କ୍ରିୟାର ପରିଭାଷା କାଳ ବିଭାଜନ ସମୟରେ କୁହା ଯାଇସାରିଛି, ତାହାକୁ ଧ୍ୟାନରେ ଆଣ।

ନିୟମ **2**: 'ନେ' ପ୍ରତ୍ୟୟ ଆସିଥାଏ ଯେତେବେଳେ କ୍ରିୟା, କର୍ତ୍ତା ଓ କର୍ମ ବା ଲିଙ୍ଗ ଓ ବଚନ ଅନୁସାରେ ବଦଳି ଯାଇଥାଏ।

ଉଦାହରଣ : ଗୌରୀ ଦୁଇଟା ରୋଟି ଖାଇଲା। गौरी ने दो रोटियाँ खायी।
ଗୌରୀ ନେ ଦୋ ରୋଟିୟାଁ ଖାୟୀ।

ନିୟମ **3** : ବର୍ତ୍ତମାନ ଓ ଭବିଷ୍ୟକାଳରେ 'ନେ' ପ୍ରତ୍ୟୟ ଆସି ନଥାଏ।

ନିୟମ **4** : କର୍ମ ନାହିଁ ଯଦି କର୍ମ ପରେ 'କୋ' ବିଭକ୍ତି ଆସିଲେ କ୍ରିୟା ପୁଂଲିଙ୍ଗ ଏକ ବଚନରେ ରହିଥାଏ।

ଉଦାହରଣ : ଆମେ ଦେଖିଲୁ। हमने देखा।
ହମନେ ଦେଖା।

ସେ ଶୁଣିଲେ। उसने सुना।
ଉସନେ ସୁନା।

ସୋମନାଥ କୁକୁରକୁ ଦେଖିଲା।   सोमनाथ ने कुत्ते को देखा।

ସୋମନାଥ ନେ କୁତ୍ତେ କୋ ଦେଖା।

ନିୟମ **5** : 'ଲା' (ला), 'ବୋଲ' (बोल), 'ଭୂଲ' (भूल), 'ସକ' (सक), 'ଚୁକ' (चुक), 'ଲଗ' (लग) ଶବ୍ଦଗୁଡିକ ସକର୍ମକ କ୍ରିୟା ହେଲେ ମଧ୍ୟ ତାହା ଆସିଥାନ୍ତି ଯେତେବେଳ 'ନେ' ପ୍ରତ୍ୟୟ ଆସି ନଥାଏ।

ଉଦାହରଣ :

ଆମେ ଗୋଟିଏ ବହି ଆଣିଲୁ।
हम एक किताब लाया।
ହମ ଏକ କିତାବ ଲାୟେ।

ମୁଁ ଇଂରାଜୀ ଶିଖି ସାରିଛି।
मैं अंग्रेजी सीख चुका।
ମୈଁ ଅଂଗ୍ରେଜୀ ସୀଖ ଚୁକା।

ତୁମେ ଏହାର ନାମ ଭୁଲିଗଲ।
तुम इसका नाम भूल गये।
ତୁମ ଇସକା ନାମ ଭୁଲ ଗୟେ।

ପିଲାଟି ତେଲୁଗୁରେ କହିଲା।
बच्चा तेलुगु में बोला।
ବଚ୍ଚା ତେଲୁଗୁ ମେଁ ବୋଲା।

ଆପଣ ପାଣି ପିଇ ପାରନ୍ତି।
आप पानी पी सके।
ଆପ ପାନୀ ପୀ ସକେ।

10 ବିଧିବାଚକ विधि वाचक (Imperative Mood)

ଆଦେଶ, ଉପଦେଶ, ପ୍ରାର୍ଥନା ଓ ଅନୁରୋଧ ଆଦି ପ୍ରକଟ କରୁଥିବା କ୍ରିୟା ରୂପକୁ ବିଧିବାଚକ (बिधि वाचक) କୁହା ଯାଇଥାଏ। ଏଠାରେ ନିମ୍ନରେ ଦିଆ ଯାଇଥିବା ଛଅ ଗୋଟି ନିୟମମାନଙ୍କୁ ସାବଧନତାର ସହିତ ମନେରଖ।

୧. ଏହି ବିଧିବାଚକ କ୍ରିୟାରେ ସର୍ବନାମ ତୁମ / ତୁ (तुम / तु) ବା ଆପ (आप) ଆସିଥାଏ।

୨. 'ତ' ଶବ୍ଦ ପିଲାମାନଙ୍କ ପାଖରେ ବା ଚାକରମାନଙ୍କ ପାଖରେ ଉପଯୋଗ କରାଯାଇଥାଏ।

୩. 'ତୁ' ଶବ୍ଦ ସହପାଠୀ, ସାଙ୍ଗ ଇତ୍ୟାଦିଙ୍କ ନିକଟରେ ପ୍ରୟୋଗ କରା ଯାଇଥାଏ।

୪. 'ତୁ' କର୍ତା ହୋଇଥାଏ, ଯେତେବେଳେ କ୍ରିୟାର ମୂଳଧାତୁ ଉପଯୋଗ ହୋଇଥାଏ।

ଯେପରି : ତୁ କର (तु करा), ତୁ ଦେଖ (तु देख) ଇତ୍ୟାଦି।

୫. 'ତୁମ' କର୍ତା ହୋଇଥାଏ, ଯେତେବେଳେ କ୍ରିୟା ଶବ୍ଦ ପରେ 'ଓ' ସଂଯୋଜିତ ହୋଇଥାଏ।

ଉଦାହରଣ : ତୁମେ କର (तुम कर), ତୁମେ ଦେଖ (तुम देख) ଇତ୍ୟାଦି।

୬. 'ଆପ' କର୍ତା ହୋଇଥାଏ, ଯେତେବେଳେ 'ଇୟେ' (इये), 'ଜିୟେ' (जिये) ଆସିଥାଏ।

ଏଥିରେ ବିପରୀତ (ବିଲୋମ- बिलोम) ବାକ୍ୟ ଲେଖାଯାଏ, ଯେତେବେଳେ କ୍ରିୟା ଶବ୍ଦ ପୂର୍ବରୁ 'ମତ (मत) / ମନା (मना) ଆସିଥାଏ।

ଉଦାହରଣ : ତୁମେ ଆସ ନାହିଁ। तुम मत आओ।

ତୁମ ମତ ଆଓ।

ଆପଣ କରନ୍ତୁ ନାହିଁ। आप मत करो।

ଆପ ମତ କରୋ।

ମତ / मत (Do not)

ହିନ୍ଦୀରେ ଏହି 'ମତ' ଶବ୍ଦକୁ ବିଲୋମ ବା ବିପରୀତ ବାକ୍ୟରେ ପ୍ରୟୋଗ କରା ଯାଇଥାଏ। ଏହି ଶବ୍ଦକୁ ପ୍ରୟୋଗ କରାଯାଏ, ଯେତେବେଳେ 'ତୁମ' (ତୁମେ) କୁ 'ଆପ' (ଆପଣ)କୁ କ୍ରିୟାରେ ଆଣା ଯାଇଥାଏ।

ଉଦାହରଣ :

ମିଛ କୁହ ନାହିଁ।	जुठ मत बोलो।
	ଝୁଠ ମତ ବୋଲୋ।
ମୋ କଥା ଭୁଲ ନାହିଁ।	मेरी बात मत भुलो।
	ମେରୀ ବାତ ମତ ଭୁଲୋ।
ଆପଣ ସେଠାକୁ ଯାଆନ୍ତୁ ନାହିଁ।	आप वहाँ मत जाइएँ।
	ଆପ ୱହାଁ ମତ ଜାଇଏଁ।

11 ଗୋଟିଏ ଶବ୍ଦରେ ଲେଖା ଯାଉଥିବା କଥା
एक शब्द में लिखने वाली बातें (One word)

ଓଡିଆ ଓ ହିନ୍ଦୀରେ ଏପରି ଅନେକ ଶବ୍ଦ ରହିଛି ଯାହାର ମୂଳ ହେଉଛି ବାସ୍ତବରେ ଗୋଟିଏ ଲେଖାଁଏ ବାକ୍ୟ। ଉଦାହରଣ ସ୍ୱରୂପ 'ପାଠଶାଳା' (पाठशाला) ଶବ୍ଦ। ଏହାର ଅର୍ଥ ହେଉଛି ଯେଉଁ ସ୍ଥାନରେ ଶିକ୍ଷା ଦାନ କରାଯାଏ ଓ ଶିକ୍ଷା ଗ୍ରହଣ କରାଯାଏ। ସେହିଭଳି କେତେକ ଶବ୍ଦ ନିମ୍ନରେ ପ୍ରଦାନ କରାଗଲା। ଲକ୍ଷ୍ୟ କର।

1	କପଡା ସିଲେଇ କଲାବାଲା	ଦର୍ଜୀ	दर्जी	ଦର୍ଜୀ
2	ବିଲରେ କାମ କରିବା ବାଲା	କୃଷକ	किसान	କିସାନ
3	ଯାହାର ପାଦ ନାହିଁ	ଛୋଟା	लेंगडा	ଲେଙ୍ଗଡା

4 ଯିଏ ଅନେକ ଶାସ୍ତ୍ରର ଜ୍ଞାନ ଅଧିକାର କରିଥାଏ।
ପଣ୍ଡିତ / ବିଦ୍ୱାନ — पंडित / विद्वान

5 ମନ୍ଦିରରେ ପୂଜା କରିବା ବାଲା
ପୁଜାରୀ — पुजारी

6 ବିରହରେ ବ୍ୟାକୁଳ ସ୍ତ୍ରୀ
ବିରହିଣୀ — विरहिणी

7 ଯିଏ ଅତ୍ୟନ୍ତ ଗର୍ବୀ
ଗର୍ବିଷ୍ଠୀ / ଘମଣ୍ଡୀ — गर्विष्ठि

8 ସହଯୋଗ ନ ଦେବା
ଅସହଯୋଗ — असहयोग

9 ଯିଏ କିଛି କାମ କରେ ନାହିଁ।
ବେକାର — बेकार

10 ପ୍ରେମ କରୁଥିବା ସ୍ତ୍ରୀ।
ପ୍ରେମିକା / ପ୍ରେୟସୀ — प्रेमिका / प्रेयसी

11	ଯାହାର ଭଲ ଗୁଣ ରହିଥାଏ ।	
	ଗୁଣୀ	गुणी
12	ସମାଜ ସହିତ ସମ୍ବନ୍ଧିତ	
	ସାମାଜିକ	सामाजिक
13	ଯିଏ କଥା କହି ପାରେ ନାହିଁ ।	
	ମୂକ / ଗୁଂଗା	मूक / गुंगा
14	ଯିଏ ଶୁଣି ପାରେ ନାହିଁ ।	
	ବହରା	बहरा
15	ଲୁଗା ବୁଣିଲା ବାଲା	
	ଜୁଲାହା (ତନ୍ତୀ)	जुलाह
16	ସୁନାର ଆଭୂଷଣ ତିଆରି କଲାବାଲା	
	ସୁନାର (ବଣିଆ)	सुनार
17	ନିଜ ଇଚ୍ଛାନୁସାରେ କାମ କରିବାବାଲା ।	
	ସ୍ୱେଚ୍ଛାଚାରୀ	स्वेच्छाचारी
18	ଗୀତ ଗାଇବା ବାଲା ।	
	ଗାୟକ / ଗବୈୟା	गायक / गवैया
19	ତେଲ ବିକାଳୀ	
	ତେଲୀ	तेली
20	ବିଦ୍ୟା ଶିଖିବା ବାଲା ।	
	ବିଦ୍ୟାର୍ଥୀ	विद्यार्थी
21	ଯିଏ ପରିଶ୍ରମ କରେ ।	
	ମଜଦୁର / ମେହନତୀ	मजदुर / मेहनती
22	ଖେଳିବା ବାଲା	
	(ଖେଳାଳି) ଖିଲାଡୀ	खिलाडी

12 ସମାନାର୍ଥକ ଶବ୍ଦ समानार्थक शब्द (Synonyms)

ପୁଅ	पुत्र	ପୁତ୍ର	बेटा, सुत, कुमार	ବେଟା, ସୁତ, କୁମର
କନ୍ୟା (ଝିଅ)	पुत्री	ପୁତ୍ରୀ	बेटी, सुता, कुमारी	ବେଟୀ, ସୁତା, କୁମାରୀ
ସ୍ୱାମୀ	पति	ପତି	नाथ	ନାଥ
ସ୍ତ୍ରୀ	पत्नि	ପତ୍ନୀ	सती, स्त्री	ସତୀ, ସ୍ତ୍ରୀ
ପ୍ରତିବନ୍ଧକ	रुकावट	ରୁକାବଟ	रोडा	ରୋଡା
ରାଜା	सम्राट	ସମ୍ରାଟ	महाराज	ମହାରାଜ
ସୁନ୍ଦର	सुंदर	ସୁନ୍ଦର	खुबसुरत	ଖୁବସୁରତ
ସାହସ	साहस	ସାହସ	धैर्य	ଧୈର୍ଯ୍ୟ
ଚୁପଚାପ	मौन	ମୌନ	चुपचाप	ଚୁପଚାପ
ଖୁସୀ	खुशी	ଖୁଶୀ	संतोष, आनन्द	ସନ୍ତୋଷ, ଆନନ୍ଦ
ମିଛ	असत्य	ଅସତ୍ୟ	झुठ	ଝୁଠ
ପାଗଳ	पागल	ପାଗଲ	दीवाना	ଦୀୱାନା
ବହୁତ	वहुत	ବହୁତ	कई / अनेक	କଈ / ଅନେକ
ଦୁଃଖ	दु:ख	ଦୁଃଖ	दर्द, व्याकुलता	ଦର୍ଦ, ବ୍ୟାକୁଳତା. ଉଦାସୀ
ବେମାର	विमार	ବିମାର	अस्वस्थ	ଅସ୍ୱସ୍ଥ
ସତ	सत्य	ସତ୍ୟ	सच / वास्तब	ସଚ, ବାସ୍ତବ
ସୁସ୍ଥ ସବଳ	तंदरुस्त	ତନ୍ଦରୁସ୍ତ	स्वस्थ	ସ୍ୱସ୍ଥ

ସମାନାର୍ଥକ ଦ୍ୱନ୍ଦ୍ୱ ଶବ୍ଦ / समानार्थक द्वन्द्व शब्द

ଓଡିଆ ଭାଷା ପରି ହିନ୍ଦୀ ଭାଷାରେ ମଧ୍ୟ ସମାନାର୍ଥକ ଦ୍ୱନ୍ଦ୍ୱ ଶବ୍ଦ ରହିଛି । ଯେପରି : ହସ-କାନ୍ଦ (हँसना-रोना / ହଁସନା-ରୋନା), କଥା-ନଥା (बात-चित / ବାତ-ଚିତ), କାନ୍ଦି-କାଟି (रोना-पीटना / ରୋନ-ପୀଟନା), ଲଢେଇ-ଝଗଡା (लडना-झगडना / ଲଡନା-ଝଗଡନା), ପିଲା-ଝିଲ୍ଲା (बाल-बच्चे / ବାଲ-ବଚ୍ଛେ), ଘର-ଦ୍ୱାର (घर-द्वार / ଘର-ଦ୍ୱାର), ଯିବା-ଆସିବା (आना-जाना / ଜାନ-ଆନା), ଗାଇବା-ବଜାଇବା (गाना-बजाना / ଗାନା-ବଜାନା), ଗଳି-କନ୍ଦି (गली-कुचे / ଗଲୀ-କୁଚେ), ଜାଣି-ଶୁଣି (जान-बुझकर / ଜାନ-ବୁଝକର) ଇତ୍ୟାଦି ।

13 ବିପରୀତ ବୋଧକ ଶବ୍ଦ विलोम शब्द (Antonyms)

କୌଣସି ଶବ୍ଦର ବିପରୀତ ଅର୍ଥ ପ୍ରକାଶ କରୁଥିବା ଶବ୍ଦକୁ 'ବିଲୋମ ଶବ୍ଦ' (विलोम शब्द) କୁହାଯାଏ। ନିମ୍ନରେ ସେହିପରି କେତେକେ ବିଲୋମ ଶବ୍ଦ ପ୍ରଦାନ କରା ଯାଇଛି। ସେଗୁଡିକୁ ଭଲ ଭାବରେ ଲକ୍ଷ୍ୟ କର।

	ଓଡିଆ ଶବ୍ଦ	ହିନ୍ଦୀ ଶବ୍ଦ	ଉଚ୍ଚାରଣ	ବିପରୀତ ଶବ୍ଦ	ବିଲୋମ ଶବ୍ଦ	ଉଚ୍ଚାରଣ
1	ମୋଟା	मोटा	ମୋଟା	ପତଳା	पतला	ପତଲା
2	ଉପର	उपर	ଉପର	ତଳ	नीचे	ନୀଚେ
3	ପୁଣ୍ୟ	पुण्य	ପୁଣ୍ୟ	ପାପ	पाप	ପାପ
4	ପାଖ	पास	ପାସ	ଦୂର	दूर	ଦୂର
5	ରାତି	रात	ରାତ	ଦିନ	दिन	ଦିନ
6	ସୁଖ	सुख	ସୁଖ	ଦୁଃଖ	दु:ख	ଦୁଃଖ
7	ଧର୍ମ	धर्म	ଧର୍ମ	ଅଧର୍ମ	अधर्म	ଅଧର୍ମ
8	ନୂଆ	नया	ନୟା	ପୁରୁଣା	पुराना	ପୁରାନା
9	ଆରମ୍ଭ	आरंभ	ଆରମ୍ଭ	ଶେଷ	अंत	ଅନ୍ତ
10	କମ	कम	କମ	ଅଧିକ	अधिक	ଅଧିକ
11	ଭୁଲିବା	भुलना	ଭୂଲନା	ମନେ ପକାଇବା	याद करना	ୟାଦ କରନା
12	ଡର	डर	ଡର	ନିଡର	निडर	ନିଡର
13	ଆସିବା	आना	ଆନା	ଯିବା	जाना	ଜାନା
14	ସତ	सच	ସଚ	ମିଛ	झुठ	ଝୁଠ
15	ମାଲିକ	मालिक	ମାଲିକ	ଚାକର	नौकर	ନୌକର
16	ସତ୍ୟ	सत्य	ସତ୍ୟ	ଅସତ୍ୟ	असत्य	ଅସତ୍ୟ
17	ପ୍ରକାଶ	प्रकाश	ପ୍ରକାଶ	ଅନ୍ଧାର	अंधेरा	ଅନ୍ଧେରା
18	ବିକିବା	बेचना	ବେଚନା	କିଣିବା	खरीदना	ଖରୀଦନା
19	ଖଟା	खट्टा	ଖଟ୍ଟା	ମିଠା	मीठा	ମୀଠା
20	ଭଲ	भलाई	ଭଲାଈ	ମନ୍ଦ	बुराई	ବୁରାଈ
21	ଧନୀ	अमीर	ଅମୀର	ଗରିବ	गरीब	ଗରୀବ
22	ଧଳା	सफेद	ସଫେଦ	କଳା	काला	କାଲା
23	ବଡ	बडा	ବଡା	ଛୋଟ	छोटा	ଛୋଟା
24	ପ୍ରଶ୍ନ	प्रश्न	ପ୍ରଶ୍ନ	ଉତ୍ତର	उत्तर	ଉତ୍ତର
25	ହସିବା	हँसना	ହଁସନା	କାନ୍ଦିବା	रोना	ରୋନା
26	ବଳୁଆ	वलवान	ବଲୱାନ	ଦୁର୍ବଳ	बलहीन	ବଲହୀନ
27	ନ୍ୟାୟ	न्याय	ନ୍ୟାୟ	ଅନ୍ୟାୟ	अन्याय	ଅନ୍ୟାୟ

14 ଦ୍ୱନ୍ଦ୍ୱାର୍ଥ ଶବ୍ଦ द्वंद्वार्थ शब्द (Puinning Words)

ହିନ୍ଦୀ ଭାଷାରେ ଶବ୍ଦର ଉଚ୍ଚାରଣ ଗୋଟିଏ ପ୍ରକାର ହେଲେ ମଧ୍ୟ ଅନେକ କ୍ଷେତ୍ରରେ ତାହାର ଅର୍ଥ ଭିନ୍ନ ଭିନ୍ନ ହୋଇଥାଏ। ଏହା ବାକ୍ୟରେ ଓ ଅର୍ଥରେ ଭିନ୍ନ ଭିନ୍ନ ଅର୍ଥ ପ୍ରକାଶିତ ହୋଇଥାଏ। ଏହିପରି କେତେକ ଶବ୍ଦ ନିମ୍ନରେ ପ୍ରଦାନ କରାଯାଇଛି। ଦେଖନ୍ତୁ।

(ଦୋ / दो) : ମୋ ପାଖରେ ଦୁଇ ଟଙ୍କା ଅଛି।
मेरे पास दो रुपये हैं। (संख्या)
ମେରେ ପାସ ଦୋ ରୁପୟେ ହୈଁ।

ତୁମେ ତାଙ୍କୁ ନିଜର ବହିଟି ଦିଅ।
तुम उसको अपनी किताब दो। (देना)
ତୁମ ଉସକୋ ଅପନୀ କିତାବ ଦୋ।

(କି / कि) ରାଜା କହିଲେ ଯେ ସମୁଦ୍ରରେ ମୋତି ମିଳେ।
राजा ने कहा कि समुद्र में मोती मिलती है।
ରାଜା ନେ କହା କି ସମୁଦ୍ର ମେଁ ମୋତୀ ମିଲତେ ହୈଁ।

ଏହି ଖବର ତାଙ୍କୁ ଜଣା ଅଛି କି ନାହିଁ!
यह समाचार उसको मालुम है कि नहीं!
ୟହ ସମାଚାର ଉସକୋ ମାଲୁମ ହୈ କି ନହୀଁ !

(ମାନ / मान) କବିଙ୍କ ସମ୍ମାନ ସମସ୍ତ ଦେଶରେ ହୋଇଥାଏ। (ଆଦର)
कबि का सम्मान सभी देशों में होता है।
କବି କା ସମ୍ମାନ ସଭୀ ଦେଶୋଁ ମେଁ ହୋତା ହୈ।

ମୋତେ ତେଲର ମାପ କରି ଆସେ ନାହିଁ।
मुझे तेल का नाप नहीं आता।
ମୁଝେ ତେଲ କା ନାପ ନହୀଁ ଆତା।

(ଭୁଲ / भुल) ମୁଁ ତୁମର କାମ କରିବାକୁ ଭୁଲି ଗଲି ।
मैं तुम्हारा काम करना भुल गया ।
ମୈଁ ତୁହ୍ମାରା କାମ କରନା ଭୂଲ ଗୟା ।

ମୋର ଏହି ଭୁଲକୁ କ୍ଷମା କରିଦିଅ ।
मेरा यह भूल माफ कीजिये ! (गलती)
ମେରା ୟହ ଭୂଲ ମାଫ କୀଜିୟେ ! (ଗଲତୀ)

(ଭାଗ/ भाग) କାଗଜକୁ ତିନି ଭାଗ କର ।
कागज के तीन भाग करो ! (टुकडे)
କାଗଜ କେ ତୀନ ଭାଗ କରୋ ! (ଟୁକୁଡେ)

ବଡ ଦାଦା ନିଜର ଭାଗ ନେଇ ବ୍ୟାପାର କରିବାକୁ ଲାଗିଲେ ।
बड दादा अपना भाग लेकर ब्यापार करने लगा । (हिस्सा)
ବଡ ଦାଦା ଅପନା ଭାଗ ଲେକର ବ୍ୟାପାର କରନେ ଲଗା (ହିସ୍‌ସା)

(ଲାଲ / लाल) ପଦ୍ମା ସବୁବେଳେ ଲାଲ ଲୁଗା ପିନ୍ଧେ ।
पद्मा हमेशा लाल कपडे पहनती है । (रंग)
ପଦ୍ମା ହମେଶା ଲାଲ କପଡେ ପହନତୀ ହୈ । (ରଂଗ)

ଆମେ ସବୁ ଭାରତ ମାତାର ସନ୍ତାନ ଅଟୁ ।
हम सब भारत माता के लाल हैं । (संतान)
ହମ ସବ ଭାରତ ମାତା କେ ଲାଲ ହୈଁ (ସନ୍ତାନ)

(ସୋନା / सोना) ସୁନା ବହୁତ ମହଙ୍ଗା ।
सोना बहुत महंगा । (स्वर्ण)
ସୋନା ବହୁତ ମହଂଗା ।। (ସୁବର୍ଣ୍ଣ)

ଅଧିକ ଶୋଇବା ଭଲ ନୁହେଁ ।
अधिक सोना अच्छा नहीं है ।
ଅଧିକ ସୋନା ଅଚ୍ଛା ନହୀଁ ହୈ । (ଶୋଇବା)

(କଲ / कल) କାଲି ମୋ ଭାଇ ଚେନ୍ନାଇରୁ ଆସିଲା ।

कल मेरा भाई चेन्नाइ से आया। (भूत काल)

କଲ ମେରା ଭାଇ ଚେନ୍ନାଇ ସେ ଆୟା । (ଗତକାଲି)

କାଲି ମୁଁ ରାଜମଣ୍ଡ୍ରି ଯିବି ।

कल मैं राजमण्ड्रि जाउँगा। (भबिष्य काल)

କଲ ମୈଁ ରାଜମଣ୍ଡି ଯାଉଁଗା । (ଆସନ୍ତା କାଲି)

(ଉତର /उत्तर) ଭାରତର ଉତରରେ ହିମାଳୟ ପାହାଡ ରହିଛି ।

भारत के उत्तर में हिमालय पाहड है। (उत्तर दिशा)

ଭାରତ କେ ଉତ୍ତର ମେଁ ହିମାଲୟ ପାହାଡ ହୈ ।(ଉତ୍ତର ଦିଗ)

ମୋ ପ୍ରଶ୍ନର ଉତ୍ତର ଦିଅ ।

मेरा प्रश्न का उत्तर दो! (जवाव)

ମେରା ପ୍ରଶ୍ନ କା ଉତ୍ତର ଦୋ ! (ପ୍ରତ୍ୟୁତ୍ତର)

(ଜଲ / जल) କାଲି ଆମ ଗାଁରେ ତିରିଶି ଘର ଜଳିଗଲା ।

कल मेरे गाँव में तीस घर जल गया। (जल जाना)

କଲ ମେରେ ଗାଁଓ୍ୱ ମେଁ ତୀସ ଘର ଜଲ ଗୟା । (ଜଳିଯିବା)

ଗଂଗାଜଳ ପରିଷ୍କାର ।

गंगा जल साफ होता है। (पानि)

ଗଂଗା କା ଜଲ ସାଫ ହୋତା ହୈ । (ପାଣି)

(କୀ / की) ଦଶରଥଙ୍କ ପୁତ୍ରଙ୍କ ରାମ ।

दशरथ का पुत्र राम है। (षष्ठी बिभक्ति)

ଦଶରଥ କା ପୁତ୍ର ରାମ ହୈ । (ଷଷ୍ଠୀ ବିଭକ୍ତି ଚିହ୍ନ)

ତୁମେ ଏପରି କ୍ଷତି କାହିଁକି କଲ ?

तुमने ऐसी हानी क्यों की ? (कर धातु का भूत काल)

ତୁମନେ ଐସୀ ହାନୀ କ୍ୟୋଁ କୀ ? (କର ଧାତୁର ଅତୀତ କାଳ)

15 ଦ୍ୱିରୁକ୍ତ ଶବ୍ଦ द्विरुक्त शब्द (Double Stressed Words)

ଓଡିଆ ପରି ହିନ୍ଦୀରେ ମଧ୍ୟ ଦ୍ୱିରୁକ୍ତ ଶବ୍ଦ ରହିଛି। ଏହା ସଂଜ୍ଞା, ସର୍ବନାମ, ବିଶେଷଣ, କ୍ରିୟା ଓ କ୍ରିୟା ବିଶେଷଣ ଆଦିରେ ମଧ୍ୟ ରହିଥାଏ।

1 **ଦ୍ୱିରୁକ୍ତ ସଂଜ୍ଞା / द्विरुक्त संज्ञा :**

ଉଦାହରଣ : ଫୁଲ ହିଁ ଫୁଲ (ଫୁଲ ହୀ ଫୁଲ / फूल ही फूल), ଘର ହିଁ ଘର (ଘର ହୀ ଘର / घर ही घर), ଘରେ ଘରେ (ଘର ଘର ମେଁ / घर घर में), ଟୁକଡା ଟୁକୁଡା (ଟୁକୁଡେ ଟୁକୁଡେ / टुकुडे टुकुडे), ଭୀଡ ହିଁ ଭୀଡ (ଭୀଡ ହୀ ଭୀଡ / **भीड ही भीड**), ପାଣି ହିଁ ପାଣି (ପାନି ହୀ ପାନି / पानी ही पानी), କଥା କଥାରେ (ବାତ-ବାତ ମେଁ / बात-बात में) ଇତ୍ୟାଦି।

2 **ଦ୍ୱିରୁକ୍ତ ସର୍ବନାମ / द्विरुक्त सर्वनाम :**

ଉଦାହରଣ : ଗୋଟିଏ ଗୋଟିଏ (ଏକ-ଏକ / एक एक), କେହି ନା କେହି (କୋଇ ନ କୋଇ / कोई न कोई), କିଛି ନା କିଛି (କୁଛ ନ କୁଛ / कुछ न कुछ), ପ୍ରତ୍ୟେକ ଜଣ (ହର ଏକ / हर एक), କାହାକୁ କାହାକୁ (କିସୀ-କିସୀ କୋ / किसी-किसी को), ନିଜକୁ ନିଜେ (ଅପନେ ଆପ / अपने आप) ଇତ୍ୟାଦି।

3 **ଦ୍ୱିରୁକ୍ତ ବିଶେଷଣ / द्विरुक्त विशेषण :**

ଉଦାହରଣ : ମୋଟା ମୋଟା (ମୋଟେ-ମୋଟେ / मोटे-मोटे), ବଡ-ବଡ (ବଡେ ବଡେ /बडे बडे), କିଛି-କିଛି (ଥୋଡା-ଥୋଡା / **थोडा थोडा** , କୁଛ-କୁଛ / कुछ-कुछ), ଟିକିଏ-ଟିକିଏ (ଜରା ଜରା / जरा जरा), ଛୋଟ-ଛୋଟ (ଛୋଟେ ଛୋଟେ / छोटे-छोटे), ମିଠା-ମିଠା (ମୀଠୀ ମୀଠୀ / मीठी मीठी, ମଧୁର ମଧୁର / मधुर मधुर) ଇତ୍ୟାଦି।

4 **ଦ୍ୱିରୁକ୍ତ କ୍ରିୟା / द्विरुक्त क्रिया :**

ଉଦାହରଣ : ଆସୁ ଆସୁ (ଆତେ ଆତେ / आते आते), ଡରି ଡରି (ଡରତେ ଡରତେ / डरते डरते), ପଢୁ-ପଢୁ (ପଢତେ ପଢତେ / पढते पढते), କାନ୍ଦୁ କାନ୍ଦୁ (ରୋତେ ରୋତେ / रोते रोते), ହସି ହସି (ହଁସତେ ହଁସତେ / हँसते हँसते), ଯାଉ ଯାଉ (ଜାତେ ଜାତେ / जाते जाते), କରୁ କରୁ (କରତେ କରତେ / करते करते) , ପହଁରି ପହଁରି (ତୈରତେ ତୈରତେ / तैरते तैरते) ଇତ୍ୟାଦି।

ସୂଚନା : ଦ୍ୱିରୁକ୍ତ କ୍ରିୟା ଗୋଟିଏ କାମ କ୍ରମାନ୍ୱୟରେ ହେଉଥିଲା ବେଳେ ପ୍ରୟୋଗ ହୋଇଥାଏ।

5 **ଦ୍ୱିରୁକ୍ତ କ୍ରିୟା ବିଶେଷଣ / द्विरुक्त क्रिया विशेषण:**

ଉଦାହରଣ : ବେଳେ ବେଳେ (କଭୀ-କଭୀ / कभी कभी), କେଉଁଠି ନା କେଉଁଠି (କହାଁ ନ କହାଁ / कहीं न कहीं), କେଉଁଠି-କେଉଁଠି (କହାଁ କହାଁ / कहाँ कहाँ), କେବେ ନା କେବେ (କଭୀ ନା କଭୀ / कभी न कभी), ଯେବେ ଯେବେ (ଜବ ଜବ / जब जब), ଯେଉଁଠି ଯେଉଁଠି (ଜହାଁ-ଜହାଁ / जहाँ जहाँ), ଯେମିତି ଯେମିତି - ସେମିତି ସେମିତି (ଜ୍ୟୋଁ ଜ୍ୟୋଁ-ତ୍ୟୋଁ ତ୍ୟୋଁ / ज्यों ज्यों- त्यों त्यों) ଇତ୍ୟାଦି।

16 ସନ୍ଧି / संधि (Union)

ଦୁଇଟି ବର୍ଣ୍ଣର ସମଷ୍ଟିରେ ଉତ୍ପନ୍ନ ହେଉଥିବା ପରିବର୍ତ୍ତିତ ବର୍ଣ୍ଣକୁ 'ସନ୍ଧି' କୁହାଯାଏ। ହିନ୍ଦୀ ଭାଷା ବ୍ୟତୀତ ସବୁ ଭାଷାରେ ସନ୍ଧି ରହିଛି। ସନ୍ଧି ଅର୍ଥ ହେଉଛି ଶବ୍ଦମାନଙ୍କ ମଧ୍ୟରେ ବୁଝାମଣା (**Compromise**) ହେବା ଅଥବା ଶବ୍ଦମାନଙ୍କ ମଧ୍ୟରେ ସମାଧାନ (**Adjustment**) କରାଇନେବା, ଅଥବା ଗୋଟିଏ ଶବ୍ଦକୁ ଆଉ ଗୋଟିଏ ଶବ୍ଦରେ ମିଶାଇ ନେବା (**Joining together Union**)। ବର୍ତ୍ତମାନ ଏହାକୁ ସାବଧାନତା ପୂର୍ବକ ଅଧ୍ୟୟନ କରିବା।

ଏଥିରେ ଦୁଇଟି ଶବ୍ଦ ମଧ୍ୟରେ ସନ୍ଧି ଚିହ୍ନ ଆସିଥାଏ। ଅର୍ଥାତ ପ୍ରଥମ ଶବ୍ଦର ଅନ୍ତାକ୍ଷର ଓ ଦ୍ୱିତୀୟ ବା ପରବର୍ତ୍ତୀ ଶବ୍ଦର ପ୍ରଥମ ଅକ୍ଷର ଜୋଡି ହୋଇଗଲେ, 'ସନ୍ଧି' (**Union**) ସୃଷ୍ଟି ହୋଇଥାଏ।

ଉଦାହରଣ : ଦଶ (दश) ଅବତାର (अवतार) = ଦଶାବତାର (दशावतार)
ଅକ୍ଷର (अक्षर) ଅଭ୍ୟାସ (अभ्यास) = ଅକ୍ଷରାଭ୍ୟାସ (अक्षराभ्यास)

ଏହି ସନ୍ଧି ସାଧାରଣତଃ ତିନି ପ୍ରକାର। ତାହା ହେଉଛି : **1.** ସ୍ୱର ସନ୍ଧି (स्वर संधि), **2.** ବ୍ୟଂଜନ ସନ୍ଧି (व्यंजन सन्धि) ଓ **3.** ବିସର୍ଗ ସନ୍ଧି (विसर्ग संधि)।

1. ସ୍ୱର ସନ୍ଧି (स्वर संधि / Union of Vowels) : ଦୁଇଟି ସ୍ୱର ବର୍ଣ୍ଣର ସମ୍ମିଶ୍ରଣରେ ହେଉଥିବା ପରିବ ର୍ନକୁ ସ୍ୱର ସନ୍ଧି କୁହା ଯାଇଥାଏ। ଏହା ବିଭିନ୍ନ ପ୍ରକାରରେ ରହିଛି। ଯେପରି : ଗୁଣ ସନ୍ଧି, ଯଣ ସନ୍ଧି, ବୃଦ୍ଧି ସନ୍ଧି ଇତ୍ୟାଦି।

ଗୁଣ ସନ୍ଧି (गुण सन्धि): ଅ (अ) ବା ଆ (आ) ପରେ ଇ (इ) ବା ଈ (ई) ଆସିଲେ ସେହି ଦୁଇଟି ବର୍ଣ୍ଣର ସମ୍ମିଶ୍ରଣରେ ଏ (ए) ଓ ଉ (उ), ଊ (ऊ) ଆସିଲେ ତାହା ଓ (ओ)ରେ ବଦଳି ଯାଇଥାଏ।

ଉଦାହରଣ : ମହା (महा) ଇନ୍ଦ୍ର (इन्द्र) = ମହେନ୍ଦ୍ର (महेन्द्र)
ରାଜା (राजा) ଈଶ (ईश) = ମହେଶ (महेश)

ଯଣ ସନ୍ଧି (ा): ଇ, ଈ, ଉ, ଊ, ଋ (इ, ई, उ, ऊ, ऋ) ପରେ ସେହି ବର୍ଗର ବର୍ଣ୍ଣ ବ୍ୟତୀତ ଅନ୍ୟ ଅକ୍ଷର ଆସିଲେ ତାହା ଇ, ଈ (इ, ई) ସ୍ଥାନରେ ଯ (य) ଓ ଉ, ଊ, (उ, ऊ) ସ୍ଥାନରେ ୱ (व) ଏବଂ ଋ (ऋ) ସ୍ଥାନରେ ର (र) ଅକ୍ଷର ଆସିଥାଏ।

ଉଦାହରଣ : ଇତି (इति) ଆଦି (आदि) = ଇତ୍ୟାଦି (इत्यादि)
ଅନୁ (अनु) ଏଷଣ (एषण) = ଅନ୍ୱେଷଣ (अन्वेषण)
ଯଦି (यदि) ଅପି (अपि) = ଯଦ୍ୟପି (यद्यपि)

ବୃଦ୍ଧି ସନ୍ଧି (वृधि संधि) : ଅ (अ) ବା ଆ (आ) ପରେ ଏ (ए) ବା ଐ (ऐ) ଆସିଲେ ତାହା ଐ (ऐ) ଏବଂ ଓ (ओ) ବା ଔ (औ) ଆସିଲେ ଔ (औ) ହୋଇ ବଦଳି ଯାଇଥାଏ।

ଉଦାହରଣ :	ଏକ (एक)	ଏକ (एक)	=	ଏକୈକ (एकैक)
	ଲିଙ୍ଗ (लिंग)	ଐକ୍ୟ (ऐक्या)	=	ଲିଙ୍ଗୈକ୍ୟ (लिंगैका)

2. ବ୍ୟଞ୍ଜନ ସନ୍ଧି (वंजन संधि / Union of Consonant) : ଦୁଇଟି ବ୍ୟଂଜନ ବର୍ଣ୍ଣର ସମଷ୍ଟିରେ ସୃଷ୍ଟି ହେଉଥିବା ପରିବର୍ତ୍ତନକୁ ବ୍ୟଂଜନ ସନ୍ଧି କୁହା ଯାଏ। ଏବଂ ଏଥିରେ ବ୍ୟଂଜନ ପରେ ସ୍ୱର ବା ବ୍ୟଂଜନ ଆସିଲେ ତାହା ବ୍ୟଂଜନରେ ହିଁ ପରିବର୍ତ୍ତିତ ହୋଇଥାଏ।

ଉଦାହରଣ :	ବାକ (वाक)	ଦାନ (दान)	=	ବାଗ୍ଦାନ (वाग्दान)
	ବାକ (वाक)	ଈଶ (ईश)	=	ବାଗୀଶ (वागीश)

3. ବିସର୍ଗ ସନ୍ଧି (विसर्ग संधि) : ବିସର୍ଗ (विसर्ग / :) ପରେ ସ୍ୱର ବା ବ୍ୟଂଜନ ଶବ୍ଦ ଆସିଲେ ବିସର୍ଗ ସ୍ଥାନରେ ହେଉଥିବା ପରିବର୍ତ୍ତନକୁ ବିସର୍ଗ ସନ୍ଧି କୁହାଯାଏ।

ଉଦାହରଣ :	ନିଃ (नि:)	ଚଳ (चल)	=	ନିଶ୍ଚଳ (निश्चल)
	ଧନୁଃ (धनु:)	ଟଂକାର (टंकार)	=	ଧନୁଷ୍ଟଂକାର (धनुष्टंकार)

ସୂଚନା : ସନ୍ଧିର ବିଭିନ୍ନ ପ୍ରକାର ଭେଦ ରହିଛି। ସେଗୁଡିକୁ ସବୁ ଉଲ୍ଲେଖ କରିବା ଏଠାରେ ଆବଶ୍ୟକ ନାହିଁ।

17 ଆପ୍ତବାକ୍ୟ / कहावतें (Proverbs)

ନିଜ ଉପରେ ଭରସା ରଖିବା	अपना हाथ जगन्नाथ ଅପନା ହାଥ ଜଗନ୍ନାଥ
ସବୁକିଛିକୁ ନେବାର ମନୋବୃତି (ଲୋଭ)	आकाश बांधे पाताल बांधे ଆକାଶ ବାଂଧେ ପାତାଲ ବାଂଧେ
ନବା ଦବାର ମନୋବୃତି ନଥାଇ ଖୁସିରେ ଜଣଙ୍କ ଘରକୁ ବୁଲି ଯିବାର ଆଗ୍ରହ	आओ चले घर तुम्हारा खाना माँगे दुष्मन तुम्हारा ଆଓ ଚଲେ ଘର ତୁହ୍ମାରା ଖାନା ମାଁଗେ ଦୁଷ୍ମନ ତୁହ୍ମାରା
କୌଣସି କଥାକୁ ଶୁଣି ମଧ୍ୟ ଗୁରୁତ୍ୱ ନ ଦେବା	एक कान सुनो दुसरे कान उडा दो ଏକ କାନ ସୁନୋ ଦୁସରେ କାନ ଉଡା ଦୋ
ଆପଣା ସୁନା ଭେଣ୍ଡି	अपना पुत पराया टटीगर ଅପନା ପୁତ ପରାୟା ଟଟୀଗର
ଅଳପ ଧନକୁ ବିକଳ ମନ	अधजल गगरी छलकत जाय ଅଧଜଲ ଗଗରୀ ଛଲକତ ଜାୟ
କଥା ଗୋଟାଏ ତ କାମ ଆଉକିଛି	हाथी के दांत खाने के और देखाने के और ହାଥୀ କେ ଦାନ୍ତ ଖାନେ କେ ଔର ଦେଖାନେ କେ ଔର
ଘଇତା ମରୁ ପଛେ ସଉତୁଣୀ ରାଣ୍ଡ ହେଉ	अपने बच्चे को ऐसा मारुँ पडोसन की छाती फट जाए ଅପନେ ବଚ୍ଚେ କୋ ଐସା ମାରୁଁ ପଡୋସନ କୀ ଛାତୀ ଫଟ ଜାଏ

ନିଜକୁ ନିଅଂଟ ସାହି ପଡିଶାକୁ ବାଂଟ

आई माई को काजर नहीं बिलाइ की भर मागाँ
ଆଇ ମାଇ କୋ କାଜର ନହୀଁ ବିଲାଇ କୀ ଭର ମାଁଗା

କୋଉ କୁଳକୁ ନ ହେବା

धोबी का गधा न घर का न घाटका
ଧୋବୀ କା ଗଧା ନ ଘର କା ନ ଘାଟକା

ଉପରକୁ ଗଲେ ବାଘ ଖାଉଛି ପାଣିକୁ ଗଲେ କୁମ୍ଭୀର ଖାଉଛି

आगे कुआँ पीछे खाई
ଆଗେ କୁଆଁ ପୀଛେ ଖାଇ

ମାଗଣା ଧନରେ ସଭିଙ୍କ ଲୋଭ

आने का धन पर सोर राजा
ଆନେ କା ଧନ ପର ସୋର ରାଜା

ବୋଝ ଉପରେ ଲଳିତା ବିଡା

अंधा सिपाही, कानी घोडी विधान ने आप मलाई जोडी
ଅଂଧା ସିପାହୀ, କାନୀ ଘୋଡୀ ବିଧାନ ନେ ଆପ ମଲାଇ ଜୋଡୀ

ନିଜ ଲୋକ ଶତ୍ରୁ

आप ही मियाँ माँगते, वाहार खडे धनेश
ଆପ ହୀ ମିୟାଁ ମାଁଗତେ, ବାହାର ଖଡେ ଧନେଶ

ଚୋର ମୁହଁ ଟାଣ

उल्टा चोर कोतवाल को डाँटे
ଉଲ୍ଟା ଚୋର କୋତୱାଲ କୋ ଡାଁଟେ

18 ରୂଢ଼ି / मुहावरे (Idioms)

ଅଙ୍ଗୁଠା ଚୁମନା	अंगुठा चुमना	ଆଙ୍ଗୁଠି ଚୁଚୁମିବା
ଜୀ ଲଗାନା	जी लगना	ମନ ଦେବା
ଜୀ ଲୁଭାନା	जी लुभाना	ମନ ଲୋଭା
ଜୀତେ ଜୀ	जीते जी	ବଂଚି ଥାଉ ଥାଉ
ଟର ଫିସ କରନା	टर फिस करना	କଡା କଡି
ଟାଟ ଉଲଟନା	टाट उलटना	ତାଟି ଓଲଟାଇବା
ଟାଲ ମଟୋଲ କରନା	टाल मटोल करना	ଏପଟ ସେପଟ
ଟୀକା ଟୀପ୍‌ପଣୀ କରନା	टीका टीप्पणी करना	ପଦେ କହିବା
ଟୀକା ଲଗାନା	टीका लगाना	ଚିତା କାଟିବା
ଅଂଗୁଠା ଦେଖାନା	अंगुठा देखाना	ଆଂଗୁଠି ଦେଖାଇବା
ଆଂଚଲ ପସାରନା	आंचल पसारना	କାନି ପତାଇବା
ଅଣ୍ଡ ବଣ୍ଡ ବକନା	अंड बंड बकना	ଏଣୁ ତେଣୁ ବକିବା
ଅଂତ କରନା	अंत करना	ଶେଷ କରିବା
ଅଂଧାଧୁଂଧ ମଚାନା	अंधाधंध मचाना	ଆନ୍ଧାଧୁନିଆ ମାତିବା
ଅଂଧା ବନାନା	अंधा बनाना	ଆଖି ଫୁଟାଇବା
ଅଂଧେ କୀ ଲାଠୀ ବା ଲକଡୀ	अंधे की लाठी या लकडी	ଅଂଧର ଲଉଡି
ମୁଁହ ଅଂଧେରା	मुहँ अंधेरा	ମୁହଁ ଅଂଧାର
ଅକଡ ଜାନା	अकड जाना	ଅଟକି ଯିବା
ଅକଲ କା ଦୁଷ୍ମନ	अकल का दुष्मन	ଗୋବର ଗଣେଷ
ଅକମ୍‌ଜାରୀ ଜାନା	अकम्जारी जाना	ତା ପାଣି ମତେ ଜଣା
ଅଖରନେ ଲଗନା	अखरने लगना	ଉଖାରିବା

ଅପନୀ ବାତ କା ଏକ	अपनी बात का एक	ନିଜକୁ ନିଜେ
ଅପନେ ଢ଼ଂଗ କା	अपने ढंग से	ମନମୁଖୀ
ଅପନୀ ମୁଁହ ମିୟାଁ ମିଠୁ ବନାନା	अपनी मुहँ मियाँ मिठु बनाना	କୁଆକୁ ଛୁଆ
ଅଫବାହ ଉଡାନା	अफवाह उडाना	ଧୂଆଁ ବାଣ
ଅବ ତବ କରନା	अबतब करना	ଆଜି କାଲି କରିବା
ଅବ ତବ ହୋନା	अबतब होना	ଏପଟ ସେପଟ ହେବା
ଅଲଖ ଜଗାନା	अलख जगाना	ଚାହିଁ ବସିବା
ଆଁଖ ଅଟଖନା	आँख अटखना	ଆଖି ଲାଖିଯିବା
ଆଁଖ ଆନା	अँख आना	ଆଖିକୁ ଆସିବା
ଆଁଖ ଉଠାନା	आँख उठाना	ଆଖି ଟେକିବା
ଆଁଖ କା କାଂଟା	आँख का काण्टा	ଆଖିରେ କଂଟା
ଆଁଖ ଗଡନା	आँख गडना	ଆଖି ବୁଲାଇବା
ଆଁଖ ଘୁଲନା	आँक घुलना	ଆଖି ଘୋଳିହେବା
ଅଂକୱାର ଭରନା	अंकवर भरना	ପୋଷା ମନେଇବା
ଅଂକୁଶ ଦେନା	अंकुश देना	ଭୟ ଦେଖାଇବା
ଅଂଗ ଛୁନା	अंग छुना	ଅଂଗଲଗା
ଅଂଗ କରନା	अंग करना	ନିଜର କରିନେବା
ଅଂଗାର ଉଗଲନା	अंगार उगलना	ଅଂଗାର ବାହାର କରିବା
ଅଂଗାରେ ବରସାନା	अंगारे बरसना	ନିଆଁ ବର୍ଷିବା
ଅଂଗୁଲୀ କାଟନା	अंगुली काटना	ଆଙ୍ଗୁଠି କାଟିବା
ଆଁଖ ମେଁ ଚଢ଼ନା	आँख में चढना	ଆଖିରେ ବସାଇବା
ଆଁଖେ ଚାର ହୋନା	आँख चार होना	ଚାରି ଆଖି ହେବା
ଆଁଖ ନିକଲନା	आँख निकलना	ଆଖି ବାହାର କରିବା
ଆଁଖେ ପଥରାନା	आँख पथराना	ଆଖି ପଥର କରିବା

ଆଁଖ ଫଟନା	आँख फटना	ଆଖି ଫାଟି ପଡିବା
ଆଁଖେ ଚଢ଼ାନା	आँख चढना	ଆଖି ଚଢିବା
ଆଁଖ ମେଁ ଧୂଲ ଝୋଁକନା	आँख में धूल झोंकना	ଆଖିରେ ଧୂଳି ଦେବା
ଆଂଚଲ ପସାରନା	आंचल पसारना	କାନି ପତେଇବା
ଆଁସୁ ପୋଛନା	आँसु पोछना	ଲୁହ ପୋଛିବା
ଅଜିଜ କରନା	अजिज करना	ଅଳି କରିବା
ଆଠ ଆଠ ଆଁସୁ ରୋନା	आठ आठ आँसु रोना	ଆଣ୍ଠୁଏ ବହଳ କାନ୍ଦିବା
ଆଡେ ଆନା	आडे आना	ଆଡେଇ ଯିବା
ଆପ ସେ ବାହର ହୋନା	आप से बाहर होना	ନିଜଠୁ ଅଲଗା ହେବା
ଆବରୁ ମିଟ୍ଟୀ ମେଁ ମିଲାନା	आवरु मिट्टी में मिलाना	ସମ୍ମାନ ମାଟିରେ ମିଶାଇବା
ଆୱାରା ହୋନା	पागल होना	ପାଗଳ ହେବା
ଆଶିକ ହୋନା	आशिक होना	ପ୍ରେମୀ ହେବା
ଆସମାନ ପର ଚଢ଼ନା	आसमान पर चढना	ଆକାଶକୁ ଉଠିବା
ଆସମାନ ସିର ପର ଉଠାନା	आसमान सिर पर उठाना	ଆକାଶକୁ ମୁଣ୍ଡରେ ଉଠାଇବା
ଆସ୍ତୀନ କା ସାଁପ	आस्तीन का साँप	ନିଜ ଲୋକ ଶତ୍ରୁ
ଛୋଟା କରନା	छोटा करना	ଛୋଟା କରିଦେବା
ଜଂଗଲ ମେଁ ପଡନା	जंगल में पडना	ଜଂଗଲରେ ପଡିବା
ଜଖ୍ମ ଖାନା	जख्म खाना	ଦରଜ ହେବା
ଜଖ୍ମ ଦେନା	जख्म देना	ଦୁଃଖ ଦେବା / କଷ୍ଟ ଦେବା
ଜଡେ ଜମାନା	जडे जमाना	ପ୍ରତିକ୍ରିୟା ହୀନ ଦୁନିଆ
ଜବାନ କାଟ ଦେନା	जवान काट देना	ଜିଭ କାଟି ଦେବା
ଜବାନ ଚଲାନା	जवान चलाना	ମୁହେଁ ମୁହେଁ ଉତ୍ତର ଦେବା
ଜର୍ଦ ପଡନା	जर्द पडना	ଫିକା ପଡିଯିବା
ଜଲ ଉଠାନା	जल उठाना	ପାଣି ଉଠେଇବା

ଜବାବ ଦେନା	जवाव देना	ଉତ୍ତର ଦେବା
ଜହର ଉଗଲନା	जहर उगलना	ବିଷ ଅଜାଡିବା
ଜାନ ମାରନା	जान मारना	ଜୀବନରୁ ମାରିବା
ଜାୟା କରନା	जाया करना	ଯିବା ଆସିବା କରିବା
ଜାଲ ଫୈଲାନା	जाल फैलाना	ଜାଲ ବିଛେଇବା
ଜୀ ଉକତାନା	जी उकताना	ମନ ବଳାଇବା
ଜୀ କରନା	जी करना	ମନ କରିବା
ଜୀ ଜାନ ସେ ଚାହନା	जी जान से चाहना	ମନ ପ୍ରାଣ ଦେଇ ଚାହିବା
ଜୀ ଭରକର	जी भरकर	ମନ ଭରି
ଟେଟ କରନା	टेट करना	କ୍ଷତି କରିବା
ଟେକ ନିଭାନା	टेक निभाना	ଗୌରବ ରଖିବା
ଠେଢୀ ଆଖୋଁ ସେ ଦେଖନା	टेढी आँखों से देखना	ତେରଛା ଚାହାଣୀରେ ଦେଖିବା
ଗରଦନ ନାପନା	गरदन नापना	ବେକ ଚାପିବା
ଗର୍କ ହୋନା	गर्क होना	ବନ୍ୟା ହେବା
ଗର୍ଦନ ପର ଛୁରୀ ଫେରନା	गर्दन पर छुरी फेरना	ବେକରେ ଛୁରୀ ଲଗାଇବା
ଗଲା ଛୁଟନା	गला छुटना	ଗଳା ଛାଟିବା
ଗଶଖାନା	गशखाना	ମୂର୍ଚ୍ଛା ହେବା
ଗାଁଠ ଖୋଲନା	गाँठ खोलना	ଗଣ୍ଠି ଖୋଲିବା
ଗାଢେ ଦିନ	गाढ दिन	ଗାଢ଼ ଦିନ
ଗାଲ ଫୁଲାନା	गाल फुलाना	ମୁହଁ ଫୁଲେଇବା
ଗାଲ ବଜାନା	गाल बजाना	ଗାଲରେ ବଜେଇବା
ଗାଲିବ ହୋନା	गालिव होना	କବି ହେବା
ଗାଲୀ ଖାନା	गाली खाना	ଗାଳି ଖାଇବା

ଗିରଫ୍‌ତାରୀ ନିକଲନା	गिरफतारी निकलना	ୱାରଂଟ ବାହାରିବା
ଗୀଦଡ ଭଭକୀ	गीदड भभकी	ବିଲୁଆ ପରି ଭୁକିବା
ଗୁସ୍‌ସା ଉତରନା	गुस्सा उतरना	ବିରକ୍ତ ହେବା
ଗୁସ୍‌ସା ଚଢ଼ନା	गुस्सा चढना	ରାଗ ଚଢ଼ିବା
ଗୋଟ ପକଡନା	गोट पकडना	ଗୋଠ ଧରିବା
ଗୋତା ଖାନା	गोता खाना	କୂଳ ଖାଇବା
ଗୋଦ ଲେନା	गोद लेना	କୋଳେଇ ନେବା
ଗୋବର ଗଣେଶ ହୋନା	गोवर गणेश होना	ମୂର୍ଖ ହୋଇଯିବା
ଗୋଲମୋଲ ବାତ	गोलमोल बात	ଏପଟ ସେପଟ କଥା
ଗୋଲଧାର ବରସନା	गोलधार बरसना	ଗୋଳାବାରୁଦ ବର୍ଷିବା
ଧନ ଚକ୍କର ମେଁ ପଡ଼ନା	धन चक्कर में पडना	ଧନ ପଛରେ ପଡିବା
ଘର ଆୱାଦ କରନା	घर आवाद करना	ଘରକୁ ନଷ୍ଟ କରିବା
ଘାଟେ ମେଁ ଆନା	घाटे में आना	ଘାଟକୁ ଆସିବା
ଘାଟା ଉଠାନା	घाटा उठाना	କ୍ଷତି ସହିବା
ଘାତ ଚଲାନା	घात चलाना	କ୍ଷତି କରାଇବା
ଘାୱ ପର ନମକ ଛିଡକନା	घाव पर नमक छिडकना	କଟା ଘା'ରେ ଚୂନ ଦେବା
ଘିନ କରନା	घिन करना	ଘୃଣା କରିବା
ଘୁଟନେ ଟେକନା	घुटने टेकना	ଆଣ୍ଠେଇବା
ଘୁନ ଲଗାନା	घुन लगाना	ଘୁଣ ଖାଇବା
ଘୁଲ ମିଲ କର	घुल मिल कर	ଘୂରି ଘୂରି ଦେଖିବା
ଘୁଲା-ଘୁଲା କେ ମାରନା	घुला-घुला के मारना	ଘଣେଇ ଘଣେଇ କି ମାରିବା
ଘୁଁସା ଲଗାନା	घुंसा लगाना	ବିଧା ମାରିବା
ଜଂଗ ଚଢନା	जंग लगाना	ଯୁଦ୍ଧରେ ମାତିବା

ଚକମା ଖାନା	चकमा खाना	ଠକିଦେବା
ଚକ୍କର ମେଁ ଆନା	चक्कर में आना	ଜାଲରେ ପଡିବା
ଚକ୍କୀ ପୀସନା	चक्की पीसना	ଚକି ପେସିବା
ଚପତ ଜମାନା	चपत जमाना	ଆଡ୍ଡା ଜମେଇବା
ଚିକନୀ ଚୁପଡୀ ବାତେଁ କରନା	चिकनी चुपडी वातें करना	ଚିକ୍କଣ କଥା କହିବା
ଚିତ କରନା	चित करना	ଚିତ କରିବା
ଚିତ୍ତ ଚୁରାନା	चित्त चुराना	ମନ ଚୋରାଇବା
ଚୁଗଲୀ କରନା, ଲଗାନା	चुगली करना, लगाना	ଚୁଗୁଲି କରିବା / ଲଗେଇବା
ଚୁଟକୀ ଦେନା	चुटकी देना	ଦାବି କରିବା
ଚୁପ ଲାଧନା	चुप लाधना	ଚୁପ କରାଇବା
ଚେହେରା ଉତରନା	चेहेरा उतरना	ଇଜ୍ଜତ ତଳେ ପକାଇବା
ଛଂଟା ହୁଆ	छंटा हुआ	ଛାଣି ହେବା
ଛାତୀ ଖୋଲନା	छाती खोलना	ଛାତି ଖୋଲିବା
ଛାତୀ ଥାମ କର ରହଜାନା	छाती थाम कर रहजाना	ଛାତିକୁ ପଥର କରିବା
ଛାତୀ ଧଡକନା	छाती धडकना	ଛାତି ଥରି ଉଠିବା
ଛାତୀ ପର ପଥର ରଖନା	छाती पर पत्थर रखना	ଛାତିରେ ପଥର ରଖିବା
ଛପ୍ପର ଫାଡ କର କମାନା	छप्पर फाड कर कमाना	ପ୍ରଚୁର ରୋଜଗାର କରିବା
ଛାପା ମାରନା	छापा मारना	ପ୍ରହରା ଦେବା / ଜଗିବା

ଭାଗ - ୨
भाग - २
PART -2

1. ଶରୀରର ଅଂଗ शरीर के अंग (Parts of the body)

ଓଡ଼ିଆ ଶବ୍ଦ		ହିନ୍ଦୀ ଶବ୍ଦ	ହିନ୍ଦୀ ଶବ୍ଦର ଉଚ୍ଚାରଣ
1.	ମୁଣ୍ଡ	सिर	ସିର
2.	ବାଳ	बाल	ବାଲ
3.	କପାଳ	माथा	ମାଥା
4.	ଭ୍ରୂକୁଟି	भौंह	ଭୌଂହ
5.	ପଲକ	पलक	ପଲକ୍
6.	ଆଖି	आँख	ଆଁଖ
7.	ନାକ	नाक	ନାକ
8.	ଗାଲ	गाल	ଗାଲ
9.	ମୁହଁ	मुहँ	ମୁହଁ
10.	ଓଠ	होंठ	ହୋଁଠ
11.	ଦାନ୍ତ	दांत	ଦାଁତ
12.	ଜୀଭ	जीभ	ଜୀଭ
13.	ଗଳା	गला	ଗଲା
14.	କାନ	कान	କାନ
15.	ଛାତି	छाति	ଛାତି
16.	କାନ୍ଧ	कंधा	କଂଧା
17.	ପେଟ	पेट	ପେଟ୍
18.	ହାତ	हाथ	ହାଥ
19.	ପାପୁଲି	हथेली	ହଥେଲୀ
20.	କହୁଣୀ	कुहनी	କୁହନୀ
21.	ମଣିବନ୍ଧ	कलाई	କଲାଈ

22. ଅଂଗୁଳୀ	अंगुलि	ଅଂଗୁଲୀ
23. ଅଂଟା	कमर	କମର
24. ପିଠି	पीठ	ପୀଠ
25. ମେରୁଦଣ୍ଡ	रीढ	ରୀଢ଼
26. ସ୍ତନ	स्तन	ସ୍ତନ
27. ହୃଦୟ / ହୃତପିଣ୍ଡ	हृदय	ହୃଦୟ
28. ଜଙ୍ଘ	जाँघ	ଜାଁଘ
29. ଆଣ୍ଠୁ	घुटना	ଘୁଟନା
30. ଗୋଡ଼	टाँग	ଟାଁଗ
31. ଗୋଇଠି	एडि	ଏଡି
32. ନଖ	नाखुन	ନାଖୁନ
33. ବୁଦ୍ଧି	दिमाग	ଦିମାଗ
34. ଚେହେରା / ଶରୀର	बदन	ବଦନ
35. ଦାଢ଼ି	दाढि	ଦାଢ଼ି
36. ପାଦ	पाओं	ପାଓଁ
37. ବାହୁ	बाँह	ବାଁହ
38. ନିତମ୍ବ	नितम्ब	ନିତମ୍ବ

2. ବନ୍ଧୁ ବାନ୍ଧବ रिस्तेदार ରିସ୍ତେଦାର (Relatives)

1. ବାବା / ପିତା	बाप / पिता	ବାପ / ପିତା
2. ମାଆ / ମାଁ / ମାତା	माता / माँ	ମାତା / ମାଁ
3. ଅଜା	नाना	ନାନା
4. ଆଈ	नानी	ନାନୀ

5.	ଜେଜେବାପା	दादा	ଦାଦା
6.	ଜେଜୀମା	दादी	ଦାଦୀ
7.	ମାଇଁ	मामी	ମାମୀ
8.	ମାମୁଁ	मामा	ମାମା
9.	ମାଉସୀ	मौसी	ମୌସୀ
10.	ଦାଦା	चाचा	ଚାଚା
11.	ଝିଅ	बेटी	ବେଟୀ
12.	ପତି / ସ୍ୱାମୀ	पति	ପତି
13.	ପତ୍ନୀ / ସ୍ତ୍ରୀ	पत्नी	ପତ୍ନୀ
14.	ଜ୍ୱାଇଁ	दामाद	ଦାମାଦ
15.	ଭାଇ	भाइ	ଭାଇ
16.	ବଡ଼ ଭାଇ	बडा भाइ	ବଡ଼ା ଭାଇ
17.	ସାନ ଭାଇ	छोटा भाइ	ଛୋଟା ଭାଇ
18.	ଭଉଣୀ	बहन	ବହନ
19.	ବଡ଼ ଭଉଣୀ	बडी बहन	ବଡ଼ୀ ବହନ
20.	ସାନ ଭଉଣୀ	छोटी बहन	ଛୋଟୀ ବହନ
21.	ଶଳା	साला	ସାଲା
22.	ନଣନ୍ଦ	ननंद	ନନଂଦ
23.	ନାତି	पोता	ପୋତା
24.	ନାତୁଣୀ	पोती	ପୋତୀ
25.	ଶାଶୁ	सास	ସାସ
26.	ଶ୍ୱଶୁର	ससुर	ସସୁର
27.	ବହୂ	बहू	ବହୂ
28.	ଭାଉଜ	भाबी	ଭାବୀ
29.	ଭେଣୋଇ	जीजा	ଜୀଜା
30.	ପିଉସୀ	बुआ	ବୁଆ

31.	ବଡ଼ବାପା	ताऊ	ତାଊ
32.	ବଡ଼ ମା	ताई	ତାଈ
33.	ଭାଣିଜୀ	भानजी	ଭାନ୍‌ଜୀ
34.	ଭଣଜା	भनजा	ଭନ୍‌ଜା

3. ଖାଇବା ଜିନିଷ **खाने की चीजें** ଖାନେ କୀ ଚୀଜେଁ (Edibles)

1.	କ୍ଷୀରି	खीर	ଖୀର
2.	ସର୍ବତ	शरबत	ଶରବତ
3.	ହାଲୁଆ	हलुवा	ହଲୁୱା
4.	ଖୁଆ	खोआ	ଖୋଆ
5.	ଜଲପି	जलेबी	ଜଲେବୀ
6.	ସିମେଇ	सेवई	ସେୱଈ
7.	ଗୋଲାପଜମ୍	गुलाब जामुन	ଗୁଲାବ ଜାମୁନ
8.	ଭୁଜିଆ	गुझिया	ଗୁଝିୟା
9.	ତିଲୁଆ	तिलवा	ତିଲୱା
10.	ମୋତିଚୁର	मोतिचूर	ମୋତିଚୂର
11.	ମିଠା ଖେଚୁଡ଼ି	मीठी खिचडी	ମୀଠୀ ଖିଚଡ଼ୀ
12.	ବର୍ଫି	बर्फी	ବର୍ଫୀ
13.	ସାଗୁ କ୍ଷୀରି	साबुदाने की खीर	ସାବୁଦାନେ କୀ ଖୀର
14.	ମିଶ୍ରି	मिसरी	ମିସରୀ
15.	ପକୁଡ଼ି	पकौडी	ପକୌଡୀ
16.	ସେଓ	सेव	ସେଓ
17.	ସିଙ୍ଗଡ଼ା	समोसा	ସମୋସା
18.	ପାନ (ଖିଲିପାନ)	खीला	ଖୀଲା
19.	ପୁରୀ	पूडी	ପୂଡୀ

20.	ରୁଟି	रोटी	ରୋଟୀ
21.	ଚପାତୀ	चपाती	ଚପାତୀ
22.	ଛଙ୍କା	छोंका बात	ଛୋଂକା ବାତ
23.	ଚାଉଳ (ଭାତ)	चावल	ଚାୱଲ
24.	ଖେଚୁଡ଼ି	खिचडी	ଖିଚଡ଼ୀ
25.	ଡାଲି	दाल	ଦାଲ
26.	ଶାଗ	साग	ସାଗ
27.	ସୋରୁଆ	शोरवा	ଶୋରବା
28.	ଚଟୁଣୀ	चटनी	ଚଟନୀ
29.	ଆଚାର	अचार	ଅଚାର
30.	ପାଂପଡ	पापड	ପାପଡ
31.	ଦହି	दहि	ଦହି
32.	ପୁଆ	पुआ	ପୁଆ
33.	ଚିଉଡା	चिउडा	ଚିଉଡ଼ା
34.	ଶୁଖିଲା ପରିବା	सूखी सब्जी	ସୂଖୀ ସବ୍‌ଜୀ
35.	ବଡି	बरो	ବରୋ
36.	ମାଂସ	मांस	ମାଂସ

4. ବ୍ୟାଧି रोग ରୋଗ୍ (Diseases)

1.	ବେମାରୀ	बीमारी	ବୀମାରୀ
2.	ରକ୍ତଚାପ	रक्तचाप	ରକ୍ତଚାପ
3.	ଗୋଦର	श्लीपद	ଶ୍ଲୀପଦ
4.	କୁଷ୍ଠ	कोढी	କୋଢ଼ୀ
5.	ଫୋଟକା	चेचक	ଚେଚକ

6.	କାଛୁ, କୁଣ୍ଡିଆ	खाज, खुजली	ଖାଜ, ଖୁଜଲୀ
7.	କର୍କଟ ରୋଗ	कर्कट रोग	କର୍କଟ ରୋଗ
8.	ମୁଣ୍ଡ ବୁଲାଇବା	चक्कर आना	ଚକ୍କର ଆନା
9.	ବସନ୍ତ	लु लगना	ଲୁ ଲଗନା
10.	କୋଷ୍ଠ କାଠିନ୍ୟ	कब्ज	କବ୍‌ଜ
11.	ମାନ୍ଦା	गुमटा	ଗୁମୁଟା
12.	ମହାମାରୀ	महामारी	ମହାମାରୀ
13.	ପେଲିହେବା	दमा	ଦମା
14.	ମୁଣ୍ଡବିନ୍ଧା	सिरदर्द	ସିରଦର୍ଦ
15.	ହଇଜା	हैजा	ହୈଜା
16.	ଅନିଦ୍ରା	अनिद्रा	ଅନିଦ୍ରା
17.	କାଶ	खांसी	ଖାଁସୀ
18.	ଢକାର	डकार	ଡକାର
19.	ଅଂଟାଧରିବା	कमर दर्द	କମର ଦର୍ଦ
20.	ଜିଆ / କୃମି	दाद	ଦାଦ
21.	ବାନ୍ତି	उल्टी	ଉଲ୍ଟୀ
22.	ଚମଛଡା,ଫୋଟକା	छाला, फोडा	ଛାଲା, ଫୋଡା
23.	ଶୁଖିଲା କାଶ	काली खांस	କାଲୀ ଖାଁସୀ
24.	ଆନ୍ତ୍ରିକ ବ୍ୟାଧି	बवसिर, अर्म	ବଓ୍ୱସିର, ଅର୍ମ
25.	ଜଖମ	जुकाम	ଜୁକାମ
26.	ବାନ୍ତି	दस्तआना	ଦସ୍ତଆନା
27.	ଜ୍ୱର	वुखार, ज्वर	ବୁଖାର, ଜ୍ୱର
28.	ଆନ୍ତ୍ରିକ ଜ୍ୱର	आन्त्र ज्वर	ଆନ୍ତ୍ର ଜ୍ୱର
29.	ପେଟବିନ୍ଧା	पेट का दर्द	ପେଟ କା ଦର୍ଦ

30.	କାମଳ	कामला	କାମଲା
31.	ଯକ୍ଷ୍ମା	राजयक्ष्मा	ରାଜଯକ୍ଷ୍ମା
32.	ଘା'	घाव	ଘାଓ୍ୱ
33.	ଖଣ୍ଡିଆ	चोट	ଚୋଟ
34.	ଗୋହରିଆ	गोहरी	ଗୋହରୀ
35.	ମୋତିଆ ବିନ୍ଦୁ	मोतिया	ମୋତିୟା
36.	ଡିପଥେରିଆ	रोहिणी	ରୋହିଣୀ
37.	ପକ୍ଷାଘାତ	पक्षाघात, लकवा	ପକ୍ଷାଘାତ, ଲକଓ୍ୱା
38.	ମଶାଖିଆ	मम्सा	ମସ୍ସା
39.	ଡାଇରିଆ ଝାଡା	पेचिश	ପେଚିଶ
40.	ପାଗଳାମୀ	पागलपन	ପାଗଲପନ

5. ଚାଷ ସାମଗ୍ରୀ **खेती सम्बन्धी सामग्री** ଖେତୀ ସମ୍ବନ୍ଧୀ ସାମଗ୍ରୀ

(Agriculture Things)

1.	ଜମିବାଡ଼ି	जमीन	ଜମୀନ
2.	କ୍ଷେତ	खेती	ଖେତୀ
3.	ବଗିଚା	बगीचा	ବଗୀଚା
4.	ଚାଷୀ, କୃଷକ	किसान	କିସାନ
5.	ଗଦା (ଧାନଗଦା)	ढेर	ଢ଼େର
6.	ହଳ	हल	ହଲ
7.	କାଟିବା	काटना	କାଟନା
8.	ଜଅ	जुआ	ଜୁଆ
9.	ରୋଇବା	खाद	ଖାଦ
10.	ହିଡ଼	धुरा	ଧୁରା

11.	ଶୁଖିବା	सुखना	ସୁଖନା
12.	ଶୁଖିଲା ଘାଷ	सुखा घास	ସୁଖା ଘାସ
13.	ମଂଚା (ଯେଉଁଠି ବସି ଫସଲ ଜଗନ୍ତି)	रोशन	ରୋଶନ
14.	ଶ୍ରମିକ	मजदुर	ମଜଦୁର

6. ଲୌହ लोहे ଲୋହେ (Ores)

1.	ସୁନା	सोना	ସୋନା
2.	ଚାନ୍ଦି	चांदी	ଚାଂଦୀ
3.	ଲୁହା	लोहा	ଲୋହା
4.	ପିତଳ	पीतल	ପୀତଲ
5.	ତମ୍ବା	तंबा	ତଂବା
6.	ଷ୍ଟିଲ	फौलाद	ଫୌଲାଦ
7.	ଶୀଶା	शीशा	ଶୀଶା
8.	ଦସ୍ତା	जस्ता	ଜସ୍ତା

7. ଖଣିଜ ସଂପଦ खनिज ଖନିଜ (Minerals)

1.	ରତ୍ନ	रतन	ରତନ
2.	ପନ୍ନା	पन्ना	ପନ୍ନା
3.	ମୋତି	मोती	ମୋତୀ
4.	ଗନ୍ଧକ	गंधक	ଗଂଧକ
5.	ଅଭ୍ର	अभ्रक	ଅଭ୍ରକ
6.	କୋଇଲା	कोयला	କୋୟଲା

8. ଶାସନ ପରିଚାଳନା शासन /परिपालन ଶାସନ / ପରିପାଳନ (Administration)

1.	ଦରଖାସ୍ତ	अर्जी	ଅର୍ଜୀ
2.	ସଂରକ୍ଷଣ	आरक्षण	ଆରକ୍ଷଣ
3.	ମନ୍ତ୍ରୀ	मंत्री	ମଂତ୍ରୀ

4.	ଜିଲ୍ଲାପାଳ	जिलाधीश	ଜିଲ୍ଲାଧୀଶ
5.	ନ୍ୟାୟାଳୟ	न्यायालय	ନ୍ୟାୟାଳୟ
6.	ଅଦାଲତ	अदालत	ଅଦାଲତ
7.	ଓକିଲ	वकिल	ୱକିଲ
8.	ଅଧିବକ୍ତା	अधीवक्ता	ଅଧୀବକ୍ତା
9.	ଉଚ୍ଚ ନ୍ୟାୟାଳୟ	उच्च न्यायालय	ଉଚ୍ଚ ନ୍ୟାୟାଳୟ
10.	ସରକାରୀ ଓକିଲ	सरकारी वकिल	ସରକାରୀ ୱକୀଲ
11.	ଉଚ୍ଚତମ ନ୍ୟାୟାଳୟ	उच्चत्तम न्यायाल्	ଉଚ୍ଚତମ ନ୍ୟାୟାଳୟ
12.	ଗୁପ୍ତଚର	गुप्तचर	ଗୁପ୍ତଚର
13.	ପ୍ରଧାନ ସଚିବ	प्रधान सचिव	ପ୍ରଧାନ ସଚିବ
14.	ସଚିବ	सचिव	ସଚିବ
15.	ଗୁହାରୀ	फरियाद	ଫରିୟାଦ
16.	ଦାରୁଗା	दरोगा	ଦରୋଗା
17.	ତୋପ ମରାଳୀ	तोपची	ତୋପଚୀ
18.	କ୍ଷେତ୍ର ନିରୀକ୍ଷକ	इलाका निरीक्षक	ଇଲାକା ନିରୀକ୍ଷକ
19.	ଦେହରକ୍ଷୀ	अंग रक्षक	ଅଂଗ ରକ୍ଷକ
20.	ଟାଇପିଷ୍ଟ	टंकक	ଟଂକକ
21.	ପ୍ରଶିକ୍ଷକ	प्रशिक्षक	ପ୍ରଶିକ୍ଷକ
22.	ଜନଗଣନା	जनगणना	ଜନଗଣନା
23.	ନିର୍ଦ୍ଦେଶକ	निर्देशक	ନିର୍ଦେଶକ
24.	ପ୍ରବନ୍ଧକ	प्रबन्धक	ପ୍ରବନ୍ଧକ
25.	ସଦସ୍ୟ	सदस्य	ସଦସ୍ୟ
26.	ରାଜ୍ୟପାଳ	राज्यपाल	ରାଜ୍ୟପାଳ
27.	ରାଷ୍ଟ୍ରପତି	राष्ट्रपति	ରାଷ୍ଟ୍ରପତି
28.	ରାଜଦୂତ	राजदूत	ରାଜଦୂତ
29.	ପ୍ରୌଢ଼ ଶିକ୍ଷା	प्रोढ शिक्षा	ପ୍ରୌଢ଼ ଶିକ୍ଷା

30.	ବ୍ୟକ୍ତିଗତ ସଚିବ	निजी सचिव	ନିଜୀ ସଚିବ
31.	ବିଦ୍ୟା	विद्या	ବିଦ୍ୟା
32.	ମନ୍ତ୍ରୀମଣ୍ଡଳ	मन्त्री मण्डल	ମନ୍ତ୍ରୀମଣ୍ଡଳ
33.	ପ୍ରଶାସକ	प्रशासक	ପ୍ରଶାସକ

9. ପକ୍ଷୀ, କୀଟ-ପତଂଗ ଓ ପଶୁ

पक्षी, कीडे, मकोडे और जानवर ପକ୍ଷୀ, କୀଡ଼େ, ମକୋଡ଼େ ଔର ଜାନୱାର

(Birds, Insects and Animals)

1.	ସିଂହ	शेर	ଶେର
2.	ଚିଉଡା ଘୋଡା	चिउडा	ଚିଉଡା
3.	ବିରୁଡ଼ି	वर्रे, ततिया	ବର୍ରେ, ତତିୟା
4.	ବୁଢ଼ୀଆଣୀ	मकडी	ମକଡୀ
5.	ଗୋବର ପୋକ	गोबरैला	ଗୋବରୈଲା
6.	ଗରୁଡ଼	गरूड	ଗରୁଡ଼
7.	ପ୍ରଜାପତି	तितली	ତିତଲୀ
8.	ଉକୁଣୀ	जुआँ	ଜୁଆଁ
9.	ମଶା	मच्छर	ମଛର
10.	ଗୋଧି	चमगादड	ଚମଗାଦଡ
11.	ମୟୂର	नीलकण्ठ	ନୀଲକଂଠ
12.	ଉଇ	दीमक	ଦୀମକ
13.	କୁକୁଡା	मुर्गी	ମୁର୍ଗୀ
14.	ଗଂଜା	मुर्गा	ମୁର୍ଗା
15.	ତିତିରି ଚଢ଼େଇ	तीतर	ତୀତର
16.	ଓଟପକ୍ଷୀ	शुतुरमुर्ग	ଶୁତୁରମୁର୍ଗ
17.	ହଂସ	हंस	ହଂସ
18.	ଭଂଅର	भ्रमर	ଭ୍ରମର

19. ଜୁଳୁଜୁଳିଆ ପୋକ	जुगुनु	ଜୁଗୁନୁ
20. ବିଛା	बिछु	ବିଛୁ
21. ଗୁଣ୍ଡୁଚି	टिड्डी	ଟିଡ୍‌ଡୀ
22. ଝିଂକ	झींगुर	ଝୀଙ୍ଗୁର
23. ମାଛି	मक्खी	ମକ୍‌ଖୀ
24. ମହୁମାଛି	मधुमक्खी	ମଧୁମକ୍‌ଖୀ
25. ରେଶମ ପୋକ	रेश्मी कीडा	ରେଶ୍ମୀ କୀଡା
26. ଉଡାପୋକ	पतंगा	ପତଂଗା
27. ଘୋଂଗା	घोंघा	ଘୋଂଘା
28. ଡିଆଁ ପୋକ	चींटी	ଚୀଂଟି
29. ଛାରପୋକ	खटमल	ଖଟମଲ
30. ଚିଲ	चील	ଚୀଲ
31. ବାଜ ପକ୍ଷୀ	बाज	ବାଜ
32. ପେଚା	उल्लु	ଉଲ୍ଲୁ
33. ବଗ	बगुला	ବଗୁଲା
34. ଶାରୀ	मैना	ମୈନା
35. ରାମଚଟିଆ	रामचरैया	ରାମଚରୈୟା
36. କାଠହଣା	काठफौडवा	କାଠଫୋଡୱା
37. ବତକ	बतख	ବତଖ
38. ତୋତା	तोता	ତୋତା
39. ସୁନାଚଢ଼େଇ (କଳ୍ପନାମୟ)	हीरामन	ହୀରାମନ
40. ସୁଗା ପକ୍ଷୀ	सुग्गा	ସୁଗ୍‌ଗା
41. ଚାତକ	पपीहा	ପପୀହା
42. ଘରଚଟିଆ	गौरैया	ଗୌରୈୟା
43. ପାରା	कबुतर	କବୂତର
44. ଚକୁଆ	चक्वा	ଚକ୍ୱା

45. କାଉ	कौआ	କୌଆ
46. କୋଇଲି	कोयल	କୋୟଲ
47. ବାଘ	बाघ	ବାଘ
48. ଚିତାବାଘ	चिता / तेंदुआ	ଚିତା / ତେଂଦୁଆ
49. ଗାଈ	गाय	ଗାୟ
50. ମଇଁଷି	भैंस	ଭୈଂସ
51. ବଳଦ	बैल	ବୈଲ
52. ଗଧିଆ	भेड	ଭେଡ଼
53. ଘୋଡ଼ା	घोडा	ଘୋଡ଼ା
54. ଓଟ	उंट	ଉଁଟ
55. ଜେବ୍ରା	जैब्रा	ଜୈବ୍ରା
56. ଜିରାଫ୍	जिराफ	ଜିରାଫ୍
57. ଭାଲୁ	भालु	ଭାଲୁ / ରୀଛ
58. ମାଙ୍କଡ଼	बंदर	ବଂଦର
59. ବକୁରୀ	बकरा	ବକ୍ରା
60. କୁକୁର	कुत्ता / कुकुर	କୁତ୍ତା / କୁକୁର
61. ଘୁଷୁରୀ	सुअर	ସୁଅର
62. ବିଲେଇ	बिल्ली	ବିଲ୍ଲୀ
63. ସର୍ପ / ସାପ	सर्प / सांप	ସର୍ପ / ସାଁପ
64. ଏଣ୍ଡୁଅ	छिपकली	ଛିପକଲୀ
65. ମଗର	मगर	ମଗର
66. ହାତୀ	हाथी	ହାଥୀ
67. ବିଲୁଆ	भेडा	ଭେଡ଼ା
68. ଠେକୁଆ	खरगोश	ଖରଗୋଶ

69. ପଶୁ	जानवार	ଜାନୱାର
70. ହରିଣ	हिरन	ହିରନ
71. ଗଧିଆ	गीदड	ଗୀଦଡ଼
72. ମୂଷା	चूहा	ଚୂହା
73. ଝିଂକ	साही	ସାହୀ
74. ନେଉଳ	नेवला	ନେୱଲା
75. ଗୁଣ୍ଡୁଚି	गिलहरी	ଗିଲହରୀ
76. ମାଙ୍କଡ	लंगुर	ଲଂଗୁର
77. ସପ୍ତବର୍ଣ୍ଣୀ ଏଂଡୁଅ	गिरगिट	ଗିରଗିଟ

10. ଫୁଲ **फूल** ଫୂଲ (Flowers)

1. କେତକୀ	केवडा	କେୱ଼ଡ଼ା
2. ମଲ୍ଲି	मल्लिका	ମଲ୍ଲିକା
3. ମୋତି	मोतिया	ମୋତିୟା
4. ଜୁଇ	जुही	ଜୁହୀ
5. କନିଅର	कनेर	କନେର
6. ଚଂପା	चंपक	ଚଂପକ
7. ମନ୍ଦାର	मंदार	ମଂଦାର
8. ଗୋଲାପ	गुलाब	ଗୁଲାବ
9. ପାରିଜାତ	पारिजात	ପାରିଜାତ
10. ମଲ୍ଲି	कुंद	କୁଂଦ
11. ଚମ୍ପା	गुल चांदनी	ଗୁଲ ଚାଂଦନୀ
12. ପଦ୍ମ	कमल	କମଲ

11. ସ୍ୱାଦ स्वाद ସ୍ୱାଦ (Tastes)

1.	ରାଗ	तीखा	ତୀଖା
2.	ଲୁଣିଆ	नमकिन	ନମକିନ
3.	କଡା	तीखा	ତୀଖା
4.	ମିଠା	मिठा	ମିଠା
5.	ଖଟା	खट्टी	ଖଟ୍ଟୀ
6.	କଷା	कसैला	କସୈଲା
7.	ସ୍ୱାଦହୀନ, ଫିକା	स्वादहीन	ସ୍ୱାଦହୀନ, ଫିକା
8.	କଡ଼ା	कडवा	କଡୱା
9.	ସ୍ୱାଦିଷ୍ଟ	स्वादिष्ट	ସ୍ୱାଦିଷ୍ଟ

12. ଫଳ फल ଫଲ (Fruits)

1.	ଅଂଗୁର	अंगुर	ଅଂଗୁର
2.	ଖଜୁର	खजुर	ଖଜୁର
3.	ଅମୃତ ଭଂଡା	पपिता	ପପିତା
4.	ଅଁଳା	अंवला	ଆଁୱ୍ଲା
5.	ଡାଳିଂବ	अनार	ଅନାର
6.	କମଳା	संतरा	ସନ୍ତରା
7.	ସେଓ	सेव	ସେବ
8.	ଆତ	शरीफा	ଶରୀଫା
9.	ନାରଂଗୀ	नारंगी	ନାରଂଗୀ
10.	ଲେମ୍ବୁ	नींबु	ନୀମ୍ବୁ
11.	ନାଶପାତି	नाशपाती	ନାଶପାତୀ
12.	ଜାମୁ	जामुन	ଜାମୁନ
13.	ପଣଷ କଠା	कटहल	କଟହଲ
14.	ସପୁରୀ	अन्नानास	ଅନ୍ନାନାସ
15.	ଆମ୍ବ	आम	ଆମ
16.	କଦଳୀ	केला	କେଲା

13. ଖେଳକୁଦ **खेलकुद** ଖେଲକୁଦ (Games)

1.	କଣ୍ଢେଇ	गुडिया	ଗୁଡିୟା.
2.	କୁସ୍ତି	कुशती	କୁଶ୍‌ତୀ
3.	ଦୌଡ	दौड	ଦୌଡ
4.	ପଶା	शतरंज	ଶତରଂଜ
5.	ଜୁଆ	जुआ	ଜୁଆ
6.	ଖେଳ	खेल	ଖେଲ
7.	ତାସ	ताश	ତାଶ
8.	ଗୁଚି-ତାଣ୍ଡୁ	गिल्ली-डंडा	ଗିଲ୍ଲୀ-ଡଂଡା
9.	କବାଡୀ	कब्बाडी	କବ୍‌ବାଡୀ
10.	କୁଦାମାରିବା	कूदना	କୂଦନା
11.	ଗେଣ୍ଡୁ	गेंद	ଗେଂଦ
12.	ବ୍ୟାଟ (କ୍ରିକେଟ, ହକୀ)	बल्ला	ବଲ୍ଲା
13.	ବିଧା	घुंसा	ଘୁଂସା
14.	ଗୁଡି ଉଡା	पतंगवाजी	ପତଂଗବାଜୀ
15.	ଅଂଧପୁଟୁଳି	आंख मिचौनी	ଆଁଖ ମିଚୌନୀ
16.	କସରତ	कसरत	କସରତ
17.	ଖେଳାଳୀ	खिलाडी	ଖିଲାଡୀ

14. ମନୋଭାବ **मन के भाव** ମନ କେ ଭାବ (Feelings)

1.	ଆଶା	आशा	ଆଶା
2.	ନିରାଶା	निराशा	ନିରାଶା
3.	ସାହସ	हिम्मत	ହିମ୍ମତ
4.	ସଂତୋଷ	संतोष	ସଂତୋଷ
5.	ଖୁସି	खुशी	ଖୁଶୀ

6.	ଦୁଃଖ	दु:ख	ଦୁଃଖ
7.	ସୁଖ	सुख	ସୁଖ
8.	ହସ	हंसी	ହଂସୀ
9.	ଦୟା, କରୁଣା	दया, करुणा	ଦୟା, କରୁଣା
10.	ଅସୂୟା	असुया	ଅସୂୟା
11.	ରାଗିବା	गुस्सा	ଗୁସ୍‌ସା
12.	କାନ୍ଦିବା	रोना	ରୋନା
13.	ସାଙ୍ଗ	मित्रता	ମିତ୍ରତା
14.	ଉଦାସ	उदास	ଉଦାସ
15.	ସାହସ	साहास	ସାହସ
16.	ଚୁପ୍‌ଚାପ	चुपचाप	ଚୁପଚାପ
17.	ଧୋକା	धोक्खा	ଧୋକ୍‌ଖା
18.	କୋମଳତା	कोमलता	କୋମଲତା
19.	ଡର	डर	ଡର
20.	ସଂଦେହ	संदेह	ସଂଦେହ

15. ଦିଗ दिशाएँ ଦିଶାଏଁ (Sides)

1.	ପୂର୍ବ	पूरब	ପୂରବ
2.	ଉତ୍ତର	उत्तर	ଉତ୍ତର
3.	ଆଡକୁ	ओर	ଓର
4.	ଭିତର	भितर	ଭିତର୍
5.	ବହାରକୁ	बाहर	ବାହର

6.	ତଳକୁ	नीचे	ନୀଚେ
7.	ଡାହାଣକୁ	दायाँ	ଦାୟାଁ
8.	ଆଡକୁ	तरफ	ତରଫ

16. ସମୟ **फूल** ସମୟ (Time)

1.	ସେକେଣ୍ଡ	सेकंड	ସେକଣ୍ଡ
2.	ମିନିଟ	मिनिट	ମିନିଟ
3.	ଘଂଟା	घंटा	ଘଂଟା
4.	ସକାଳ	सुबह	ସୁବହ
5.	ପ୍ରଭାତ	सबेरे	ସବେରେ
6.	ଦ୍ୱିପ୍ରହର	दोपहर	ଦୋପହର
7.	ସଂଧ୍ୟା	शाम	ଶାମ
8.	ଦିନ	दिन	ଦିନ
9.	ରାତି	रात	ରାତ

17. ପନି ପରିବା **सब्जी** ସବ୍ଜୀ (Vegetables)

1.	ବାଇଗଣ	बैंगन	ବୈଂଗନ
2.	ଆଳୁ	आलु	ଆଲୁ
3.	ମୂଳା	अरवी	ଅରୱୀ
4.	କାକୁଡି	खीरा, ककडी	ଖୀରା, କକଡୀ
5.	କନ୍ଦମୂଳ	जमिकंद	ଜମିକନ୍ଦ
6.	ଛଚୀନ୍ଦ୍ର	चचींदा	ଚଚୀଂଦା
7.	ବନ୍ଧାକୋବି	पत्तागोभि	ପତ୍‌ତାଗୋଭି
8.	ବିଲାତି	टमाटर	ଟମାଟର
9.	ଫୁଲ କୋବି	फुल गोभि	ଫୁଲଗୋଭି
10.	ପାଣି କଖାରୁ	पेठा	ପେଠା
11.	ଜହ୍ନି	तुरई	ତୁରଈ
12.	ଲାଉ	लौकि	ଲୌକି
13.	କଲରା	करेला	କରେଲା
14.	କୁହ୍ମଡା (ଧଳା ତରଭୁଜ)	कुम्हाडा	କୁମ୍‌ହଡା
15.	ସକରକନ୍ଦ	शाकरकंद	ଶକରକଂଦ

18. ପୂରଣ ବାଚକ ସଂଖ୍ୟା **पूर्णाथक संख्याएँ** ପୂର୍ଣ୍ଣାଥକ ସଂଖ୍ୟାଏଁ (Numbers)

ଓଡିଆ ଭାଷାରେ ଯେପରି ପ୍ରଥମ, ଦ୍ୱିତୀୟ, ତୃତୀୟ ପରି ପୂରଣ ବାଚକ ସଂଖ୍ୟାମାନ ରହିଛି, ସେହିପରି ହିନ୍ଦୀ ଭାଷାରେ ମଧ୍ୟ ପୂରଣ ବାଚକ ସଂଖ୍ୟାମାନ ରହିଛି, ଯାହାକୁ ପୂର୍ଣ୍ଣାଥକ ସଂଖ୍ୟା ବୋଲି କୁହାଯାଇଥାଏ। ସେଠାରେ ଅଂକ ବା ସଂଖ୍ୟାତ୍ମକ ଶବ୍ଦ ସହିତ 'ୱାଁ' ବା 'ୱୋଁ' ଅକ୍ଷର ସଂଯୁକ୍ତ ହୋଇ ଏକ ନୂତକ ସଂଖ୍ୟାତ୍ମକ ଶବ୍ଦର ସୃଷ୍ଟି ହୋଇଥାଏ।

1.	ଅଉଲ	अवल	ଅୱଲ
1.	ପହିଲି	पहला	ପହଲା
2.	ଦୁସୁରା	दूसरा	ଦୂସରା
3	ତିସିଲା	तीसरा	ତୀସରା
4.	ଚତୁର୍ଥ	चौथा	ଚୌଥା
5	ପଂଚମ	पांचवाँ	ପାଂଚୱାଁ
6.	ଷଷ୍ଠ	छठवाँ	ଛଠୱାଁ
7.	ସପ୍ତମ	सातवाँ	ସାତୱାଁ
8.	ଅଷ୍ଟମ	आठवाँ	ଆଠୱାଁ
9.	ନବମ	नौवाँ	ନୌୱାଁ
10.	ଦଶମ	दशवाँ	ଦଶୱାଁ

19. ଖୁଚୁରା **द्रब्य बिभाग / धन बिभाग** ଦ୍ରବ୍ୟ ବିଭାଗ (Money Division)

ପଚିଶ ପଇସା	पच्चास पैस	ପଚ୍ଚୀସ ପୈସେ	0.25
ପଚାଶ ପଇସା	पचास पैसे	ପଚାସ ପୈସେ	0.50
ପଚସ୍ତରୀ ପଇସା	पचहत्तर पैसे	ପଚହତ୍ତର ପୈସେ	0.75
ଏକ ଟଙ୍କା	एक रुपया	ଏକ ରୁପୟା	1.00
ଏକ ଟଙ୍କା ପଚିଶ ପଇସା	सवा रुपया	ସୱା ରୁପୟା	1.25
ଏକ ଟଙ୍କା ପଚାଶ ପଇସା	देढ रुपया	ଦେଢ଼ ରୁପୟା	1.50
ଏକ ଟଙ୍କା ପଂଚସ୍ତରୀ ପଇସା	पौने दो रुपया	ପୌନେ ଦୋ ରୁପୟା	1.75
ଦୁଇ ଟଙ୍କା	दो रुपया	ଦୋ ରୁପୟା	2.00
ଦୁଇ ଟଙ୍କା ପଚାଶ ପଇସା	ढाइ रुपये	ଢ଼ାଇ ରୁପୟେ	2.50
ଦୁଇ ଟଙ୍କା ପଂଚସ୍ତରୀ ପଇସା	पौने तिन रुपये	ପୌନେ ତିନ ରୁପୟେ	2.75
ଶହେ ଟଙ୍କା	सौ रुपये	ସୌ ରୁପୟେ	100.00

ଶହେ ପଚିଶ ଟଙ୍କା	सवा सौ रुपय	ସଓ୍ୱା ସୌ ରୁପୟେ	125.00
ଶହେ ପଚାଶ ଟଙ୍କା	देढ सौ रुपये	ଦେଢ଼ ସୌ ରୁପୟେ	150.00
ଶହେ ପଂଚସ୍ତରୀ ଟଙ୍କା	पौने दो सौ रुपये	ପୌନେ ଦୋ ସୌ ରୁପୟେ	175.00
ହଜାର ଟଙ୍କା	हजार रुपये	ହଜାର ରୁପୟେ	1000.00
ଏକ ଲକ୍ଷ ଟଙ୍କା	लाख रुपये	ଲାଖ ରୁପୟେ	1,00,000.00
ଦଶ ଲକ୍ଷ ଟଙ୍କା	दस लाख रुपये	ଦସ ଲାଖ ରୁପୟେ	10,00,000.00
ଏକ କୋଟି ଟଙ୍କା	करोड रुपये	କରୋଡ ରୁପୟେ	1,00,00,000.00
ଦଶ କୋଟି ଟଙ୍କା	दस करोड रुपये	ଦସ କରୋଡ ରୁପୟେ	10,00,00,000.00

20. ପୁରାତନ ମାପ **भिन्न** ଭିନ୍ନ (Fractions)

ପାଆ / ପାଏ	पाव	ପାଓ୍ୱ	1/4
ଅଧ / ଅଧେ	आधा	ଆଧା	1/2
ତିନି ପାଆ	पौने	ପୌନେ	3/4
ଗୋଟାଏ (କିଲେ) ପାଏ	सवा	ସଓ୍ୱା	1 1/4
ଦେଢ଼	देढ	ଦେଢ଼	1 1/2
ଗୋଟାଏ ତିନି ପାଆ	पौने दो	ପୌନେ ଦୋ	1 3/4
ଦିଇଟା ପାଏ	सवा दो	ସଓ୍ୱା ଦୋ	2 1/4
ଅଢ଼େଇ	ढाई	ଢ଼ାଈ	2 1/2
ଦୁଇଟା ତିନିପାଆ	पौने तिन	ପୌନେ ତିନ	2 3/4
ତିନିଟା ପାଏ	सवा तीन	ସଓ୍ୱା ତୀନ	3 1/4
ତିନିଟା ଅଧେ	साढे तीन	ସାଢ଼େ ତୀନ	3 1/2
ତିନିଟା ତିନିପାଆ	पौने	ପୌନେ ଚାର	3 3/4
ଚାରିଟା ପାଏ	सवा चार	ସଓ୍ୱା ଚାର	4 1/4
ସାଢ଼େ ଚାରି	साढे चार	ସାଢ଼େ ଚାର	4 1/2
ଚାରିଟା ତିନିପାଆ	पौने पांच	ପୌନେ ପାଂଚ	4 3/4
ପାଂଚଟା ପାଏ	सवा पांच	ସଓ୍ୱା ପାଂଚ	5 1/4
ସାଢ଼େ ପାଂଚ	साढे पांच	ସାଢ଼େ ପାଂଚ	5 1/2
ପାଂଚଟା ତିନିପାଆ	पौने छः	ପୌନେ ଛଃ	5 3/4

21. ଗଣନ ସଂଖ୍ୟା संख्या ସଂଖ୍ୟା (Numbers)

ଏକ	एक	ଏକ	1
ଦୁଇ	दो	ଦୋ	2
ତିନି	तीन	ତୀନ	3
ଚାରି	चार	ଚାର	4
ପାଂଚ	पांच	ପାଁଚ	5
ଛଅ	छ:	ଛଃ	6
ସାତ	सात	ସାତ	7
ଆଠ	आठ	ଆଠ	8
ନଅ	नौ	ନୌ	9
ଦଶ	दश	ଦଶ	10
ଏଗାର	ग्यारह	ଗ୍ୟାରହ	11
ବାର /ବାଆର	बारह	ବାରହ	12
ତେର	तेरह	ତେରହ	13
ଚଉଦ	चौदह	ଚୌଦହ	14
ପନ୍ଦର	पंद्रह	ପଂଦ୍ରହ	15
ଷୋଳ / ଷୋହଳ	सोलह	ସୋଲହ	16
ସତର	सत्रह	ସତ୍ରହ	17
ଅଠର	अठारह	ଅଠାରହ	18
ଊଣେଇଶ	उन्नीस	ଉନ୍ନୀସ	19
କୋଡିଏ	बीस	ବୀସ	20
ଏକୋଇଶ	इक्कीस	ଇକ୍କୀସ	21

ବାଇଶି	बाईस	ବାଈସ	22
ତେଇଶି	तेईस	ତେଈସ	23
ଚବିଶ	चौबीस	ଚୌବୀସ	24
ପଚିଶ	पच्चीस	ପଚ୍ଚୀସ	25
ଛବିଶ	छब्बीस	ଛବ୍‌ବୀସ	26
ସତେଇଶ	सत्ताईस	ସତ୍‌ତାଈସ	27
ଅଠେଇଶ	अठ्ठाईस	ଅଠ୍‌ଠାଈସ	28
ଅଣତିରିଶ	उनतीस	ଉନତୀସ	29
ତିରିଶ	तीस	ତୀସ	30
ଏକ ତିରିଶ	इकतीस	ଇକତୀସ	31
ବତିଶ	बत्तीस	ବତ୍‌ତିସ	32
ତେତିଶ	तैंतीस	ତୈନ୍ତିସ	33
ଚଉତିରିଶ	चौंतीस	ଚୌନ୍ତିସ	34
ପଂଚ ତିରିଶ / ପଇଁତିରିଶ	पैंतीस	ପୈଂତିସ	35
ଛତିଶ	छत्तीस	ଛତ୍‌ତିସ	36
ସଇଁତିରିଶ	सैंतीस	ସୈଂତୀସ	37
ଅଠତିରିଶ	अडतीस	ଅଡତୀସ	38
ଅଣଚାଳିଶ	उनचालीस	ଉନଚାଲିସ	39
ଚାଳିଶ	चालीस	ଚାଲିସ	40
ଏକ ଚାଳିଶ	इकतालिस	ଇକତାଲିସ	41
ବୟାଳିଶ	बैयालीस	ବୟାଲୀସ	42
ତେୟାଳିଶ	तैंतालीस	ତୈନ୍ତାଳିଶ	43

ଚଉରାଳିଶ	चवालीस	ଚଓ୍ବାଲୀସ	44
ପଇଁଚାଳିଶ	पैंतालीस	ପୈଂତାଲୀସ	45
ଛୟାଳିଶ	छियालीस	ଛିୟାଲୀସ	46
ସତଚାଳିଶ	सैंतालीस	ସୈଂତାଲୀସ	47
ଅଠଚାଳିଶ	अडतालीस	ଅଡତାଲୀସ	48
ଅଣଚାଶ	उनचास	ଉନଚାସ	49
ପଚାଶ	पचास	ପଚାସ	50
ଏକାବନ	इक्कावन	ଇକ୍କାଓ୍ବନ	51
ବାଉନ	बावन	ବାଓ୍ବନ	52
ତେପନ	तीरपन	ତୀରପନ	53
ଚଉବନ	चौवन	ଚୌଓ୍ବନ	54
ପଂଚାବନ	पचपन	ପଚପନ	55
ଛପନ	छप्पन	ଛପ୍ପନ	56
ସତାବନ	सत्तावन	ସତ୍ତାଓ୍ବନ	57
ଅଠାବନ	अठ्ठावन	ଅଠ୍ଠାଓ୍ବନ	58
ଅଣଷଠି	उनसठ	ଉନସଠ	59
ଷାଠିଏ	साठ	ସାଠ	60
ଏକଷଠି	इकसठ	ଇକସଠ	61
ବାଷଠି	बासठ	ବାସଠ	62
ତେଷଠି	तीरसठ	ତୀରସଠ	63
ଚଉଷଠି	चौंसठ	ଚୌଂସଠ	64
ପଂଚଷଠି / ପଁଷଠି	पैंसठ	ପୈଂସଠ	65

ଛଅଷଠି	छियासठ	ଛିୟାସଠ	66
ସତ୍ଷଠି	सडसठ	ସଡସଠ	67
ଅଡଷଠି	अडसठ	ଅଡସଠ	68
ଅଣସ୍ତରୀ	अनहत्तर	ଅନହତ୍ତର	69
ସତୁରୀ	सत्तर	ସତ୍ତର	70
ଏକସ୍ତରୀ	इकहत्तर	ଇକହତ୍ତର	71
ବାଆସ୍ତରୀ	बहत्तर	ବହତ୍ତର	72
ତେସ୍ତରୀ	तिहत्तर	ତିହ ର	73
ଚଉସ୍ତରୀ	चौहत्तर	ଚୌହତ୍ତର	74
ପଂଚସ୍ତରୀ	पचहत्तर	ପଚହତ୍ତର	75
ଛଅସ୍ତରୀ	छिहत्तर	ଛିହତ୍ତର	76
ସତସ୍ତରୀ	सतहत्तर	ସତହତ୍ତର	77
ଅଠସ୍ତରୀ	अठहत्तर	ଅଠହତ୍ତର	78
ଅଣା ଅଶୀ	उन्यासी	ଉନ୍ୟାସୀ	79
ଅଶୀ	अस्सी	ଅସ୍ସୀ	80
ଏକାଅଶୀ	इक्कासी	ଇକ୍କାସୀ	81
ବୟାଅଶୀ	बयासी	ବୟାସୀ	82
ତେୟାଅଶୀ	तिरासी	ତିରାସୀ	83
ଚଉରାଅଶୀ	चौरासी	ଚୌରାସୀ	84
ପଂଚାଅଶୀ	पंचासी	ପଂଚାସୀ	85
ଛୟାଅଶୀ	छियासी	ଛିୟାସୀ	86
ସତାଅଶୀ	सत्तासी	ସତ୍ତାସୀ	87

ଅଠାଅଶୀ	अठ्ठासी	ଅଠ୍ଠାସୀ	88
ଅଣାଅଶୀ	नवासी	ନଓ୍ୱାସୀ	89
ନବେ	नब्बे	ନବ୍‌ବେ	90
ଏକାନବେ	इक्कानबे	ଇକ୍କାନବେ	91
ବୟାନବେ	बयानबे	ବୟାନବେ	92
ତେୟାନବେ	तिरानबे	ତିରାନବେ	93
ଚଉରାନବେ	चौरानबे	ଚୌରାନବେ	94
ପଂଚାନବେ	पंचानबे	ପଂଚାନବେ	95
ଛୟାନବେ	छियानबे	ଛିୟାନବେ	96
ସତାନବେ	सत्तानबे	ସତ୍‌ତାନବେ	97
ଅଠାନବେ	अठ्ठानबे	ଅଠ୍ଠାନବେ	98
ଅନେ ଶ୍ୱତ	निनयानबे	ନିନ୍ୟାନବେ	99
ଶହେ	सौ	ସୌ	100
ହଜାର	हजार	ହଜାର	1000
ଦଶ ହଜାର	दस हजार	ଦସ ହଜାର	10,000
ଲକ୍ଷ	लाख	ଲାଖ	1,00,000
ଦଶ ଲକ୍ଷ	दस लाख	ଦସ ଲାଖ	10,00,000
କୋଟି	करोड	କରୋଡ	1,00,00,000

ଭାଗ - ୩
भाग - ३
PART - 3

ପ୍ରଶ୍ନବାଚକ ସମ୍ଭାଷଣ प्रश्नबाचक संभाषणाए (Question Tag Conversations)

ହିନ୍ଦୀ ଶିଖିବାକୁ ହେଲେ ସବୁଠାରୁ ମହତ୍ତ୍ୱପୂର୍ଣ୍ଣ କଥା ହେଉଛି ପ୍ରଶ୍ନ ପଚାରିବା । ସକାଳୁ ଉଠିବା ମାତ୍ରେ ଆମର ଜୀବନ ପ୍ରଶ୍ନରୁ ହିଁ ଆରମ୍ଭ ହୋଇଥାଏ ନା ନାହିଁ ? ନିମ୍ନରେ କେତେକ ପ୍ରଶ୍ନ ବାଚକ ଶବ୍ଦ (question tags) ଦିଆ ଯାଇଛି । ଏଗୁଡ଼ିକୁ ସାବଧାନତାର ସହିତ ଲକ୍ଷ୍ୟ କର । ଏହି ସବୁକୁ ଶିଖି ସାରିଲାପରେ ଆମେ ଓଡ଼ିଆ କଥାବାର୍ତ୍ତା ପରି ହିନ୍ଦୀରେ କଥାବାର୍ତ୍ତା କରିପାରିବା ।

ଓଡ଼ିଆ ଶବ୍ଦ	ହିନ୍ଦୀ ଶବ୍ଦ	ହିନ୍ଦୀ ଶବ୍ଦର ଉଚ୍ଚାରଣ
Odia Word	Hindi Word	Hindi Pronunciation
କଣ ?	क्या ?	କ୍ୟା ?
କିପରି / କେମିତି ?	कैसा ?	କୈସା ?
କେଉଁଠି / କେଉଁଠାରେ ?	कहाँ ?	କହାଁ ?
କେତେ ?	कितना ?	କିତନା ?
କାହିଁକି ?	क्यों ?	କ୍ୟୋଁ ?
ଯେତେବେଳେ ?	जब्भी ?	ଜବ୍‌ଭୀ ?
କିଏ ?	कौन ?	କୌନ୍ ?
କେଉଁ ?	कौनसा ?	କୌନସା ?
କେତେବେଳେ ?	कब ?	କବ୍ ?
କେଉଁଠି ?	कहाँ पर ?	କହାଁପର୍ ?
କାହାକୁ ?	किसके ?	କିସକୋ ?
କାହା / କାହାର ?	किनके ?	କିନ୍‌କେ ?

ବର୍ତ୍ତମାନ ଛୋଟ ଛୋଟ କଥା ଓ ଛୋଟ ଛୋଟ ନିର୍ଦ୍ଦେଶ ଶିଖିଯିବା ।

ଛୋଟ-ଛୋଟ କଥା छोटी-छोटी बातें ଛୋଟୀ-ଛୋଟୀ ବାତେଁ (Small Small Words)

ଓଡ଼ିଆ ଶବ୍ଦ Odia Word		ହିନ୍ଦୀ ଶବ୍ଦ Hindi Word	ହିନ୍ଦୀ ଶବ୍ଦର ଉଚ୍ଚାରଣ Hindi Pronunciation
1.	ଚୁପ୍	खामोश	ଖାମୋଶ୍
2.	ଚୁପ୍ ରୁହ	चुप रहिए	ଚୁପ୍ ରହିଏ
3.	ଶୁଣ	सुनो	ସୁନୋ
4.	ବୁଝି ନିଅ	समझ लो	ସମଝ ଲୋ
5.	ଏଠାରେ ଅପେକ୍ଷା କର	यहीं इन्तजार करो	ୟହାଁ ଇନ୍ତଜାର୍ କରୋ
6.	ଭୁଲ ନାହିଁ	भूलना मत	ଭୁଲ୍ନା ମତ
7.	ଏଠାକୁ ଆସ	इधर आईये	ଇଧର୍ ଆଇୟେ
8.	ବହାରକୁ ଯାଅ	बाहार जाओ	ବାହାର୍ ଜାଓ
9.	ସାମ୍ନାକୁ ଅନାଅ	आगे देखो	ଆଗେ ଦେଖୋ
10.	ପଛକୁ ଅନାଅ ନାହିଁ	पीछे मत देखो	ପୀଛେ ମତ୍ ଦେଖୋ
11.	ପାଖରେ କଣ ଅଛି ?	बाजु में क्या है	ବାଜୁ ମେଁ କ୍ୟା ହୈ ?
12.	ଚଂଚଳ ଆସ	जल्दी आइये	ଜଲ୍ଦୀ ଆଇୟେ
13.	ତଳକୁ ଓହ୍ଲାଅ	नीचे उतरिये	ନିଚେ ଉତରିୟେ
14.	ଉପରକୁ ଚଢ଼	ऊपर चढ़िये	ଉପର ଚଢ଼ିୟେ
15.	ମତେ ଦେଖିବାକୁ ଦିଅ	मुझे देखने दो	ମୁଝେ ଦେଖନେ ଦୋ
16..	ବସନ୍ତୁ	बैठिये	ବୈଠିୟେ
17.	ଛିଡ଼ା ହୋଇ ରୁହ	खड़े रहिए	ଖଡ଼େ ରହିୟେ
18.	ଏଇଟା କଣ ?	यह क्या है ?	ୟହ କ୍ୟା ହୈ ?
19.	ଚାହା ପିଅ	चाय पीओ	ଚାୟ ପୀଓ
20.	ମୁହଁ ଧୁଅ	मुँह धोओ	ମୁଁହ ଧୋଓ
21.	ତାହାକୁ ଡାକ	उसको बुलाओ	ଉସକୋ ବୁଲାଓ

22.	ଏହାକୁ କାଢ଼	यह हटाओ	ୟହ ହଟାଓ
23.	ଏସବୁକୁ କାଢ଼	इसको हटाओ	ଇସକୋ ହଟାଓ
24.	ମତେ ଛାଡ଼ି ଦିଅ	मुझे छोड़ दो	ମୁଝେ ଛୋଡ଼ ଦୋ
25.	କୁହ ନାହିଁ	बोलना मत	ବୋଲନା ମତ
26.	ମତେ କୁହ	मुझे बताओ	ମୁଝେ ବତାଓ
27.	ମୋର ଦରକାର ନାହିଁ	मुझे नहीं चाहिए	ମୁଝେ ନହୀଁ ଚାହିଏ
28.	ତୁମକୁ ପାଣି ଦରକାର	तूम्हे पानी चाहिये	ତୁହ୍ମେ ପାନୀ ଚାହିୟେ
29.	ତାଙ୍କୁ ଦୁଧ ଦରକାର	उन्हें दूध चाहिये	ଉହ୍ନେଁ ଦୁଧ ଚାହିୟେ

କଣ / क्या / କ୍ୟା (What)

1.	କଥା କଅଣ ?	क्या बात है ?	କ୍ୟା ବାତ୍ ହୈ ?
2.	ଏଇଟା କଅଣ ?	यह क्या है ?	ୟହ କ୍ୟା ହୈ ?
3.	ତାହାର ନାଁ (ନାମ) କଅଣ ?	उसका नाम क्या है ?	ଉସକା ନାମ କ୍ୟା ହୈ ?
4.	ଏହାର ମାନେ କଅଣ ?	इसका मतलब क्या है ?	ଇସକା ମତଲବ କ୍ୟା ହୈ ?
5.	ତୁମର କଅଣ ହେବ ?	आपको क्या होना ?	ଆପକୋ କ୍ୟା ହୋନା ?
6.	ଏବେ କେତେଟା ବାଜିଲା ?	अब समय क्या है ?	ଅବ୍ ସମୟ କ୍ୟା ହୈ ?
7.	ତୁମେ ଏବେ କ'ଣ କରୁଛ ?	तुम इस समय में क्या करते हो ?	ତୁମ ଇସ ସମୟ ମେଁ କ୍ୟା କରତେ ହୋ ?
8.	କରୁଛ ?	करते हो ?	କରତେ ହୋ ?
9.	ସେଇଟା କଅଣ ?	वह क्या है	ୱହ କ୍ୟା ହୈ ?
10.	ଆପଣ ତାଙ୍କୁ କଣ କହିଲେ ?	आप उनको क्या बोले ?	ଆପ୍ ଉନକୋ କ୍ୟା ବୋଲେ ?
11.	ତୁମେ କଣ କିଣିବାକୁ ଚାହୁଛ ?	तुम क्या खरीद करना ?	ତୁମ କ୍ୟା ଖରିଦ କରନା ଚାହତେ ହୋ ?

12. ମୁଁ କଣ କରିବି ?　　मै क्या करना ?　　ମୈଁ କ୍ୟା କରନା ?

13. ତୁମ କଣ କରୁଛ ?　　तुम क्या करते हो?　　ତୁମ କ୍ୟା କରତେ ହୋ ?

14. ଆପଣ ମତେ କଣ ଦେଉଛନ୍ତି ?　　आप मुझे क्या देते है ?　　ଆପ ମୁଝେ କ୍ୟା ଦେତେ ହୋ ?

କିଏ ?　　कौन　　କୌନ୍ ?　　(Who)

1. ଆପଣ କିଏ ?
   आप कौन है ?
   ଆପ୍ କୌନ୍ ହୁଁ ?

2. ତୁମେ କିଏ ?
   तुम कौन हो ?
   ତୁମ କୌନ ହୋ ?

3. ମୁଁ କିଏ ?
   मै कौन हूँ ?
   ମୈଁ କୌନ୍ ହୁଁ ?

4. ଆପଣଙ୍କୁ କିଏ ଦରକାର ?
   आपको कौन चाहिए ?
   ଆପକୋ କୌନ ଚାହିଏ ?

5. ତାଙ୍କୁ କିଏ ଦରକାର ?
   उनको कौन चाहिए ?
   ଉନ୍‌କୋ କୌନ ଚାହିଏ ?

6. ସେ କିଏ ?
   वह कौन है ?
   ସେ କିଏ ?

7. ଏହି ଘରେ କିଏ କିଏ ରହୁଛନ୍ତି ?
   इस घर में कौन कौन रहते है ?
   ଇସ୍ ଘର ମେଁ କୌନ କୌନ୍ ରହତେ ହେଁ ?

8. ସେ ମୋଟା ପିଲାଟା କିଏ ?
   वह मोटा लडका कौन है ?
   ଓ୍ୱହ ମୋଠା ଲଡ଼କା କୌନ୍ ହେ ?

୨. ଏହି ଜମିର ମାଲିକ କିଏ ? इस जमीन का मालिक कौन है ?
ଇସ୍ ଜମୀନ କା ମାଲିକ କୌନ ହୈ ?

10. ଆପଣଙ୍କ ପରିବାରରେ ବଡ଼ କିଏ ? आपके परिवार में बडे कौन है ?
ଆପକେ ପରିବାର ମୈଁ ବଡ଼େ କୌନ ହୈ ?

11. ଏ ପ୍ରଶ୍ନ ପଚାରିବାକୁ ଆପଣ କିଏ ? यह प्रश्न पूछने को आप कौन है?
ୟହ ପ୍ରଶ୍ନ ପୁଛନେ କୋ ଆପ କୌନ ହୈ ?

12. ଏହି ଗଳିରେ ତୁମର ସାଙ୍ଗ କିଏ ? इस गली में तुम्हारा दोस्त कौन है ?
ଇସ ଗଲୀ ମେଁ ତୁମ୍ହାରା ଦୋସ୍ତ କୌନ ହୈ ?

13. ସେ / ସେଠାରେ ତୁମ ସହିତ କିଏ କଥାବାର୍ତ୍ତା କରୁଛି ? वह/उधर तुमसे कौन बात करते है ?
ୱହ / ଉଧର ତୁମସେ କୌନ ବାତ କରତେ ହେଁ ?

14. ଆଜିର ସଭାରେ କିଏ କିଏ କହୁଛନ୍ତି ? आज की सभा में कौन-कौन बात करते है ?
ଆଜ୍ କୀ ସେଭା ମେଁ କୌନ-କୌନ ବାତ କରତେ ହେଁ ?

15. ତୁମର ଭଉଣୀ କିଏ ? तुम्हारी बहिन कौन है ?
ତୁମ୍ହାରୀ ବହିନ୍ କୌନ ହୈ ?

16. ମୋ ସହିତ କଥାବାର୍ତ୍ତା କରିବାକୁ ତୁମେ କିଏ ? मुझ से बात करने वाले तुम कौन हो ?
ମୁଝ ସେ ବାତ୍ କରନେ ବାଲେ ତୁମ୍ କୌନ୍ ହୋ ?

17. ଏ କାହାର ପିଲା ? ये किनके बच्चे है ?
ୟେ କିନକେ ବଚ୍ଚେ ହୈ ?

18. ଏ କଣ୍ଢେଇ କାହାର ? ये गुडियाँ किनकी है ?
ୟେ ଗୁଡ଼ିୟାଁ କିନକୀ ହୈ ?

19. ଏ ବହିଟି କାହାର ? यह किताब किनके है?
ୟହ କିତାବ୍ କିନକେ ହେଁ ?

20. ସେ ତୁମର କଣ ହେବେ ? वह तुमको कौन होता है ?
ୱହ ତୁମକୋ କୌନ ହୋତା ହୈ ?

କାହିଁକି ? क्यों ? କେ୍ୟାଁ ? (Why)

ତୁମେ ମୋ ଘରକୁ କାହିଁକି ଆସିଛ ?
तुम मेरे घर क्यों आये हो ?
ତୁମ୍ ମେରେ ଘର କେ୍ୟାଁ ଆୟେ ହୋ ?

କାହିଁକି ଆସିବି ନାହିଁ କୁହ ?
क्यों नही आना बोलो ?
କେ୍ୟାଁ ନହୀଁ ଆନା ବୋଲୋ ?

ତୁମେ ରାଗୁଛ କାହିଁକି ?
तुम क्यों नाराज होते हो ?
ତୁମ୍ କେ୍ୟାଁ ନାରାଜ ହୋତେ ହୋ ?

ତୁମେ କାହିଁକି ହିନ୍ଦୀ ଶିଖିଲ ?
तुमने हिन्दी क्यों सीख लिया ?
ତୁମ୍‌ନେ ହିନ୍ଦୀ କେ୍ୟାଁ ସୀଖ୍ ଲିୟା ?

ତୁମେ କାହିଁକି ଶିଖିଲ ନାହିଁ କୁହ ?
तुमने क्यों नही सीख लिया बोलो ?
ତୁମ୍‌ନେ କେ୍ୟାଁ ନହୀଁ ସୀଖ୍ ଲିୟା ବୋଲୋ ?

ଆପଣ ସେଠାକୁ କାହିଁକି ଗଲେ ?
आप वहाँ क्यो गये ?
ଆପ ୱାହାଁ କେ୍ୟାଁ ଗୟେ ?

ଆଜି ଆପଣ କାହିଁକି ଆସିଲେ ନାହିଁ ?
आज आप क्यों नही आये ?
ଆଜ୍ ଆପ କେ୍ୟାଁ ନହୀଁ ଆୟେ ?

ତୁମେ କାର୍ଯ୍ୟାଳୟକୁ ସବୁଦିନେ କାହିଁକି ଯାଉଛ ?
तुम दफ्तर को हर दिन क्यों जाते हो ?
ତୁମ୍ ଦଫ୍‌ତର କୋ ହର୍ ଦିନ କେ୍ୟାଁ ଜାତେ ହୋ ?

ସେ ନାରୀ ଜଣକ କାହିଁକି ଜୋର୍‌ରେ କଥା କହୁଛନ୍ତି ?
वह औरत क्यों जोर से बात कर रही है ?
ୱହ ଔରତ୍ କେ୍ୟାଁ ଜୋର ସେ ବାତ କର ରହୀ ହୋ ?

ତୁମେ କାହିଁକି ଖେଳିଲ ନାହିଁ ?
तुम क्यों नहीं खेले ?
ତୁମ୍ କେ୍ୟାଁ ନହୀଁ ଖେଲେ ?

ଆପଣ ଏତେ ଡ଼େରି କଲେ କାହିଁକି ?	**आपने इतनी देर क्यों कि (किया)?** ଆପନେ ଇତନୀ ଦେଣ କେୟାଁ କି(କିୟା) ?
ଆପଣ ତାଙ୍କୁ କହିଲେ ନାହିଁ କାହିଁକି ?	**आपने उनको क्यों नहीं बोले ?** ଆପନେ ଉନକୋ କେୟାଁ ନହୀଁ ବୋଲେ ?
ତୁମେ ତାଙ୍କୁ ଭେଟିଲ କାହିଁକି ?	**तुम उनको क्यों मिले ?** ତୁମ ଉନକୋ କେୟାଁ ମିଲେ ?
ମୁଁ ତୁମକୁ କାହିଁକି ଉତ୍ତର ଦେବି ?	**मैं आपको क्यों जवाब दूँ (देना) ?** ମୈଁ ଆପକେ କେୟାଁ ଜବାବ୍ ଦୁଁ(ଦେନା) ?
ସେ କାହିଁକି ହସିଲେ ?	**वह क्यों हँसा ?** ୱହ କେୟାଁ ହସାଁ ?
ସେ ମୋତେ କାହିଁକି ?	**वह हमको क्यों ?** ୱହ ହମକୋ କେୟାଁ ?
ସେ କାହିଁକି ଚାକିରୀ ଛାଡ଼ି ଦେଲେ ?	**उसने वह नौकरी क्यों छोड़ दी (दिया) ?** ଉସନେ ୱହ ନୌକରୀ କେୟାଁ ଛୋଡ ଦୀ (ଦିୟା) ?
ତୁମେ କାହିଁକି ପଳାଉଛ ?	**तुम क्यों भागते हो?** ତୁମ କେୟାଁ ଭାଗତେ ହୋ ?
ମୁଁ ପଳାଇଲି ତ ତୁମର କଣ ଗଲା ?	**मैं भागे तो तुमको क्या होता है ?** ମୈଁ ଭାଗେ ତୋ ତୁମକୋ କ୍ୟା ହୋତା ହୈ ?
ତୁମେ କାହିଁକି ସିଧା ଜବାବ୍ ଦେଉ ନାହଁ ?	**तुम क्यों सीधा जवाब नहीं देते हो ?** ତୁମ କେୟାଁ ସୀଧା ଜବାବ ନହୀଁ ଦେତେ ହୋ ?

କେଉଁଠି / କେଉଁଠାରେ ? **कहाँ / किधर** କହାଁ / କିଧର ? (Where)

ଆପଣ କେଉଁଠି ରହୁଛନ୍ତି ? | आप कहाँ रहते है ?
ଆପ କହାଁ ରହତେ ହେଁ ?

ଆମେମାନେ କେଉଁଠି ରହୁଛୁ ? | हम कहाँ रहते है ?
ହମ୍ କହାଁ ରହତେ ହେଁ ?

ସେ / ସେମାନେ କେଉଁଠି ରହୁଛନ୍ତି ? | वे / उन लोग कहाँ रहते है ?
ୱେ / ଉନ ଲୋଗ କହାଁ ରହତେ ହୈ ?

ତୁମ ବିଦ୍ୟାଳୟ କେଉଁଠି ? | तुम्हारी पाठशाला कहाँ है ?
ତୁମ୍ହାରୀ ପାଠଶାଲା କହାଁ ହୈ ?

ମୁଁ କେଉଁଠିକି ଯିବି ? | मैं कहाँ जाना है ?
ମୈଁ କହାଁ ଜାନା ହୈ ?

ତୁମେ କେଉଁଠିକି ଯିବ ? | तुम कहाँ जाना है ?
ତୁମ କହାଁ ଜାନା ହୈ ?

ଆପଣ କେଉଁଠିକି ଯାଉଛନ୍ତି ? | आप कहाँ जा रहे हैं ?
ଆପ କହାଁ ଜା ରହେ ହୈ ?

ତୁମ ଗାଡ଼ି କେଉଁଠାରେ ରହିବ ? | आपके गाडी को कहाँ ठहराना है ?
ଆପକେ ଗାଡି କୋ କହାଁ ଠହରାନା ହୈ ?

ତୁମେ କେଉଁଠି କାମ କରୁଛ ? | तुम कहाँ काम करते हो?
ତୁମ କହାଁ କାମ କରତେ ହୋ ?

ତୁମେ କେଉଁଠି କାମ କରିଆସୁଛ ? | तुम कहाँ काम कर रहे हो ?
ତୁମ କହାଁ କାମ କର ରହେ ହୋ ?

ତୁମେ କେଉଁଠାରୁ ଦେଖୁଛ ? | तुम कहाँ से देखते हो?
ତୁମ କହାଁ ସେ ଦେଖତେ ହୋ ?

ଆମେମାନେ କେଉଁଠି ଭେଟାଭେଟି ହେବା ?	हम किधर मिलेंगे ?
	ହମ୍ କିଧର ମିଲେଙ୍ଗେ ?
ତାଙ୍କୁ କେଉଁଠି ପାଉଛ ବା ଭେଟୁଛ ?	उनको कहाँ मिलते हो ?
	ଉନକୋ କହାଁ ମିଲତେ ହୋ ?
ତୁମ ପାଖରେ ଏତେ ଟଙ୍କା କେଉଁଠୁ ଆସିଲା ?	तुमको इतने रूपये कहाँ से आये ?
	ତୁମକୋ ଇତନେ ରୁପୟେ କାହାଁ ସେ ଆୟେ ?
ତୁମ ଘର କେଉଁଠି ?	आपका घर कहाँ है ?
	ଅପକା ଘର କହାଁ ହୈ ?

କିପରି / କେମିତି ? कैसा ? କୈସା ? (How)

ଆପଣ କିପରି/ ଯୋଉଛନ୍ତି ?	आप कैसा जाते है ?
	ଆପ କୈସେ ଜାତେ ହୈଁ ?
ତୁମେ କିପରି / କେମିତି ଯାଉଛ ?	तुम कैसे जाते हो?
	ତୁମ କୈସେ ଜାତେ ହୋ ?
ମୁଁ କେମିତି ଯିବି ?	मैं कैसे जाऊँ ?
	ମୈଁ କୈସେ ଜାଉଁ ?
ସେମାନେ କେମିତି ଜାଣିଲେ ?	वे / उन लोग कैसे जाना ?
	ୱେ / ଉନ୍ ଲୋଗ୍ କୈସେ ଜାନା ?
ସେମାନେ କେମିତି ବଂଚିଲେ ?	ये / इन लोग कैसे जीना ?
	ୟେ / ଇନ ଲୋଗ କୈସେ ଜୀନା ?
ମୁଁ କେମିତ ଜାଣିଥାନ୍ତି ?	मुझे कैसा मालूम होता ?
	ମୁଝେ କୈସେ ମାଲୁମ ହୋତା ?
ତୁମେ କେକିତି ଜାଣିଲ ?	तुमको कैसे मालूम हुआ?
	ତୁମକୋ କୈସେ ମାଲୁମ ହୁଆ ?

ମୁଁ ତୁମକୁ କେମିତି ଦେବି ?

मैं तुमको कैसे देना ?

ମୈଁ ତୁମକୋ କୈସେ ଦେନା ?

ମୁଁ କେମିତି ତୁମକୁ ଦେଲି ?

मैंने तुमको कैसे दिया ?

ମୈନେ ତୁମକୋ କୈସେ ଦିୟା ?

ସେ / ସେମାନେ କେମିତି ଦେବେ ?

वे / उन लोग कैसा देंगे ?

ୱେ / ଉନ୍ ଲୋଗ୍ କୈସା ଦେଁଗେ ?

ତାହାର ପଢ଼ାପଢ଼ି କେମିତି ଚାଲିଛି ?

इसकी पढाई कैसे चल रही है ?

ଇସକୀ ପଢ଼ାଇ କୈସେ ଚଲ୍ ରହୀ ହେ ?

ତାଙ୍କ ଗାଁକୁ କେମିତି ଯିବା ?

उनके गाँव को कैसा जाना ?

ଉନକେ ଗାଁଓ କୋ କୈସା ଜାନା ?

ବାହାଘର କେମିତି ହେଲା ?

शादी किस तरह हुई ?

ଶାଦୀ କିସ ତରହ ହୁଈ ?

ତୁମେ କେମିତି ଅଛ ?

तुम कैसे हो ?

ତୁମ କୈସେ ହୋ ?

ବେପାର ବଟା / କାମଧନ୍ଦା କେମିତି ଚାଲିଛି ?

व्यापार / धंधा कैसे चला रहे हो ?

ବ୍ୟାପାର / ଧଂଦା କୈସେ ଚଲା ରହେ ହୋ ?

ଗାଈମାନଙ୍କୁ କେମିତି ଚରାଉଛ ?

गायों को कैसा चरा रहे ?

ଗାୟୋଁ କୋ କୈସା ଚରା ରହେ ହୋ ?

ମଇଁଷୀ କେମିତି ଚରୁଛନ୍ତି ?

भैस कैसे चर रही है ?

ଭୈଂସ କୈସେ ଚର ରହୀ ହେ ?

ଆପଣ ଭିଜିଲେ କିପରି ?

आप कैसा निगलते है ?

ଆପ କୈସା ନଗଲତେ ହେଁ ?

ଚାହା କେମିତି ତିଆରି କରିବ ?	**चाय कैसा बनाना ?**
	ଚାୟ କୈସେ ବନାନା ?
ତରକାରୀ କେମିତି କିଣିବ ?	**तरकारियाँ कैसा खरीदना ?**
	ତରକାରୀରିୟାଁ କୈସା ଖରିଦ୍ ନା ?
ପୂଜାରୀ (ରୋଷେଇୟା) କେମିତି ?	**रसोइया कैसा रहता है ?**
	ରସୋଇୟା କୈସା ରହତା ହୈ ?

କେତେବେଳେ ବା କେବେ ? कब ? କବ୍ ?   (When)

ତୁମେ କେତେବେଳେ ଉଠୁଛ ?	**तुम कब उठते हो ?**
	ତୁମ୍ କବ୍ ଉଠତେ ହୋ ?
ମୋର କେତେବେଳେ ଉଠିବା ଦରକାର ?	**मुझे कब उठना चाहिए ?**
	ମୁଝେ କବ୍ ଉଠନା ଚାହିଏ ?
କେତେବେଳେ ଉଠିଲେ ଠିକ୍ ହେବ ?	**कब उठे तो अच्छा ?**
	କବ୍ ଉଠେ ତୋ ଅଛା ?
କେତେବେଳେ ଗଲେ ଠିକ୍ ହେବ ?	**कब गये तो अच्छा ?**
	କବ ଗୟେ ତୋ ଅଛା ?
ତୁମେ କେତେବେଳେ ଆସିବ ?	**तुम कब आओगे ?**
	ତୁମ୍ କବ ଆଓଗେ ?
ଆପଣ କେତେବେଳେ ଆସିବେ ?	**आप कब आयेंगे ?**
	ଆପ କବ ଆଓଗେ ?
ମୁଁ କେତେବେଳେ ଆସିବି ?	**मैं कब आऊँगा ?**
	ମୈଁ କବ୍ ଆଊଁଗା ?
ଆପଣଙ୍କ ଝିଅର ବାହାଘର କେବେ ?	**आपके बेटी की शादी कब हैं ?**
	ଆପକେ ବେଟୀ କୀ ଶାଦୀ କବ ହୈ ?

ମୁଁ ମୋ ଘରକୁ କେତେବେଳେ ଯିବି ?	मैं मेरे घर को कब जाऊँगा ?
	ମୈ ମେରେ ଘର କୋ କବ୍ ଜାଉଁଗା ?
ମୁଁ ଏହି କାମକୁ କେବେ ଆରମ୍ଭ କରି ପାରିବି ?	मैं यह काम कब शुरू कर सकता हूँ ?
	ମୈଁ ୟହ କାମ କବ୍ ଶୁରୁ କର ସକତା ହୁଁ?
ଆପଣ କାର୍ଯ୍ୟାଳୟକୁ କେବେ ଯିବେ ?	आप कार्यालय / दफ्तर को कब जायेंगे
	ଆପ୍ କାର୍ଯ୍ୟାଳୟ / ଦଫ୍‌ତର କୋ କବ ଜାୟେଂଗେ ?
ଆମେମାନେ କେତେବେଳେ ଯିବୁ ?	हम कब जायेंगे ?
	ହମ କବ ଯାୟେଂଗେ ?
ଆମେ କେବେ ବାହା ହୋଇଯିବା ?	हम कब शादी कर लेंगे ?
	ହମ କବ ଶାଦୀ କର ଲେଙ୍ଗେ ?
ଆମେମାନେ କେତେବେଳେ ଖାଇବୁ ?	हम कब खाना खायेंगे ?
	ହମ କବ ଖାନା ଖାୟେଙ୍ଗେ ?
ଆମେ ସେଠାରେ / ସେଇଠି କେବେ ପହଁଚିବା ?	हम वहाँ/उधर कब पहुँचेंगे ?
	ହମ ୱହାଁ / ଉଧର କବ ପହୁଁଚେଙ୍ଗେ ?
ସେମାନେ କେତେବେଳେ କଲେ ?	उसने कब किया ?
	ଉସନେ କବ କିୟା ?
ସେଇଟା କେତେବେଳେ ହେବ ?	वह कब होगा ?
	ୱହ କବ ହୋଗା ?
ଛୁଟି ଦିନ କେବେ ?	छुट्टी का दिन कब है ?
	ଛୁଟୀ କା ଦିନ କବ ହୈ ?
ଆପଣଙ୍କର ବାହାଘର କେବେ ?	आपका शादी कब है ?
	ଆପକା ଶାଦୀ କବ ହୈ ?

କେତେ ? **कितना** ? କିତନା ? (How many ? / How much ?)

ଟଙ୍କାକ କେତେ ପଇସା ?	**एक रूपया में कितना पैसे है ?**
	ଏକ ରୁପୟା ମେଁ କିତନା ପୈସେ ହୈ ?
ଏକ କୋଟିରେ କେତୋଟି ଶୂନ ରହିଥାଏ ?	**एक करोड में कितने शून्य रहते है ?**
	ଏକ କରୋଡ଼ ମେଁ କିତନେ ଶୂନ୍ୟ ରହତେ ହେଁ ?
ଆପଣଙ୍କ ବୟସ କେତେ ?	**आपकी उम्र कितनी है ?**
	ଆପକୀ ଉମ୍ର କିତନୀ ହୈ ?
ତୁମେ ସକାଳେ କେତେଟା ଇଟିଲି ଖାଇ ପାରିବ ?	**तुम सबेरे कितनी इडली खा सकते हो ?**
	ତୁମ ସବେରେ କିତନୀ ଇଡଲୀ ଖା ସକ୍‌ତେ ହୋ ?
ଆପଣ ସବୁଦିନେ କେତେବେଳେ କାର୍ଯ୍ୟାଳୟ / ଅଫିସ୍‌କୁ ଯାଅ ?	**आप हरदिन कितने बजे कार्यालय/दफ्तर को जाते है?**
	ଆପ ହରଦିନ କିତନେ ବଜେ କାର୍ୟାଳୟ / ଦଫ୍‌ତର କୋ ଜାତେ ହୋ ?
ତୁମେ ସବୁଦିନେ କେତେ କାମ କରୁଛ ?	**तुम हरदिन कितना काम करते हो ?**
	ତୁମ ହରଦିନ କିତନା କାମ କରତେ ହୋ ?
ତୁମକୁ କେତେ ଦରକାର ?	**तुमको कितना चाहिए ?**
	ତୁମକୋ କିତନା ଚାହିଏ ?
ଇନ୍ଦ୍ରଧନୁରେ କେତୋଟି ରଙ୍ଗ ଥାଏ ?	**इन्द्रचाप में कितने रंगों रहते है ?**
	ଇନ୍ଦ୍ରଚାପ ମେଁ କିତନେ ରଂଗୋ ରହତେ ହେଁ ?
ତୁମେ ପ୍ରତିଦିନ କେତେଥର ଖାଉଛ ?	**तुम हरदिन कितने बार खाना खाते हो ?**
	ତୁମ ହରଦିନ କିତନେ ବାର ଖାନା ଖାତେ ହୋ ?
ଏ ତରକାରୀକୁ କେତେ ଦାମରେ ଦେଉଛ ?	**ये तरकारियाँ कितने दाम को देते हो ?**
	ୟେ ତରକାରୀୟାଁ କିତନେ ଦାମ କୋ ଦେତେ ହୈଁ

ଏହା ପୂର୍ବରୁ ଆମେ କେତେବେଳେ, କାହିଁକି, କେତେ, କିଏ ପରି ପ୍ରଶ୍ନବାଚକ ଶବ୍ଦମାନଙ୍କୁ **(Question Words)** ପ୍ରୟୋଗ କରି ପ୍ରଶ୍ନ ପଚାରିବାର କୌଶଳ ଶିଖିଛୁ। ବର୍ତ୍ତମାନ ଏହିଥିରୁ ସାଧାରଣ ପଦ୍ଧତିରେ କିଛି ଆଜ୍ଞାସୂଚକ ବାକ୍ୟମାନଙ୍କୁ ଅଧ୍ୟୟନ କରିବା।

ତୁମେ କଣ ବୁଝୁଚ ?	**तुम क्या समझते हो ?** ତୁମ କ୍ୟା ସମଝତେ ହୋ ?
ଏହାକୁ ସେଠି / ସେଠାରେ ରଖ।.	**इसको उधर / वहाँ रखो** ଇସକୋ ଉଧର / ୱହାଁ ରଖୋ।
ଶିଘ୍ର ଆସ।	**फौरन आओ ?** ଫୌରନ ଆଓ।
ତୁମକୁ କଣ ଜଣା ?	**आपको क्या मालूम है ?** ଆପକୋ କ୍ୟା ମାଲୁମ ହୈ ?
ଧୀରେ ଯାଅ।	**धीरे जाओ ?** ଧୀରେ ଜାଓ।
ଶିଘ୍ର ଯାଅ।.	**जल्दी जाओ** ଜଲ୍‌ଦୀ ଜାଓ।
ଏହାକୁ ସମ୍ଭାଳ।	**इसे / इसको सम्भालिये** ଇସେ / ଇସକୋ ସମ୍ଭାଲିୟେ।
ଚୁପ୍ ଚାପ୍ ରୁହ।	**चुपचाप रहो** ଚୁପଚୁପ ରହୋ।
ଏଠିକି ଆସ।	**यहाँ / इधर आओ** ୱହା / ଇଧର ଆଓ।
ଚୁପ୍	**खामोश** ଖାମୋଶ୍
ଏଠି / ଏଠିକି ଦେଖ	**यहाँ / इधर देखो** ୟହାଁ / ଇଧର
ଦେଖ	**देखो / देखिए** ଦେଖୋ / ଦେଖିଏ

ଉଠ / ଉଠନ୍ତୁ	हठो / हठिए
	ହଠୋ / ହଟିଏ
ଉଠାଅ	हठाइए
	ହଟାଇଏ
ଚେଷ୍ଟା କର	**कोशिश करो**
	କୋଶିଶ୍ କରୋ
ତିଆରି କରି ରଖ	**तैयार रहिए**
	ତୈୟାର ରଖିଏ
ଏହକୁ ଖାଅ	**यह खाओ**
	ୟହ ଖାଓ
ତାହାକୁ ଛାଡ଼	**उसको छोडो**
	ଉସକୋ ଛୋଡ଼ୋ
ତାଙ୍କୁ ଛାଡ଼ିଦିଅ	**इसको छोड दो**
	ଇସକୋ ଛୋଡ଼ ଦୋ
ଧୀରେ ଧୀରେ ଚାଲ / ହାଉଳେ ହାଉଳେ ଚାଲ	**हल्लू हल्लू चलो** (धीरे धीरे चलीये)
	ହଲ୍ଲୁ ହଲ୍ଲୁ ଚଲୋ (ଧୀରେ ଧୀରେ ଚଲୀୟେ)
ତୁମେ ଏଇଠି ରୁଅ	**तुम यहाँ रूको**
	ତୁମ ୟହାଁ ରୁକୋ
ଭାବିକି କୁହ	**सोच के बोलो**
	ସୋଚ କେ ବୋଲୋ
ଦେଖିକି ଚାଲ	**देख के चलो**
	ଦେଖ୍ କେ ଚଲୋ

ଭୁଲନ୍ତୁ ନାହିଁ / ଭୁଲ ନାହିଁ	भूलना मत / मत भूलो
	ଭୁଲନା ମତ / ମତ ଭୁଲୋ
କୁହନ୍ତୁ ନାହିଁ / କୁହ ନାହିଁ	बोलना मत / मत बोलो
	ବୋଲନା ମତ / ମତ ବୋଲୋ
ମନ କଥା କୁହନାହିଁ	मन बताना
	ମନ ବତାନା
ତାଙ୍କୁ ବ୍ୟସ୍ତ କର ନାହିଁ	उनको तंग मत करो
	ଉନକୋ ତଂଗ ମତ କରୋ
ମୂଳ କଥା କୁହ	असली बात बोलो
	ଅସଲୀ ବାତ ବୋଲୋ
ଡେରିରେ ଯିବ ନାହିଁ	देर से न जाना
	ଦେର ସେ ନ ଜାନା
ମୋତେ ହଇରାଣ କରନାହିଁ	मुझे परेशान मत करो
	ମୁଝେ ପରେଶାନ ମତ କରୋ
ମୋତେ ଯିବାକୁ ଦିଅ	मुझे जाने दो
	ମୁଝେ ଜାନେ ଦୋ
ଫେରିଯାଅ	वापस जाइए
	ୱାପସ ଜାଇଏ
ପଢ, ଲେଖ, ଆଗେଇ ଯାଅ	पढो लिखो आगे बढो
	ପଢ଼ୋ, ଲିଖୋ, ଆଗେ ବଢ଼ୋ
ଆପଣ କିଛି ବୁଝି ନିଅନ୍ତୁ	आप कुछ समझ लेना
	ଆପ କୁଛ ସମଝ ଲେନା
ତୁମେ ମତେ ବୁଝାଅ	तुम मुझ को समझाओ
	ତୁମ ମୁଝ କୋ ସମଝାଓ

152

ବର୍ତମାନ ଆମେ କେତେକ କ୍ରୋଧ ସମ୍ବନ୍ଧିତ କିଛି ବାକ୍ୟ **(Talk with Anger)** ଶିଖିବା। ରାଗିକି କହିଲା ବେଳେ ଆମେ ଶେଷରେ ଆସୁଥିବା କ୍ରିୟା ପଦକୁ ହାଲୁକା ଭାବରେ କହିବା। ଉଦାହରଣ କର, ରହ, କୁହ ଇତ୍ୟାଦି।

ତୋର ବୁଦ୍ଧି ନାହିଁ	**तुमको अकल नहीं है**
	ତୁମକୋ ଅକଲ ନହୀଁ ହୈ
ତୁମେ ମୋ' କଥା ଶୁଣ	**तुम मेरा/मेरी बात सुनो**
	ତୁମ ମେରା / ମେରୀ ବାତ ସୁନୋ
ସିଧା କଥା କୁହ	**बातें सीधा आने दो** (सीधी बात करें)
	ବାତେଁ ସୀଧା ଆନେ ଦୋ (ସୀଧୀ ବାତ କରେଁ)
ବାଜେ କଥା କୁହ ନାହିଁ	**फिजुल बातें मत करो**
	ଫିଜୁଲ ବାତେଁ ମତ କରୋ
ଅସନ୍ତୁଷ୍ଟ ହୁଅ ନାହିଁ	**नाराज न हो**
	ନାରାଜ ନ ହୋ
ରାଗ ନାହିଁ	**आवेश मत करो**
	ଆବେଶ ମତ କରୋ
ମୁଁ କଣ କରିବି	**मैं क्या करूँ**
	ମୈଁ କ୍ୟା କରୁଁ
ମୋ ଆଖି ଆଗରୁ ଦୂରେଇ ଯାଅ / ପଳା	**मेरी नजर से दूर हो जाओ**
	ମେରୀ ନଜର ସେ ଦୂର ହୋ ଜାଓ
ସେ ତ ବେକାର	**वह बेकार है**
	ୱହ ବେକାର ହୈ
ମୁଁ ତତେ କେବେ ବି କ୍ଷମା କରିବି ନାହିଁ	**मैं तुमको कभी भी माफ नहीं करूँगा**
	ମୈଁ ତୁମକୋ କଭୀ ଭି ମାଫ୍ ନହିଁ କରୁଁଗା

ବୁଲି ବୁଲିକି ଦେଖିବା ଭଲ ନୁହେଁ
घूर कर देखना अच्छा नहीं
ଘୁର କର ଦେଖନା ଅଚ୍ଛା ନହୀଁ

ସେ ବେକାରିଆ କଥା କହୁଛି
वह (वो) बकवास बोलती है
ୱହ (ୱୋ) ବକୱାସ ବୋଲତୀ ହୈ

ମୋର କଥାବାର୍ତା ନାହିଁ
मेरी बोल चाल बन्द है
ମେରୀ ବୋଲ ଚାଲ ବନ୍ଦ ହୈ

ଅକାରଣରେ ଝଗଡ଼ା କର ନାହିଁ
फिजुल झगडा मत करो
ଫିଜୁଲ ଝଗଡ଼ା ମତ କରୋ

ତୁମ ଉପରେ ବିଶ୍ୱାସ / ଭରସା ନାହିଁ
तुम पे विश्वास / यकीन नहीं है
ତୁମ ପେ ବିଶ୍ୱାସ / ୟକୀନ ନହିଁ ହୈ

ଭୁଲ କାହାର ?
गलती किसका है ?
ଗଲତୀ କିସକା ହୈ ?

ଭୁଲ କାହାର ହେଲେ ନାହିଁ
गलती किसके भी नहीं है
ଗଲତୀ କିସକେ ଭୀ ନହାଁ ହୈ

ଠିକ୍ କଥା କୁହ
सही बात करो ।
ସହୀ ବାତ କରୋ

ସିଧା ଠିଆ ହୁଅ
सीधा खडे रहो ।
ସୀଧା ଖଡ଼େ ରହୋ

ଆପଣ ମୋ ସହିତ କଥାବାର୍ତା କରନ୍ତୁ ନାହିଁ
आप मुझसे बात मत कीजीए ।
ଆପ ମୁଝସେ ବାତ ମତ କୀଜୀଏ

ସେ ବହୁତ ଅଳସୁଆ
वह बहुत सुस्त है
ୱହ ବହୁତ ସୁସ୍ତ ହୈ

ମୋର ସଉକ ନାହିଁ	**मुझे शौक नहीं है**
	ମୁଝେ ଶୌକ ନହୀଁ ହୈ
ତୁମେ ଦେଇଥିବା କଥା ଭୁଲି ଗଲ କି ?	**तुमने दिया सो वादा भूल गया क्या ?**
	ତୁମନେ ଦିୟା ସୋ ୱାଦା ଭୂଲ ଗୟା କ୍ୟା ?
କେମିତିଆ ମଣିଷ ତୁମେ !	**क्या आदमी हो तुम ?**
	କ୍ୟା ଆଦମୀ ହୋ ତୁମ ?
ମୋ ପାଖରୁ ବଂଚିକି ଯାଇ ପାରିବ ନାହିଁ	**मुझ से बच कर नहीं जा सकते ।**
	ମୁଝ ସେ ବଚ କର ନହୀଁ ଜା ସକତେ
ସେମାନେ ହଠାତ୍ ଝଗଡ଼ା କରିବାକୁ ଲାଗିଲେ	**वे लोग अचानक झगडा करने लगे**
	ୱେ ଲୋଗ ଅଚାନକ ଝଗଡ଼ା କରନେ ଲଗେ
ହଇରାଣ କର ନାହିଁ	**परेशान मत करो**
	ପରେଶାନ ମତ କରୋ
ଘାବରା ହୁଅ ନାହିଁ	**घबराओ मत**
	ଘାବରାଓ ମତ
ତୁମେ ଜାଣିଶୁଣି କରୁଛ ।	**तुम जान बुझकर कर रहे हो ।**
	ତୁମ ଜାନ ବୁଝକର କର ରହେ ହୋ ।
ଏ ସବୁ ତୁମରି ପାଇଁ ହେଉଛି	**ये / यह सब तुम्हारी वजह से ही ।**

ବର୍ତ୍ତମାନ ପର୍ଯ୍ୟନ୍ତ ଆମେ ପ୍ରଶ୍ନବାଚକ, ଆଜ୍ଞାବାକ୍ୟ ଓ କ୍ରୋଧ ସମ୍ବନ୍ଧୀୟ ଶବ୍ଦମାନଙ୍କ ସମ୍ବନ୍ଧରେ କିଛି ଶିଖିଲୁ । ଏବେ ଆମେ କେତେକ ସରଳ ବାକ୍ୟ ସମ୍ବନ୍ଧରେ ଜାଣିବା ।

ଭିତରକୁ ଆସନ୍ତୁ	अंदर आईए	ଅନ୍ଦର ଆଇଏ
ବସ	**बैठिये**	ବୈଠିୟେ
ଆପଣଙ୍କ ନାମ କଣ ?	**आपका नाम क्या है ?**	ଆପକା ନାମ କ୍ୟା ହୈ ?
ମୋର ନାମ ଗୋରୀନାଥ	**मेरा नाम गौरीनाथ**	ମେରା ନାମ ଗୌରୀନାଥ
ତୁମର ନାମ ବହୁତ ସୁନ୍ଦର.	**आपका नाम बहुत अच्छा है ।**	ଆପକା ନାମ ବହୁତ ଅଚ୍ଛା ହୈ।
ଧନ୍ୟବାଦ	**शुक्रिया**	ଶୁକ୍ରିୟା
ତୁମେ କେଉଁଠି ରହୁଛ ?	**आप कहाँ रहते है ?**	ଆପ କହାଁ ରହତେ ହେଁ ?
ଆମେ ମୌଲାଲୀଠାରେ ରହୁଛୁ।	**हम मौलाली में रहते है ।**	ହମ ମୌଲାଲୀ ମେଁ ରହତେ ହେଁ
ଆପଣ କି କାମ କରନ୍ତି ?	**क्या काम करते है आप ?**	କ୍ୟା କାମ କରତେ ହୈ ଆପ ?
ମୁଁ ଜଣେ କୁମ୍ଭାର	**मै कुम्हार हूँ ।**	ମୈଁ କୁମ୍ଭାର ହୁଁ
ଆପଣଙ୍କର ବୟସ କେତେ ?	**आपकी उम्र क्या है ?**	ଆପକୀ ଉମ୍ର କ୍ୟା ହୈ ?
ଆପଣ କଣ ଖାଆନ୍ତି ?	**क्या खाते है आप ?**	କ୍ୟା ଖାତେ ହେଁ ଆପ ?

ମୁଁ କିଛି ବି ଖାଏ ନାହିଁ।	मैं कुछ भी नहीं खाता हूँ ।
	ମୈଁ କୁଛ ଭୀ ନହୀଁ ଖାତା ହୁଁ
ପାଣି ପିଉଛି	पानी पीता हूँ ।
	ପାନୀ ପୀତା ହୁଁ
ଖାଇବାକୁ ଆଣ	खाना लावो ।
	ଖାନା ଲାଓ।
ମୁଁ ଏବେ ଚାହା ପିଇଛି	मैंने अभी चाय पी है
	ମୈନେ ଅଭି ଚାୟ ପୀ ହେ।
ଖାତିର ନାହିଁ	फर्वा नहीं ।
	ଫର୍ୱା ନହୀଁ
ନିର୍ଭୟ	बेफिकर
	ବେଫିକର
ପରେ ଦେଖି ନେବା	बाद में देख लेंगे ।
	ବାଦ ମେଁ ଦେଖ ଲେଗେଁ
ଖାଇବା	खाना खायेंगे ।
	ଖାନା ଖାୟେଂଗେ
ତୁମର କଣ ଦରକାର ?	आपको क्या चाहिए ?
	ଆପକୋ କ୍ୟା ଚାହିଏ ?
ଦିଇଟା ଯାକ	दोनों
	ଦୋନୋଁ
ଆପଣ ସେଠିକି ଆସନ୍ତୁ	आप वहाँ आइए
	ଆପ ୱହାଁ ଆଇଏ
ଆପଣ କଣ କହିଲେ ?	आप क्या बोले ?
	ଆପ କ୍ୟା ବୋଲେ ?

ମୁଁ କିଛି ବି କହିନାହିଁ।	मैं कुछ भी नहीं बोला ।
	ମୈଁ କୁଛ ଭୀ ନହାଁ ବୋଲା।
ଆପଣ କଣ କରୁଛନ୍ତି ?	आप क्या करते है ?
	ଆପ କ୍ୟା କରତେ ହେଁ ?
ମୁଁ କିଛିବି କରୁ ନାହିଁ।	मैं कुछ भी नहीं (नै) करता हूँ ।
	ମୈଁ କୁଛ ଭୀ ନହାଁ (ନୈ) କରତା ହୁଁ।
ଆପଣଙ୍କ ଜୀବନ ବଢ଼ିଆ।	आपका जिन्दगी अच्छा है ।
	ଆପକା ଜିନ୍ଦଗୀ ଅଛା ହୈ।
ଥାଉ।	रहने दो
	ରହନେ ଦୋ।
ରହିବାକୁ ଦେଉ ନାହିଁ।	रहने नही देता हूँ ।
	ରହନେ ନହାଁ ଦେତା ହୁଁ।
ମୁଁ ଛାଡୁଛି।	मैं छोडता हूँ ।
	ମୈଁ ଛୋଡ଼ତା ହୁଁ।
ମୁଁ ଛାଡୁ ନାହିଁ।	मैं नहीं छोड देता हूँ ।
	ମୈଁ ନହାଁ ଛୋଡ଼ ଦେତା ହୁଁ।
ମୋତେ ଭୋକ ଲାଗୁଛି।	मुझे भूख लग रही हैं ।
	ମୁଝେ ଭୁଖ ଲଗ ରହୀ ହେଁ।
କେତେ ଭୋକ ଲାଗୁଛି ?	कितनी भूख है ?
	କିତନୀ ଭୂଖ ହୈ ?
ଅଳ୍ପ ଭୋକ।	थोडी भूख ।
	ଥୋଡୀ ଭୂଖ।

ଭାଗ - ୪
भाग - ४
PART - 4

ସାଧାରଣ କଥାବାର୍ତ୍ତା
साधारण बातचीत

ଆମେ ଏ ପର୍ଯ୍ୟନ୍ତ ଯାହା ଶିଖିଲୁ, ତାହାକୁ ବ୍ୟବହାରରେ ଲଗାଇବାପାଇଁ ଅନ୍ୟ ଜଣଙ୍କ ସହିତ କଥାବାର୍ତ୍ତା କରିବାକୁ ପଡ଼ିବ। କିନ୍ତୁ କଥା କହିଲା ବେଳେ ସବୁଠାରୁ ବଡ଼ କଥା ହେଉଛି ଯେ ଆମେ ଯାହାଙ୍କ ସହିତ କଥାବାର୍ତ୍ତା କରିବା ତାହଙ୍କୁ ପ୍ରଥମେ ସମ୍ମାନ ପ୍ରଦର୍ଶନ ପୂର୍ବକ କଥାବାର୍ତ୍ତା କରିବାକୁ ପଡ଼ିବ, ତାହାଲେ ସେ ମଧ୍ୟ ଆମକୁ ସେହି କ୍ରମରେ ସମ୍ମାନ ପ୍ରଦର୍ଶନ କରିବ (Give respect and take respect)। ତେଣୁ ଆମ କଥାବାର୍ତ୍ତାର ବ୍ୟବହାରିକ ଶୈଳୀ ସର୍ବଦା ଉଚ୍ଚମାନର ହେବା ଆବଶ୍ୟକ।

1 ବନ୍ଦନ वंदन ବନ୍ଦନ୍

ଅଭିନନ୍ଦନ	**अभिवंदन**	ଅଭିବଂଦନ
ନମସ୍କାର	**नमस्ते / नमस्कार**	ନମସ୍ତେ / ନମସ୍କାର
ଶୁଭ ଦିବସ	**शुभदिन**	ଶୁଭଦିନ
ସୁପ୍ରଭାତ	**शुभोदय**	ଶୁଭୋଦୟ
କେମିତି ଅଛନ୍ତି।	**कैसे है ।**	କୈସେ ହୈଁ।
ମୁଁ ଭଲରେ ଅଛି।	**मै कुशल हूँ ।**	ମୈଁ କୁଶଲ ହୁଁ।
ମୁଁ ସବୁପ୍ରକାରେ ଭଲରେ ଅଛି।	**मै खैरियत से हूँ ।**	ମୈଁ ଖୈରିୟତ୍ ସେ ହୁଁ।
ଆପଣଙ୍କ ସହିତ ଦେଖାହେଲାରୁ ମୁଁ ଖୁସି ଅଛି	**आपसे मिल कर मैं खुश हूँ**	ଆପସେ ମିଲ କର ମୈଁ ଖୁସ୍ ହୁଁ

ଦେଖା ହେବାର ବହୁତ ବେଳ ହେଲାଣି **हम मिलके काफी समय हो गया** ହମ ମିଲକେ କାଫି ସମୟ ହୋ ଗୟା

ବହୁତ ବିଳମ୍ବରେ ଆମର ସାକ୍ଷାତ ହେଲା। **बहुत देर के बाद हम मिले ।** ବହୁତ ଦେର କେ ବାଦ ହମ ମିଲେ।

ତୁମ ସହିତ ହଠାତ୍ ଦେଖା ହେବାରୁ ବହୁତ ଖୁସି ଲାଗିଲା।	**तुमसे / आपसे अचानक** मिलकर मै प्रसन्न हुआ	ତୁମସେ / ଆପସେ ଅଚାନକ ମିଲକର ମୈଁ ପ୍ରସନ୍ନ ହୁଆ।

2. ଶିଷ୍ଟାଚାର ସମ୍ବନ୍ଧୀୟ ବାକ୍ୟ शिष्टाचार सम्बन्धी वाक्य
(Courtesy and Tradition)

1. ମହାଶୟ, ଆସନ୍ତୁ । ଭିତରକୁ ଆସନ୍ତୁ ।
हाय साब आयिये, आयिये अन्दर आयिये ।
ହାୟ ସାବ ଆୟିୟେ, ଆୟିୟେ ଅନ୍ଦର ଆୟିୟେ ।

2. ବସନ୍ତୁ ଆଜ୍ଞା, ଆରାମରେ ବସନ୍ତୁ ।
बैठिये साब, बैठिये थोडा आराम से बैठिये ।
ବୈଠିୟେ ସାବ, ବୈଠିୟେ ଥୋଡ଼ା ଆରାମ ସେ ବୈଠିୟେ ।

3. ପୁଅ, ଏଠିକି ଆସ, ଗିଲାସେ ପାଣି ଆଣ ।
बेटा इधर (यहाँ) आओ एक गिलास पानी लाओ
ବେଟା ଇଧର (ୟହାଁ) ଆଓ ଏକ ଗିଲାସ ପାନୀ ଲାଓ ।

4. ଦୟାକରି କିଛି କଷ୍ଟ କରନ୍ତୁ ନାହିଁ ।
कृपया कष्ट न करे ।
କୃପୟା କଷ୍ଟ ନ କରେ ।

5. ଏଥିରେ କିଛି କଷ୍ଟ ନାହିଁ, ଆଜ୍ଞା ।
इसमें कोई कष्ट नहीं है । साब ।
ଇସମେଁ କୋଇ କଷ୍ଟ ନହୀଁ ହୈ ।

6. ମୁଁ ଆପଣଙ୍କୁ କଣ ସାହାଯ୍ୟ କରିବି ?
हम आपको क्या मदद कर सकते है ?
ହମ ଆପକୋ କ୍ୟା ମଦଦ କର ସକତେ ହୈଁ ।

7. ମୁଁ କିଛି ବି ଚାହୁଁନାହିଁ ।
कुछ भी नही (नै) चाहता हूँ मैं ।
କୁଛ ଭୀ ନହିଁ (ନୈ) ଚାହତା ହୁଁ ମୈଁ ।

୮. ଠିକ୍ ଅଛି । ଦୟାକରି ଆଉ କିଛି ସମୟ ରୁହନ୍ତୁ ।
ठीक है । कृपया और थोडी देर रहिए ।
ଠିକ୍ ହୈ । କୃପୟା ଔର ଥୋଡୀ ଦେର ରହିଏ ।

୨. ମୋତେ କ୍ଷମା କରନ୍ତୁ ଆଜ୍ଞା । ଥରେ ଖାଲି ଆପଣଙ୍କୁ ଦେଖା କରିବାକୁ ଚାଲି ଆସିଲି । ବାସ୍ ।
मुझे माफ करिये साब एक बार आपको देखने के लिए आया बस ।
ମୁଝେ ମାଫ୍ କରିୟେ ସାବ୍ ଏକ ବାର ଆପକୋ ଦେଖନେ କେ ଲିଏ ଆୟା ବସ୍ ।

10. ଆପଣ ଅନୁମତି ଦେଲେ ପୁଣି ଦେଖା ହେବ, ଠିକ ତ ?.
आपकी इजाज़त हो तो फिर मिलूँगा ठीक है ना ।

11. ହଁ ହଁ ନିଶ୍ଚୟ ।
ओ. के. जरूर ।

3. ଚମାର मोची ମୋଚି (Cobbler)

ମୋ ଚପଲର ପଟି ଛିଡ଼ି ଯାଇଛି।	मेरी चप्पल की पट्टी टूट गयी है । ମେରୀ ଚପ୍‌ପଲ କୀ ପଟ୍ଟୀ ଟୁଟ ଗୟୀ ହୈ।
ଏହାକୁ କାଢ଼ି ଅନ୍ୟ ଗୋଟିଏ ଲଗାଇବାକୁ ହେବ।	यह निकालके दूसरा डालना । ୟହ ନିକାଲକେ ଦୂସରା ଡାଲନା।
କରୁଛନ୍ତି କି ?	डालते क्या ? ଡାଲତେ କ୍ୟା ?
ହଁ ଆଜ୍ଞା ?	जरूर साब ? ଜରୁର ସାବ ?
କେତେ ପଡ଼ିବ ?	कितना होता ? କିତନା ହୋତା ?
ଦଶ ଟଙ୍କା ପଡ଼ିବ।	दस रूपये होता है । ଦସ ରୁପୟେ ହୋତା ହୈ।
ଏ ଚପଲରେ ଗୋଟିଏ ଖିଲ ରହିଛି। ତାକୁ କାଢ଼ି ସିଲେଇ କରୁଛ କି ?	इस चप्पल को कील है। वो निकलकर सी ते क्या ? ଇସ ଚପ୍ପଲ କୋ କୀଲ ହୈ। ୱୋ ନିକଲକର ସୀ ତେ କ୍ୟା ?
କେମିତି ସିଲେଇ କରିବି, ଆଜ୍ଞା ?	कैसा सीना है साब ? କୈସେ ସୀନା ହୈ ସାବ୍ ?
ଚମଡ଼ାରେ ସିଲେଇ କରିବ ବା ରେକ୍ସିନ୍‌ରେ ସିଲେଇ କରିବ ?	चमडे से सीना या रेग्जिन से सीना ? ଚମଡ଼େ ସେ ସୀନା ୟା ରେଗ୍‌ଜିନ ସେ ସୀନା ?
ଚମଡ଼ାରେ ସିଲେଇ କଲେ ଭଲ ହେବ। ବୁଝିଲେ କି ?	चमडा रखकर सीना पक्का रहना चाहिए। ଚମଡ଼ା ରଖକର ସୀନା ପକ୍କା ରହନା ଚାହିଏ।
ବୁଝିଲେ କି ?	समझ में आया क्या ? ସମଝ ମେଁ ଆୟା କ୍ୟା ?
ଏ ଚପ୍ପଲ ଭଲ ଦିଶୁ ନାହିଁ। ତାକୁ ପାଲିସ୍ କରିଦିଅ।	ये चप्पल आच्छा नहीं दिख रहा है। इनको पालिश करो। ୟେ ଚପ୍ପଲ ଆଚ୍ଛା ନହୀଁ ଦିଖ ରହା ହୈ। ଇନକୋ ପାଲିଶ କରୋ।

ଏବେ ମୁଁ ଏହାକୁ ବଢ଼ିଆ ପାଲିଶ କରୁଛି। କେମିତି ଚକ୍‌ଚକ୍ କରିବ ଆପଣ ଦେଖନ୍ତୁ।

अब मैं इनको बढिया पालिश करता हूँ । कैसा चमकते आप ही देखना ।

ଅବ ମେଁ ଇନକୋ ବଢ଼ିୟା ପାଲିଶକ କରତା ହୁଁ। କୈସେ ଚମକତେ ଆପ ଦେଖନା।

ତୁମେ ପୁରୁଣା ଚପଲକୁ ଖାଲି ମରାମତି କରୁଛ କି ?

तुम पुराने चप्पल को सिर्फ मरम्मत ही करते हो क्या ?

ତୁମ ପୁରାନେ ଚପ୍‌ପଲ କୋ ସିର୍ଫ ମରମ୍ମତ ହୀ କରତେ ହୋ କ୍ୟା ?

ସେମିତି କିଛି ନାହିଁ ଆଜ୍ଞା। ନୂଆ ଚପ୍‌ପଲ ମଧ୍ୟ ତିଆରି କରୁଛୁ।

वैसा कुछ भी नही है साब। नया चप्पल भी बनाता हूँ ।

ୱେସା କୁଛ ଭୀ ନହୀଁ ସାବ୍। ନୟା ଚପ୍ପଲ ଭୀ ବନାତା ହୁଁ।

4. ବ୍ୟାଙ୍କ୍ ରେ   बैंक में   ବୈଂକ ମେଁ (In the Bank)

 କ୍ଷମା କରିବେ ଆଜ୍ଞା।

क्षमा करिए साब।

କ୍ଷମା କରିଏ ସାବ୍।

ମୁଁ ଏହି ବ୍ୟାଙ୍କରେ ସଂଚୟ ଖାତା ଖୋଲିବାକୁ ଚାହୁଁଛି।

मैं इस बैंक में बचत खाता खोलना चाहता हुँ।

ମୈଁ ଇସ ବ୍ୟାଙ୍କ୍ ମେଁ ବଚତ ଖାତା ଖୋଲନା ଚାହତା ହୁଁ।

ଭଲ କଥା।

ठीक है जी!

ଠିକ୍ ହୈ ଜୀ।

ମୁଁ ତୁମକୁ ଗୋଟିଏ ଆବେଦନ ପତ୍ର ଦେଉଛି।

मैं आपको एक आबेदन पत्र देता हुं।

ମୈଁ ଆପକୋ ଏକ ଆବେଦନ ପତ୍ର ଦେତା ହୁଁ।

ମୁଁ ଏହାକୁ କିପରି ପୂରଣ କରିବି ଆଜ୍ଞା ?

मैं इसको कैसे भरना साब।

ମୈଁ ଇସକୋ କୈସେ ଭରନା ସାବ।

ପ୍ରଥମେ ଏହାକୁ ଭଲ ଭାବରେ ପଢ଼ିଲା ପରେ ଠିକ ଭାବର ପୂରଣ କରିବ।

पहले इसको अच्छा पढ के बाद में सही ढंग से भरिए।

ପହଲେ ଇସକୋ ଅଚ୍ଛା ପଢ଼ କେ ବାଦ ମେଁ ସହୀ ଢ଼ଂଗ ସେ ଭରିଏ।

ଏହି ପତ୍ର ସହିତ ଆଉ କଣ ଦେବାକୁ ଅଛି ?

इस पत्र के साथ और कुछ देना है क्या ?

ଇସ ପତ୍ର କେ ସାଥ ଔର କୁଛ ଦେନା ହୈ କ୍ୟା ?

ଏହି ପତ୍ର ସହିତ ଏକ ହଜାର ଟଙ୍କା ଜମା କରିବାକୁ ହେବ।	**इस पत्र के साथ एक हजार रूपयें जमा करना ।** ଇସ ପତ୍ର କେ ସାଥ ଏକ ହଜାର ରୁପୟେଂ ଜମା କରନା।
ଆଉ କିଛି ଆଜ୍ଞା ?	**और कुछ साब ?** ଔର କୁଛ ସାବ ?
ଆପଣଙ୍କୁ ଚିହ୍ନିଥିବା କେହି ଆମର ବ୍ୟାଙ୍କ ଗ୍ରାହକ ଜାମିନ ପଡ଼ିବେ।	**आपके पहचानवाले कोई हमारे बैंक ग्राहक जमानत देना ।** ଆପକୋ ପହଚାନବାଲେ କୋଇ ବୈଂକ ଗ୍ରାହକ ଜମାନତ ଦେନା।
ମାନେ !	**मतलब !** ମତଲବ !
କିଛି ନାହିଁ। ଆବେଦନ ପତ୍ରରେ ଦସ୍ତଖତ କରିଦେଲେ ହେଲା।	**कुछ नहीं । आवेदन पत्र में हस्ताक्षर करे तो बस ।** କୁଛ ନହାଁ। ଆବେଦନ ପତ୍ର ମେଁ ହସ୍ତାକ୍ଷର କରେ ତୋ ବସ୍।
ଏତେ ସବୁ ହେଲା ପରେ ପାସବୁକ୍ ଦେଉଛନ୍ତି କି ?	ये सब होने के बाद पास बुक देते हैं क्या ? ୟେ ସବ ହୋନେ କେ ବାଦ ପାସ ବୁକ୍ ଦେତେ ହେଁ କ୍ୟା ?
ହଁ ନିଶ୍ଚୟ !	**हाँ ! जरूर !** ହାଁ ଜରୁର !
ମେଲ ଟ୍ରାନ୍ସଫରରେ ଉପଯୋଗିତା କଣ ?	**मेइल ट्रान्सफर से उपयोग क्या है ?** ମେଇଲ୍ ଟ୍ରାନ୍ସଫର ସେ ଉପୟୋଗ କ୍ୟା ହେ ?
ଏଠାରେ ଡି.ଡି. କ୍ଷେତ୍ରରେ ବହୁତ ସୁବିଧା ରହିଛି।	**यह डी.डी. से बहुत सुलभ है ।**ୟହ ଡୀ.ଡୀ ଦ୍ୱାରା ବହୁତ ସୁଲଭ ଅଟେ।
ଏବେ ଆପଣ ଏଠି ଯଦି ନଗଦ ଟଙ୍କା ପୈଠ କରିବେ, ତାହା ସିଧା ଆପଣଙ୍କ ଲୋକଙ୍କ ଖାତାକୁ ଚାଲିଯିବ।	अब आप यहाँ नगद डिपोजिट करे तो, वह सीधा आप लोगों के खाते में जाता है। ଅବ ଆପ ୟହାଁ ନଗଦ ଡିପୋଜିଟ କରେ ତୋ, ୱହ ସିଧା ଆପ ଲୋଗୋଁ କେ ଖାତେ ମେଁ ଜାତା ହେ।
ମୁଁ ଗୋଟିଏ ଜମି କିଣିବାକୁ ଚାହୁଁଛି।	मैं एक जमीन खरीद करना चाहता हुं। ମେଁ ଏକ ଜମୀନ ଖରୀଦ କରନା ଚାହତା ହୁଁ।

ଆପଣଙ୍କ ବ୍ୟାଙ୍କ୍‌ରେ ଋଣ ସୁବିଧା ଅଛି କି ?
आपके बैंक में ऋण सुविधा हैं क्या ?
ଆପକେ ବୈଁକ ମେଁ ଋଣ ସୁବିଧା ହୈ କ୍ୟା ? ଆପଣ

ଏହି ଫର୍ମକୁ ପୂରଣ କରି ଦିଅନ୍ତୁ, ଋଣ ମିଳିଯିବ।
आप यह फार्म भर दीजिए । ऋण मिल जायेगा ।
ଆପ ୟହ ଫର୍ମ ଭର ଦିଜୀଏ। ଋଣ ମିଲ ଜାଏଗା।

ଗହଣାକୁ ସୁରକ୍ଷିତ ରଖିବାପାଇଁ ଆପଣଙ୍କ ପାଖରେ ଲକର ସୁବିଧା ଅଛି କି ?
गहनों को सुरक्षित रखने के लिए आपके पास लॉकर सुविधा है क्या ?

5. ଦର୍ଜୀ ଦୋକାନ दर्जी की दुकान ଦର୍ଜୀ କୀ ଦୁକାନ (Tailoring Shop)

କୁହନ୍ତୁ ଆଜ୍ଞା ! କଣ ସିଲାଇ କରିବାର ଅଛି ?
बोलिये साब ! क्या सीना है ?
ବୋଲିୟେ ସାବ ! କ୍ୟା ସୀନା ହୈ ?

ସୁଟ୍ ସିଲାଇ କଲେ କେତେ ନେଉଛନ୍ତି ?
सूट सिलायी को कितना लोगे ?
ସୁଟ ସିଲାୟୀ କୋ କିତନା ଲେଙ୍ଗେ ?

ଦୁଇ ହଜାର ନେଉଛୁ।
दो हजार लेता हूँ ।
ଦୋ ହଜାର ଲୋତା ହୁଁ।

ବାପ୍‌ରେ ! ଏତେ ଟଙ୍କା ମଜୁରୀ ?
बाव ! इतना मजूरी है क्या ?
ବାବ୍ ! ଇତନା ମଜୁରୀ ହୈ କ୍ୟା ?

ସେଥିରେ ବହୁତ କାମ ରହିଛି।
वह बहुत काम लेती है ।
ୱହ ବହୁତ କାମ ଲେତି ହୈ।

ମୋ କାମିଜରେ ଦି'ଟା ବୋତାମ ଭାଙ୍ଗି ଯାଇଛି।
मेरे कमीज के दो बटन टूट गये है ।
ମେରେ କମିଜ୍ କେ ଦୋ ବଟନ୍ ଟୁଟ ଗୟେ ହେଁ।

ନୂଆ ଲଗେଇ ଦିଅ।
नये वाले टांक दीजिए ।
ନୟେ ବାଲେ ଟାଙ୍କ୍ ଦିଜିଏ।

ମୁଁ ଗୋଟିଏ କାମିଜ ତିଆରି କରିବାକୁ ଚାହୁଁଛି।
मैं एक कमीज बनवाना चाहता हूँ ।
ମୈଁ ଏକ କମୀଜ ବନୱାନା ଚାହତା ହୁଁ।

ମୋର ମାପ ନିଅନ୍ତୁ।	मेरा नाप लीजिये । ମେରା ନାପ ଲୀଜିୟେ।
ଚିପା କରିବେ ନାହିଁ, ଢିଲା ସିଲାଇ କରିବେ।	चुस्त के बिना, ढीली सिलाइये । ଚୁସ୍ତ କେ ବିନା ଢିଲୀ ସିଲାଇୟେ।
କାମିଜ ପାଇଁ କେତେ କନା ଲାଗିବ ?	कमीज को कितना कपडा होना ? କମୀଜ କୋ କିତନା କପଡ଼ା ହୋନା ?
ଅଢ଼େଇ ମିଟର କନା ଲାଗିବ।	ढाई मीटर कपडा चाहिए । ଢାଇ ମିଟର କପଡ଼ା ଚାହିଏ।
ଆପଣଙ୍କର କାମିଜ ବର୍ତମାନ ସିଲାଇ କରୁଛି, ଆଜ୍ଞା।	आपकी कमीज अभी सी रहे हैं साब । ଆପକୀ କମୀଜ ଅଭୀ ସୀ ରହେ ହୈଁ ସାବ୍।
ପ୍ୟାଂଟ କେମିତି ?	पटलून का हाल क्या ? ପଟଲୂନ କା ହାଲ କ୍ୟା ?
ପ୍ୟାଂଟ ପେଟ ତଳେ ରହିବ।	पटलून पेट के नीचे है । ପଟଲୁନ ପେଟ କେ ନୀଚେ ହୈ।
ପ୍ୟାଂଟ ପେଟ ଉପରେ ରହିବ।	पटलून पेट पर रहना । ପଟଲୂନ ପେଟ ପର ରହନା।
ଏହି ଦୁଇଟା କେବେ ହୋଇଯିବ ?	ये दोनों कब तक तैयार होंगे ? ୟେ ଦୋନୋଁ କବ ତକ ତୈୟାର ହୋଙ୍ଗେ ?
ପୋଙ୍ଗଲ / ପୂଜା ଆଗରୁ ଦେଇ ଦେବି।	पोंगल/त्योहार के पहले दे दूँगा । ପୋଁଗଲ / ତ୍ୟୋହାର କେ ପହଲେ ଦେ ଦୁଁଗା।
ଆପଣ ଫାଟିଗଲେ ସିଲାଇ କରୁଛନ୍ତି କି ?	आप फट गये सो भी सीते क्या ? ଆପ ଫଟ ଗୟେ ସୋ ଭି ସୀତେ କ୍ୟା ?
ନାହିଁ ଆଜ୍ଞା ! ସେଥିରେ କାମ ବହୁତ।	नही साब ! उसमें काम ज्यादा । ନହିଁ ସାବ ! ଉସମେଁ କାମ ଜ୍ୟାଦା।
ପାଉଣା କମ୍।	कमाना कम है । କମାନା କମ ହୈ।
ରେଡିମେଡ ଆସିବା ପରେ ଆମର ରୋଜଗାର କମିଗଲା।	रेडीमेड आने के बाद हम को आमदनी कम हो गयी । ରେଡିମେଡ ଆନେ କେ ବାଦ ହମ କୋ ଆମଦନୀ କମ ହୋ ଗୟୀ।

6. ବାରିକ ଦୋକାନ **नाई की दुकान** ନାଈ କୀ ଦୁକାନ (Barber Shop)

ବାଳ କାଟିବା ପାଇଁ କେତେ ନେଉଛନ୍ତି ?

बाल काटने को कितना लेते हैं ?

ବାଲ କାଟନେ କିତନା ଲେତେ ହେଁ ?

ଚାଳିଶ ଟଙ୍କା ।

चालीस रूपये ।

ଚାଲିସ ରୁପୟେ ।

ହାଁ ! ଚାଳିଶ ଟଙ୍କା ?

हाँ ! चालीस रूपये क्या ?

ହାଁ ! ଚାଲିସ ରୁପୟେ କ୍ୟା ?

ବରଂ ବାଳ ନ ରହିବା ଭଲ ।

इससे बिना बाल अच्छा है ।

ଇସସେ ବିନା ବାଲ ଅଚ୍ଛା ହୈ ।

ଦାଢ଼ିକୁ କେତେ ?

दाढ़ी को कितना है ?

ଦାଢ଼ୀ କୋ କିତନା ହୈ ?

ଦଶ ଟଙ୍କା ?

दस रुपये ?

ଦସ ରୁପୟେ ?

ଏସବୁ ଦେଖିଲେ ତ ସଂସାରୀ ଠାରୁ ସନ୍ୟାସୀଙ୍କ ଭଲ, ସେମିତି ଲାଗୁଛି ।

यह सब देखे तो संसारी से संन्यासी की जिन्दगी अच्छी है वैसा लग रहा है ।

ୟହ ସବ ଦେଖେ ତୋ ସଂସାରୀ ସେ ସନ୍ୟାସୀଙ୍କ ଜୀବନ ଅଚ୍ଛୀ ହୈ, ୱେସା ଲଗ ରହା ହୈ ।

ମୋ ବାଳକୁ ଛୋଟେଇ ଦିଅ ।

मेरे बाल कम करो ।

ମେରେ ବାଲ କମ କରୋ ।

ମୋ ବାଳକୁ କାଟିଲ ।

मेरे बाल कट करिए ।

ମେରେ ବାଲ କଟ କରିଏ ।

ତାହା ସହିତ ଦାଢ଼ି ମଧ୍ୟ।　　　　उसके साथ दाढी भी करो ।

ଉସକେ ସାଥ ଦାଢ଼ୀ ଭୀ କରୋ।

ଦାଢ଼ି କାଟିଲା ବେଳେ ସେଭର, ଟ୍ରିମର ପରି ଯନ୍ତ୍ର ବ୍ୟବହାର କରିବ ନାହିଁ।

दाढी करने के समय शेवर, ट्रिम्मर जैसे यन्त्रों को इस्तेमाल नहीं करना ।

ଦାଢ଼ି କରନେ କେ ସମୟ ଶେବର, ଟ୍ରିମର ଜୈସେ ଯନ୍ତ୍ରୋଁ କୋ ଇସ୍ତେମାଲ ନହୀଁ କରନା।

ମୋର ବାଳ କିଛି କିଛି ଝଡୁଛି।　　　　मेरे बाल कुछ कुछ झड़ रहे है ।

ମେରେ ବାଲ କୁଛ କୁଛ ଝଡ଼ ରହେ ହୈଁ।

ଏହା ଆପଣଙ୍କର ବୋଧ ହୁଏ କୌଳିକ ବ୍ୟବସାୟ।　　　　यह आपका पारंपारिक है शायद ।

ୟହ ଆପକା ପାରଂପାରିକ ହୈ ସାୟଦ।

ବାଳ ବଢ଼ିବାପାଇଁ କଣ କିଛି କରିଛନ୍ତି ?　　　　बाल बढने के लिए कुछ किया क्या ?

ବାଲ ବଢ଼ନେ କେ ଲିଏ କୁଛ କିୟା କ୍ୟା ?

ବହୁତ କିଛି ଲଗାଇଛି। ହେଲେ କିଛି ଲାଭ ହେଲା ନାହିଁ।　　　　कई इस्तेमाल किये । मगर फायदा कुछ भी नहीं हैं ।

କଈ ଇସ୍ତମାଲ କିୟେ। ମଗର ଫାୟଦା କୁଛ ଭି ନହିଁ ହୈ।

ତୁମର ହତିଆର ଧାରୁଆ ନୁହଁ।　　　　तुम्हारा उस्तरा तेज नहीं है ।

ତୁମ୍ହାରା ଉସ୍ତରା ତେଜ ନହିଁ ହୈ।

ଦାଢ଼ି କାଟିଲା ବେଳେ ହଲଚଲ ହେବେ ନାହିଁ।　　　　दाढ़ी बनाते समय खरोच नहीं होना ।

ଦାଢ଼ି ବନାତେ ସମୟ ଖରୋଚ ନହିଁ ହୋନା।

ମୋର ନିଶକୁ ବି ଠିକ୍ କରିଦିଅ।　　　　मेरी मूँछे भी ठीक करो ।

ମେରୀ ମୁଛେ ଭି ଠିକ୍ କରୋ।

ତୁମର ହତିଆରରେ କଟିଗଲା।　　　　तुम्हारे उस्तरे ने काट दिया है ।

ତୁହ୍ମାରେ ଉସ୍ତରେ ନେ କାଟ ଦିୟା।

ସେଠି ଟିକିଏ ଫିଟିକିରି ମାରିଦେବି।　　　　वहाँ थोडी फिटकरी लगा दूँगा ।

ୱହାଁ ଥୋଡ଼ା ଫିଟକରୀ ଲଗା ଦୁଗାଁ।

ମୁଣ୍ଡରେ ଟିକେ ତେଲ ଲଗାଇ ଦିଅ।	सिर पर थोडा तेल लगा दो ।
	ସିର ପର ଥୋଡ଼ା ତେଲ ଲଗା ଦୋ।
ମୋର ନଖ କାଟିଦିଅ।	मेरे नाखून काट दो ।
	ମେରେ ନାଖୁନ କାଟ ଦୋ।
ସକାଳେ କେତେବେଳେ ଦୋକାନ ଖୋଲୁଛ।	सबरे कितने बजे को दुकान खोलते हो ?
	ସବେରେ କିତନେ ବଜେ କୋ ଦୁକାନ ଖୋଲତେ ହୋ ?
ରବିବାର ଦିନ ବହୁତ ଭିଡ଼ ଥାଏ।	रविवार बहुत भीड रहती है ।
	ରବିବାର ବହୁତ ଭୀଡ଼ ରହତୀ ହୈ।
ମଙ୍ଗଳବାର ଦିନ ଆମେ ଦୋକାନ ଖୋଲୁ ନାହୁଁ।	मंगलवार हम दुकान नहीं खोलते ।
	ମଂଗଲବାର ହମ ଦୁକାନ ନହିଁ ଖୋଲତେ।

7.ଚଷମା ଦୋକାନ **चश्मे की दुकान** ଚଶ୍ମେ କୀ ଦୁକାନ
(Opticals Shop)

ମୋ ଚଷମାର ଫ୍ରେମ ଭାଙ୍ଗି ଯାଇଛି।	मेरे ऐनक की फ्रेम टूट गई है ।
	ମେରେ ଐନକ୍ କୀ ଫ୍ରେମ ଟୁଟ ଗଈ ହୈ।
ଏହି ମଜବୁତ ଫ୍ରେମର ଦାମ କେତେ ?	इस मजबूत फ्रेम का दाम क्या है ?
	ଇସ ମଜବୁତ୍ ଫ୍ରେମ କା ଦାମ କ୍ୟା ହୈ ?
କିଛି ଫ୍ରେମର ନମୂନା ଦେଖାନ୍ତୁ।	कुछ फ्रेमों के नमूने दिखाइए ।
	କୁଛ ଫ୍ରେମୋଁ କେ ନମୂନେ ଦେଖାଇଏ।
ଏହାକୁ ପିନ୍ଧି ଦେଖନ୍ତୁ।	यह पहन के देखिए ।
	ୟହ ପହନ କେ ଦେଖିଏ।
ଏହି ନମୂନା ଫ୍ରେମକୁ ପିନ୍ଧିଲା ପରେ ତ ଆପଣ ବହୁତ ଭଲ ଲାଗୁଛନ୍ତି।	यह **नमूना** फ्रेम पहने तो आप बहूत अच्छे दिखते है ।
	ୟହ ନମୂନା ଫ୍ରେମ ପହନେ ତୋ ଆପ ବହୁତ ଅଚ୍ଛା ଦିଖତେ ହୈଁ।
ଆଜି କାଲି ବହୁତ ଖରା ହେଉଛି।	आजकल धूप ज्यादा है।
	ଆଜକଲ ଧୂପ ଜ୍ୟାଦା ହୈ।

ତେଣୁ କିଛି ଦିନ ପାଇଁ ଥଣ୍ଡା ଚଷମା ପିନ୍ଧନ୍ତୁ। — उसलिए कुछ दिनों के लिए ठंडे चष्मे पहनिये ।
ଇସଲିଏ କୁଛ ଦିନୋଁ କେ ଲିଏ ଠଣ୍ଡେ ଚଶ୍ମେ ପହନିୟେ।

ମୋର ବେଳେ ବେଳେ। ଆଖିରେ ପାଣି / ଲୁହ ଆସି ଯାଉଛି। — मुझे कभी कभी । अक्सर आँखों से पानी / आँसु आता है
ମୁଝେ କଭି କଭି। ଅକ୍ସର ଆଖୋଁ ମେଁ ପାନୀ / ଆଁସୁ ଆତା ହୈ।

ମୋର ଆଖି ଦୋଷ ବୋଧହୁଏ ଅଛି। — मुझे दृष्टि दोष है शायद ।
ମୁଝେ ଦୃଷ୍ଟି ଦୋଷ ହୈ ଶାୟଦ।

ପଢ଼ିଲା ବେଳେ ମୋର ଆଖିରେ କଷ୍ଟ ହେଉଛି। — पढ़ते समय मुझे आँख दर्द होता है ।
ପଢ଼ତେ ସମୟ ମୁଝେ ଆଁଖ ଦର୍ଦ ହୋତା ହୈ।

ଏଠି କଂପ୍ୟୁଟର ସାହାଯ୍ୟରେ ଆଖି ପରୀକ୍ଷା କରୁଛନ୍ତି କି? — यहाँ कंम्प्यूटर द्वारा आँख की जांच करते है क्या ?
ୟହାଁ କଂପ୍ୟୁଟର ଦ୍ୱାରା ଆଁଖ କୀ ଜାଁଚ କରତେ ହେଁ କ୍ୟା?

ତାହାପାଇଁ ସ୍ପେଶାଲିଷ୍ଟ ଆସିବେ। — उसके लिए स्पेशालिस्ट आयेंगे ।

ସେ ସଂଧ୍ୟାରେ ଆସିବେ। — वे लोग शाम को आयेंगे ।
ୱେ ଲୋଗ ଶାମ କୋ ଆୟେଁଗେ।

ମହାଶୟଙ୍କୁ ଦେଖା କରିବାକୁ ମୁଁ ସଂଧ୍ୟାରେ ଆସିବି। — हकीम को मिलने को मैं आज शाम को आऊँगा ।

ଆପଣଙ୍କର ଅସୁବିଧା କଣ ହେଉଛି ? — आपकी शिकायत क्या है ?
ଆପକୀ ଶିକାୟତ କ୍ୟା ହୈ।

ମୋତେ ଦୂର ଅକ୍ଷର ଓ ଜିନିଷ ସ୍ପଷ୍ଟ ଦେଖା ଯାଉ ନାହିଁ। — मुझे दूर के अक्षर और चीजें स्पष्ट नहीं दिखती है ।
ମୁଝେ ଦୂର କେ ଅକ୍ଷର ଔର ଚୀଜେଁ ସ୍ପଷ୍ଟ ନହିଁ ଦିଖତୀ ହୈ।

ଆଖି ପରୀକ୍ଷା ଆପଣ ମାଗଣାରେ କରୁଛନ୍ତି କି ?	**आँख की जाँच आप मुफ्त में करते हैं क्या ?** ଆଁଖ କୀ ଜାଁଚ ଆପ ମୁଫ୍‌ତ ମେଁ କରତେ ହେଁ କ୍ୟା ?
ପରୀକ୍ଷା ତ ମାଗଣାରେ କରା ଯାଇଥାଏ।	**जाँच तो मुफ्त में करते है ।** ଜାଁଚ ତୋ ମୁଫ୍‌ତ ମେଁ କରତେ ହେଁ।
ହେଲେ ଚଷମା ମାଗଣାରେ ଦିଅନ୍ତି ନାହିଁ।	**मगर ऐनक मुफ्त में नहीं देते ।** ମଗର ଐନକ ମୁଫ୍‌ତ ମେଁ ନହୀଁ ଦେତେ।
ତାହା ତ ମୁଁ ଜାଣିଛି।	**वह तो मुझे भी मालूम है ।** ୱହ ତୋ ମୁଝେ ଭୀ ମାଲୁମ ହୈ।
ତାହାଲେ ସନ୍ଦେହ କାହିଁକି ?	**फिर संदेह क्या है ?** ଫିର୍ ସନ୍ଦେହ କ୍ୟା ହୈ।
ହଁ! କିଛି ନାହିଁ।	**हाँ ! कुछ नहीं !** ହଁ! କୁଛ ନହୀଁ।
କିଛି ବି ସନ୍ଦେହରେ କରାଗଲେ, ସନ୍ଦେହ ହିଁ ରହିବ।	**कुछ भी संदेह से करे तो संदेह जैसा ही रहता ?** କୁଛ ଭୀ ସନ୍ଦେହ ସେ କରେ ତୋ ସନ୍ଦେହ ଜୈସା ହୀ ରହତା।
ତେଣୁ ସନ୍ଦେହ ଛାଡ଼ି ଆମ ଉପରେ ବିଶ୍ୱାସ ରଖନ୍ତୁ।	**इसलिए संदेह छोड़ के हम पे विश्वास/यकीन रखिये ।** ଇସଲିଏ ସନ୍ଦେହ ଛୋଡ଼ କେ ହମ ପର ବିଶ୍ୱାସ / ୟକିନ ରଖିୟେ।
ଆପଣ ଯାହା କହିଲେ ତାହା ସଂପୂର୍ଣ୍ଣ ସତ।	**आप जो बोले वह बिलकुल ठीक है ।**

8. ରାସ୍ତା ଘାଟରେ सडक पर ସଡ଼କ ପର (On the Road)

ଏହି ରାସ୍ତାଟି କୁଆଡ଼କୁ ଯାଇଛି ?

यह रास्ता कहाँ जाता है ?

ୟହ ରାସ୍ତା କହାଁ ଜାତା ହୈ ?

ଇଏ କୁଆଡ଼କୁ ଯାଏ ନାହିଁ, ଆମେ ହିଁ ଯାଉ।

यह कहीं भी नहीं जाता, हम ही जाते है ।

ୟହ କହାଁ ଭୀ ନହିଁ ଜାତା, ହମ ହୀ ଜାତେ ହୈ।

ଆପଣଙ୍କ କଥା ଶୁଣି ହସ ଲାଗୁଛି।

आपके बात से मुझे हँसी आ रही है ।

ଆପକେ ବାତ ସେ ମୁଝେ ହଂସୀ ଆ ରହୀ ହୈ।

ପାଖରେ କେଉଁଠି ଭଲ ହୋଟେଲ ଅଛି ?

पास में कोई अच्छा होटल है क्या ?

ପାସ ମେଁ କୋଇ ଅଚ୍ଛା ହୋଟେଲ ହୈ କ୍ୟା ?

ହଁ ଅଛି। ହେଲେ ସେଠାରେ ପାଣି ଭଲ ନୁହେଁ।

ऑ है । मगर वहाँ पानी अच्छा नहीं है ।

ଅଁ ହୈ ! ମଗର ୱହାଁ ପାନୀ ଅଚ୍ଛା ନହିଁ ହୈ।

ଏହି ସଡ଼କରେ ସ୍ପିଡ ବ୍ରେକର କେଉଁଠି ରହିଛି ?

इस सडक में स्पीड ब्रेकर्स कई है ।

ଇସ୍ ସଡ଼କ ମେଁ ସ୍ପୀଡ଼ ବ୍ରେକର୍ସ କଇ ହୈ।

ଏହି ସଡ଼କରେ ଏକେଲା ମୋଟର ବାଇକ୍‌ରେ ଗଲେ ବହୁତ ଭଲ ଲାଗିବ।

इस सडक पर अकेले मोटार बैक पे गये तो अच्छा लगता है ।

ଇସ ସଡ଼କ ପର ମୋଟର ବୈାକ୍ ପେ ଗୟେ ତୋ ଅଚ୍ଛା ଲଗତା ହୈ।

ଏମିତି କାହିଁକି ?

क्यों वैसा ?

କେ୍ୟାଁ ବୈସା ?

କେଜାଣି ? ଟିକିଏ ଉପରକୁ ତଳକୁ ହୋଇ ଆରାମରେ ଯାଇ ହେବ।

क्या मालूम ? थोडा ऊपर, नीचे होते हुए जोश में जा सकते है ।

କ୍ୟା ମାଲୁମ୍ ? ଥୋଡ଼ା ଉପର, ନୀଚେ ହୁଏ ଜୋଶ ମେଁ ଜା ସକତେ ହେଁ।

ଏ ରାସ୍ତାର ଏପଟେ, ସେପଟେ କୌଣସି ଝାଡ଼ଟିଏ ବି ନାହିଁ। | इस सडक को इस तरफ, उस तरफ एक झाड भी नहीं है ।

ଇସ ସଡ଼କ କୋ ଇସ ତରଫ, ଉସ ତରଫ ଏକ ଝାଡ଼ ଭୀ ନହୀଁ ହୈ।

ଝାଡ଼ ନଥିଲେ କଣ ହେଲା? ସେଠାରେ ଗୋଟିଏ ନଳ ଅଛି ଦେଖ। | झाड नहीं तो क्या ? वहाँ एक नल है देखो ।

ଝାଡ଼ ନହୀଁ ତୋ କ୍ୟା? ୱହାଁ ଏକ ନଲ ହୈ ଦେଖୋ।

ନଳ ଅଛି ତ ତାହାଲେ କଣ ହେଲା? ସେଥିରେ ପାଣି ରହିବା ଦରକାର ନାହିଁ କି? | नल है तो बस है क्या ? उसमें पानी रहना नहीं क्या?

ନଲ ହୈ ତୋ ବସ ହୈ କ୍ୟା? ଉସମେଁ ପାନୀ ରହନା ନହୀଁ କ୍ୟା?

ସବୁ ହେବ କହିଲେ ତ ଅତି ଆଶା ହୋଇଯିବ। | सब होना बोले तो वह अत्याशा होता है ।

ସବ ହୋନା ବୋଲେ ତୋ ୱହ ଅତ୍ୟାଶା ହୋତା ହୈ।

ତୁମକୁ ନମସ୍କର କରୁଛି। ସେସବୁକୁ ଛାଡ଼। | तुमको नमस्कार करता हूँ । वह सब छोड़ दो ।

ତୁମକୋ ନମସ୍କାର କରତା ହୁଁ। ୱହ ସବ ଛୋଡ଼ ଦୋ।

ଏହି ସଡ଼କରେ ମୁଁ ରେଳ ଷ୍ଟେସନକୁ ଯାଇ ପାରିବି କି? | इस सड़क द्वारा मैं रेल्वे स्टेशन को जा सकता हूँ क्या ?

ହଁ! ସିଧା ଯାଆନ୍ତୁ। | हाँ ! सीधा जाइए । ହାଁ! ସିଧା ଜାଇଏ।

ଏଇ ରାସ୍ତାଟି ବହୁତ ବଢ଼ିଆ। | यह सडक बहुत अच्छी है ।

ଅଇନା ଯେମିତି। | आईना जैसी है ।

ଆଇନା ଜୈସୀ ହୈ।

ତାହା ସତ ଯଦି ତୁମର ମୁହଁ ସେଥିରେ ଦେଖି ନିଅ। | वह सही है तो तुम्हारा मुँह उस में देख लो ।

ୱହ ସହୀ ହୈ ତୋ ତୁହ୍ମାରା ମୁହଁ ଉସ ମେଁ ଦେଖ ଲୋ।

ଆପଣଙ୍କର କିଛି ହେଲେ ଏହି ଦୋକାନରେ ପଚାରିବେ। | आपको कुछ भी होने तो इस दुकान में पूछ कर लीजिए ।

ଆପକୋ କୁଛ ଭୀ ହୋନେ ତୋ ଇସ୍ ଦୁକାନ ମେଁ ପୁଛ କର ଲିଜିଏ।

9. ଫଳ ଦୋକାନ **फलों की दुकान** ଫଲୋ କୀ ଦୁକାନ (Fruit Shop)

ଏହାକୁ କେମିତି ଦେଉଛନ୍ତି ? **ये कैसा दे रहे है ?**
ୟେ କୈସା ଦେ ରାହେ ହେଁ ?

ଭଲ ଦାମ୍‌ରେ ଦେଉଛି। **अच्छे दाम को दे रहा हूँ ।**
ଅଚ୍ଛେ ଦାମ କୋ ଦେ ରହା ହୁଁ।

ଭଲ ଦାମର ମାନେ କଣ ? **अच्छा दाम मतलब क्या है ?**
ଅଚ୍ଛା ଦାମ ମତଲବ କ୍ୟା ହୈ ?

ତାହା ମାନେ ହେଉଛି ମୁଁ ଦେବି, ଆପଣ ନେବେ। **उसका मतलब मैं देने का, आप लेने का है ।**
ଉସକା ମତଲବ୍ ମୈଁ ଦେନେ କା, ଆପ ଲେନେ କା ହୈ।

ଏହି ଫଳ କଂଚା ଜଣା ପଡୁଛି ? **ये फल कच्चे दिख रहे है ?**
ୟେ ଫଲ କଚ୍ଚେ ଦେଖ ରହେ ହୈ ?

ଏହା ଏବେ ବୋଧହୁଏ ପାଚି ନାହିଁ। **ये अभी भी पके नहीं शायद ।**
ୟେ ଅଭୀ ଭୀ ପକେ ନହୀଁ ଶାୟଦ୍।

ସନ୍ଦେହ କରନ୍ତୁ ନାହିଁ। **शक मत करो ।**
ଶକ ମତ କରୋ।

ତାହାଲେ କଣ କରିବି ? ସିଧା ନେଇଯିବି ନା କଣ ? **तो क्या करना ? सीधा ले लेना क्या ?**
ତୋ କ୍ୟା କରନା ? ସୀଧା ଲେ ଲେନା କ୍ୟା ?

ସେମିତି ନୁହେଁ ! ରାଗନ୍ତୁ ନାହିଁ। **वैसा नहीं ! नाराज नहीं होना ।**
ୱୈସା ନହୀଁ ! ନାରାଜ ନହୀଁ ହୋନା।

ରାଗୁ ନାହିଁ ! କିଣିଲା ବେଳେ ଟିକେ ଦେଖିବି ନା ନାହିଁ ? **नाराज नहीं ! खरीद समय थोडा देख लेना या नहीं ?**
ନାରାଜ ନହିଁ ! ଖରୀଦ ସମୟ ଥୋଡ଼ା ଦେଖ ଲେନା ୟା ନହୀଁ ?

ତୁମ ପାଖରେ ଭଲ କମଳା ଅଛି କି ? **तुम्हारे पास अच्छे संतरे है क्या ?**
ତୁହ୍ମାରେ ପାସ ଅଚ୍ଛେ ସଂତରେ ହୈ କ୍ୟା ?

ହଁ ମା ! ଆଜି ତ ତଟକା ସବୁ ଆସିଛି ।	**है माँ ! आज ही ताजावाले आये ।** ହେି ମାଁ ! ଆଜ ହୀ ତାଜାଓ୍ୱାଲେ ଆୟେ । ଏସବୁ ତ
କିଛି ସବୁଜିଆ ଦେଖା ଯାଉଛି ।	**ये तो कुछ हरे दिख रहे हैं ।** ୟେ ତୋ କୁଛ ହରେ ଦିଖ ରହେ ହୈଁ ।
ମୁଁ ତ ଆପଣଙ୍କୁ ବାଛି ବାଛି ପାଚିଲ ଦେବି ।	**मैं तो आपको चुनकर पके हुए दे दूँगा ।** ମୈଁ ତୋ ଆପକୋ ଚୁନକର ପକେ ହୁଏ ଦେ ଦୁଁଗା ।
ହେଲେ ଏହା ମହଙ୍ଗା ।	**लेकिन ये महंगे ।** ଲେକିନ ୟେ ମହଂଗେ ।
ଜିନିଷ ଦେଖି ତ କଥା କୁହନ୍ତୁ ।	**माल की खूबी देख के बात करिए ।** ମାଲ କୀ ଖୁବୀ ଦେଖ କେ ବାତ କରିଏ । ଜିନିଷ ତ
ଭଲ ଅଛି । ହେଲେ ଦର ଠିକ୍ ନାହିଁ ।	**खूबी तो अच्छी है । मगर दाम ही अच्छा नहीं है ।** ଖୁବୀ ତୋ ଅଛୀ ହୈ । ମଗର ଦାମ୍ ଅଛା ନହାଁ ହୈ ।
ଅମୃତଭଣ୍ଡା ଦେଖିଲେ ତ ମନ କହିବ ଏବେ ଖାଇବାପାଇଁ ।	**अमरूद देखे तो अभी खाना दिल बोल रहा है ।** ଅମରୁଦ ଦେଖେ ତୋ ଅଭୀ ଖାନା ଦିଲ ବୋଲ ରହା ହୈ ।
ହେଲେ ଏଥିରେ କଳା କଳା ଦାଗ ଅଛି ।	**लेकिन इनपे काले धब्बे है ।** ଲେକିନ ଇନପେ କାଲେ ଧବେ୍ବ ହୈଁ ।
ଅମୃତ ଭଣ୍ଡା, କଦଳୀ ବହୁତ ଭଲ ।	**अमृतपाणी केले बहुत अच्छे है ।** ଅମୃତପାଣି କେଲେ ବହୁତ ଅଛା ହୈ ।

10. ପରିବା ଦୋକାନ तर्कारियों की दुकान ତର୍କାରିୟୋଁ କୀ ଦୁକାନ (Vegetable Shop)

ଦାମ କେତେ ?	**दाम कैसा है ?**	ଦାମ କୈସା ହୈ ?
କାହାର ?	**किसका है ?**	କିସକା ହୈ ?
ବାଇଗଣ କେମିତି ଦେଉଛ ?	**बैंगन कैसा दे रहे हो ?**	ବୈଁଗନ କୈସା ଦେ ରହେ ହୋ ?
ଏହା ବହୁତ ତଟକା ଅଛି ?	**ये बहुत ताजा है ?**	ୟେ ବହୁତ ତାଜା ହେଢ ?
ଜିନିଷ ତଟକା କି ନାହିଁ, ଜଣା ନାହିଁ।	**माल ताजा या नहीं मालूम नहीं,**	ମାଲ ତାଜା ୟା ନହୀଁ ମାଲୁମ ନହୀଁ।
ହେଲେ ଦର ତ ବହୁତ ରହିଛି।	**मगर दाम तो ताज ।**	ମଗର ଦାମ ତୋ ତେଜ।
ଏମିତି କଥା କହିଲେ କିପରି ହେବ ?	**वैसा बात करें तो कैसा जी ?**	ବୈସା ବାତ କରେଁ ତୋ କୈସା ଜୀ ?
ନୁହେଁ ତ କଣ ? କାଲି ତୁମେ ଦେଢ଼ କିଲ ଶଂକରକଂଦ ପନ୍ଦର ଟଙ୍କାରେ ଦେଲ ?	**नहीं तो क्या ? कल तुमही देढ़ कीलो शकरकंद पंन्द्रह रुपये को दिया ?**	ନହୀଁ ତୋ କ୍ୟା ? କାଲ ତୁହ୍ମୀ ଦେଢ଼ କୀଲୋ ଶଂକର କନ୍ଦ ପନ୍ଦ୍ରହ ରୁପୟେ କୋ ଦିୟା ?

ଥରେ ପୂରା ବଜାର ବୁଲି ଜାଣି ଦେଖିଲେ ପାରିବେ। एक बार आप पूरा बाजार घूम के देखे तो मालूम होता । ଏକ ବାର ଆପ ପୂରା ବାଜାର ଘୁମ କେ ଦେଖେ ତୋ ମାଲୁମ ହୋତା।

ଏସବୁ ତଟକା ପରିବା ତ ? ये सब ताजा तर्कारियाँ है क्या ? ୟେ ସବ ତାଜା ତର୍କାରିୟାଁ ହୈ କ୍ୟା ?

ହଁ ଆଜ୍ଞା ! ପୂରା ତଟକା।. जी हाँ ! ताजावाले है । ଜୀ ହାଁ ! ତାଜବାଲେ ହେଁ।

ମୋ ପାଖରେ ଖରାପ ନଥାଏ। मेरे पास खराब नहीं रहते है । ମେରେ ପାସ ଖରାପ ନହାଁ ରହତେ ହେଁ।

ପିଠା କେଉଁଠୁ ଆଣିଲ ? पेठा कहाँ से लाया ? ପେଠା କାହାଁସେ ଲାୟା ?

11. ତେଜରାତି ଦୋକାନ पसारी की दुकान ପସାରୀ କୀ ଦୁକାନ (Grocery Shop)

ଆପଣଙ୍କ ପାଖରେ ଆଚାରରେ ଲାଗୁଥିବା ସବୁ ଜିନିଷ ମିଳିବ କି ? आपके पास अचार को लगनेवाली सब चीजें मिलती है क्या ?
ଆପକେ ପାସ ଅଚାର କୋ ଲଗନେୱାଲୀ ସବ ଚୀଜେଁ ମିଲତୀ ହୈ କ୍ୟା ?

ହଁ, ନିଶ୍ଚୟ। हाँ जरूर ।
ହାଁ ଜରୁର।

ଅଧକିଲ ସୋରିଷ ତେଲ ଦିଅ। आधा किलो सरसों का तेल दीजिए ।
ଆଧା କିଲୋ ସରସୋଁ କା ତେଲ ଦୀଜିଏ।

ଆଉ କଣ ? और क्या ?
ଔର କ୍ୟା ?

ମେଥି, ଧନିଆ, ହେଙ୍ଗୁ, ରସୁଣ ଅଛି କି ? मेथी, धनियाँ, हींग, लहसून है क्या ?
ମେଥୀ, ଧନିୟାଁ, ହୀଂଗ, ଲହସୁନ ହୈ କ୍ୟା ?

ଚାଉଳ ବିକ୍ରି କରୁଛନ୍ତି ? चावल बेचते है क्या ?
ଚାୱଲ ବେଚତେ ହୈ କ୍ୟା ?

ବାସୁମତୀ ଚାଉଳର ଦାମ କେମିତି ?	**बासमती चावल का दाम कैसा है ?** ବାସମତୀ ଚାଓ୍ୱଲ କା ଦାମ କୈସେ ହେଢ ?
ଥରେ ମୁଁ ଏଇଠୁଁ ଘର କରଣା ପାଇଁ କିଛି ଜିନିଷ କିଣିଥିଲି ?	**एक बार इधर ही मैं घर गृहस्थी को लगने वाली कुछ चीजें खरीद कर लिया ?** ଏକବାର ଇଧର ହୀ ମୈଁ ଘର ଗୃହସ୍ଥୀ କୋ ଲଗନେ ଓ୍ୱାଲେ କୁଛ ଚିଜେଁ ଖରୀଦ କର ଲିୟା ?
ଅଟା ବହୁତ ମୋଟା ଲାଗୁଥିଲା ?	**आटा बहुत मोटा लग रहा है ?**
ମୋତେ କାଜୁ, ଲବଙ୍ଗ, କିସମିସ, ଅଳେଇଚ ଦରକାର।	**मुझे काजु, लोंग, किसमिस, इलायची चाहिए ।**
ବେସନ, ଗୋଟାମୁଗ, ଡିଲ, ସାଗୁଦାନା ପ୍ରତ୍ୟେକ ଜିନିଷରୁ ଏକ ଏକ କିଲ ଦେବ।	**बेसन, मूँगफली, तिल, साबूदाना, एक एक चीज एक एक किलो देना ।** ବେସନ, ମୁଁଗଫଲୀ, ତିଲ, ସାବୁଦାନା, ଏକ ଏକ ଚିଜ ଏକ ଏକ କିଲୋ ଦେନା।
ଦେଖନ୍ତୁ ତ ଏହି ତରାଜୁ କାହିଁକି ଠିକ୍ ଲାଗୁନାହିଁ ?	**देखे तो यह तराजू ठीक नहीं लग रहा है ।** ଦେଖେ ତୋ ୟହ ତରାଜୁ ଠିକ୍ ନହାଁ ଲଗ ରହା ହୈ।
ନାହିଁ ଆଜ୍ଞା। ଠିକ୍ ଅଛି। ଆପଣଙ୍କୁ ଠିକ ଭାବରେ ଓଜନ କରିକି ଦେବି।	**नहीं जी । ठीक है । आपको अच्छी तरह से तोलके देता हूँ ।** ନହୀଁ ଜୀ। ଠୀକ୍ ହୈ। ଆପକୋ ଅଚ୍ଛୀ ତରହ ସେ ତୋଲକେ ଦେତା ହୁଁ।
ପହର ଦିନ ଦେଇଥିବା ହରଡ଼ ଡ଼ାଲି ଖରାପ ଥିଲା।	**परसों दिया हुआ (सो) उडद दाल घटियाँ किस्म का था** ପରସୋଁ ଦିୟା ହୁଆ (ସୋ) ଉଡଦ୍ ଦାଲ ଘଟିୟା କିସ୍ମ କା ଥା
ଆମ ଜିନିଷକୁ ଖରାପ ବୋଲି ଆଜି ଯାଏଁ କେହି କେହି କହି ନାହାନ୍ତି।	**हमारी चीजों को खराब नाम रखनेवाला अभी तक कोई नहीं है ।** ହମାରୀ ଚିଜୋଁ କୋ ଖରାବ ନାମ ରଖନେଓ୍ୱାଲା ଅଭତକ କୋଇ ନହାଁ ହୈ।

ଆପଣଙ୍କ ପାଖରେ ଥିବା ଜିନିଷରେ କିଛି ମିଶାମିଶି ସେ କଥା ଆପଣ ପକ୍କା କହି ପାରିବେ ?	**आपके पास की चीजों में कुछ भी मीलावट नहीं ह यह बात आप पक्का कह सकते है क्या ?** ଆପକେ ପାସ କୀ ଚିଜୋଁ ମେଁ କୁଛ ଭୀ ମୀଲାୱଟ ନହୀଁ ହୈ ୟହ ବାତ ଆପ ପକ୍କା କହ ସକତେ ହୈଁ କ୍ୟା ?
ଏହି ପନୀର ପ୍ୟାକେଟରେ କିଛି ଉପହାର ଅଛି କି ?	**इस पनीर पाकेट को कोई उपहार है क्या ?** ଇସ ପନୀର ପାକେଟ କୋ କୋଇ ଉପହାର ହୈ କ୍ୟା ?
ବିନା ମିଶାମିଶିରେ କିରାସିନି ତେଲ ମିଳୁଛି କି ?	**बिना मिलावट मिट्टी का तेल मिलता है क्या ?** ବିନା ମିଲାୱଟ ମିଟ୍ଟୀ କା ତେଲ ମିଲତା ହୈ କ୍ୟା ?
ଶୁଣିଛି ଯେ କେତେକ ଭ୍ରଷ୍ଟାଚାରୀ ଲୋକ ଆଜିକାଲି କିରାସିନି ତେଲରେ ମିଶାମିଶି କରୁଛନ୍ତି ।	**सुना है कि कुछ भ्रष्टाचारी लोग आजकल मिट्टी के तेल में भी मिलावट कर रहे है ।** ସୁନା ହୈ କୁଛ ଭ୍ରଷ୍ଟାଚାରୀ ଲୋଗ ଆଜକଲ ମିଟ୍ଟୀ କେ ତେଲ ମେଁ ଭୀ ମିଲାୱଟ କର ରହେ ହୈଁ ।

12. ଲୁଗାପଟା ଦୋକାନ **कपडे की दुकान** କପଡ଼େ କୀ ଦୁକାନ (Cloth Shop)

ଆସନ୍ତୁ, ଆସନ୍ତୁ, ଭିତରକୁ ଆସନ୍ତୁ, ଏଠାରେ ବସନ୍ତୁ ।	आयिये, आयिये, अंदर आयिये, यहाँ बैठिये । ଆଇୟେ, ଆଇୟେ, ଅଂଦର ଆଇୟେ, ୟହାଁ ବୈଠିୟେ ।
ଆପଣଙ୍କୁ କଣ ଦରକାର ? କଣ ଦେଖାଇବାକୁ ହେବ କୁହନ୍ତୁ ।	आपको क्या चाहिये ? क्या दिखाना है बोलिये । ଆପକୋ କ୍ୟା ଚାହିୟେ ? କ୍ୟା ଦିଖାନା ହୈ ବୋଲିୟେ ।
ଆମକୁ ଶାଢ଼ି ଦେଖାନ୍ତୁ ।	हमें साडी दिखाइये । ହମେଁ ସାଡ଼ୀ ଦିଖାଇୟେ ।
କେତେ ଦାମ ଭିତରେ ଚାହୁଛନ୍ତି ?	किस कीमत में चाहिए जी ? କିସ କୀମତ ମେଁ ଚାହିୟେ ଜୀ ?

କିଛି ଶସ୍ତା ଧରଣର।

कोइ सस्ता सी।

କୋଇ ସସ୍ତୀ ସୀ।

ଆପଣଙ୍କ ପାଖରେ ସିଲ୍କ ଶାଢ଼ି ଅଛି କି ?

आपके पास रेश्मी साडियॉ है क्या ?

ଆପକେ ପାସ ରେଶ୍ମୀ ସାଡ଼ୀୟାଁ ହୈ କ୍ୟା ?

ଅଛି। ହେଲେ ମହଙ୍ଗା ହେବ।

है। लेकिन महँगी है।

ହୈ। ଲେକିନ ମହଁଗୀ ହୈ।

ଆପଣ ଏ ଶାଢ଼ିସବୁ କେଉଁଠାରୁ ଆଣୁଛନ୍ତି ?

आप य साडियॉ कहॉ से लाते हो ?

ଆପ ୟେ ସାଡ଼ିୟାଁ କହାଁ ସେ ଲାତେ ହୋ ?

ବିଭିନ୍ନ ଜାଗାରୁ ଆଣୁଛୁ।

कई प्रांतो से लाते हैं।

କଈ ପ୍ରାନ୍ତୋଁ ସେ ଲାତେ ହେଁ।

ଏଇ ଶାଢ଼ୀର ଦାମ୍ କେତେ ?

ईस साडी की क्या कीमत है ?

ଇସ ସାଡ଼ୀ କୀ କ୍ୟା କୀମତ ହୈ ?

ଏ ନମୂନା ମତେ ପସନ୍ଦ ହେଉନାହିଁ।

यह नमूना मुझे पसंद नहीं है।

ୟହ ନମୂନା ମୁଝେ ପସଂଦ ନହୀଁ ହୈ।

ଏଇଟା ପସନ୍ଦ ହେଉ ନାହିଁ ତ ଆଉ ଅନ୍ୟ ଦେଖାଉଛି।

यह पसंद नहीं तो दूसरी साडी दिखाता हुं।

ୟହ ପସନ୍ଦ ନହୀଁ ତୋ ଦୂସରୀ ସାଡ଼ୀ ଦିଖାତା ହୁଁ।

ଇଏ ତାହା ନୁହଁ ସବୁଦିନିଆ ଶାଢ଼ି ଦେଖାଅ।

ये वो नहीं रोजमर्रा के लिये कुछ साडीयॉ दिखाइये।

ୟେ ୱୋ ନହୀଁ ରୋଜମର୍ରା କେ ଲିଏ କୁଛ ସାଡ଼ିୟାଁ ଦେଖାଇୟେ।

ଶାଢ଼ି କେତେ ଲମ୍ବା ଅଛି ?

साडी कितनी लम्वी है ?

ସାଡ଼ୀ କିତନୀ ଲମ୍ବୀ ହୈ ?

ଆମର ସବୁ ଶାଢ଼ୀ ଛଅ ମିଟର ଲମ୍ବା।

हमारा सभी साड्यॉ छ: मीटर लंबी है।

ହମାରୀ ସଭୀ ସାଡ଼ୀୟାଁ ଛଃ ମୀଟର ଲଂବୀ ହୈ।

ମୋର ଗୋଟିଏ କପଡ଼ା ଦରକାର।	मुछे एक कपडा चाहिए। ମୁଝେଏକ କପଡ଼ା ଚାହିଏ।
ହେଲେ ମୋର ଯେତିକି ଦରକାର ମୋତେ ସେତିକି ମାପ କରିକି ଦେବ।	लेकिन / (मगर) मैं जितना चाहता हुं, उतना नाप कर देना। ଲେକିନ / (ମଗର) ମୈଁ ଜିତନାଚାହତା ହୁଁ, ଉତନା ନାପ କର ଦେନା।
ଏଠିକା କପଡ଼ା ଦେଖି ସବୁ କିଣିବାକୁ ମନେ ହେଉଛି।	यहॉं के कपडो देखकर तो सभी खरीदने को मन कर रहा है । ୟହାଁ କେ କପଡ଼େ ଦେଖ କର ତୋ ସଭୀ ଖରୀଦନେ କୋ ମନ କର ରହା ହୈ।
ଡେରି କାହିଁକି ଆଜ୍ଞା ! ବର୍ତ୍ତମାନ କିଣନ୍ତୁ।	देर क्यों जी ! अभी खरीद दीजिए। ଦେର କେ୍ୟାଁ ଜୀ ! ଅଭି ଖରିଦ ଦିଜିଏ।
ମୋ ପାଖରେ ପଇସା କମ ହେବ, ନହେଲେ ମୁଁ ଏବେ ସବୁ କିଣି ନିଅନ୍ତି।	मेरे पास पैसे कम पड गये है, नहीं तो मैं अभीतक सब सब खरीद लेता। ମେରେ ପାସ ପୈସେ କମ୍ ପଡ଼ ଗୟେ ହେଁ, ନହୀଁ ତୋ ମୈଁ ଅଭୀତକ ସବ ଖରୀଦ ଲେତା।
କିଛି ବ୍ୟସ୍ତ ହେବାର ନାହିଁ, ଆପଣଙ୍କ ପାଖରେ ପଇସା ନାହିଁ ତ ନାହିଁ। ପରେ ମଧ୍ୟ ଦେଇ ପାରିବେ।	कोइ परवाह आपके पास पैसे नहीं तो भी नहीं जी। बाद में भी दे सकते हैं।
ତାହା କିପରି ?	वह कैसे ? ୱହ କୈସେ ?
ତାହା ! କିଛି ନୁହେଁ ଆଜ୍ଞା ! ଆମେ କ୍ରେଡିଟ କାର୍ଡ ଗ୍ରହଣ କରୁଛୁ।	वह कुछ नहीं भी साब ! हम क्रेडिट कार्ड स्वीकार करते हैं। ୱହ ! କୁଛ ନହୀ ସାବ ! ହମ କ୍ରେଡିଟ୍ କାର୍ଡ ସ୍ୱୀକାର କରତେ ହେଁ।

ଆହାଁ! ନାହିଁ ଆଜ୍ଞା! ଦୌଡ଼ି ଦୌଡ଼ି କାହିଁକି ଦୁଧ ପିଇବେ?	अहॉं! नहीं जी! भागते हुए दूध क्यों पीना?
	ଆହାଁ!ନହାଁ ଜୀ! ଭାଗତେ ହୁଏ ଦୁଧ କ୍ୟୁଁ ପୀନା?
ଠିକ୍ କଥା! ସବୁଲୋକ ଆପଣଙ୍କ ପରି ହେଲେ	अच्छी बाते है! सब लोग आप जैसे होते तो यह दुनिया
ଏ ଦୁନିଆ କେଡ଼େ ସୁନ୍ଦର ହୋଇ ଉଠନ୍ତା?	कितनी सुंदर होती?
	ଅଚ୍ଛୀ ବାତ ହୈ! ସବ ଲୋଗ ଆପ ଜୈସେ ହୋତେ
	ତୋ ଯହ ଦୁନିୟା କିତନୀ ସୁନ୍ଦର ହୋତୀ?

13. ବଜାର बाजार ବାଜାର (Market)

ଏଇ ସହରରେ ବଜାର କେଉଁଠି ଅଛି?	इस शहर में बाजार कहाँ है?
	ଇସ ଶହର ମେଁ ବାଜାର କହାଁ ହୈ?
କେଉଁ ବଜାର?	कौन सा बाजार?
	କୌନ ସା ବାଜାର?
କେଉଁ ବଜାର ମାନେ?	कौन सा बाजार मतलब?
	କୌନ ସା ବାଜାର ମତଲବ?
ମାନେ! ମାଛ ବଜାର, ପରିବା ବଜାର ବା	मतलब! मछली का बाजार, सब्जी काा बाजार या
କପଡ଼ା ବଜାର।	कपडा बाजार।
	ମତଲବ! ମଛଲୀ କା ବାଜାର, ସବ୍‌ଜୀ କା ବାଜାର ଯା କପଡ଼ା କା ବାଜାର।
ଏଠି ଏତେ ବଜାର ଅଛି, ମୋତେ ଜଣା ନ ଥିଲା।	यहॉं (इधर) मछली इतने बाजार होते हैं मुझ्र मालुम नहीं है।
	ଯହାଁ(ଇଧର) ଇତନେ ବାଜାର ହୋତେ ହେଁ ମୁଝେ ମାଲୁମ ନହାଁ ହୈ।
ମୋତେ ସାଧାରଣ ବଜାରକୁ ଯିବାର ଅଛି।	मुझे साधारण बाजार जाना है?
	ମୁଝେ ସାଧାରଣ ବାଜାର ଜାନା ହୈ।

ଏହି ବାଟରେ ଗଲେ ମୋଣ୍ଡା ମାର୍କେଟ ଆସିବ।. **इस तरफ से गये तो मोन्डा मार्केट आता है ।**

ଇସ ତରଫ୍ ସେ ଗୟେ ତୋ ମୋଣ୍ଡା ମାର୍କେଟ ଆତା ହୈ।

ସେଠି (ସେଠାରେ) ଆପଣଙ୍କୁ ସବୁ ଜିନିଷ ମିଳିବ। **वहाँ (उधर) आपको सभी चीजें मिलती है ।**

ୱହାଁ (ଉଧର) ଆପକୋ ସଭୀ ଚୀଜେଁ ମିଲତୀ ହୈ।

ଆପଣଙ୍କ ପାଖରେ ପାଂଚ ଟଙ୍କାର ଖୁଚୁରା ପଇସା ହେବ କି ? **आपके पास पाँच रूपये के छुट्टे पैसे हैं क्या ?**

ଆପକେ ପାସ ପାଂଚ୍ ରୁପୟେ କେ ଛୁଟେ ପୈସେ ହେଁ କ୍ୟା ?

ଏଇଠି ଆପଣଙ୍କୁ ସବୁ ଜିନିଷ ମହଙ୍ଗା ଲାଗିବ। **इधर है सो सब चीजें बहुत महँगी लग रही है ।**

ଇଧର ହୈ ସୋ ସବ ଚୀଜେଁ ବହୁତ ମହଁଗୀ ଲଗ ରହୀ ହୈ।

ଏସବୁ ଆପଣଙ୍କ ଭ୍ରମ। **वह सब आपका भ्रम है ।**

ୟହ ସବ ଆପକା ଭ୍ରମ ହୈ।

ସେଇଟା କି ? **वही है क्या ?**

ୟହୀ ହୈ କ୍ୟା ?

ତାହା ବିନା ତ କିଛି ନାହିଁ।. **वह बिना कुछ भी नहीं है ?**

ୱହ ବିନା କୁଛ ଭୀ ନହୀଁ ହେଁ।

ଏଠି କଣ କିଛି ସ୍ୱତନ୍ତ୍ର ଜିନିଷ ମିଳେ ? **इधर क्या खास चीज मिलती है ?**

ଇଧର କ୍ୟା ଖାସ୍ ଚୀଜେଁ ମିଲତୀ ହୈ ?

ଅନେକ ଜିନିଷ ଅଛି। **कई है ।**

କଈ ହୈ।

ତାହା କଣ ? **वे क्या है ।**

ୱେ କ୍ୟା ହୈ ?

ଏଠାରେ କାଠ ତିଆରି କଣ୍ଢେଇ ମିଳେ। **यहाँ लकडी से बनायी गई गुडियाँ भी मिलती है**

ୟହାଁ ଲକଡୀ ସେ ବନାୟୀ ଗଈ ଗୁଡ଼ିୟାଁ ଭୀ ମିଲତୀ ହୈ।

ମୋତେ ଚନ୍ଦନ ନିର୍ମିତ ଗୋଟିଏ ଡାଲା ଦରକାର। **मुझे चंदन से बनायी गई एक टोकरी चाहिए ।**
ମୁଝେ ଚନ୍ଦନ ସେ ବନାୟୀ ଗଈ ଏକ ଟୋକରୀ ଚାହିଏ।

ତାହା ତ ମିଳେ ନାହିଁ ହେଲେ ହାତୀ ଦାନ୍ତର ଜିନିଷମାନ ମିଳିବ। **वह तो नहीं मिलती मगर हाथी दांत की चीजें तो मिलती है ।**
ୟହ ତୋ ନହୀଁ ମିଲତୀ ମଗର ହାତୀ ଦାନ୍ତ କୀ ଜିଚିଷ ତୋ ମିଲତୀ ହୈ।

ଏବେ ତ ତାହାହେଲେ ଦେଖିକି ହିଁ ଯିବି। **अब तो देख के जायेंगे ।**
ଅବ୍ ତୋ ଦେଖ କେଜାୟେଗେଁ।

14. ବସ ଷ୍ଟାଣ୍ଡ बस स्टैण्ड ବସ ସ୍ଟୈଣ୍ଡ (Bus Stand)

ଏଠାରେ ବସଷ୍ଟାଣ୍ଡ କେଉଁଠି ଅଛି ? **यहाँ बस स्टैण्ड कहाँ है ?**
ୟହାଁ ବସ ସ୍ଟୈଣ୍ଡ କାହାଁ ହୈ ?

ଅଧ କିଲୋମିଟର ଦୂରରେ ଅଛି। **आधा किलो मीटर दूर में है ।**
ଆଧା କିଲୋ ମୀଟର ଦୂର ମେଁ ହୈ।

ପ୍ରାର୍ଥନା କରିବା ପାଇଁ ବସ କେଉଁଠି ରହୁଛି ? **प्रार्थना पर बस रोकने की जगह कहाँ है ?**
ପ୍ରାର୍ଥନା ପର ବସ ରୋକନେ କୀ ଜଗହ କହାଁ ହୈ ?

ଯେଉଁଠି ଦେଖିବ ସେଠି ଖାଲି ବସ ଥିବ । **जहाँ देखे वहाँ बस है ।**
ଜହାଁ ଦେଖେ ୱହାଁ ବସ ହୈ।

ହେଲେ ଗୋଟାଏ ବସ ବି ରହୁ ନାହିଁ। **लेकिन एक बस भी नहीं रूक रही है ।**
ଲେକିନ ଏକ ବସ ଭୀ ନହୀଁ ରୁକ ରହୀ ହୈ।

ଇଏତ ଅଟୋ ନୁହେଁ। ଯେଉଁଠି ହାତ ଉଠାଇଲେ ସେଇଠି ରହିବ। **वह ऑटो नहीं है । जहाँ हाथ उठे तो वहाँ रोकने को**

ଯେଉଁଠି ଲୋକମାନେ ଠିଆ ହୋଇଥିବେ, ସେଠାରେ ବସ ଅଟକିବ ନା ନାହିଁ ?	**जहाँ लोग खडे है वहाँ बस रोकना या नहीं ?** ଜହାଁ ଲୋଗ ଖଡେ ହେଁ ୱହାଁ ବସ ରୋକନା ୟା ନହୀଁ ?.
ସେମିତି ଅଟକିଲେ ତ ବସ ଗୋଟାଏ ମିଟର ତ ଆଗେଇ ପାରିବ ନାହିଁ।	**वैसा रोकते हुए गये तो एक मीटर भी आगे नहीं** ଆଗକୁ **जाती है ।** ୱେସା ରୋକତେ ହୁଏ ଗୟେ ତୋ ବସ ଏକ ମିଟର ଭୀ ଆଗେ ନହୀଁ ବଢ଼ ସକତୀ ହୈ।
ଏହି ବସରେ ବହୁତ ଯାତ୍ରୀ ଅଛନ୍ତି।	**उस बस में बहुत ज्यादा यात्री है ।** ଉସ ବସ ମେଁ ବହୁତ ଜ୍ୟାଦା ଯାତ୍ରୀ ହୈଁ।
ସେ ଲୋକମାନେ କେମିତି ସେଠି ଦେଖନ୍ତୁ।	**वे लोग कैसे है वह देखो ।** ୱେ ଲୋଗ କୈସେ ହେଁ ୱହ ଦେଖୋ।
ଏମାନେ ତ ସବୁ ଠିଆ ହୋଇଛନ୍ତି।	**वे सब खडे है ।** ୟେ ସବ ଖଡେ ହେଉଁ।
ଏହି ହେଉଛି ସିଟି ବସର ସ୍ୱରୂପ।	**वही है सिटी बस का मतलब !** ୟହୀ ହୈ ସିଟୀ ବସ କା ମତଲବ।
ଟିକେଟ କେଉଁଠୁ ନେବାକୁ ହେବ ?	**टिकेट कहाँ लेना है ?** ଟିକେଟ କହାଁ ଲେନା ହୈ ?
କାଉଁଟରରୁ ନିଅନ୍ତୁ।	**कौन्टर में लीजिये ।** କାଉଁଟର ମେଁ ଲିଜୀୟେ।
ବସରେ ଦେଉ ନାହାନ୍ତି କି ?	**बस में नहीं देते है क्या ?** ବସ ମେଁ ନହୀଁ ଦେତେ ହେଁ କ୍ୟା ?
ଜିଲ୍ଲାଗୁଡ଼ିକୁ ଯିବାପାଇଁ ବସର ଷ୍ଟାଣ୍ଡ କେଉଁଠି ?	**जिल्लों को जानेवाली बस का स्टॅण्ड कहाँ है ?** ଜିଲ୍ଲୋଁ କୋ ଜାନେୱାଲୀ ବସ କା ସ୍ଟେଣ୍ଡ କହାଁ ହେ ?

ଏଇଠି ଥାଆନ୍ତୁ। ମୁଁ ଥରେ ସମୟ ସାରିଣୀକୁ ଦେଖିକି ଆସୁଛି।

इधर ही रहो । मैं एकबार समय सारिणी को देख के आता हूँ ।

ଇଧର ହୀ ରହୋ। ମୈଁ ଏକବାର ସମୟ ସାରିଣୀ କୋ ଦେଖ କର ଆତା ହୁ?।

ଏଇଠୁଁ ରାଷ୍ଟ୍ରର ଚାରିଆଡ଼କୁ ଯାଉଥିବା ବସମାନ ମିଳିବ କି?

यहाँ से राष्ट्र में चारो ओरों जानेवाली बसें मिलती है क्या ?

ୟହାଁ ସେ ରାଜ୍ୟ ମେଁ ଚାରୋଁ ଔର ଜାନେ ୱାଲୀ ବସେଁ ମିଲତୀ ହୈ କ୍ୟା?

ନାହିଁ, ମିଳିବ ନାହିଁ।

नहीं मिलती है ।

ନହୀଁ ମିଲତୀ ହୈ।

କିଛି ବାଟ ଗଲା ପରେ ବସ ବଦଳାଇବାକୁ ପଡ଼ିବ।

थोडी दूर जाने के बाद बस बदलनी पडेगी ।

ଥୋଡୀ ଦୂର ଜାନେ କେ ବାଦ ବସ ବଦଲନୀ ପଡେଗୀ।

ହାଇଦ୍ରାବାଦରୁ ରାଜମଣ୍ଡି ଯିବାକୁ କେତେ ସମୟ ଲାଗୁଛି?

हैदराबाद से राजमन्ड्री जाने को कितना समय लगता है ?

ହୈଦରାବାଦ ସେ ରାଜମଣ୍ଡି ଜାନେ କୋ କିତନା ସମୟ ଲଗତା ହୈ?

ନଅ ଘଂଟା ପର୍ଯ୍ୟନ୍ତ ସମୟ ଲାଗିବ।

नौ घंटे तक लगता है ।

ନୌ ଘଂଟେ ତକ ଲଗତା ହୈ।

ଆଜିକାଲି ବସ ଯାତ୍ରା ବହୁତ କଠିଣ ହୋଇ ଯାଇଛି।

आजकल बस यात्रा बहुत मुश्कील हो रहीं है ।

ଆଜକଲି ବସ ଯାତ୍ରା ବହୁତ ମୁଶ୍କୀଲ ହୋ ରହୀଁ ହେଁ।

ମତେ ଖତରା ବସରେ ଚଢ଼ିବାକୁ ଭଲ ଲାଗେ ନାହିଁ।

खटारा बस चढना मुझे पसंद नहीं है ।

ଖଟରା ବସ ଚଢ଼ନା ମୁଝେ ପସଂଦ ନହୀଁ ହୈ।

15. ଆମ ରାଷ୍ଟ୍ର हमारा राष्ट्र ହମାରା ରାଷ୍ଟ୍ର (Our State)

ଆମ ରାଷ୍ଟ୍ରର ନାମ ଆନ୍ଧ୍ର ପ୍ରଦେଶ।	हमारा राष्ट्र का नाम आन्ध्र प्रदेश है । ହମାରା ରାଷ୍ଟ୍ର କା ନାମ ଆନ୍ଧ୍ର ପ୍ରଦେଶ ହୈ।
ଏଠାରେ ତେଇଶିଟି ଜିଲ୍ଲା ରହିଛି।	इसमें तेईस जिले है । ଇସମେଁ ତେଇସ ଜିଲ୍ଲେଁ ହେଁ।
ଆମ ରାଷ୍ଟ୍ରରେ ତିନୋଟି ପ୍ରାନ୍ତ ରହିଛି।	हमारे राष्ट्र में तीन प्रान्त है । ହମାରେ ରାଷ୍ଟ୍ର ମେଁ ତୀନ ପ୍ରାନ୍ତ ହୈ।
ତାହାର ନାମ କୋସ୍ତା, ରାୟଲସୀମା ଓ ତେଲେଙ୍ଗାନା।	उनके नाम कोस्ता, रायलसीमा और तेलंगाणा । ଉନକା ନାମ କୋସ୍ତା, ରାୟଲସୀମା ଔର ତେଲଂଗାଣା।
ଏହି ତିନୋଟିରେ ଲୋକମାନେ ଗୋଟିଏ ଭାଷା କୁହନ୍ତି।	इन तीनों में लोग एक ही भाषा बोलते है । ଇନ ତୀନୋଁ ମେଁ ଲୋଗ ଏକ ହୀ ଭାଷା ବୋଲତେ ହେଁ।
ସମୁଦ୍ର କୂଳବର୍ତୀ ସୀମାକୁ କୋସ୍ତା କୁହାଯାଉଛି।	समुंदर किनारे वाले प्रान्त कोस्ता कहलोत हैं। ସମୁଂଦର କିନାରେ ୱାଲେ ପ୍ରାନ୍ତ କୋସ୍ତା କହଲାତେ ହେଁ।
ଏହି କାରଣରୁ ଶ୍ରୀକାକୁଲମ ଠାରୁ ନେଲ୍ଲୁର ପର୍ଯ୍ୟନ୍ତ ସୀମାକୁ କୋସ୍ତା ଜିଲ୍ଲା କୁହା ଯାଉଛି।	इसिलीए श्रीकाकुलम से नेल्लुर तक के प्रान्त कोस्ता जिले कहलाते हैं। ଇସିଲିଏ ଶ୍ରୀକାକୁଲମ ସେ ନେଲ୍ଲୁର ତକ କେ ପ୍ରାନ୍ତ କୋସ୍ତା ଜିଲ୍ଲେ କହଲାତେ ହେଁ।
ଶ୍ରୀ କୃଷ୍ଣ ଦେବରାୟ ଯେଉଁ ପ୍ରାନ୍ତକୁ ଶାସନ କରିଥିଲେ ତାହାକୁ ରାୟଲସୀମା କୁହାଯାଉଛି।	श्री कृष्ण देवराय ने जिस प्रांत का पालन किया वह रायलसीमा कहलाता है । ଶ୍ରୀ କୃଷ୍ଣ ଦେବରାୟ ନେ ଜିସ ପ୍ରାଂତ କା ନିର୍ମାଣ କିୟା ୱହ ରାୟଲସୀମା କହଲାତା ହୈ।

ଏହି କାରଣରୁ କଡ଼ପା, କର୍ନୁଲ, ଚିତ୍ତୁର ଓ ଅନନ୍ତପୁର ଜିଲ୍ଲାକୁ ରାୟଲ ସୀମା କୁହାଯାଉଛି।

इसलिए कडपा, कर्नूल, चित्तूर और अनन्तपूर जिल्ले को रायलसीमा कहलाता हैं ।

ଇସଲିଏ କଡ଼ପା, କର୍ନୁଲ, ଚିତ୍ତୁର ଔର ଅନନ୍ତପୁର ଜିଲ୍ଲେ କୋ ରାୟଲସୀମା କହଲାତା ହୈ।

ବର୍ତମାନ ମହାରାଷ୍ଟ୍ର, କର୍ଣ୍ଣାଟକ ଓ ଆନ୍ଧ୍ରପ୍ରଦେଶ ରାଷ୍ଟ୍ରର କିଛି ସୀମା ମୁସଲମାନ ଶାସନାଧୀନ ରହିଥିଲା।

अब महाराष्ट्र, कर्नाटक और आन्ध्र प्रदेश राष्ट्रों में से कुछ प्रांत मुस्लीम पालन में थे ।

ଅବ ମହାରାଷ୍ଟ୍ର, କର୍ନାଟକ ଔର ଆନ୍ଧ୍ର ପ୍ରଦେଶ ରାଷ୍ଟ୍ରୋଁ ମେଁ ସେ କୁଛ ପ୍ରାଂତ ମୁସ୍ଲୀମ ପାଲନ ମେଁ ଥେ।

ସେ ସବୁ ଗୋଟିଏ ପ୍ରକାର ରାଜ୍ୟ ଥିଲା।

यह सब एक ही तरह राज्य थे।

ୟେ ସବ ଏକ ହୀ ତରହ ରାଜ୍ୟ ଥେ।

ଏହି ରାଜ୍ୟମାନଙ୍କ ମଧ୍ୟରୁ ତେଲୁଗୁ କଥା କୁହାଯାଉଥିବା ସୀମାକୁ ତେଲେଙ୍ଗାନା କୁହା ଯାଉଛି।

इस राज्य में तेलुगु बात करनेवाले प्रांत को तेलंगाणा कहते थे ।

ଇସ ରାଜ୍ୟ ମେଁ ତେଲୁଗୁ ବାତ କରନେୱାଲେ ପ୍ରାନ୍ତ କୋ ତେଲଂଗାଣା କହତେ ଥେ।

ତାହାହିଁ ପରବର୍ତୀ କାଳରେ ତେଲେଙ୍ଗାନା ବୋଲି ନାମିତ ହେଲା।

वही उसके बाद तेलंगाणा जैसा बन गया है ।

ୱହି ଉସକେ ବାଦ ତେଲଂଗାଣା ଜୈସା ବନ ଗୟା ହୈ।

ଆମ ରାଜ୍ୟର ରାଜଧାନୀ ହୈଦରାବାଦ।

हमारे राज्य की राजधानी हैदराबाद है।

ହମାରେ ରାଜ୍ୟ କୀ ରାଜଧାନୀ ହୈଦରାବାଦ ହୈ।

ଆମ ରାଷ୍ଟ୍ରରେ କୃଷ୍ଣା, ଗୋଦାବରୀ, ମଂଜୀରା, ତୁଂଗଭଦ୍ରା ପ୍ରଭୃତି ପବିତ୍ର ନଦୀମାନ ପ୍ରବାହିତ ହେଉଛି।

हमारे राष्ट्र में कृष्णा, गोदावरी, मंजीरा, तुंगभद्रा जैसे पवित्र नदियाँ बहते है ।

ହମାରେ ରାଷ୍ଟ୍ର ମେଁ କୃଷ୍ଣା, ଗୋଦାବରୀ, ମଂଜୀରା, ତୁଂଗଭଦ୍ରା ଜୈସୀ ପୱିତ୍ର ନଦୀୟାଁ ବହତୀ ହୈ।

ଏହି ରାଜ୍ୟରେ କେତେ ଦର୍ଗାହ, ମସ୍‌ଜିଦ୍, ଚର୍ଚ୍ଚ ଓ ଅନେକ ଦେବାଳୟ ରହିଛି।

इस राष्ट्र में कई दर्गाये, मसीदे, चर्च और कई देवालय है ।

ଇସ ରାଜ୍ୟ ମେଁ କଈ ଦରଗାହ, ମସ୍‌ଜିଦ, ଚର୍ଚ ଔର କଈ ଦେବାଲୟ ହୈ।

ଆମ ରାଜ୍ୟ ଏକ ଶାନ୍ତି ପ୍ରିୟ ରାଷ୍ଟ୍ର।

हमारा राज्य शांति चाहने वाला राष्ट्र है।

ହମାରା ରାଜ୍ୟ ଶାନ୍ତି ଚାହନେ ୱାଲା ରାଷ୍ଟ୍ର ହୈ।

ଏଠାକାର ଲୋକମାନେ ଶାନ୍ତିପ୍ରିୟ।

यहाॅं के निवासी शांति प्रिय हैं।

ୟହାଁ କେ ନିବାସୀ ଶାନ୍ତି ପ୍ରିୟ ହୈ।

ଭାରତ ଦେଶରେ ଆନ୍ଧ୍ର ପ୍ରଦେଶକୁ ଏକ ସ୍ୱତନ୍ତ୍ର ସ୍ଥାନ ପ୍ରାପ୍ତ ହୋଇଛି।

भारत देश में आन्ध्र प्रदेश को एक विशिष्ट स्थान प्राप्त है।

ଭାରତ ଦେଶ ମେଁ ଆନ୍ଧ୍ର ପ୍ରଦେଶ କୋ ଏକ ବିଶିଷ୍ଟ ସ୍ଥାନ ପ୍ରାପ୍ତ ହୈ।

16. ଜଳଖିଆ କେନ୍ଦ୍ର जलपान गृह ଜଲପାନ ଗୃହ (Tiffin Centre)

ଭାଇ ! ଏଇ ଆଖ ପାଖରେ କୌଣସି ଭଲ ଜଳଖିଆ କେନ୍ଦ୍ର ଅଛି କି ?

भाई साब ! इसके आस पास कोई अच्छा जलपान गृह है क्या ?

ଭାଇ ସାବ ! ଇସକେ ଆସ ପାସ କୋଇ ଅଚ୍ଛା ଜଲପାନ ଗୃହ ହୈ କ୍ୟା ?

ଅଛି ଆଜ୍ଞା ! ସିଧା ଯାଇ ଡାହାଣକୁ ବୁଲିଗଲେ।

है साब ! सीधा जा के दाई तरफ मुडियें ।

ହୈ ସାବ ! ସୀଧା ଜାକର କେ ଦାଈ ତରଫ୍ ମୁଡିୟେଁ।

ଆମେ ସମସ୍ତେ ମିଶିକି ଗୋଟିଏ ଭଲ ହୋଟେଲକୁ ଯିବା।

हम सब मिलके एक अच्छा होटल को जायेंगे

ହମ ସବ ମିଲକର ଏକ ଅଚ୍ଛେ ହୋଟଲ ମେଁ ଜାୟେଙ୍ଗେ।

ବର୍ତମାନ ନୁହେଁ। ଆଉ କିଛି ସମୟ ପରେ ଦେଖିବା।

अब नहीं थोडी देर के बाद देखेंगे ।

ଅଭୀ ନହୀଁ ଥୋଡ଼ୀ ଦେର କେ ବାଦ ଦେଖେଙ୍ଗେ।

ଜଳଖିଆ ସକାଳେ କରନ୍ତି। ଦ୍ୱିପ୍ରହରରେ ନୁହେଁ।

नास्ता सबेरे में करते । दोपहर में नहीं ।

ନାସ୍ତା ସବେରେ କରତେ ହେଁ। ଦୋ ପହର ମେଁ ନହୀଁ।

ଆପଣ କଣ ନେବେ ? — आप क्या लेते हैं ?
ଆପ କ୍ୟା ଲେତେ ହେଁ ?

ମୋତେ ଇଡିଲି, ଦୋସା ଦରକାର। — हमारे को इडली, दोसे होना है ।
ହମାରେ କୋ ଇଡଲି, ଡୋସା ହୋନା ହୈ।

ସମ୍ବର ଗରମ ଅଛି ? — साम्बर गरम है क्या ?
ସାମ୍ବର ଗରମ ହୈ କ୍ୟା ?

ପ୍ରଥମେ ପାଣି ଆଣ। — पहले पानी लावो ।
ପହଲେ ପାନୀ ଲାଓ।

ଏହି ମେଜଟା ସଫା କର। — यह मेज साफ करो ।
ୟହ ମେଜ ସାଫ କରୋ।

ଏଠି ବହୁତ ଅସନା ହୋଇଛି। — इधर पूरा कचरा कचरा है ।
ଇଧର ପୂରା କଚରା କଚରା ହୈ।

ସେଠାରେ ଭଲ ଅଛି, ସେଇଠି ବସିବା। — उधर अच्छा है वहाँ बैठेंगे ।
ଉଧର ଅଚ୍ଛା ହୈ, ୱହାଁ ବୈଠେଙ୍ଗେ।

ଏଠି ପଙ୍ଖା ଅଛି ହେଲେ ବୁଲୁ ନାହିଁ, ଲାଇଟ୍ ଅଛି ହେଲେ ଜଳୁ ନାହିଁ। — यहॉं पंखा है, लेकिन नहीं घुमता, लाइट है, नहीं जलता है।
ୟହାଁ ପଙ୍ଖା ହୈ ଲେକିନ ନହୀଁ ଘୁମତା, ଲାଇଟ ହୈ, ନହୀଁ ଜଲତା ହୈ।

ମୋର ସାମାନ୍ୟ ଦୁଧ ଦରକାର। — मुझे थोडा दूध चाहिए।
ମୁଝେ ଥୋଡ଼ା ଦୂଧ ଚାହିଏ।

ଦୁଧ ଭଲ ଲାଗେ। ହେଲେ ସେଥିରେ ଚିନି ପକେଇଲେ ଭଲ ଲାଗେ ନାହିଁ। — दूध पसंद है। मगर उसमें चीनी डालना पसंद नहीं है।
ଦୂଧ ପସନ୍ଦ ହୈ। ମଗର ଉସମେ ଚୀନୀ ଡାଲନା ପସନ୍ଦ ନହୀଁ ହୈ।

ଦୋସାରେ ପିଆଜ ପକାଇବ। — दोसा में प्याज डालना ।
ଡୋସା ମେଁ ପ୍ୟାଜ ଡାଲନା।

ସବୁଠୁ ଭଲ ମଶଲା ଦୋସା । सबसे अच्छा मसाला दोसा ।
ସବସେ ଅଚ୍ଛା ମସାଲା ଡୋସା ହୈ ।

ଏଠାରେ ଭଲ ଜିନିଷ ମିଳୁଛି କି ? यहाँ अच्छी चीजें मिलती है क्या ?
ୟହାଁ ଅଚ୍ଛୀ ଚୀଜେଁ ମିଲତୀ ହୈ କ୍ୟା ?

ଏଠି ଥରେ ଖାଇଲେ ତ ହେଲା । इधर एक बार खा लिया तो बस ।
ଇଧର ଏକ ବାର ଖା ଲିୟା ତୋ ବସ ।

ବାରମ୍ବାର ଏଇଠି ଖାଇବାକୁ ମନ ହବ । बार बार इधर ही खाना मन करता है ।
ବାରବାର ଇଧର ହୀ ଖାନେ କୋ ମନ କରତା ହୈ ।
इधर ही एक भोजनशाला है ।

17. ଭୋଜନାଳୟ भोजनालय ଭୋଜନାଲୟ (Hotel)

ମୋତେ ଭୋକ କଲାଣି । मुझे भूख लग रही है ।
ମୁଝେ ଭୂଖ ଲଗ ରହୀ ହୈ ।

ଏଠି ଗୋଟିଏ ମାତ୍ର ଭୋଜନାଳୟ ଅଛି । इधर एक ही भोजनाल् है ।
ଇଧର ଏକ ହୀ ଭୋଜନାଲୟ ହୈ ।

ସେଠି ଖାଇଲେ ଭଲ ହେବ ତ ? वहाँ पर खाना अच्छा है क्या ?
ୱହାଁ ପର ଖାନା ଅଚ୍ଛା ହୈ କ୍ୟା ?

ସ୍ୱାଦ ଭଲ । स्वाद अच्छा है ।
ସ୍ୱାଦ ଅଚ୍ଛା ହୈ ।

କଣ ଦରକାର କରୁଛନ୍ତି ଆଜ୍ଞା ? क्या चाहिए साब ?
କ୍ୟା ଚାହିଏ ସାବ ?

ମୋତେ କଣ କଣ ଅଛି ତାହାର ତାଲିକା ଦରକାର । मुझे मेनु की सूची चाहिए ।
ମୁଝେ ମେନୁ କୀ ସୂଚୀ ଚାହିଏ ।

କଣ ଚାହୁଛନ୍ତି (ଖାଇବେ) ଆଜ୍ଞା ? क्या चाहिए साब ?

କ୍ୟା ଚାହିଏ ସାବ ?

ମୋତେ ଦକ୍ଷିଣ ଭାରତୀୟ ଖାଦ୍ୟ ଦରକାର । मुझे साउथ इण्डिआप खाना चाहिए।

ମୁଝେ ସାଉଥ ଇଣ୍ଡିଆନ ଖାନା ଚାହିଏ ।

ଆପଣଙ୍କୁ ସାଉଥ ଇଣ୍ଡିଆନ ଖାଦ୍ୟ ବହୁତ ପସନ୍ଦ ? आपका साउथ इण्डिआन खाना बहुत पसंद है क्या ?

ଆପକୋ ସାଉଥ ଇଣ୍ଡିଆନ ଭୋଜନ ଜ୍ୟାଦା ପସନ୍ଦ ହୈ କ୍ୟା ?

ମୋତେ ବହୁତ ଭଲ ଲାଗେ । मुझे बहुत पसन्द है।

ମୁଛେ ବହୁତ ପସନ୍ଦ ହୈ ।

କେଉଁଥି ପାଇଁ ଏତେ ପସନ୍ଦ ଆପଣଙ୍କୁ ? किसिलिए उतना पसंद है आपको ?

କିସିଲିଏ ଉତନା ପସନ୍ଦ ହୈ ଆପକୋ ?

ସେହି ଖାଇବାରେ ମୋତେ ଛଅଟି ସ୍ୱାଦ ମିଳିଥାଏ । उस खाना में मुझे छ: स्वाद मिलते हैं।

ଉସ ଖାନା ମେଁ ମୁଝେ ଛଃ ସ୍ୱାଦ ମିଲତେ ହେଁ ।

ମାନେ ? मतलब ?

ମତଲବ ?

ଯେମିତି ଭାତ ନେଲେ ତାହା ହାଲକା ଲାଗେ । जैसे चावल लीजिए वह फिका रहता है।

ଜୈସେ ଚାଓଲ ଲୀଜିଏ ୱହ ଫିକା ରହତା ହୈ ।

ସେଥିରେ ଡାଲି, ଘିଅ ଓ ଆଚାର ମିଶାଇଲେ ତାହାର ସ୍ୱାଦ କିପରି ହୁଏ ଜାଣିଛ ? उसमें तुर डाल, घी, आचार मिलाए तो स्वाद कैसा है मालुम ?

ଉସମେଁ ତୁର ଡାଲ, ଘୀ, ଆଚାର ମିଲାୟେ ତୋ ସ୍ୱାଦ କୈସା ହୈ ମାଲୁମ ?

ମୁଁ କହି ପାରିବି ନାହିଁ।	नहीं बता सकता हुं मैं। ନହୀଁ ବତା ସକତା ହୁଁ ମୈଁ।
ତୁମେ ଖାଇଲେ ବୁଝିବ।	तुम ही खाकर समझ लो। ତୁମ ହୀ ଖାକର ସମଝ ଲୋ।
ଭୋଜନରେ ବାରମଜା ମଧ୍ୟ ଅଛି।	भोजन में गुझयिा भी है। ଭୋଜନ ମେଁ ଗୁଝିୟା ଭୀ ହୈ।
ଖାଲି ବାରମଜା ନୁହେଁ, ସେଥିରେ ପୁରୀ, ଛଂକା, ବରା, ଭଜା ମଧ୍ୟ ଦେବେ।	खाली गुझिया नहीं साब पुडी, छोंका बात, बरोयें, सुखी सब्जी भी देगें। ଖାଲି ଗୁଝିୟା ନହାଁ ସାବ ପୁଡ଼ି, ଛୋଂକା, ବରୋୟେଁ, ସୁଖୀ ସବ୍‌ଜୀ ଭୀ ଦେଂଗେ।
ଧନ୍ୟବାଦ ଭାଇ। ମୋତେ ଭଲ ଖାଦ୍ୟ ଖୁଆଇଲେ।	धन्यबाद भाइ, मुझे अच्छा खाना खिलाया। ଧନ୍ୟବାଦ ଭାଇ, ମୁଝେ ଅଛା ଖାନା ଖିଲାୟା।
ମୁଁ କେତେ ଦେବି।	मैं कितना बकसिस दुं। ମୈଁ କିତନା ବକସିସ ଦୁଁ।
ତାହା ଆପଣଙ୍କ ଖୁସି ଉପରେ ନିର୍ଭର କରେ ଆଜ୍ଞା।	वह आपकी मर्जी है। ୱହ ଆପକୀ ମର୍ଜୀ ହୈ ସାବ।
ଏଠାରେ ସେବା କିଛି ପରିମାଣରେ ଧୀମା।	इधर सेवा थोडी सुस्त /धीमी है। ଇଧର ସେୱା ଥୋଡୀ ସୁସ୍ତ / ଧୀମୀ ହୈ।

18. ଡାକଘର डाक घर ଡାକଘର (Post Office)

ଡାକଘର କେଉଁଠି ?
डाकघर कहाँ है ?
ଡାକଘର କହାଁ ହୈ ?

ଟିକିଏ ଆଗକୁ ଯାଇ ବାମ ପଟକୁ ଗଲେ ଗୋଟିଏ ଉଠାଣି ଆସିବ।
थोडा सीधा जा के बाई तरफ पलटे तो एक चढाव आता है ।
ଥୋଡା ସୀଧା ଜା କେ ବାଁଇ ତରଫ ପଲଟେ ତୋ ଏକ ଚଢାଓ ଆତା ହୈ।

ତାକୁ ଚଢ଼ି ଡାହାଣକୁ ଅନାଇଲେ ଲାଲ ବୋର୍ଡରେ ଧଳା ଅକ୍ଷରରେ ଲେଖା ନଜରକୁ ଆସିବ।
वह चढ़के दाई ओर देखे तो लाल बोर्ड पे सफेद अक्षरों में दिखता है ।
ଓହ ଚଢ଼କେ ଦାଇ ଔର ଦେଖେ ତୋ ଲାଲ ବୋର୍ଡ ପର ସଫେଦ ଅକ୍ଷରୋଁ ମେଁ ଲିଖା ଦିଖତା ହୈ।

ମୁଁ ଏହି ଚିଠିକୁ ଜଲ୍‌ଦୀ ପଠାଇବାକୁ ଚାହୁଁଛି।
मैं इस चिठी को जल्दी से भेजना चाहता हुँ।
ମୈଁ ଇସ ଚିଠୀ କୋ ଜଲ୍‌ଦୀ ସେ ଭେଜନା ଚାହତା ହୁଁ।

ସ୍ପୀଡ ପୋଷ୍ଟରେ ପଠାନ୍ତୁ।
स्पीड पोष्ट में भेजिए।
ସ୍ପୀଡ ପୋଷ୍ଟ ମେଁ ଭେଜିଏ।

ଲଫାଫାରେ କେତେ ଟଙ୍କାର ଡାକଟିକଟ ଲଗାଇବି ?
लिफाफे पे कितने का डाक टिकेट चिपकाना साब ?
ଲିଫାଫା ପେ କିତନେ କା ଡାକ ଟିକେଟ ଚିପକନା ସାବ ?

ଆଉ ଟିକେଟ ଲଗାଇବା ଦରକାର ନାହିଁ।
और भी टिकेट चिपकाने की जरूरत नहीं है ।
ଔର ଟିକେଟ ଚିପକାନେ କୀ ଜରୁରତ ନହୀଁ ହୈ।

ଦୟାକରି ଏହି ଲଫାଫାକୁ ଓଜନ କରୁଛନ୍ତି କି ?
कृपया आप इस लिफाफे को तोलते है क्या ?
କୃପୟା ଆପ ଇସ ଲିଫାଫେ କୋ ତୋଲତେ ହୈ କ୍ୟା ?

ଏହାର ଓଜନ ଅନୁସାରେ ଆପଣ ଏଥିରେ ଅଶୀ ଟଙ୍କାର ଟିକେଟ ଲଗାଇବେ।	**इसके भार के (वजन के) अनुसार आप इसको अस्सी रूपये का टिकट चिपकाइये ।** ଇସକା ଭାରକେ (ଓଜନ କେ) ଅନୁସାର ଆପ ଇସକା ଅସ୍‌ସୀ ରୁପୟେ କା ଟିକଟ ଚିପକାଇୟେ।
ପତ୍ର ଚଂଚଳ ପହଂଚିବା ପାଇଁ ପିନକୋଡ ନମ୍ବର ଠିକ ଲେଖିବା ଦରକାର।	**पत्र जल्दी पहुँचने के लिए पिनकोड नंबर सही लिखना जरूरी है ।**
ବୁକପୋଷ୍ଟର ଲଫାପା ଥିଲେ ବନ୍ଦ କରିବ ନାହିଁ।	**बुक पोस्ट लिफाफा है तो बन्द नहीं करना ।** ବୁକ ପୋଷ୍ଟ ଲିଫାଫା ହୈ ତୋ ବନ୍ଦ ନହାଁ କରନା।
ମନି ଅର୍ଡର କେତେବେଳ ଯାଏ ନେଉଛନ୍ତି ?	मनी अर्डर कब तक लेते हैं ? ମନି ଅର୍ଡର କବ ତକ ଲେତେ ହେଁ ?
ତିନିଟା ବେଳ ଯାଏ ନେଉଛୁ।	तिन बजे तक स्वीकार करते हैं। ତିନ ବଜେ ତକ ସ୍ୱୀକର କରତେ ହେଁ।
ହଜାରେ ଟଙ୍କା ପଠାଇବାକୁ ହେଲେ କେତେ ଶୁଳ୍କ ନେଉଛ ?	हजार रूपये भेजने के लिये कितना शुल्क है ? ହଜାର ରୁପୟେ ଭେଜନେ କେ ଲିୟେ କିତନା ଶଲ୍କ ହୈ ?
ପଚାଶ ରୁପୟେ।	पचाश रूपये। ପଚାଶ ରୁପୟେ ହୈ।
ମନିଅର୍ଡର ଫର୍ମ କିପରି ପୂରଣ କରିବା ଆଜ୍ଞା ?	मनीअर्डर पत्र कैसे भातें हैं साब ? ମନୀଅର୍ଡର ପତ୍ର କୈସେ ଭାତେ ହୈଂ ସାବ ?

ତାହାକୁ କିପରି ପୂରଣ କରିବେ ତାହା ତିନିଗୋଟି ଭାଷାରେ ଲେଖା ଯାଇଛି।	उसको कैसा भरना है उसमें ही तीन भाषाओं में लिखा है । ଉସକୋ କୈସା ଭରନା ହୈ ଉସମେଁ ହୀ ତୀନ ଭାଷାଓଁ ମେଁ ଲିଖା ହୈ।
ଡାକ କେତେବେଳେ ବାହାରୁଛି ?	पोष्ट कब निकलते है ? ପୋଷ୍ଟ କବ ନିକଲତେ ହେଁ ?
ଏବେକାର ପୋଷ୍ଟ ତ ବାହାରି ଗଲାଣି।	अबका पोष्ट तो निकल दिया। ଅବକା ପୋଷ୍ଟ ତୋ ନିକାଲ ଦିୟା।
ଆର ପୋଷ୍ଟ ଦ୍ୱିପ୍ରହରର ଚାରିଟା ବେଳେ ବାହାରିବ।	अगला है तो दोपहर में चार बजे को निकालते है । ଅଗଲା ହୈ ତୋ ଦୋପହର ମେଁ ଚାର ବଜେ କୋ ନିକାଲତେ ହେଁ।
ଆଜି ଚିଠି ବଂଟା ଯିବ କି ?	आज चिट्ठियों को वितरण करते है क्या ? ଆଜ ଚିଠିୟାଁ କା ବିତରଣ କରତେ ହେଁ କ୍ୟା ?
କାହିଁକି କରିବା ନାହିଁ ? ନିଶ୍ଚୟ କରିବୁ।	क्यों नहीं करते ? जरूर करते है । କ୍ୟୁଁ ନହୀଁ କରତେ ? ଜରୁର କରତେ ହୈ।

19. ରେଲ ଷ୍ଟେସନ रेलवे स्टेशन ରେଲୱେ ସ୍ଟେସନ (Railway Station)

ଆଜି ମୁଁ ରାଜମଣ୍ଡ୍ରି ଯିବାକୁ ଚାହୁଁଛି।	आज मैं राजमन्ड्री जाना चाहता हूँ । ଆଜ ମେଁ ରାଜମଣ୍ଡ୍ରି ଜାନା ଚାହତା ହୁଁ।
କେମିତି ଯିବାକୁ ଚାହୁଛନ୍ତି ?	कैसा जाना चाहते है ? କୈସା ଜାନା ଚାହତେ ହେଁ ?
ରେଲରେ ନା ବସରେ ?	रेल से या बस से ? ରେଲ ସେ ଯା ବସ ସେ ?

ରେଳ ଦ୍ୱାରା ତ ନ ଘଂଟାରେ ଆରମରେ ଯାଇ ପାରିବେ।	रेल द्वारा है तो नौ घंटे में आराम से जा सकते है। ରେଲ ଦ୍ୱାରା ତୋ ନୌ ଘଂଟେ ମେଁ ଆରାମ ସେ ଜା ସକତେ ହେଁ।
ଆପଣ ଆରକ୍ଷଣ କରି ସାରିଛନ୍ତି କି ?	आप आरक्षण करा लिये है क्या ? ଆପ ଆରକ୍ଷଣ କରା ଲିୟେ କ୍ୟା ?
ହଁ ! ହୋଇ ଯାଇଛି।	हाँ ! हो गया । ହାଁ ! ହୋ ଗୟା।
ମୋ ଭାଗ୍ୟକୁ ଝରକା ପାଖକୁ ସିଟ ମିଳିଛି।	हमारे नसीब से खिडकी के पास सीट मिली है । ହମାରେ ନସିବ ସେ ଖିଡକୀ କେ ପାସ ସୀଟ ମିଲୀ ହୈ।
ଆପଣ ଆପଣଙ୍କ ସିଟରେ ବସିଛନ୍ତି ନା ଅନ୍ୟ ସିଟରେ ବସିଛନ୍ତି ଦେଖି ନିଅନ୍ତୁ।	आप आपके सीट में बैठे या दूसरों के सीट में बैठे है देख लिजिए । ଆପ ଆପକେ ସିଟ ମେଁ ବୈଠେ ୟା ଦୁସରୋଁ କେ ସୀଟ ପର ବୈଠେ ଦେଖ ଲିଜିଏ।
ମୁଁ ସବୁ ଦେଖି ବସିଛି।	मैं सब देख लेके बैठा हूँ । ମୈଁ ସବ ଦେଖ କର ବୈଠା ହୁଁ।
ସେହି ଝରକାକୁ ବନ୍ଦ କରି ଦିଅ ନହେଲେ ଅଳିଆ ଭିତରକୁ ଆସୁଛି।	वह खिडकी बंद कर लो नहीं तो कचरा अंदर आता है । ୱହ ଖିଡକୀ ବନ୍ଦ କର ଲୋ ନହୀଁ ତୋ କଚରା ଅନ୍ଦର ଆତା ହୈ।
ଖାଇବା ଡିବା କେଉଁ ପଟରେ ?	खाने का डिब्बा किस तरफ है ? ଖାନେ କା ଡିବ୍ବା କିସ ତରଫ ହୈ ?
ତାହା ସେ ପଟେ।	वह उस तरफ है । ୱହ ଉସ ତରଫ ହୈ।

ମୁଁ କାଲି ରାତି ଗାଡ଼ିରେ ମୁମ୍ବେଇ ଯିବି।	**मैं कल रात की गाडी से मुंबई जाऊँगा ।** ମୈଁ କଲ ରାତ କୀ ଗାଡୀ ସେ ମୁଂବଇ ଜାଉଁଗା।
ମୁମ୍ବେଇକୁ ଗୋଟିଏ ଗାଡ଼ି ଯାଉଛି କି ?	**मुंबई को एक ही गाडी जाती है क्या ?** ମୁମ୍ବଇ କୋ ଏକ ହୀ ଗାଡୀ ଜାତୀ ହୈ କ୍ୟା ?
ଗୋଟିଏ ଗାଡ଼ି ଯାଉଛି।	**एक ही गाडी जाती है ।** ଏକ ହୀ ଗାଡ଼ି ଜାତୀ ହୈ।
ଅଛି ତ, ତାହାଲେ କିଛି କଥା ନାହିଁ।	**है तो कोई बात नहीं ।** ହୈ, ତୋ କୋଇ ବାତ ନହୀଁ।
ନହେଲେ ମଝିରେ ଗାଡି ବଦଳାଇବାକୁ ପଡ଼ିବ।	**नहीं तो बीच में गाडी बदलना पडेगा ।** ନହୀଁ ତୋ ବୀଚ ମେଁ ଗାଡୀ ବଦଲନା ପଡେଗା।
ମୁଁ ଆପଣଙ୍କ ସହିତ ଷ୍ଟେସନକୁ ଯିବି।	**मैं आपके साथ स्टेशन को आऊँगा ।** ମୈଁ ଆପକେ ସାଥ ଷ୍ଟେସନ କୋ ଜାଉଁଗା।
ତାହାଲେ ତୁମେ ଜଲ୍ଦୀ ପ୍ରସ୍ତୁତ ହୋଇଯାଅ।	**वैसा है तो तुम जल्दी तैयार हो जाना ।** ୱୈସା ହୈ ତୋ ତୁମ ଜଲ୍ଦୀ ତୈୟାର ହୋ ଜାନା।
ସେମାନେ ଗାଡି ଧରି ପାରିଲେ ନାହିଁ।	**वे लोग गाडी को नहीं पकड सके ।** ୱେ ଲୋଗ ଗାଡି ନହୀଁ ପକଡ ସକେ।
ଆଜି ଗାଡ଼ି ବହୁତ ଡେରୀରେ ଆସିବ।	**आज गाडी बहुत देर से आ रही है ।** ଆଜ ଗାଡୀ ବହୁତ ଦେର ସେ ଆ ରହୀ ହୈ।
ହଁ ଆଜ୍ଞା ! ଆଜି ଠିକ ସମୟ ଠାରୁ ପଛେଇକି ଚାଲିଛି।	**हाँ ! जी ! आज सही समय से पीछे चल रही है** ହାଁ ଜୀ ! ଆଜ ସହୀ ସମୟ ପର ସେ ପୀଛେ ସେ ଚଲ ରହୀ ହୈ।
ଖାଇବା ପାଇଁ ଗାଡିରୁ ଓହ୍ଲାଇବା ଦରକାର ନାହିଁ।	**खाने के लिए गाडी से उतरने की जरूरत नहीं है ।** ଖାନେ କେ ଲିଏ ଗାଡୀ ସେ ଉତରନା କୀ ଜରୁରତ ନହୀଁ ହୈ।

ଖାଇବା ଜିନିଷ ଗାଡିରେ ମିଳିବ।

खाना गाडी में ही मिलता है ।
ଖାନା ଗାଡି ମେଁ ହୀ ମିଲତା ହୈ।

ଖାଇବା ଜିନିଷ ଭଲ ମିଳିଲେ ଯେତେ ଦୂରରେ ହେଲେ ମଧ୍ୟ ମୁଁ ଯିବାକୁ ଚାହେଁ।

खाना अच्छा मिले तो कितना दूर है तो भी कोई बात नहीं सफर कर सकता हूँ ।
ଖାନା ଅଚ୍ଛା ମିଲେ ତୋ କିତନି ଭୀ ଦୂର ହୋ କୋଇ ବାତ ନହୀଁ ମେଁ ଆସାନୀ ସେ ସଫର କର ସକତା ହୁଁ।

20. ଖେଳ खेल ଖେଲ (Sports)

ଆପଣ କେଉଁ ଖେଳ ଖେଳନ୍ତି ?

आप कौन सा खेल खेलते है ?
ଆପ କୌନ ସା ଖେଲ ଖେଲତେ ହେଁ ?

ମୁଁ ଚେସ ଖେଳେ।

मैं शतरंज खेलता हूँ ।
ମେଁ ଶତରଂଜ ଖେଲତା ହୁଁ।

ଆପଣଙ୍କୁ କେଉଁ ଖେଳ ପସନ୍ଦ ?

आपको कौन सा खेल पसंद है ।
ଆପକୋ କୌନ ସା ଖେଲ ପସନ୍ଦ ହୈ ?

ମୁଁ ଗୁଡ଼ି ଉଡାଇ ପାରିବି।

मैं पतंग उडा सकता हूँ ।
ମେଁ ପତଙ୍ଗ ଉଡା ସକତା ହୁଁ।

ସେମାନେ କେଉଁ ଖେଳର କୁଶଳ ଖେଳାଳୀ ?

वे लोग कौनसे खेल में कुशल खिलाडी है
ୱେ ଲୋଗ କିସ ଖେଲ କେ କୁଶଲ ଖିଲାଡୀ ହେଁ ?

ସେମାନେ କବାଡୀ ଭଲ ଖେଳନ୍ତି।

वे लोग कबड्डी अच्छा खेलते है ।
ୱେ ଲୋଗ କବାଡି ଅଚ୍ଛା ଖେଲତେ ହେଁ।

ଆଜିକାଲି କ୍ରିକେଟକୁ ଅଧିକ ପ୍ରୋତ୍ସାହନ ମିଳୁଛି।

आजकल क्रिकेट को अधिक प्रोत्साहन मिल रहा है ।
ଆଜକଲ କ୍ରିକେଟ କୋ ଅଧିକ ପ୍ରୋତ୍ସାହନ ମିଲ ରହା ହୈ।

ଆଜି ବା କାଲି ନୁହେଁ, ସବୁବେଳେ ତାକୁ ପ୍ରୋତ୍ସାହନ ମିଳୁଛି। ଆପଣ ଜାଣି ନାହାନ୍ତି।	**आज या कल नहीं है भाई उसको कभी भी प्रोत्साहन मिलता जा रहा है मालूम ?** ଆଜ ୟା କଲ ନହାଁ ହମେଶା ଭାଇ ଉସକୋ ପ୍ରୋତ୍ସାହନ ମିଲତା ହୈ ଆପକୋ ନହାଁ ମାଲୁମ ?
ଆପଣ ଯାହା କହୁଛନ୍ତି ତାହା ସତ।	**आप जो बोल रहे है वह सही है ।** ଆପ ଜୋ ବୋଲ ରହେ ହେଁ ୱହ ସଚ ହୈ।
କ୍ରିକେଟ ବଦଳରେ କଣ ଆଉ କେଉଁ ଅନ୍ୟ ଖେଳ କଣ ନାହିଁ।	**क्रिकेट के अलावा दूसरा खेल नहीं है क्या ?** କ୍ରିକେଟ କେ ଅଲୱା କୋଇ ଦୁସରା ଖେଲ ନହାଁ ହୈ କ୍ୟା ?
ମତେ ଉଂଚକୁ ଡେଇଁବା ପସନ୍ଦ।	**मुझे ऊँची कूद पसंद है ।** ମୁଝେ ଊଁଚି କୁଦ ପସନ୍ଦ ହୈ।
ତୁମେ ସେଥିରେ ଭଲ କରି ପାରିବ ?	**तुम उतना अच्छा कर सकते हा ?** ତୁମ ଉସମେଁ ଅଚ୍ଛା କର ସକତେ ହୋ ?
ନାଁ! ନାଁ! ମୁଁ ଭଲ ଦେଖିପାରେ।	**नहीं ! नहीं ! अच्छा देख सकता हूँ ।** ନହାଁ! ନହାଁ! ମେଁ ଅଚ୍ଛା ଦେଖ ସକତା ହୁଁ।
ସେ କିଏ ଆପଣ ଜାଣିଛନ୍ତି ?	**वह कौन है मालूम ?** ୱହ କୌନ ହୈ ଆପକୋ ମାଲୁମ ହୈ ?
ଜାଣେ। କ୍ଷୀପ୍ର ଦୌଡାଳୀ।	**मालूम है । तेज धावक है ।** ମାଲୁମ ହୈ। ତେଜ ଧାବକ ହୈ।
ଆପଣଙ୍କ କଳାଶାଳାରେ ପ୍ରତ୍ୟହ ଖେଳିବାପାଇଁ ପିରିୟଡ ଅଛି କି ?	**आपके कलाशाला में रोजाना खेलने के लिए पिरीयड है क्या ?** ଆପକେ କଲାଶାଲା ମେଁ ରୋଜନା ଖେଲନେ କେ ଲିଏ ପୀରିୟଡ ହୈ କ୍ୟା ?

ହଁ ଆଜ୍ଞା ! ପ୍ରତ୍ୟହ ଆମେ ଚାରିଟା ବେଳେ ପଡିଆକୁ ଯାଉ।	**जी हाँ ! हर रोज हम चार बजे मैदान को जाते है।** ଜୀ ହାଁ ! ହର ରୋଜ ହମ ଚାର ବଜେ ମୈଦାନ ମେଁ ଜାତେ ହେଁ।
ଆପଣମାନେ ସେଠାରେ କେଉଁ କେଉଁ ଖେଳ ଖେଳନ୍ତି ?	**आप लोग उधर कौन कौन सा खेल खेलते है ?** ଆପଲୋଗ ଉଧର କୌନ-କୌନ ସେ ଖେଲ ଖେଲତେ ହେଁ ?
ଆପଣ ହସିବେ ନାହିଁ ତ ମୁଁ କହିବି।	**आप नहीं हँसे तो मैं बोलता हूँ ।** ଆପ ନହୀଁ ହସେଂଗେ ତୋ ମୈଁ ବୋଲୁଁ।
ମୁଁ ହସିବି ନାହିଁ କୁହ।	**मै नहीं हँसता हूँ बोलो ।** ମୈଁ ନହୀଁ ହଁସୁଗା ବୋଲୋ।
ସେଠାରେ ଆମେ ଗୋଲି ମଧ୍ୟ ଖେଳୁ।	**वहाँ हम कंचे भी खेलते है ।** ୱହାଁ ହମ କଂଚେ ଭୀ ଖେଲତେ ହେଁ।
ତାହାକୁ ପହଁରିବାକୁ ଭଲ ଲାଗେ।	**उसको तैरना पसंद है ।** ଉସକୋ ତୈରନା ପସଂଦ ହୈ।
ହେଲେ ପାଣି ନାହିଁ।	**लेकिन पानी नही है ।** ଲେକିନ ପାନୀ ନହୀଁ ହୈ।
ଖେଳରେ କିଏ ହାରିବ, କିଏ ଜିତିବ କାହାକୁ ମଧ୍ୟ ଜଣା ନଥାଏ।	**खेलों में कौन हारते, कौन जीतने किसी को भी मालूम नहीं है ।** ଖେଲୋଁ ମେଁ କୌନ ହାରେଗା, କୌନ ଜୀତେଗା କିସୀ କୋ ଭୀ ମାଲୁମ ନହୀଁ ହୈ।
ଗୋଟିଏ ଜିନିଷ ତ ପକ୍କା ଯେ ଖେଳାଳୀମାନଙ୍କ ସ୍ୱାସ୍ଥ୍ୟ ଭଲ ରହୁଛି।	**एक चीज तो पक्की है खिलाडियों का स्वास्थ्य अच्छा रहता है ।** ଏକ ଚୀଜ ତୋ ପକ୍କୀ ହୈ କି ଖିଲାଡ଼ିୟୋଁ କା ସ୍ୱାସ୍ଥ୍ୟ ଅଚ୍ଛା ରହତା ହୈ।

21. ସ୍ୱାସ୍ଥ୍ୟ स्वास्थ्य ସ୍ୱାସ୍ଥ୍ୟ (Health)

ଆପଣ କେମିତି ଅଛନ୍ତି ?	आप कैसे हो ? ଆପ କୈସେ ହୋ ?
ଭଲରେ ନାହିଁ ।	ठीक नहीं हैं । ଠିକ୍ ନହୀଁ ହୈଁ । କଣ ହୋଇଛି ? କ୍ୟା ହୁଆ ?
ମୋର ପେଟରେ ପ୍ରବଳ ବ୍ୟଥା ହେଉଛି ।	आखिर मुझे पेट में दर्द आ रही है । ଆଖିର ମୁଝେ ପେଟ ମେଁ ଦର୍ଦ ହୋ ରହା ହୈ ।
କାହିଁକି ?	क्यों की ?
ତାହା ଜଣା ଥିଲେ ଏତେ କଷ୍ଟ କାହିଁକି ପାଆନ୍ତି ?	वह मालूम हुआ तो इतना गडबड क्यों चलता है ? ୱହ ମାଲୁମ ହୋତା ତୋ ଇତନା ପରେଶାନୀ କ୍ୟୋଁ ହୋତୀ ?
ଥରେ କି ଦି ଥର ହେଲେ ଠିକ ଅଛି ।	एक या दो बार है तो ठीक है । ଏକ ୟା ଦୋ ବାର ହୈ ତୋ ଠିକ ହୈ ।
ବାରମ୍ବାର ହେଲେ ତ ପେଟରେ କିଛି ଗଡ଼ବଡ ହେଉଛି ବୋଲି ବୁଝିବାକୁ ହେବ ।	बार बार आ रही तो पेट में कुछ हुआ जैसा मालूम पड़ता है । ବାରବାର ଆ ରହୀ ତୋ ପେଟ ମେଁ କୁଛ ହୁଆ ଜୈସା ମାଲୁମ ପଡତା ହୈ ।
ଏହା ଆଗରୁ ତ ଆପଣ ଭଲ ଥିଲେ ।	इसके पहले दिनों में आप अच्छा थे । ଇସକେ ପହଲେ ଦିନୋ ମେଁ ଆପ ଅଛେ ଥେ ।

ମୋର ଗୋଟାଏ ଧଂଧାରେ (ବ୍ୟାପାରରେ) କ୍ଷତି ହୋଇଛି ।	**मुझे एक धंधे में (व्यापार में) नुकसान हुआ है ।** ମୁଝେ ଏକ ଧଂଧେ ମେଁ (ବ୍ୟାପାର ମେଁ) ନୁକସାନ ହୁଆ ହୈ ।
ଘବରାରେ ଠିକ ସମୟରେ ଖାଇ ବି ପାରୁନାହିଁ ।	**उस घबराहट में समय को नहीं खाया ।** ଉସ ଘବରାହଟ ମେଁ ସମୟ କୁଛ ନହୀଁ ଖାୟା ।
କଣ ଔଷଧ ଖାଉଛ ?	**कौन सा दवा लिया ?** କୌନ ସୀ ଦୱା ଲୀ ହୈ ?
କେତେ ଔଷଧ ଖାଇଲିଣି ।	**कई दवाइयाँ ली** କଈ ଦୱାଇୟାଁ ଲୀ ହୈ ।
ଆପଣଙ୍କ ପିଲାମାନେ କିପରି ଅଛନ୍ତି ?	**आपके बच्चे कैसे है ?** ଆପକେ ବଛେ କୈସେ ହେଁ ?
ଛୋଟର ମୁଣ୍ଡ ବିନ୍ଧୁଛି,ବଡର ଖାସ ହେଉଛି ?	**छोटे बच्चे को सिर मे दर्द, बड़े बच्चे को खाँसी है ?** ଛୋଟେ ବଛେ କୋ ସିର ମେଁ ଦର୍ଦ, ବଡେ ବଛେ କୋ ଖାଁସୀ ହୈ ?
ଏହାର ମାନେ କଣ ଜାଣୁଛ ?	**इसका मतलब क्या है मालूम ?** ଇସକା ମତଲବ କ୍ୟା ହୈ ମାଲୁମ ?
ଆପଣ ସ୍ୱାସ୍ଥ୍ୟ ନିୟମକୁ ପାଳନ କରୁ ନାହାନ୍ତି ।	**आप लोग स्वास्थ्य के नियमों के अनुसार नहीं कर रहे हैं** ଆପ ଲୋଗ ସ୍ୱାସ୍ଥ୍ୟ କେ ନିୟମୋଁ କେ ଅନୁସାର ନହୀଁ କର ରହେ ହେଁ ।
କଣ କରିବି ?	**क्या करना ?** କ୍ୟା କରେଁ ?

ପ୍ରତିଦିନ ସକାଳେ ଗୋଟାଏ କି ଦେଢ଼ ଲିଟର ପାଣି ପିଅନ୍ତୁ।	**हर दिन सुबह में एक डेढ़ लीटर पानी पीजिए ।** ହର ଦିନ ସୁବହ ମେଁ ଏକ ଦେଢ଼ ଲିଟର ପାନୀ ପୀଜିଏ।
ସକାଳେ ପାଣି ପିଇଲେ ମୋ ମୁଣ୍ଡ ବୁଲାଇ ଦେଲା ଦେଲା ପରି ଲାଗୁଛି।	**सुबह में पानी पीये तो मुझे सिर गिर रहा है जैसा लगता है ।** ସୁବହ ମେଁ ପାନୀ ପୀୟେଁ ତୋ ମୁଝେ ସୀର ଗିର ରହା ହୈ ଜୈସା ଲଗତା ହୈ।
ଆପଣ ସିଗାରରଟ ଟାଣନ୍ତି କି ?	**आप सीगरेट पीते है क्या ?** ଆପ ସିଗରେଟ ପୀତେ ହୈଁ କ୍ୟା ?
ତୁମେ କିଛି ବଟିକା କାହିଁକି ଦେଉଛ ?	**तुम कुछ गोलियाँ देते हो क्या ?** ତୁମ କୁଛ ଗୋଲିୟାଁ ଦେତେ ହୋ କ୍ୟୁ ?
ମୁଁ ତ ଦେଉ ନାହିଁ, ହେଲେ ସେ ଦିଅନ୍ତି।	**मैं तो नहीं देता हुं, मगर वे देते हैं।** ମୈଁ ତୋ ନହୀଁ ଦେତା ହୁଁ, ମଗର ୱେ ଦେତେ ହୈଁ।
ସ୍ୱାସ୍ଥ୍ୟ ହିଁ ସବୁକିଛି।	**स्वास्थ्य ही महा भाग्य है।** ସ୍ୱାସ୍ଥ୍ୟ ହୀ ମହା ଭାଗ୍ୟ ହୈଁ।
ସେହି କଥା ହିଁ ସବୁଠାରୁ ମହତ୍ୱପୂର୍ଣ୍ଣ।	**वह बात सबसे अच्छी बात है।** ୱହ ବାତ ସବସେ ମହତ୍ୱପୂର୍ଣ୍ଣ ହୈ।

22. ବୈଦ୍ୟ हकिम ହକିମ

ଏଇଠି ବସନ୍ତୁ।	यहाँ बैठिये । ୟହାଁ ବୈଠିଏ।
ଅସୁବିଧା କଣ ?	समस्या क्या है ? ସମସ୍ୟା କ୍ୟା ହୈ ?
ନିଃଶ୍ୱାସ ନେଲା ବେଳକୁ କଷ୍ଟ ହେଉଛି।	श्वास लेते समय दर्द हो रहा है । ଶ୍ୱାସ ଲେତେ ସମୟ ଦର୍ଦ ହୋ ରହା ହୈ।
ନିଃଶ୍ୱସ ନିଅନ୍ତୁ।	श्वास लीजिए । ଶ୍ୱାସ ଲୀଜିଏ।
ଏହି ଅସୁବିଧା କେବେଠୁଁ ହେଲାଣି ?	यह समस्या कब से है ? ୟହ ସମସ୍ୟା କବ ସେ ହୈ ?
ସାତ ମାସ ହେଲା ହେଲାଣି।	सात महीने से । ସାତ ମହୀନେ ସେ।
ଆଉ କଣ ଆପଣଙ୍କର ଅସୁବଧା ହେଉଛି ?	और क्या समस्या है आपको ?
ଭୋକ ହେଉ ନାହିଁ।	भूख नहीं लग रही है ।
ଓଜନ ବଢ଼ି ଗଲାଣି।	भार बढ़ गया है । ଭାର ବଢ଼ ଗୟା ହୈ।
ତା' ଉପରେ ପୁଣି କାଶ।	अक्सर खाँसी है । ଅକ୍ସର ଖାଁସୀ ହୈ।

କିଛି କରିବାକୁ ଇଛା ହେଉନାହିଁ।	कुछ भी करने को मन नहीं लग रहा है । କୁଛ ଭୀ କରନେ କୋ ମନ ନହୀଁ ଲଗ ରହା ହୈ।
ଭିଡି ମୋଡି ହଲା ପରି ଲାଗୁଛି।	चिड चिडी हो रही है । ଚିଡ ଚିଡ ହୋ ରହୀ ହୈ।
ଗୋଟିଏ ପ୍ରଶ୍ନ ପଚାରିଲି ତ, ଶହେ ସମାଧାନ ଦେଇଦେଲେ।	एक सवाल पूछे तो सौ समाधान दे दिये । ଏକ ସୱାଲ ପଛେ ତୋ ସୌ ସମାଧାନ ଦେ ଦିୟେ।
କଣ କରିବି ଆଜ୍ଞା ?	क्या करना साब? କ୍ୟା କରନା ସାବ ?
ସମସ୍ୟା ସହିତ ମୁଁ ଲଢ଼େଇ କରୁଛି।	समस्याओं से मैं संग्राम कर रहा हूँ ।
ସବୁଠାରୁ ଭଲ ଓ ସବୁଠାରୁ ବଡ଼ ଔଷଧ କଣ ଜାଣିଛ, ତୁମେ କମ କଥା କହିବେ।	सबसे पहला और सबसे बडी दवा क्या है मालूम, आप बातें कम करना ।
ଖାଦ୍ୟ ସଂପର୍କରେ ସତର୍କ ହେବେ।	आहार के बारे में जागरूक रहिये । ଆହାର କେ ବାରେ ମେଁ ଜାଗରୁକ୍ ରହିୟେ।
କିଛି ଦିନ ଟାଏଁ ଦିଇ ଥର ଖାଦ୍ୟ ଖାଆନ୍ତୁ।	थोडे दिनों तक दो बार ही खाना खाईए ।
ଛାନିଆ ହୁଅ ନାହିଁ।	घबराइए मत । ଘବରାଇଏ ମତ।
ମୁଁ ବଟିକା ଦେଉଛି।	मैं गोलियाँ दे रहा हूँ । ମୁଁ ଗୋଲିୟାଁ ଦେ ରହା ହୁଁ।
ଆପଣ ଏହାକୁ ଠିକ ସମୟରେ ମୁଁ ଯେମିତି କହିଛି ସେମିତି ଖାଇବ।	आप उनको समय पर मैं जैसा बोला वैसा लीजिए ।

ଆପଣଙ୍କର କେଉଁଠି ଜଖମ ତ ହୋଇ ନାହିଁ ?

आपको जुकाम तो नहीं है ना ?
ଆପକୋ ଜୁକାମ ତୋ ନହୀଁ ହୈ ନା ? ପ୍ରତ୍ୟେକ ନିନ

ସକାଳେ ବ୍ୟାୟାମ ମଧ୍ୟ ଆରମ୍ଭ କରି ଦିଅନ୍ତୁ।

हर दिन सुबह में व्यायाम भी शुरू करिए ।
ହର ଦିନ ସୁବହ ମେଁ ବ୍ୟାୟାମ ଭୀ ଶୁରୁ କରିଏ।

ଧନ୍ୟବାଦ ବୈଦ ମହାଶୟ (ଡାକ୍ତର ବାବୁ)।

धन्यवाद हकीम साब !
ଧନ୍ୟବାଦ ହକୀମ ସାବ !

23. ମନୋରଂଜନ **मनोरंजन** ମନୋରଂଜନ (Entertainment)

ଆଜିକାଲି କେତେ ଲୋକ ମନୋରଂଜନ ପାଇଁ ବହୁତ ଖର୍ଚ୍ଚ କରୁଛନ୍ତି।

आजकल कई लोग मनोरंजन के लिए बहुत खर्च कर रहे हैं।

ଆଜକଲ କଈ ଲୋଗ ମନୋରଂଜନ କେ ଲିଏ ବହୁତ ଖର୍ଚ କର ରହେ ହୈଁ।

ଏହି ଯାନ୍ତ୍ରିକ ଜୀବନରେ ସମସ୍ତଙ୍କୁ ଏକ ପ୍ରକାର ଆକର୍ଷଣ ଅଧିକ ହେଉଛି।

इस यांत्रिक जीवन में सब को तनाव ज्यादा हो रहा है ।
ଇସ ୟାଂତ୍ରିକ ଜବନ ମେଁ ସବ କୋ ତନାବ ଜ୍ୟାଦା ରହା ହୈ।

ପ୍ରତ୍ୟେକ ଲୋକ ସୁଖରେ ରହିବାକୁ ଚାହୁଛି।

हर एक आदमी सुख से जीना चाहता है । ହର ଏକ ଆଦମୀ ସୁଖ ସେ ଜୀନା ଚାହତେ ହୈଁ।

ହେଲେ ଭାବିବା ପାଇଁ ଓ ସୁଖ ପାଇଁ କୌଣସି ସଂପର୍କୀୟର ଲୋଡା ନଥାଏ।

मगर सोचने को और सुख को कोई रिश्तेदारी नहीं रहती है।
ମଗର ସୋଚନେ କୋ ଔର ସୁଖ କୀ କଈ ରିସ୍ତେଦାରୀ ନହୀଁ ରହତୀ ହୈ।

ସେଥିପାଇଁ ମନୋରଂଜନ ପଛରେ ଦୌଡୁଛନ୍ତି।	**उस लिए मनोरंजन के पीछे भागते है ।** ଉସଲିଏ ମନୋରଂଜନ କେ ପୀଛେ ଭାଗତେ ହେଁ।
କେତେ ଲୋକଙ୍କୁ ସଂଗୀତ ପସନ୍ଦ।	**कुछ लोगों को संगीत पसंद है ।** କୁଛ ଲୋଗୋଁ କୋ ସଂଗୀତ ପସନ୍ଦ ହେ।
ଆଉ କେତେ ଲୋକମାନଙ୍କୁ ସିନେମା ପସନ୍ଦ।	**और कुछ लोगों को सिनेमा पसंद है ।** ଔର କୁଛ ଲୋଗୋଁ କୋ ସିନେମା ପସନ୍ଦ ହେ।
ଏସବୁ କାହିଁକି ?	**ये सब किसलिए ?** ୟେ ସବ କିସଲିଏ ?
ମନ ଶାନ୍ତି ପାଇଁକି।	**मनः शान्ती के लिए ।** ମନଃ ଶାନ୍ତି କେ ଲିଏ।
ମନରେ ଚିନ୍ତା ଓ ଆକର୍ଷଣ ଭାବ ଯେତିକି ରହିବ, ସେତିକି ମନୋରଂଜନ ଆଡକୁ ଟାଣି ହୋଇଯିବ।	**मन में चिन्ता और तनाव जितना रहता है उतना मनोरंजन के तरफ खींचता है ।** ମନମେଁ ଚିନ୍ତା ଔର ତନାୱ୍ ଜିତନା ରହତା ହେ ଉତନା ମନୋରଂଜନ କେ ତରଫ ଖିଂଚତା ହେ।
କାରଣ ଜଣା ଯାଇଥାଏ ଯେ ଯେତେବେଳ ପର୍ଯ୍ୟନ୍ତ ମନ ମନୋରଂଜନର ଲାଗି ରହିଥିବ, ସେତେ ବେଳ ଯାଏ ସେ ପ୍ରସନ୍ନ ରହିଥିବ।	**क्योंकि मालूम है जितना देर मन मनोरंजन मे लगा होता है उतना देर वह प्रसन्न रहता है** କ୍ୟୋଁକି ମାଲୁମ ହେ ଜିତନା ଦେର ମନ ମନୋରଂଜନ ମେଁ ଲଗା ହୋତା ହେ ଉତନା ଦେର ୱହ ପ୍ରସନ୍ନ ରହତା ହେ।
ସେଇଠି ଦେଖନ୍ତୁ ପିଲାମାନେ କଣ କରୁଛନ୍ତି ?	**उधर देखो बच्चे क्या कर रहे है ?** ଉଧର ଦେଖୋ ବଚ୍ଚେ କ୍ୟା କର ରହେ ହେଁ ?

ଏଠି ପିଲାମାନେ ଝୁଲଣାରେ ଖେଳୁଛନ୍ତି।	**वहाँ पर बच्चें झूले पर खेल रहे है ।** ୱହାଁ ପର ବଚ୍ଚେଁ ଝୁଲେ ପର ଖେଲ ରହେ ହେଁ।
ସେମାନଙ୍କୁ ଦେଖ।	**उन लोगों को देखो ।** ଉନ ଲୋଗୋଁ କୋ ଦେଖୋ।
ଏହି ଲୋକମାନେ ବହୁତ ଖୁସୀ ଅଛନ୍ତି।	**वे लोग बहुत खुश है ।** ୱେ ଲୋଗ ବହୁତ ଖୁସ ହୈ।
ତାହା ତ ମତେ ବି ଜଣା।	**वो तो मेरे को भी मालूम है ।** ୱେ ତୋ ମେରେ କୋ ଭୀ ମାଲୁମ ହୈ।
ତାଙ୍କ ପାଖରେ ଧନ ବହୁତ ଅଛି।	**उनके पास धन ज्यादा है ।** ଉନକେ ପାସ ଧନ ଜ୍ୟାଦା ହୈ।
ସେଥିପାଇଁ ତାଙ୍କ ହୃଦୟରେ ସୁଖ ଓ ଖୁସି ଅଛି।	**उसलिए उनके दिल में सुख और खुशी रहती है ।** ଉସଲିଏ ଉନକେ ଦିଲ ମେଁ ସୁଖ ଔର ଖୁସୀ ରହତୀ ହୈ।
ସେମିତି ଭାବନ୍ତୁ ନାହିଁ।	**वैसा मत सोचो ।** ୱେସା ମତ ସୋଚୋ।
ମନକୁ ସାମାନ୍ୟ ଆରମ ଦିଅନ୍ତୁ।	**मन को थोडा आराम देना ।** ମନ କୋ ଥୋଡା ଆରାମ ଦେନା।
ଏହିଥି ପାଇଁ ପ୍ରତ୍ୟେକ ପୁରୁଷ ଓ ନାରୀଙ୍କୁ ଖେଳ ବା ସଂଗୀତରେ ମନ ଦେବାକୁ ପଡ଼ିଥାଏ।	**उसलिए हर एक आदमी और औरत खेल या संगीत पर मन लगाना पडता है ।** ଉସଲିଏ ହର ଏକ ଆଦମୀ ଔର ଔରତ ଖେଲ ୟା ସଂଗୀତ ପର ମନ ଲଗାନା ପଡ଼ତା ହୈ।

ତୁମେ ସୁଖଦାୟକ ଜୀବନ ଯାପନ ଚାହୁଁଛନ୍ତି ତ ଆଜିଠାରୁ ନାଟକ, ନାଚ, ଖେଳ ବା ସଂଗୀତ ଶିଖିବାପାଇଁ ପ୍ରସ୍ତୁତ ହୋଇ ଯାଆନ୍ତୁ।

तुम सुखदायक जीवन चाहते तो आज से नटन, नृत्य, खेल या संगीत सीखने को तैयार हो जावो ।
ତୁମ ସୁଖଦାୟକ ଜୀବନ ଚାହତେ ତୋ ଆଜ ସେ ନଟନ, ନୃତ୍ୟ, ଖେଲ ୟା ସଂଗୀତ ସୀଖନେ କୋ ତୈୟାର ହୋ ଯାଓ୍ୱୋ।

24. ରୋଟି ଦୋକାନ **बेकरी** ବେକରୀ (Bakery)

ଆମେ ଆଜି ଗୋଟେ ଭଲ ରୋଟି ଦୋକନକୁ ଯିବା?

हम आज एक अच्छा बेकरी को जाना ?
ହମ ଆଜ ଏକ ଅଚ୍ଛା ବେକାରୀ କୋ ଜାନା?

କାହିଁକି?

क्यों की ?
କ୍ୟୋଁ କି?

କିଛି ବିଶେଷ କାରଣ ଅଛି କି?

कुछ विशेष है क्या ?
କୁଛ ବିଶେଷ ହୈ କ୍ୟା?

ହଁ! ପଅର ଦିନ ମୋ ପୁଅର ଜନ୍ମ ଦିନ।

जी हाँ ! परसों हमारा बेटे का जन्म दिन है ।
ଜୀ ହାଁ! ପରସୋଁ ହମାରା ବେଟେ କା ଜନ୍ମ ଦିନ ହୈ।

ସେହି ଗଳିରେ ଗୋଟିଏ ରୁଟି ଦୋକାନ ଅଛି।

उस गल्ली में एक बेकरी है ।
ଉସ ଗଲ୍ଲୀ ମେଁ ଏକ ବେକରୀ ହୈ।

ସେ ନାନବାଈ ତଟକା ରୋଟି ବିକ୍ରି କରନ୍ତି।

वह नानबाई ताजा रोटियाँ बेचता है ।

ଠିକ୍ ଅଛି। ତାହାଲେ ତାଙ୍କ ପାଖକୁ ଯିବା।

ठीक है । उसके पास जायेंगे ।
ଠୀକ୍ ହୈ। ଉସକେ ପାସ ଯାଏଁଗେ।

ଭାଇ ! ଆପଣ ଗୋଟିଏ ଜନ୍ମଦିନ କେକ ପାଇଁ ଅର୍ଡର ନେଇ ପାରିବେ କି ?	**भाई साब ! आप एक बर्थ डे केक को आर्डर ले सकते है क्या ?** ଭାଇ ସାବ ! ଆପ ଏକ ବର୍ଥ ଡେ କେକ କୋ ଆର୍ଡର ଲେ ସକତେ ହୈ କ୍ୟା ?
ନିଶ୍ଚିତ ରୂପରେ ନେବୁ ଆଜ୍ଞା !	**बिलकुल ले सकता हूँ साब !** ବିଲକୁଲ ଲେ ସକତା ହୁଁ ସାବ !
କେମିତିଆ କେକ୍ ହେବା ଦରକାର ଆଜ୍ଞା ?	**कौन सा केक होना साब ?** କୌନ ସା କେକ୍ ହୋନା ସାବ !
କେଉଁ କେଉଁ କେକ ମିଳୁଛି ଆପଣଙ୍କ ପାଖରେ ?	**कौन कौनसा केक मिलते है आप के पास ?** କୌନ କୌନ ସା କେକ୍ ମିଲତେ ହେଁ ଆପ କେ ପାସ ?
ସାଦା କେକ, ବଟର କେକ, ସ୍ପେଶାଲ କେକ, ଅଂଡା କେକ, ବିନା ଅଂଡାର କେକ୍, କିଛି ମଧ୍ୟ ମିଳିଯିବ। ଆମ ପାଖରେ।	**सादा केक, बटर केक, स्पेशल केक, अंडा केक, बिना अंडा केक, कौनसा भी मिलता है । हमारे पास ।**
କେକ ପାଇଁ ଆଡଭାନ୍ସ ଦିଅନ୍ତୁ।	**केक को अडवान्स दीजिए ।** କେକ କୋ ଆଡଭାନ୍ସ ଦୀଜିଏ।
କେକରେ କଣ ଲେଖା ଯିବ ତାହା ବି କୁହନ୍ତୁ।	**केक पे क्या लिखना भी बताइये ।** କେକ ପେ କ୍ୟା ଲିଖନା ଭି ବତାଇୟେ।
ମୋତେ ଗୋଟିଏ ଜାମ ବୋତଲ ଓ ଗୋଟିଏ ଡର୍ଜନେ ଅଣ୍ଡା ଦିଅନ୍ତୁ।	**मुझे एक जाम बॉटल और एक दर्जन अंडे दीजिए ।** ମୁଝେ ଏକ ଜାମ ବୋଟଲ ଔର ଏକ ଦର୍ଜନ ଅଣ୍ଡେ ଦୀଜିଏ।

ଆପଣ ମୋତେ କାଲି ଯାହାକୁ ଦେଇଥିଲେ, ତାହା ତଟକା ନଥିଲା।	आप मुझे कल दिये सो चीजें ताजा नहीं थे । ଆପ ମୁଝେ କଲ ଦିୟେ ସୋ ଚୀଜେଁ ତାଜା ନହୀଁ ଥେ।
ସେ କଥାକୁ ମୁଁ ମାନି ନେଇ ପାରିବି ନାହିଁ।	वह बात मैं नहीं मानता हूँ । ୱହ ବାତ ମେଁ ନହୀଁ ମାନତା ହୁଁ।
ମୁଁ ସତ ହିଁ କହୁଛି।	मैं सच ही बोल रहा हूँ । ମେଁ ସଚ ହୀ ବୋଲ ରହା ହୁଁ।
ଆମେ କେବେହେଲେ ମଧ୍ୟ ଖରାପ ହୋଇ ଯାଇଥିବା ଜିନିଷ ରଖୁ ନାହୁଁ।	हम कभी भी खराब हो गयी हुई चीजें नहीं रखते है । ହମ କଭୀ ଭୀ ଖରାବ ହୋ ଗୟୀ ଚୀଜେଁ ନହୀଁ ରଖତେ ହେଁ।
ମୁଁ ଆଣିକି ଦେଖାଇବି କି ?	मै ला के दिखाना क्या ? ମେଁ ଲା କେ ଦିଖାନା କ୍ୟା ?
ଏମିତି ରାଗନ୍ତୁ ନାହିଁ ସାର।	वैसा नाराज मत हो जाना साब । ୱେସା ନାରାଜ ମତ ହୋ ଜାନା ସାବ।
କେମିତି ବି ଥରେ ଥରେ ଯେତେ ଭଲ ଜିନିଷ ହୋଇ ଥିଲେ ମଧ୍ୟ ଖରାପ ହୋଇ ଯାଉଛି ସାର।	कैसा भी एक एक बार कितनी भी अच्छी चीज़ है तो भी खराब हो जाती है साब ।
ଠିକ ଅଛି।	ठीक है । ଠୀକ ହେ।
ମୋତେ ଗୋଟିଏ ଆଇସକ୍ରୀମ ଦିଅ।	मुझे एक आईस क्रीम दो । ମୁଝେ ଏକ ଆଇସକ୍ରିକ ଦୋ।
ତାହାକୁ ଦିଇଟା ପେଷ୍ଟ୍ରି ଗୋଟିଏ ଡବାରେ ରଖି	उसको दो पेस्ट्रीयाँ एक डिब्बे में रख के भेज दो। ଉସକୋ ଦୋ ପେଷ୍ଟ୍ରିୟାଁ ଏକ ଡିବ୍ବେ ମେଁ ରଖ କେ ଭେଜ ଦୋ।

25. ମରାମତି मरम्मत ମରମ୍ମତ (Repair)

ଭାଇ ! ଆମର କଂପ୍ୟୁଟରଟି କାମ କରୁ ନାହି ।	भाई साब ! हमारा कंप्यूटर काम नहीं कर रहा है । ଭାଇ ସାବ ! ହମାରା କଂପ୍ୟୁଟର କାମ ନହୀଁ କର ରହା ହୈ ।
ଆପଣଙ୍କ କଂପ୍ୟୁଟରରେ କଣ ଖରାପ ହୋଇଛି ?	आपके कंप्यूटर में खराबी क्या है ? ଆପକେ କଂପ୍ୟୁଟର ମେଁ ଖରାବୀ କ୍ୟା ହୈ ?
ମତେ ଜଣା ନାହିଁ ।	हमें मालूम नहीं है । ହମେଁ ମାଲୁମ ନହୀଁ ହୈ ।
କଂପ୍ୟୁଟର କେଉଁଠି ଅଛି ?	कंप्यूटर कहाँ है ? କଂପ୍ୟୁଟର କହାଁ ହୈ ?
ସେହି ହଲରେ ଅଛି ?	उस हॉल में है ? ଉସ ହଲ ମେଁ ହୈ ?
ତାହା କେବେ ଯାଏଁ କାମ କରୁଥିଲା ?	यह कब तक काम किया ? ୟହ କବ ତକ କାମ କିୟା ?
କାଲି ରାତି ପର୍ଯ୍ୟନ୍ତ କାମ କରୁଥିଲା ?	कल रात तक काम किया ? କଲ ରାତ ତକ କାମ କିୟା ?
ଆଉ କେହି କଣ କରିଥିଲେ କି ?	किसी ने कुछ किया क्या ? କିସି ନେ କୁଛ କିୟା କ୍ୟା ?
କେହି କିଛି କରି ନାହାନ୍ତି ତ ସେମିତି କଣ ରହିଗଲା ?	किसी ने कुछ भी नहीं किया तो वही रूक गया क्या? କିସି ନେ କୁଛ ଭୀ ନହୀଁ କିୟା ତୋ ୱହି ରୁକ ଗୟା କ୍ୟା ?

ତାହାହିଁ କହୁଛି ।	वह ही बोल रहा हूँ । ୱହ ହୀ ବୋଲ ରହା ହୁଁ ।
କେହି ଏହାକୁ ସଜାଡିବାକୁ ଚେଷ୍ଟା କରିଥିଲେ ।	किसी ने इसको ठीक करने की कोशिश की । କିସି ନେ ଇସକୋ ଠୀକ କରନେ କୀ କୋଶିଶ କୀ ।
ହେଲେ ମୋର ପୂରା ମେହନତ ବେକାର ହୋଇଗଲା ।	लेकिन मेरी पूरी मेहनत बेकार हो गयी । ଲେକିନ ମେରୀ ପୂରୀ ମେହନତ ବେକାର ହୋ ଗୟୀ ।
ଏହାକୁ ଠିକ କରିବାପାଇଁ କେତେ ଖର୍ଚ୍ଚ ହୋଇଯିବ ?	इसे ठीक करने को कितना खर्चा हो जायेगा ? ଇସେ ଠୀକ କରନେ କୋ କିତନା ଖର୍ଚ୍ଚା ହୋ ଜାଏଗା ?
ବର୍ତମାନ ମୁଁ କହି ପାରିବି ନାହିଁ ।	अभी मैं नहीं बोल सकता हूँ । ଅଭୀ ମେଁ ନହୀଁ ବୋଲ ସକତା ହୁଁ ।
ଏବେ ତ ମୁଁ ଏହାକୁ ମୋର ଦୋକାନକୁ ନେଇକି ଯାଉଛି ।	अब तो मैं इसको मेरे दुकान को लेके जाता हूँ । ଅବ ତୋ ମେଁ ଇସକୋ ମେରେ ଦୁକାନ କୋ ଲେକେ ଜାତା ହୁଁ ।
ପୂରାପୂରି ଦେଖି ଏଥିରେ ଖରାପ କଣ ହୋଇଛି ଆପଣଙ୍କୁ କହୁଛି ।	पूरा देख के इसमें खराबी क्या हैं आपको बताता हूँ । ପୂରା ଦେଖ କେ ଇସମେଁ ଖରାବୀ କ୍ୟା ହୈ ଆପକୋ ବତାତା ହୁଁ ।
ଆପଣଙ୍କ ପାଖରେ ହାତୁଡି ଅଛି କି ?	आपके पास हाथौडा है ? ଆପକେ ପାସ ହାଥୌଡା ହୈ କ୍ୟା ?

ଅଛି ! ହେଲେ କାହିଁକି ?	है ! मगर क्यों ? ହୈ ! ମଗର କ୍ୟୋଁ ?
ମୋର ଘରେ କିଛି ମରାମତି କରିବାକୁ ଅଛି ।	मुझे घर में थोडा मरम्मत करनी है। ମୁଝେ ଘର ମେଁ ଥୋଡା ମରମ୍ମତ କରନୀ ହୈ ।
ମୋର ଝରକାର ଖିଲ ଭାଂଗି ଯାଇଛି ।	मेरे खिडकी की कीलें टुटु गई है। ମେରେ ଖିଡକୀ କୀ କୀଲେଁ ଟୁଟ ଗୟୀ ହୈ ।
ନିଜର କାମ ସରିଗଲେ ଆମ କାମ କରିବେ କି ?	अपना काम होने के बाद हमारा काम करोगे क्या ? ଅପନା କାମ ହୋନେ କେ ବାଦ ହମାରା କାମ କରୋଗେ କ୍ୟା ?
ହଁ ! ନିଶ୍ଚୟ !	ओ ! जरुर ! ଓ ! ଜରୁର !
ଘରେ ଏମିତି ଛୋଟିଆ ମୋଟିଆ ଜିନିଷର ମରାମତି କରାଇବାର ଇଚ୍ଛା ଅଛି ।	घर में ऐसा छोटी मोटी चिजों की मरम्मत कराने की इच्छा है। ଘର ମେଁ ଐସା ଛୋଟୀ ମୋଟୀ ଚିଜୋଁ କୀ ମରମ୍ମତ କରାନେ କୀ ଇଛା ହୈ ।

26. କଂପ୍ୟୁଟର କ୍ରୟ कंप्यूटर की खरीदी କଂପ୍ୟୁଟର କୀ ଖରୀଦୀ (Computer Purchase)

ମୋର ଗୋଟିଏ କଂପ୍ୟୁଟର ଦରକାର।	मुझे एक कंप्युटर चाहिए। ମୁଝେ ଏକ କଂପ୍ୟୁଟର ଚାହିଏ।
କେଉଁ କଂପାନୀର ଦରକାର ?	किस कंपानी का चाहिए ? କିସ କଂପନୀ କା ଚାହିଏ ?
ତୁମ ପାଖରେ କେଉଁ କଂପାନୀର ଅଛି ?	आपके पास किस कंपानी का है ? ଆପକେ ପାସ କିସ କଂପାନୀ କା ହୈ ?
ଆମ ପାଖରେ କେତେ କଂପାନୀର ରହିଛି।	हमारे पा कई कंपानी के हैं। ହମାରେ ପାସ କଈ କଂପନୀ କେ ହୈ ।
କେଉଁ କଂପାନୀ ସବୁଠାରୁ ଭଲ ?	कौन सी कंपानी सबसे अच्छी है ? କୌନ ସୀ କଂପନୀ ସବସେ ଅଚ୍ଛୀ ହୈ ?
ଆଜ୍ଞା ! ମୁଁ ବିକିବା ବାଲା।	साब ! मैं बेचने वाला हुं। ସାବ୍ ! ମୈଁ ବେଚନେ ବାଲା ହୁଁ।
ମୋତେ ସବୁ ଭଲ ଲାଗୁଛି।	मुझे सब अच्छे लगते हैं। ମୁଝେ ସବ ଅଛେ ଲଗତେ ହୈଁ।
କେଉଁ କଂପାନୀର କଂପ୍ୟୁଟର ଅଧିକ ବିକ୍ରି ହେଉଛି ?	कौनसी कंपानी का कंप्युटर ज्यादा बेच रहे है। କୌନସୀ କଂପାନୀ କା କଂପ୍ୟୁଟର ଜ୍ୟାଦା ବେଚ ରହେ ହୈଁ ?
ସତ କହିବାକୁ ଗଲେ ଆମେ ତିଆରି କରିକି ବିକ୍ରିକରୁ।	सच बोले तो हम बनाकर बेचते हैं। ସଚ ବୋଲେ ତୋ ହମ ବନାକର ବେଚତେ ହୈଁ।
ମାନେ !	मतलब ! ମତଲବ !

ଭିନ୍ନ ଭିନ୍ନ କଂପାନୀର ଜିନିଷମାନଙ୍କୁ ଲଗାଇ ଗୋଟିଏ ସେଟ ତିଆରି କରୁ ଆଜ୍ଞା !	अलग अलग कंपनी की चीजें लगाकर एक सेट बनाते हैं साब। ଅଲଗ ଅଲଗ କଂପନୀ କୀ ଚୀଜେଁ ଲଗାକର ଏକ ସେଟ ବନାତେ ହୈ ସାବ !
ମୁଁ ବୁଝି ପାରୁ ନାହିଁ।	मुझे समझ में नहीं आया है। ମୁଝେ ସମଝ ମେଁ ନହୀଁ ଆୟା ହୈ।
କେମିତି କହିଲେ ଆପଣ ବୁଝି ପାରିବେ।	कैसे बतायें तो आपकी समझ में आएगा। କୈସେ ବତାୟେଁ ତୋ ଆପକୀ ସମଝ ମେଁ ଆଏଗା।
ଦେଖନ୍ତୁ ଆଜ୍ଞା !	देखिए साब! ଦେଖିଏ ସାବ !
ଯେମିତି ! ମନିଟର 'ଏକ୍ସ' କଂପାନୀର ତ କୀ ବୋର୍ଡ 'ବି' କଂପାନୀର, ୟୁପିଏସ ଜେଡ' କଂପାନୀର ତ ମାଉସ 'ଏ' କଂପାନୀର।	जैसे ! मनिटर 'एक्स' कंपनी का है तो की बोर्ड 'वाई' कंपानी का, युपीएस 'जेड' कंपनी का है तो माउस 'ए' कंपानी का। ଜୈସେ ! ମନିଟର 'ଏକ୍ସ' କଂପାନୀ କା ହୈ ତୋ କୀ ବୋର୍ଡ 'ୱାଇ' କଂପାନୀ କା, ୟୁପୀଏସ 'ଜେଡ' କଂପାନୀ କା ହୈ ତୋ ମାଉସ 'ଏ' କଂପାନୀ କା।
ଆଚ୍ଛା ଠିକ ଅଛି !	ठीक है साब! ଠିକ୍ ହୈ ସାବ !
ମୋ ପାଇଁ ଗୋଟିଏ ଭଲ ସେଟ ବନାନ୍ତୁ।	मेरे लिए एक अच्छा सेट बनाइये। ମେରେ ଲିଏ ଏକ ଅଚ୍ଛା ସେଟ ବନାଇୟେ।
ସେମିତି କଲେ କେତେ ଖର୍ଚ୍ଚ ଆସିଯିବ ?	वैसा करके तैयार करने में कितना खर्च हो जाएगा ? ୱୈସା କରକେ ତୈୟାର କରନେ ମେଁ କିତନା ଖର୍ଚ୍ଚ ହୋ ଜାଏଗା ?

ଅତି କମରେ ବତିଶ ହଜାର ଟଙ୍କା।	कम से कम बत्तीस हजार रुपये। କମ ସେ କମ ବତିସ ହଜାର ରୁପୟେ।
ଆପଣ ତାକୁ ଚଲେଇ କରି ଦେଖାଉଛନ୍ତି କି ?	आप उसे चालु करके दिखाते हो क्या ? ଆପ ଉସେ ଚାଲୁ କରକେ ଦିଖାତେ ହୋ କ୍ୟା ?
କିସ୍ତିରେ କିଣିବାର ସୁଯୋଗ ରହିଛି କି ?	किस्तों पर खरीदने की व्यवस्था है क्या ? କିସ୍ତୋଁ ପର ଖରୀଦନେ କୀ ବ୍ୟବସ୍ଥା ହୈ କ୍ୟା ?
ଚାଳିଶ ପ୍ରତିଶତ ନଗଦ ଦେବେ ଓ ଯାହା ବାକି ରହିବ ତାକୁ ଛଅ ପ୍ରତିଶତରେ ସମାନ ଭାବରେ ମାସିକିଆ କିସ୍ତିରେ ଦେବାକୁ ପଡ଼ିବ।	चालीस प्रतिशत नकद देना और जो बच गये उसे छः प्रतिशत बराबर की माहवारी किस्तों में देना पडता है। ଚାଲିଶ ପ୍ରତିଶତ ନକଦ ଦେନା ଔର ଜୋ ବଚ ଗୟେ ଉସେ ଛଃ ପ୍ରତିଶତ ବରାବର କୀ ମାହୱାରୀ କିସ୍ତୀ ମେଁ ଦେନ ପଡତା ହୈ।
ଏ ସେଟ କବେକୁ ହୋଇ ଯାଇଥିବ ?	यह सेट कबतक तैयार मिलेगा ? ଯହ ସେଟ କବ ତକ ତୈୟାର ମିଲେଗା ?
କାଲି ସଂନ୍ଧ୍ୟା ସୁଦ୍ଧା ସେଟ ଆପଣଙ୍କ ଘରେ ଥିବ।	कल शाम तक सेट आपके घर में रहेगा। କଲ ଶାମ ତକ ସେଟ ଆପକେ ଘର ମେଁ ରହେଗା।

27. ଔଷଧ ଦୋକାନ दवाइयों की दुकान ଦୱାଇୟୋଁ କୀ ଦୁକାନ (Medical Shop)

ଏହି ଚିଠାରେ ଲେଖା ହୋଇଥିବା ଔଷଧ ଦିଅନ୍ତୁ।	इस पुर्जे में लिखी हुई दवाइयाँ दीजिए। ଇସ ପୁର୍ଜେ ମେଁ ଲିଖୀ ହୁଈ ଦୱାଇୟାଁ ଦୀଜିଏ।
ମୋ ପାଖରେ ଏକ୍ସ ବଟିକା ନାହିଁ। ୱାଇ ବଟିକା ଦେବି ?	हमारे पास एक्स गोली नहीं है। वाई देना है क्या ? ହମାରେ ପାସ ଏକ୍ସ ଗୋଲି ନହୀଁ ହୈ। ୱାଇ ଦେନା ହୈ କ୍ୟା ?
ଡାକ୍ତର ଯାହା ଲେଖିଛନ୍ତି, ତାହାକୁ ମତେ ଦିଅ।	डॉक्टर जो लिखा वही मुझे चाहिये। ଡାକ୍ଟର ଯୋ ଲିଖା ୱହୀ ମୁଝେ ଚାହିୟେ।

ଦୟାକରି ମୋତେ କ୍ଷମା କରନ୍ତୁ।	कृपया मुझे माफ कर दीजिए। କୃପୟା ମୁଝେ ମାଫ କର ଦୀଜିଏ।
ଆମ ପାଖରେ ମାଲ ଶେଷ ହୋଇଗଲାଣି।	हमारे पास माल खत्म हो गया है। ହମାରେ ପାସ ମାଲ ଖତ୍ମ ହୋ ଗୟା ହୈ।
କେବେ ଆସିବ ?	कब आयेगा ? କବ ଆୟେଗା ?
ପଅର ଦିନ ପର୍ଯ୍ୟନ୍ତ ନୂଆ ମାଲ ଆସିବାର ଆଶା ଅଛି।	परसों तक नया माल प्राप्त होने की आशा है। ପରସୌଁ ତକ ନୟା ମାଲ ପ୍ରାପ୍ତ ହୋନେ କୀ ଆଶା ହୈ।
ମୋତେ ଗୋଟିଏ ଦରଜ ନାଶକ ଔଷଧ ଦରକାର।	हमको एक दर्द नाशक दवा चाहिये। ହମକୋ ଏକ ଦର୍ଦନାଶକ ଦୱା ଚାହିଏ।
କେତେ ବର୍ଷ ବୟସ ପାଇଁ ?	कितना उम्र वाले के लिये ? କିତନା ଉମ୍ର ୱାଲେ କେ ଲିୟେ ?
ବଡ ଲୋକଙ୍କ ପାଇଁ।	बडी उम्र के लिये। ବଡୀ ଉମ୍ର କେ ଲିୟେ।
ବୈଦ (ଡାକ୍ତର)ଙ୍କ ଚିଠା ନଥିଲେ ଆମେ ଔଷଧ ବିକ୍ରି କରୁନାହୁଁ।	हकीम का पुर्जा नहीं होने पर हम दवाइयाँ नहीं बेजते हैं। ହକୀମ କା ପୁର୍ଜା ନହୀଁ ହୋନେପର ହମ ଦୱାଇୟାଁ ନହୀଁ ବେଚତେ ହୈଁ।
ଏଥର ଦିଅନ୍ତୁ। ଆଉ ଥରକୁ ପଛକେ ଦେବେ ନାହିଁ।	इसबार दीजिए। अगली बार नहीं देना। ଇସ ବାର ଦୀଜିଏ। ଅଗଲୀ ବାର ନହୀଁ ଦେନା ।
ଦେବାର ଅସୁବିଧା ନାହିଁ, ହେଲେ କିଛି ସମସ୍ୟା ହେଲେ କିଏ ଜିମାଦାରୀ ହେବ ?	देने में कुछ नहीं है मगर कुछ समस्या उत्पन्न हुई तो कौन जिम्मेदार होगा ? ଦେନେ ମେଁ କୁଛ ନହୀଁ ହୈ, ମଗର କୁଛ ସମସ୍ୟା ଉତ୍ପନ୍ନ ହୁଇ ତୋ କୌନ ଜିମ୍ମେଦାର ହୋଗା ?

ଆପଣ ପଚାରନ୍ତୁ ନାହିଁ,	आप मत पुछो, ଆପ ମତ ପୁଛୋ,
ଆମକୁ ବିକ୍ରି କରିବାର ନାହିଁ।	हमें नहीं बेचना। ହମେ ନହୀଁ ବେଚନା।
ଆଜ୍ଞା ! ମୋତେ ଏକ ମଲମ ଦିଅନ୍ତୁ।	साब! मुझे एक मलहम दीजिए। ସାବ ! ମୁଝେ ଏକ ମଲହମ ଦୀଜିଏ।
ଏହି ମଲମ କେବଳ ଉପରେ ଲଗାଇବା ପାଇଁ।	यह मलहम सिर्फ ऊपरी इस्तेमाल के लिए है। ୟହ ମଲହମ ସିର୍ଫ ଊପରୀ ଇସ୍ତେମାଲ କେ ଲିଏ ହୈ।
ତାହା ମୋତେ ଜଣା ଅଛି।	वह मुझे मालुम है। ୱହ ମୁଝେ ମାଲୁମ ହୈ।
ମୁଁ ଗଲା ମାସରେ ଗୋଟିଏ ଟନିକ କିଣିଛି।	मैने पिछले महीने में एक टनिक खरिदा है। ମୈନେ ପିଛଲେ ମହୀନେ ମେଁ ଏକ ଟନିକ ଖରିଦା ହୈ।
ସେହି ଟନିକରୁ ଗୋଟାଏ ଦିଅ।	वहि टनिक और एक दीजिए। ୱହି ଟନିକ ଔର ଏକ ଦୀଜିଏ।
ଦେଉଛି। ହେଲେ ଦାମ ସେଇଆ ନାହିଁ।	देता हुँ। लेकिन दाम वह नहीं है। ଦେତା ହୁଁ। ଲେକିନ ଦାମ ୱହ ନହୀଁ ହୈ।
ଦିଅନ୍ତୁ କଣ ଆମେ କରିବା।	दीजिए क्या करते हैं हम। ଦୀଜିଏ କ୍ୟା କରତେ ହୈଁ ହମ।
ଏପରି ରାଗନ୍ତୁ ନାହିଁ ଆଜ୍ଞା।	वेसा नाराज मत होना साब। ୱେସା ନାରାଜ ମତ ହୋନା ସାବ।
ରାଗିବି ନାହିଁ ତ କଣ ? ଖୁସିରେ ନାଚିବି ?	नाराज नहीं हों तो क्या ? खुशी से नाचु ? ନାରାଜ ନହୀଁ ହୋଁ ତୋ କ୍ୟା ? ଖୁସୀ ସେ ନାଚୁଁ ?

28. ସିଟି ବସ ଷ୍ଟାଣ୍ଡ   सिटी बस स्टाप   ସିଟୀ ବସ ସ୍ଟାପ
(City Bus Stop)

ମୌଲାଲୀ ଯିବାକୁ ବସ କେଉଁଠି ମିଳିବ ?	मौलाली जानेवाली बस कहाँ मिलती है ? ମୌଲାଲୀ ଜାନେୱାଲୀ ବସ କହାଁ ମିଲତୀ ହୈ ?
ଏଠାରୁ ସିଧା ଯାଇ ବାଁ ପଟକୁ ବୁଲିଯିବ।	इधर सीधा जाकर के बाईं तरफ मुडिये। ଇଧର ସୀଧା ଜାକର କେ ବାଈଁ ତରଫ ମୁଡିୟେ।
ଏହା ମୌଲାଲୀ ଯିବାକୁ ବସ ଷ୍ଟପ କି ?	यह मौलाली जाने वाला बस स्टाप है क्या ? ୟହ ମୌଲାଲୀ ଜାନେୱାଲା ବସ ସ୍ଟାପ ହୈ କ୍ୟା ?
ହଁ ! ଏଇଠି।	हाँ ! यही है। ହାଁ ! ୟହୀ ହୈ।
ବସ କେତେବେଳେ ଆସିବ ?	बस कब आयेगी ? ବସ କବ ଆୟେଗୀ ?
ପାଖାପାଖି ଦଶ ମିନିଟରେ ଆସିବା ଦରକାର।	लगभग दस मिनट में आना चाहिए। ଲଗଭଗ ଦସ ମିନିଟ ମେଁ ଆନା ଚାହିଏ।
ଏଇଠୁ ମୌଲାଲୀ ପହଁଚିବା ପାଇଁ କେତେ ସମୟ ଲାଗୁଛି ?	यहाँ से मौलाली पहुँचने में कितना समय लगता है ? ୟହାଁ ସେ ମୌଲାଲୀ ପହୁଁଚନେ ମେଁ କିତନା ସମୟ ଲଗତା ହୈ ?
ତିରିଶ ମିନିଟ ଲାଗେ।	तीस मिनट लगता है। ତୀସ ମିନଟ ଲଗତା ହୈ।
ବସ ଠିକ ସମୟରେ ଆସେ ନା ନାହିଁ ?	बसें समय पर आती है या नहीं ? ବସେଁ ସମୟ ପର ଆତୀ ହୈ ୟା ନହୀଁ ?

ହଁ ଆସିବ।	हाँ आयेंगे। ହାଁ ଆୟେଂଗେ।
ବସ ସମୟରେ ଆସିଲେ ଭିଡ ରହେ ନାହିଁ।	बसें समय पर आये तो भीड नहीं रहती है। ବସେଁ ସମୟ ପର ଆୟେ ତୋ ଭୀଡ ନହୀଁ ରହତୀ ହୈ।
ବସରେ ଭିଡ ଅଧିକ ରହେ କି ?	बसों में भीड अधिक रहती है क्या ? ବସୋଁ ମେଁ ଭୀଡ ଅଧିକ ରହତୀ ହୈ କ୍ୟା ?
ସେମିତି ନୁହେଁ ! କିନ୍ତୁ ଡେରୀ ହେଲେ କଣ କରାଯିବ ?	वैसा नहीं है ! लेकिन देर हुइ तो क्या होगा ? ୱୈସା ନହୀଁ ହୈ ! ଲେକିନ ଦେର ହୁଇ ତୋ କ୍ୟା ହୋଗା ?
ଲୋକମାନେ ଜମା ହୋଇ ରହନ୍ତି ନା ନାହିଁ ?	लोग जमा होते रहते हैं या नहीं। ଲୋଗ ଜମା ହୋତେ ରହତେ ୟା ନହୀଁ ?
ବେଶୀ ଭିଡରେ ମୋତେ ଡର ଲାଗେ।	ज्यादा भीड में मुझे डर लगता है। ଜ୍ୟାଦା ଭୀଡ ମେଁ ମୁଝେ ଡର ଲଗତା ହୈ।
ଡରନ୍ତୁ ନାହିଁ।	डरना मत। ଡରନା ମତ।
ଏହି ସହରରେ ଭିଡ ହେବା ସାଧାରଣ କଥା।	इस शहर में भीड होना आम बात है। ଇସ ଶହର ମେଁ ଭୀଡ ହୋନା ଆମ ବାତ ହୈ।
ମୋ ପିଲା ବେଳେ ସହରରେ ଦ୍ୱିମହଲା ବସ ଚାଲୁଥିଲା।	मेरे बचपन के दिनों में इस शहर में डबल डेकर बसें चलती थी। ମେରେ ବଚପନ କେ ଦିନୋଁ ମେଁ ଇସ ସହର ମେଁ ଡବଲ ଡେକର ବସେଁ ଚଲତୀ ଥୀ।
ସେ ଯୁଗ ବଦଳି ଗଲାଣି।	वह जमाना बदल गया है। ୱହ ଜମାନା ବଦଲ ଗୟା ହୈ।

ଏବେ ଦେଖିବାକୁ ବି ବସଟିଏ ମିଳୁନାହିଁ।

अब तो देखने के लिये भी एक बस नहीं मिलती।
ଅବ ତୋ ଦେଖନେ କେ ଲିଏ ଏକ ବସ ନହୀଁ ମିଲତୀ।

ସେଇ ଆସୁଥିବା ବସଟି କେଉଁଠିକି ଯିବ ?

वह आनेवाली बस किधर जाती है ?
ୱହ ଆନେୱାଲା ବସ କିଧର ଜାତୀ ହୈ ?

ତାହା ତ ଟାଂକ ବଣ୍ଡକୁ ଯିବ।

वह तो टांक बण्ड की और जाती है।
ୱହ ତୋ ଟାଂକ ବଣ୍ଡ କୀ ଔର ଜାତୀ ହୈ।

ଏଥିରେ ଚଢ଼ିଲେ ମଝିରେ ଓହ୍ଲାଇବାକୁ ସୁଯୋଗ ମିଳିବ କି ?

इस में चढे तो बीच में उतरने को मौका मिलता है क्या ?
ଇସମେଁ ଚଢ଼େ ତୋ ବୀଚ ମେଁ ଉତରନେ କୋ ମୌକା ମିଲତା ହୈ କ୍ୟା ?

ନାଁ।

नहीं।
ନହୀଁ।

କାହିଁକି ?

क्यों ?
କ୍ୟୁଁ ?

ତାହା ହେଉଛି ମେଟ୍ରୋ ଲେନର।

वह मेट्रो लैनर है।
ୱହ ମେଟ୍ରୋ ଲୈନର ହେଁ।

ତାହା କେଉଁଠି ବି ହେଲେ ଅଟକିବ ନାହିଁ।

वह कहीं भी नहीं रुकती है।
ୱହ କହୀଁ ଭୀ ନହୀଁ ରୁକତୀ ହୈ।

29. ସିଟି ବସରେ सिटी बस में ସିଟି ବସ ମେଁ (In the City Bus)

ରୁହ ଭାଇ, ରୁହ ରୁହ।	रोको भाई, रोको , रोको। ରୋକୋ ଭାଇ, ରୋକୋ, ରୋକୋ।
ବସ ଷ୍ଟାଣ୍ଡ ସେଠି ତ ବସ ଏଠି ରହିଲାଣି।	बस स्टाप वहाँ तो बस यहाँ रोकी। ବସ ସ୍ଟାପ ୱହାଁ ତୋ ବସ ୟହାଁ ରୋକୀ।
ଚଢ ଭାଇ ! ଚଢ଼ ଚଢ଼।	चढो भाई ! चढो चढो। ଚଢ଼ୋ ଭାଇ ! ଚଢ଼ୋ ଚଢ଼ୋ।
ଭିତରକୁ ଯାଆନ୍ତୁ।	अंदर जाओ। ଅଂଦର ଯାଓ।
ଭିତରେ ଯାଗା ନାହିଁ।	अंदर जगह नहीं है। ଅଂଦର ଜଗହ ନହୀଁ ହୈ।
କହିକି ରଖ, ଜାଗା ନାହିଁ ଏଠି ନାହିଁ।	बोल कर रुको जग नहीं उधर नहीं। ବୋଲ କର ରୁକୋ ଜଗହ ନହୀଁ ଇଧର ନହୀଁ।
ଜାଗା ନାହିଁ ତ କଣ କରିବି ?	जगह नहीं तो क्या करुँ ? ଜଗହ ନହୀଁ ତୋ କ୍ୟା କରୁଁ।
ଜାଗା ତିଆରି କରି ଚାଲ ଭିତରକୁ ଚାଲ।	जगह बनाकर जाओ अंदर जाओ। ଜଗହ ବନାକର ଜାଓ ଅଂଦର ଜାଓ।
ସେମିତି ମୁଁ କରି ପାରିବି ନାହିଁ।	वैसा मैं नहीं कर सकता हुं। ୱେସା ମୈଁ ନହୀଁ କର ସକତା ହୁଁ।

ସେମିତି ହେଲେ ଚାଲି ଯାଅ।	वैसा है तो हट जाओ। ୱେସା ହୈ ତୋ ହଟ ଜାଓ।
ଘୁଂଚି ଚାଲ ! ଚାଲ !	हट जाओ! हट जाओ! ହଟ ଜାଅ ! ହଟୋ !
କୁଆଡକୁ ଘୁଂଚିବୁ ଭାଇ !	कहाँ हटें भाई! କହାଁ ହଟେଁ ଭାଇ !
ଆପଣ ଟିକିଏ ଘୁଂଚନ୍ତୁ ମୁଁ ଭିତରକୁ ଯାଇ ପାରିବି।	आप थोडा हटो तो मैं अंदर जा सकता हुं। ଆପ ଥୋଡା ହଟୋ ତୋ ମୈଁ ଅଂଦର ଜା ସକତା ହୁଁ।
ଏଠିକି ଦେଖନ୍ତୁ।	देखो इधर। ଦେଖୋ ଇଧର।
ଟିକିଏ ବି ଜାଗା ଅଛି ତ ଭିତରକୁ ଯାଅ।	थोडी भी जगह है तो अंदर जाओ। ଥୋଡୀ ଭୀ ଜଗହ ହୈ ତୋ ଅଂଦର ଜାଓ।
ପବନ ଆସୁ ନାହିଁ।	हावा नहीं आ रहा है। ହାୱା ନହୀଁ ଆ ରହା ହୈ।
ଆଗକୁ ଚାଲ ! ଆଗକୁ ଚାଲ !	आगे चलो! आगे चलो! ଆଗେ ଚଲୋ ! ଆଗେ ଚଲୋ !
ପଛରେ ସିଟ ଅଛି।	पीछे सीटस है। ପୀଛେ ସୀଟସ୍ ହୈ।
ମହିଳାଙ୍କ ସିଟରେ ପୁରୁଷ ବସି ପାରିବେ ନାହିଁ।	औरतों के सीटों पर पुरुष नहीं बैठ सकते। ଔରତୋଁ କେ ସୀଟୋଁ ପର ପୁରୁଷ ନହୀଁ ବୈଠ ସକତେ।

ଉଠ ! — उठो !
ଉଠୋ !

ସ୍ତ୍ରୀ ଲୋକଙ୍କୁ ସମ୍ମାନ ଦିଅ । — औरतों को इज्जत दो ।
ଔରତୋଁ କୋ ଇଜ୍ଜତ ଦୋ ।

ଭାଇ ! ସେକ୍ରେଟାରିଏଟ୍ ଆସିଲେ ମତେ କହିବ । — भाइ साब ! सेक्रेटारीयट आये तो मुझे बताना ।
ଭାଇ ସାବ ! ସେକ୍ରେଟାରୀଏଟ୍ ଆୟେ ତୋ ମୁଝେ ବତାନା ।

ଏଇଠି ଆସିବ । — वही आने वाला है ।
ୱହୀ ଆନେ ୱାଲା ହୈ ।

ଆପଣଙ୍କ ଷ୍ଟପେଜ ଆସିଗଲା । ଓହ୍ଲାନ୍ତୁ । — आपका स्टाप आ गया है । उतरिये ।
ଆପକା ସ୍ଟାପ ଆ ଗୟା ହୈ । ଉତରିୟେ ।

30. ଗଛ ଲତା पेड और पौधे ପେଡ ଔର ପୌଧେ

(Trees and Plants)

ଏହି ଗଳିରେ ଗୋଟାଏ ବି ହେଲେ ଗଛ ନାହିଁ । — इस गली में एक भी पेड नहीं है ।
ଇସ ଗଲୀ ମେଁ ଏକ ଭୀ ପେଡ ନହୀଁ ହୈ ।

ଗଳିରେ କଣ ? ସଡକ ଉପରେ ବି ନାହିଁ । — गली में क्या ? सडक पर भी नहीं है ।
ଗଲୀ ମେଁ କ୍ୟା ? ସଡକ ପର ଭୀ ନହୀଂ ହୈ ।

ଏମିତି କାହିଁକି ? — क्यों है ?
କ୍ୟୋଁ ହୈ ?

ମଣିଷଙ୍କ ଆଶା ବଢ଼ି ଯିବାରୁ ଏମିତି ହୋଇଛି । — इन्सान की आशा बढ जाने के कारण ऐसा हो रहा है ।
ଇନ୍ସାନ କୀ ଆଶା ବଢ଼ ଜାନେ କେ କାରଣ ଐସା ହୋ ରହା ହୈ ।

ଆମକୁ ଗଛ ଲଗାଇବା ଦରକାର।	हमें पेड को लगाना चाहिए। ହମେ ପେଡ କୋ ଲଗାନା ଚାହିଏ।
ଗଛରୁ ଆମକୁ ଭଲ ପବନ ମିଳିଥାଏ।	पेडों से हमें अच्छी हवा मिलती है। ପେଡୋଁ ସେ ହମେଁ ଅଚ୍ଛୀ ହୱା ମିଲତୀ ହୈ।
ଖରାଦିନେ ଗଛ ଛାଇରେ ବସିଲେ ତ ମନ ପ୍ରସନ୍ନ ହୋଇଯାଏ।	गर्मी के मौसम में पेड की छाया में बैठे तो मन प्रसन्न होता है। ଗର୍ମୀ କେ ମୌସମ ମେଃ ପେଡ କୀ ଛାୟା ମେଁ ବୈଠେ ତୋ ମନ ପ୍ରସନ୍ନ ହୋତା ହୈ।
ଗଛଲତା ଲଗାଇବା ହେଉଛି ଗୋଟିଏ ଭଲ ଅଭ୍ୟାସ।	पौधे लगाना एक अच्छी आदत है। ପୌଧେ ଲଗାନା ଏକ ଅଚ୍ଛୀ ଆଦତ ହୈ।
ଗଛ ରାତାରାତି ବଢ଼ି ଯିବ ନାହିଁ।	पेड रात ही रात में नहीं बढ जाते हैं। ପେଡ ରାତ ହୀ ରାତ ମେଁ ନହୀଁ ବଢ଼ ଜାତେ ହେଁ।
ତାହା ଧୀରେ ଧୀରେ ବଢ଼ନ୍ତି।	वे धीरे धीरे बढते हैं। ୱେ ଧୀରେ ଧୀରେ ବଢତେ ହେଁ।
ଗଛ ଲଗାଇବା ଓ ତାହାର ଯତ୍ନ ନେବା ହେଉଛି ଆମର କର୍ତବ୍ୟ।	पेड लगाना और उसकी रखवाली करना हमारी जिम्मेदारी है। ପେଡ ଲଗାନା ଔର ଉସକୀ ରଖୱାଲୀ କରନା ହମାରୀ ଜିମ୍ମେଦାରୀ ହୈ।
ଗଛଲତାର ଯତ୍ନ ନେବା ଦରକାର।	पेड पौधे की रखवाली करनी चाहिए। ପେଡ ପୌଧେ କୀ ରଖୱାଲୀ କରନୀ ଚାହିଏ।
ଗଛ ଲତାରେ ପତ୍ର ରହିଥାଏ।	पेड पौधे में पत्ते रहते हैं। ପେଡ ପୌଧୋଁ ମେଁ ପତେ ରହତେ ହେଁ।

ପତ୍ରରୁ ଆମେ ଶୁଦ୍ଧ ବାୟୁ ପାଇ ଥାଉ।

पत्तों से हमें शुद्ध हवा प्राप्त होती है।
ପତୋଁ ସେ ହମେଁ ଶୁଦ୍ଧ ହୱା ପ୍ରାପ୍ତ ହୋତୀ ହୈ।

ପବନରୁ ଆମର ଶ୍ୱାସ ଓ ସ୍ୱାସ୍ଥ୍ୟ ଭଲ ରୁହେ।

हवा से हमारा श्वास और स्वास्थ्य अच्छा रहता है।
ହୱା ସେ ହମାରା ସ୍ୱାସ୍ଥ୍ୟ ଔର ସ୍ୱାସ୍ଥ୍ୟ ଅଚ୍ଛା ରହତା ହୈ।

ଗଛରେ ଚଢ଼ିବା ମଧ୍ୟ ଶରୀର ପକ୍ଷରେ ଭଲ।

पेडों पर चढना भी शरीर के लिये अच्छा है।
ପେଡୋଁ ପର ଚଢ଼ନା ଭୀ ଶରୀର କେ ଲିୟେ ଅଚ୍ଛା ହୈ।

କେତେକ ଗଛ ଓ ଲତା ସବୁବେଳେ ସବୁଜ ରହିଥାନ୍ତି।

कुछ पेड और पौधे हमेशा हरे ही रहते हैं।
କୁଛ ପେଡ ଔର ପୌଧେ ହମେଶା ହରେ ହୀ ରହତେ ହୈଁ।

କେତେକ ଗଛ ଆମକୁ କାଠ ଦିଅନ୍ତି।

कुछ पेड हमें लकडी देदे हैं।
କୁଛ ପେଡ ହମେଁ ଲକଡୀ ଦେତେ ହୈଁ।

ଆମକୁ ମଧ୍ୟ ନିଜ ବଗିଚାରେ ଗଛଲତା ଲଗାଇବା ଦରକାର।

हमें भी अपनी बगीचे में पेड और पौधे लगाना चाहिए।
ହମେଁ ଭୀ ଅପନେ ବଗୀଚେ ମେଁ ପେଡ ଔର ପୌଧେ ଲଗାନା ଚାହିଏ।

ଗଛ ଓ ଲତା ଆମକୁ ଜୀବନ ଦେଇଥାନ୍ତି।

पेड और पौधें जिन्दगी देते हैं।
ପେଡ ଔର ପୌଧେଁ ଜୀନ୍ଦଗୀ ଦେତେ ହୈଁ।

ସେମାନେ ଜୀବନକୁ ଠିଆ ବି କରାନ୍ତି।

वे जिन्दगी खडा भी करते हैं।
ୱେ ଜିନ୍ଦଗୀ ଖଡା କରତେ ହୈଁ।

କିଛି ଗଛ ବଡ ବୃକ୍ଷ ହୋଇଥାନ୍ତି।

कुछ पेड बडे बृक्ष बनते हैं।
କୁଛ ପେଡ ବଡେ ବୃକ୍ଷ ବନତେ ହୈଁ।

କେତେକ ବୃକ୍ଷ ବିସ୍ତାରିତ ହୋଇଥାନ୍ତି।	कुछ बृक्ष फैलते हैं। କୁଛ ବୃକ୍ଷ ଫୈଲତେ ହେଁ।
ଆଉ କିଛି ଲତା ପରି ମାଡି ଯାଆନ୍ତି।	और कुछ लता के समान फैलते हैं। ଔର କୁଛ ଲତା କେ ସମାନ ଫୈଲତେ ହେଁ।

31. ପ୍ରୋତ୍ସାହନ प्रोत्साहन ପ୍ରୋତ୍ସାହନ (Encouragement)

ହାଏ ! ଡେବିଡ କିପରି ଅଛ ?	हाए! डेविड कैसे हो ? ହାଏ ! ଡେବିଡ କୈସେ ହୋ ?
ଭଲ ଅଛି।	ठीक हुँ। ଠୀକ୍ ହୁଁ।
ତୁମ କାମ କେମିତି ଚାଲିଛି ?	तुम्हारा धंधा कैसा चल रहा है ? ତୁହ୍ମାରା ଧଂଦା କୈସେ ଚଲ ରହା ହୈ ?
ଭଲ ନାହିଁ।	अच्छा नहीं है। ଅଚ୍ଛା ନହାଁ ହୈ।
କଣ ହୋଇଛି ?	क्या हुआ ? କ୍ୟା ହୁଆ ?
ସେତେବେଳେ ମୋର ଖାଲି ଦୋକାନ ଥିଲା।	उन दिनों यहाँ सिर्फ मेरी दुकान ही थी। ଉନ ଦିନୌଁ ୟହାଁ ସିର୍ଫ ମେରୀ ଦୁକାନ ହୀ ଥୀ।
ତାହା ଭଲ ଚାଲିଥିଲା।	वह अच्छा चलता था। ୱହ ଅଚ୍ଛା ଚଲତା ଥା।

ମୋ କାରବାର ଦେଖି ଦୁଇ ତିନି ଜଣ ଦୋକାନ ଆରମ୍ଭ କରିଦେଲେ।

मेरा धंधा देख कर दो तीन लोगों ने दुकान शुरु कर दिया।

ମେରା ଧଂଧା ଦେଖ କର ଦୋ ତିନ ଲୋଗୋଁ ନେ ଦୁକାନ ଶୁରୁ କର ଦିୟା।

ସେଥିପାଇଁ ମୋର କାରବାର ମାନ୍ଦା ହୋଇଗଲା।

इसलिए मेरा धंधा चौपट हो गया।

ଇସଲିଏ ମେରା ଧଂଧା ଚୌଁପଟ ହୋ ଗୟା।

ଚିନ୍ତା କର ନାହିଁ।

चिंता मत करो।

ଚିନ୍ତା ମତ କରୋ।

ଭଗବାନଙ୍କ ଉପରେ ଭରସା ରଖି ଚେଷ୍ଟା କରିଚାଲ।

भगवान पर विश्वास रखकर कोशिश करेत जाओ।

ଭଗବାନ ପର ବିଶ୍ୱାସ ରଖକର କୋଶିଶ କରତେ ଜାଓ।

ତୁମେ ଭଲ ବ୍ୟବସାୟ କରୁଛ।

तुम अच्छा धंधा करते हो।

ତୁମ ଅଚ୍ଛା ଧଂଧା କରତେ ହୋ।

ଆମେ ଆପଣଙ୍କ ସାଙ୍ଗରେ ଅଛୁ।

हम आपके साथ हैं।

ହମ ଆପକେ ସାଥ ହେଁ।

ମୋର ସମର୍ଥନ ସର୍ବଦା ତୁମ ସହିତ ରହିଛି।

हमारा समर्थन हमेशा आपके साथ है।

ହମାରା ସମର୍ଥନ ହମେଶା ଆପକେ ସାଥ ହେଁ।

ଆପଣ ନିଶ୍ଚିତ ଭାବରେ ସଫଳ ହେବେ।

आप जरुर सफल होगें।

ଆପ ଜରୁର ସଫଲ ହୋଗେଁ।

ଆପଣ ଡରନ୍ତୁ ନାହିଁ।

आप मत डरना।

ଆପ ମତ ଡରନା।

ବ୍ୟବସାୟରେ ସମସ୍ତଙ୍କୁ ସମସ୍ୟା ମାଡି ଆସିଥାଏ। व्यापार में सबको समस्याएँ आती है। ବ୍ୟାପାର ମେଁ ସବକୋ ସମସ୍ୟାଏଁ ଆତୀ ହୈ।

ତାହା ତ ସହଜ। वह तो सहज है। ୱହ ତୋ ସହଜ ହୈ।

ଆପଣ ସାହସର ସହିତ ଆଗକୁ ବଢ଼ି ଚାଲନ୍ତୁ। आप हिम्मत से आगे बढिये। ଆପ ହିମ୍ମତ ସେ ଆଗେ ବଢ଼ିୟେ।

ବ୍ୟବସାୟ ପାଇଁ ଋଣ ଦରକାର କଲେ ମୋତେ କହିବେ। व्यापार के लिए ऋण चाहिए तो हमें बतायें। ବ୍ୟାପାର କେ ଲିୟେ ଋଣ ଚାହିଏ ତୋ ହମେଁ ବତାୟେଁ।

କାହାକୁ ବି ଛାଡନ୍ତୁ ଖାତିର ନାହିଁ। किसी को भी छोडिये परवाह नहीं। କିସୀ କୋ ଭୀ ଛୋଡିୟେ ପରୱାହ ନହୀଁ।

ହେଲେ ସାହସ ହରାଅ ନାହିଁ। लेकिन हिम्मत नहीं हारना। ଲେକିନ ହିମ୍ମତ ନହୀଁ ହାରନା।

ସାହସ ଥିଲେ ଯାହା ଯାଇଛି ତାହା ମଧ୍ୟ ଫେରି ଆସିବ। हिम्मत है तो गया हुआ भी वापस लौट आयेगा। ହିମ୍ମତ ହୈ ତୋ ଗୟା ହୁଆ ଭୀ ୱାପସ ଲୌଟ ଆୟେଗା।

ଆପଣ ଠିକ ବାଟରେ ଅଛନ୍ତି। आप सही रास्ते पर हैं। ଆପ ସହୀ ରାସ୍ତେ ପର ହୈଁ।

32. କଥାବାର୍ତ୍ତା बातचीत ବାତଚୀତ (Conversation)

ଖୁସୀ ଅବସରରେ ଆପଣ ସମସ୍ତଙ୍କୁ ସ୍ୱାଗତ। खुशी के मौके पर आप सब का स्वागत है। ଖୁଶୀ କେ ମୌକେ ପର ଆପ ସବ କା ସ୍ୱାଗତ ହୈ

ଆପଣଙ୍କୁ ଜନ୍ମ ଦିନର ଶୁଭ କାମନା। आपको जन्म दिन की शुभकामनायें। ଆପକୋ ଜନ୍ମ ଦିନ କୀ ଶୁଭକାମନାୟେଁ।

ମୋର ଅଭିନନ୍ଦନ ସ୍ୱୀକାର କରନ୍ତୁ।

मेरी बधाई स्वीकार करें।

ମେରୀ ବଧାଈ ସ୍ୱୀକାର କରେଁ।

ଆଜ୍ଞା ! ମୁଁ ନିଜର ସମସ୍ତ ସାଙ୍ଗ ମାନଙ୍କ ତରଫରୁ ଆପଣଙ୍କୁ ଅଭିନନ୍ଦନ କରୁଛି।

साब! मैं अपने दोस्तों की तरफ से आपका अभिनंदन कर रहा हुं।

ସାବ ! ମୈଁ ଅପନେ ଦୋସ୍ତୋଁ କୀ ତରଫ ସେ ଆପକା ଅଭିନନ୍ଦନ କର ରହା ହୁଁ।

ମୋର ବିଶ୍ୱାସ ଯେ ଆପଣ ଉନ୍ନତିର ଶିଖରରେ ପହୁଁଚିବେ।

मुझे विश्वास है कि आप उन्नति के शिखर पर पहुंचे ।

ମୁଝେ ବିଶ୍ୱାସ ହୈ କି ଆପ ଉନ୍ନତିର ଶିଖର ପର ପହୁଁଚେ।

ଆପଣଙ୍କୁ ଦେଖି ବହୁତ ଖୁସୀ ଲାଗିଲା।

आपको देखकर बहुत खुशी हुई है।

ଆପକୋ ଦେଖ କର ବହୁତ ଖୁସୀ ହୁଇ ହୈ।

ମୁଁ ଆପଣଙ୍କ ସମ୍ମୁଖରେ ଏକ ପ୍ରସ୍ତାବ ରଖିବାକୁ ଚାହୁଁଛି।

मैं आपके समक्ष एक प्रस्ताव रखना चाहता हुं।

ମୈଁ ଆପକେ ସମକ୍ଷ ଏକ ପ୍ରସ୍ତାବ ରଖନା ଚାହତା ହୁଁ।

ମୋତେ କ୍ଷମା କରି ଦିଅନ୍ତୁ।

मुझे माफ कर दीजिए।

ମୁଝେ ମାଫ କର ଦୀଜିଏ।

ମୋ ମନ ଭଲ ନାହିଁ।

मेरा मन प्रसन्न नहीं है।

ମେରା ମନ ପ୍ରସନ୍ନ ନହୀଁ ହୈ।

ହଁ ! ପରବା ନାହିଁ।

हाँ! परवाह नहीं।

ହାଁ ! ପରୱାହ ନହୀଁ।

ଜୀବନ ଗୋଟିଏ ଦିନରେ ସରି ଯାଉନାହିଁ।

जिन्दगी एक दिन से नहीं चलती है।

ଜିନ୍ଦଗୀ ଏକ ଦିନ ସେ ନହୀଁ ଚଲତୀ ହୈ।

ପୁଣି ଦେଖାହେବ।

फिर मिलेंगे।

ଫିର ମିଲେଂଗେ।

33. ପରିବାର परिवार ପରିବାର (Family)

ଆମେ ସମସ୍ତେ ଏକ।

हम सब एक हैं।
ହମ ସବ ଏକ ହୈ।

ଏହା ହିଁ ପରିବାରର ମୂଳ।

यही परिवार की नींब है।
ୟହୀ ପରିୱାର କୀ ନୀଂବ ହୈ।

ଆଗକାଳରେ ଯୌଥ ପରିବାରର ବ୍ୟବସ୍ଥା ରହିଥିଲା।

पुराने समय में सम्मिलित पारिवारिक ब्यबस्था रहती थी
ପୁରାନେ ସମୟ ମେଁ ସମ୍ମିଳିତ ପାରିବାରିକ ବ୍ୟବସ୍ଥା ରହତୀ ଥୀ।

ତାହା ପ୍ରେମ ଓ ଅନୁସଂଗ ସହିତ ନିର୍ମିତ ହୋଇଥିଲା।

वह प्यार और अनुसंग से तैयार किया गया है।
ୱହ ପ୍ୟାର ଔର ଅନୁସଂଗ ସେ ତୈୟାର କିୟା ଗୟା ହୈ।

କାରଣ ସେଥିରେ ଚାରି ବା ପାଂଚ ପୀଢ଼ୀର ଲୋକମାନେ ଏକାଠି ରହୁଥିଲେ।

क्योंकी उसमें चार या पाँच पीढी के लोग एक साथ रहते थे।
କ୍ୟୋଁ କୀ ଉସମେଁ ଚାର ୟା ପା ପୀଢ଼ୀ କେ ଲୋଗ ଏକ ସାଥ ରହତେ ଥେ।

ଏହି ନୂଆ ସମୟରେ ପରିବାର କହିଲେ ମୁଁ, ମୋର ସ୍ତ୍ରୀ ଓ ମୋର ପିଲାମାନେ।

इस नये जमोन में परिवार मतलब है मैं, मेरे पत्नी और मेरे बच्चे।
ଇସ ନୟେ ଜମାନେ ମେଁ ପରିବାର ମତଲବ ହୈ ମୈଁ, ମେରୀ ପତ୍ନୀ ଔର ମେରେ ବଚ୍ଚେ।

ତାହା ଛଡା ଅନ୍ୟ କିଛି ନୁହେଁ।

उसके बिना कुछ भी नहीं है।
ଉସକେ ବିନା କୁଛ ଭୀ ନହୀଁ ହୈ।

ଆପଣଙ୍କ ପରିବାରରେ କିଏ କିଏ ରହୁଛନ୍ତି ?

आपके परिवार में कौन-कौन रहते हैं ?
ଆପକେ ପରିବାର ମେଁ କୌନ-କୌନ ରହତେ ହେଁ ?

ଆପଣଙ୍କ ପରିବାରରେ ବଡ ଲୋକଙ୍କ ସଂଖ୍ୟା କେତେ ?

आपके परिवार में बडे लोगों की संख्या कितनी है ?
ଆପକେ ପରିବାର ମେଁ ବଡେ ଲୋଗୋଁ କୀ ସଂଖ୍ୟା କିତନୀ ହୈ ?

ସେଠି ଗୋଟିଏ ବୁଢ଼ା ଦେଖା ଯାଉଛି।

वहाँ एक बुढा दिख रहा है।

ୱହାଁ ଏକ ବୁଢ଼ା ଦିଖ ରହା ହୈ।

ସେ ଆମର ଜେଜେ ବାପା।

वह हमारे दादाजी हैं।

ୱହ ହମାରେ ଦାଦାଜୀ ହୈଁ।

ଜେଜେବାପା ଏବେ ମଧ୍ୟ ପିଜୁଳି ଦାନ୍ତରେ ଚୋବାଇ ଖାଆନ୍ତି।

दादाज अभी भी जाम दांत से काटकर खाते हैं।

ଦାଦାଜୀ ଅଭୀ ଭୀ ଜାମ ଦାନ୍ତ ସେ କାଟ କର ଖାତେ ହୈଁ।

34. ଘର घर ଘର (House)

ଘର ଅର୍ଥ କଣ ?

घर का मतलब क्या है ?

ଘର କା ମତଲବ କ୍ୟା ହୈ ?

ଘର ଅର୍ଥ ଗୋଟିଏ ଛାତ ଚାରିଗୋଟି ପାଚେରୀ ଓ କବାଟ ଭିତରେ ରହିବା ଯୋଗ୍ୟ ନିବାସ ସ୍ଥଳ।

घर मतलब एक छत चार दीवार और दरवाजे के अंदर से रहने योग्य निवास स्थल है।

ଘର ମତଲବ ଏକ ଛତ ଚାର ଦୀୱାର ଔର ଦରୱାଜେ କେ ଅନ୍ଦର ସେ ରହନେ ୟୋଗ୍ୟ ନିୱାସ ସ୍ଥଳ ହୈ।

ସେ କଣ କରୁଛନ୍ତି ?

वह क्या करते हैं ?

ୱହ କ୍ୟା କରତେ ହୈଁ ?

ଘର ଜଣଙ୍କୁ ଅନ୍ୟ ଜଣଙ୍କ ସହିତ ପରିଚିତ କରାଏ।

घर एक दुसरे को मिलाती है।

ଘର ଏକ ଦୁସରେ କୋ ମିଲାତୀ ହୈ।

ଆମ ସମସ୍ତଙ୍କର ତାହା ହିଁ ହେଉଛି ପ୍ରାଥମିକ ପାଠଶାଳା।

हम सब की वही है पहली पाठशाला।

ହମ ସବ କୀ ୱହୀ ହୈ ପହଲୀ ପାଠଶାଲା।

ଇଟା ଓ ପଥରମାନରେ ତିଆରି କରାଯାଇଥିବା ପ୍ରତ୍ୟେକ ଅଟ୍ଟାଳିକା ନିବାସ ଯୋଗ୍ୟ ହୋଇ ନଥାଏ।	ईटं और पत्थरों से बनायी गयी हर इमारत निवास योग्य नहीं हो सकती है। ଈଂଟ ଔର ପତ୍ଥରୋଁ ସେ ବନାୟୀ ଗୟୀ ହର ଇମାରତ ନିୱାସ ଯୋଗ୍ୟ ନହୀଁ ହୋ ସକତୀ ହୈ।
ସେଥିରେ ବାସ୍ତୁ ରହିଥିବା ଦରକାର।	उसमें वास्तु का होना जरुरी है। ଉସମେଁ ବାସ୍ତୁ କା ହୋନା ଜରୁରୀ ହୈ।
ଏହା ଆପଣଙ୍କର ନିଜ ଘର ନା ଭଡା ଘର ?	यह आपका अपना घर है या किराये का ? ୟହ ଆପକା ଅପନା ଘର ହୈ ୟା କିରାୟେ କା ?
ନିଜ ଘର ଓ ଭଡା ଘର ମଧ୍ୟରେ ବହୁତ ପାର୍ଥକ୍ୟ ଅଛି।	अपना घर और किराया के घर में बहुत फर्क होता है। ଅପନା ଘର ଔର କିରାୟା ଘର ମେଁ ବହୁତ ଫର୍କ ହୋତା ହୈ।
ଏଇଥି ପାଇଁ ଆମ ସରକାର ସମସ୍ତଙ୍କୁ ମାଗଣାରେ ବା ସସ୍ତାରେ ଘର ଦେବାପାଇଁ ଚେଷ୍ଟା କରୁଛନ୍ତି।	इसलिये हमारी सरकार सबके मुफ्त में या सस्ते में घर देने की कोशिश कर रही हुं। ଇସଲିୟେ ହମାରୀ ସରକାର ସବକୋ ମୁଫ୍‌ତ ମେଁ ୟା ସସ୍ତେ ମେଁ ଘର ଦେନେ କୀ କୋଶିଶ କର ରହୀ ହୈଁ।
କୁଆଡେ ଯିବାକୁ ହେଲେ ନିଜର ଘର ହିଁ ସର୍ବୋତମ।	कहाँ जाने पर आपना घर ही सर्बोत्तम है। କହାଁ ଜାନେ ପର ଅପନା ଘର ହୀ ସର୍ବୋତମ ହୈ।
ମୁଁ ସ୍ୱୀକାର କରୁଛି।	मैं मानता हुं। ମୈଁ ମାନତା ହୁଁ।

35. ସାମର୍ଥ୍ୟ सामर्थ्य ସାମର୍ଥ୍ୟ (Efficiency)

ମୁଁ ତୁମକୁ କିଛି କାମ ଦେବି ତ ତୁମେ ତାହାକୁ କରି ପାରିବ କି ?	मैं तुम्हें कुछ काम दुं तो तुम कर सकते हो क्या ? ମେଁ ତୁହ୍ମେଁ କୁଛ କାମ ଦୁଁ ତୋ ତୁମ କର ସକତେ ହୋ କ୍ୟା ?
ତାହା କେଉଁ କାମ ?	कोन सा काम है वह ? କୌନ ସା କାମ ହୈ ୱହ ?
ଯାହା ବି ।	कुछ भी । କୁଛ ଭୀ ।
ସେମିତି କୁହନ୍ତୁ ନାହିଁ ।	ऐसा नहीं बोलो । ଐସା ନହୀଁ ବୋଲୋ ।
ଭିନ୍ନ ଭିନ୍ନ କାମ ଭିନ୍ନ ଭିନ୍ନ ଲୋକ ଭଲ ଭାବରେ କରି ପାରିବେ ।	अलग अलग काम अलग-लग आदमी अच्छा कर सकते हैं। ଅଲଗ-ଅଲଗ କାମ ଅଲଗ-ଅଲଗ ଆଦମୀ ଅଚ୍ଛା କର ସକତେ ହୈଁ ।
ସେ କାର ଭଲ ଚଳାଇ ପାରନ୍ତି ।	वह कार अच्छा चला सकते हैं। ୱହ କାର ଅଚ୍ଛା ଚଲା ସକତେ ହୈଁ ।
ମୁଁ ସାଇକେଲ ଚଳାଇ ପାରେ । ହେଲେ କାର ଚଳାଇ ପାରିବି ନାହିଁ ।	मैं साईकिल चला सकता हुं। मगर कार नहीं चला सकता हुँ। ମେଁ ସାଇକିଲ ଚଲା ସକତା ହୁଁ । ମଗର କାର ନହୀଁ ଚଲା ସକତା ହୁଁ ।
ଏହି ଲୋକ ପୋଖରୀରେ ପହଁରି ପାରେ ।	यह आदमी तलाव में तैर सकता है। ୟହ ଆଦମୀ ତାଲାବ ମେଁ ତୈର ସକତା ହୈ ।
ହେଲେ ସେ ଲୋକଟି ଭଲ ଭାବରେ କଥା କହି ପାରେ ନାହିଁ ।	मगर वह अच्छी तरह बात नहीं कर सकता है। ମଗର ୱହ ଅଚ୍ଛୀ ତରହ ବାତ ନହୀଁ କର ସକତା ହୈ ।

ଏ ତେଲୁଗୁ, ହିନ୍ଦୀ ଓ ଇଂରାଜୀ ରେ ଏକାଧାରାରେ କହି ପାରିବେ।

यह तेलुगु, हिन्दी और अंग्रेजी में धारा प्रवाह बात कर सकता है।
ୟହ ତେଲୁଗୁ, ହିନ୍ଦୀ ଔର ଅଂଗ୍ରେଜୀ ମେଁ ଧାରା ପ୍ରୱାହ ବାତ କର ସକତା ହୈ।

ହେଲେ କୌଣସି ଭାଷାରେ ଲେଖି ପାରନ୍ତି ନାହିଁ।

लेकिन किसी भी भाषा में नहीं लिख सकता है।
ଲେକିନ କିସୀ ଭୀ ଭାଷା ମେଁ ନହୀଁ ଲିଖ ସକତା ହୈ।

ସେପରି ସାମର୍ଥ୍ୟ ସମସ୍ତଙ୍କ ପାଖରେ ଏକା ପରି ରହିବ ନାହିଁ।

वैसा सामर्थ्य सबको एक जैसा नहीं रहता है।
ୱୈସା ସାମର୍ଥ୍ୟ ସବକୋ ଏକ ଜୈସା ନହୀଁ ରହତା ହୈ।

36. ଅନୁରୋଧ वीनती / अभ्यर्थना ୱୀନତୀ / ଅଭ୍ୟର୍ଥନା
(Request)

ମୋତେ କିଛି ସାହାଯ୍ୟ କରିବେ କି ?

मुझे कुछ सहायता कर सकते हो क्या ?
ମୁଝେ କୁଛ ସହାୟତା କର ସକତେ ହୋ କ୍ୟା ?

କରିବାପାଇଁ ମନ ଅଛି, ହେଲେ କରି ପାରୁନାହିଁ।

करने का मन है, मगर नहीं कर सकता हुँ।
କରନେ କା ମନ ହୈ, ମଗର ନହୀଁ କର ସକତା ହୁଁ।

ହାତରେ କରି ନ ପାରିଲେ ମୁହଁରେ କର।

हाथ से नहीं कर सकत हो तो मुँह से करो।
ହାଥ ସେ ନହୀଁ କର ସକତେ ହୋ ତୋ ମୁଁହ ସେ କରୋ।

ମୁଁ ବର୍ତମାନ କୌଣସି ପ୍ରକାରରେ କରି ପାରିବି ନାହିଁ।

मैं अब किसी भी तरह नहीं कर सकता हुं।
ମୈଁ ଅବ କିସୀ ଭୀ ତରହ ନହୀଁ କର ସକତା ହୁଁ।

ଦୟାକରି ସେହି ଲୋକଟିକୁ ଡାକନ୍ତୁ।

कृपा करके उस आदमी को बुलाइए।
କୃପା କରକେ ଉସ ଆଦମୀ କୋ ବୁଲାଈଏ।

ଆପଣ ଟିକେ ନଇଁ ପାରିବେ କି ?

आप थोडा झुक सकते हैं क्या ?
ଆପ ଥୋଡା ଝୁକ ସକତେ ହୈଁ କ୍ୟା ?

ଭାଇ, ମୋ ଫାଇଲଟି ଆଣିଲେ।	भाइ साब, मेरी फाइल लाइए। ଭାଇ ସାବ, ମେରୀ ଫାଇଲ ଲାଇଏ।
ଆପଣ ସେଠାକୁ ଯାଇ ଏକ ପାର୍ସଲ ଆଣି ପାରିବେ କି ?	आप वहाँ जा कर एक पार्सल ला सकते हैं क्या ? ଆପ ୱହାଁ ଜା କର ଏକ ପାର୍ସଲ ଲା ସକତେ ହେଁ କ୍ୟା ?
ତୁମେ ମୋତେ ଗୋଟିଏ ସତ କଥା କହି ପାରିବେ କି ?	तुम मुझे एक सच बात बता सकते हो क्या ? ତୁମ ମୁଝେ ଏକ ସଚ ବାତ ବତା ସକତେ ହୋ କ୍ୟା ?
ଏତେ ସାହସ ମୋ ପାଖରେ ନାହିଁ, ମୋତେ ଛାଡନ୍ତୁ।	उतनी हिम्मत मेरे पास नहीं है मुझे छोडिये। ଉତନୀ ହିମ୍ମତ ମେରେ ପାସ ନହୀଁ ହୈ ମୁଝେ ଛୋଡିୟେ।
ଦୟାକରି ମୋର କଥା ଶୁଣନ୍ତୁ।	कृपया मेरी बात सुनिए। କୃପୟା ମେରୀ ବାତ ସୁନିଏ।
ଦୟାକରି ମୋତେ ଯିବାକୁ ଦିଅନ୍ତୁ।	कृपा करके मुझे जाने दीजिए। କୃପା କରକେ ମୁଝେ ଜାନେ ଦୀଜିଏ।

37. ପରାମର୍ଶ सलहा ସଲହା (Advice)

ମୋତେ ଆପଣଙ୍କ ପରାମର୍ଶ ଦରକାର।	मुझे आपकी सलाह चाहिए। ମୁଝେ ଆପକୀ ସଲାହ ଚାହିଏ।
କଣ ହେଲା ?	क्या हुआ ? କ୍ୟା ହୁଆ ?
କିଛି ତ ହୋଇନାହିଁ।	कुछ भी नहीं। କୁଛ ଭୀ ନହୀଁ ହୁଆ।

କିଛି ବି ହେଉ ନାହିଁ ଏଣୁକରି ମୁଁ ଆପଣଙ୍କ ପରାମର୍ଶ ଚାହୁଁଛି।

कुछ भी नहीं हो रहा है इसलिए मैं आपकी सलाह चाहता हुँ।

 କୁଛ ଭୀ ନହାଁ ହୋ ରହା ହୈ ଇସଲିଏ ମୈଁ ଆପକୀ ସଲାହ ଚାହତା ହୁଁ।

ଠିକ ଅଛି।

ठीक है।

ଠିକ ହୈ।

ପଇସା ଚାହିଁବେ ତ ଦେବି ନାହିଁ।

पैसा चाहिये तो नहीं दूँगा।

ପୈସା ଚାହିୟେ ତୋ ନହାଁ ଦୁଁଗା।

ହେଲେ ପରାମର୍ଶ ଚାହିବେ ତ ନିଶ୍ଚୟ ଦେବି।

लेकिन सलाह चाहिये तो जरुर दूँगा।

ଲେକିନ ସଲାହ ଚାହିୟେ ତୋ ଜରୁର ଦୁଁଗା।

ତାହା ତ ମୋତେ ମଧ୍ୟ ଜଣା।

वह तो मुझे भी मालुम है।

ୱହ ତୋ ମୁଝେ ଭୀ ମାଲୁମ ହୈ।

କିଛି ବି ଦରକାର କଲେ ଚେଷ୍ଟା କରିବାକୁ ପଡିଥାଏ।

कुछ भी चाहिए ता कोशिश करनी पडती है।

କୁଛ ଭୀ ଚାହିଏ ତୋ କୋଶିଶ କରନୀ ପଡତୀ ହୈ।

ଭଲ ସମୟ ହେବାପାଇଁ ସମୟକୁ ଅପେକ୍ଷା କରିବା ମଧ୍ୟ ଆବଶ୍ୟକ।

अच्छा समय होने के लिए समय का इंतजार भी जरुरी है।

ଅଚ୍ଛା ସମୟ ହୋନେ କେ ଲିଏ ସମୟ କା ଇନ୍ତଜାର ଭୀ ଜରୁରୀ ହୈ।

ପରୀକ୍ଷାରେ ଉତ୍‌ତୀର୍ଣ୍ଣ ପାଇଁ ପରିଶ୍ରମ ଆବଶ୍ୟକ।

परीक्षा में उत्तीर्ण होने के लिए मेहनत जरुरी है।

ପରୀକ୍ଷା ମେଁ ଉତ୍‌ତୀର୍ଣ୍ଣ ହୋନେ କେ ଲିଏ ମେହନତ ଜରୁରୀ ହୈ।

ଭଲ ସ୍ୱାସ୍ଥ୍ୟ ପାଇଁ ଯୋଗ କର।

अच्छे स्वास्थ्य के लिए योगा करें।

ଅଚ୍ଛେ ସ୍ୱାସ୍ଥ୍ୟ କେ ଲିଏ ଯୋଗା କରେଁ।

38. ମନର ଶାନ୍ତି मन की प्रसन्नता ମନ କୀ ପ୍ରସନ୍ନତା
(Peace of Mind)

ମୋ ମନ ଭଲ ନାହିଁ।	मेरा मन अच्छा नहीं है। ମେରା ମନ ଅଚ୍ଛା ନହୀଁ ହୈ।
ମୁଁ ବର୍ତ୍ତମାନ ଘାବରେଇ ଯାଉଛି।	मैं अभी घबरा रहा हुँ। ମୈଁ ଅଭୀ ଘବରା ରହା ହୁଁ।
ମୁଁ ଭଲ ଲୋକ।	मैं अच्छा आदमी हुँ। ମୈଁ ଆଚ୍ଛା ଆଦମୀ ହୁଁ।
କାହିଁକି ହେଲେ ନା ମୋର ମନ ଭଲ ନାହିଁ?	क्युंकि मगर मेरा मन अच्छा नहीं है। କ୍ୟୁଁ କି ମଗର ମେରା ମନ ଅଚ୍ଛା ନହୀଁ ହୈ?
ତୁମେ କଣ କାମ କରୁଛ?	तुम क्या काम करते हो? ତୁମ କ୍ୟା କାମ କରତେ ହୋ?
କିଛି ବି କରୁନାହିଁ।	कुछ भी नहीं करता हुँ। କୁଛ ଭୀ ନହୀଁ କରତା ହୁଁ।
ତୁମର ସମସ୍ୟା ହେଉଛି ସେଇଆ।	तुम्हारी समस्या वही है। ତୁହ୍ମାରୀ ସମସ୍ୟା ୱହୀ ହୈଁ।
କୌଣସି ଏକ କାମ ଉପରେ ଧ୍ୟାନ ରହିଲେ ଘାବରେଇବାକୁ ସୁଯୋଗ ଆସିବ ନାହିଁ।	किसी एक काम के उपर ध्यान रखने से घबराने का मौका नहीं रहता है। କିସୀ ଏକ କାମ କେ ଉପର ଧ୍ୟାପ ରଖନେ ସେ ଘବରାନେ କା ମୌକା ନହୀଁ ରହତା ହୈ।
ମନରେ ଶାନ୍ତି ପାଇଁ ସବୁବେଳେ ହସିବା ଦରକାର।	मन प्रसन्न रखने के लिये हमेशा हँसते रहना चाहिए। ମନ ପ୍ରସନ୍ନ ରଖନେ କେ ଲିୟେ ହମେଶା ହଁସତେ ରହନା ଚାହିଏ।

ରାଗିକି ରୁହ ନାହିଁ । गुस्से में मत रहो ।
ଗୁସ୍‌ସେ ମେଁ ମତ ରହୋ ।

କାହାରି ସହିତ ଝଗଡ଼ା କର ନାହିଁ । किसी से भी झगडा मत करना ।
କିସୀ ସେ ଭୀ ଝଗଡ଼ା ମତ କରନା ।

ମନ କାହାରିକୁ ଦେଖା ଯାଏ ନାହିଁ । मन किसी को नहीं दिखाई पडता है ।
ମନ କିସୀ କୋ ନହୀଁ ଦିକାଈ ପଡତା ହୈ ।

39. ପ୍ରଶଂସା प्रशंसा ପ୍ରଶଂସା (Praise)

ଆପଣ ଭଲ କଲେ । आपने अच्छा किया ।
ଆପନେ ଅଛା କିୟା ।

ତାହା ହିଁ ଭଲ । वह अच्छा है ।
ୱହ ଅଛା ହୈ ।

ସେହି ଦୃଶ୍ୟ ଦେଖି ମୁଁ ଖୁସି ହେଲି । वह दृश्य देख कर मैं खुश हुआ ।
ୱହ ଦୃଶ୍ୟ ଦେଖ କର ମୈଁ ଖୁଶ ହୁଆ ।

ତୁମେ ସତ କହିବାର ଲୋକ । तुम सच बोलने वाले हो ।
ତୁମ ସଚ ବୋଲନେ ୱାଲେ ହୋ ।

ତୁମେ କେତେ ଭଲ ଲୋକ । तुम कितने अच्छे आदमी हो ।
ତୁମ କିତନେ ଅଛେ ଆଦମୀ ହୋ ।

ସେହି ନାରୀଟି ସୁନ୍ଦର । वह औरत सुंदर है ।
ୱହ ଔରତ ସୁନ୍ଦର ହୈ ।

ମୋତେ ଏହା ବହୁତ ପସନ୍ଦ।

मुझे यह बहुत पसंद है।
ମୁଝେ ୟହ ବହୁତ ପସନ୍ଦ ହୈ।

ଆପଣ ଏହି କାମ ଏତେ ଜଲଦୀ କେମିତି କରି ପାରୁଛ ?

आप यह काम इतनी जल्दी कैसे कर सकते हैं ?
ଆପ ୟହ କାମ ଇତନୀ ଜଲ୍‌ଦୀ କୈସେ କର ସକତେ ହୈଁ ?

ଆପଣ ଯେଉଁ ସେବା କଲେ ତାହାକୁ ମୁଁ ସାରା ଜୀବନ ମନେ ରଖିବି।

आपने जो सेवा की उसे मैं जिन्दगी भर याद करुँगा।
ଆପନେ ଜୋ ସେୱା କୀ ଉସେ ମୈଁ ଜିନ୍ଦଗୀ ଭର ୟାଦ କରୁଁଗା।

ଆପଣଙ୍କ ପରି ଆଉ କେହି କଥା କହି ପାରିବେ ନାହିଁ।

आप जैसा कोई नहीं बात कर सकते हैं।
ଆପ ଜୈସା କୋଈ ନହୀଁ ବାତ କର ସକତେ ହୈଁ।

ଭଗବାନଙ୍କ ଦୟାରୁ ଆପଣ ମୋତେ ମିଳିଗଲେ।

भगवान की कृपा से आप मुझे मिल गये।
ଭଗୱାନ କୀ କୃପା ସେ ଆପ ମୁଝେ ମିଲ ଗୟେ।

ଭଲ ଭାବରେ କଥାବାର୍ତ୍ତା କରିବାପାଇଁ ମଧ୍ୟ ଭଗବାନଙ୍କ କୃପା ଦରକାର।

अच्छी तरह बात करने लिये भी भगबान की कृपा चाहिए।
ଅଚ୍ଛୀ ତରହ ବାତ କରନେ କେ ଲିୟେ ଭୀ ଭଗୱାନ କୀ କୃପା ଚାହିଏ।

40. କ୍ରୋଧ क्रोध କ୍ରୋଧ (Anger)

ଏ କାମ ତୁମେ କାହିଁକି କଲ ?

यह काम तुमने क्यों किया ?
ୟହ କାମ ତୁମନେ କ୍ୟୋଁ କିୟା ?

ଏହା କହିବା ପାଇଁ ତୁମେ କିଏ ?

यह बोलने वाले तुम कौन हो ?
ୟହ ବୋଲନେ ୱାଲେ ତୁମ କୌନ ହୋ ?

ସିଧା କଥା କୁହ।

सीधी बात करो।
ସୀଧୀ ବାତ କରୋ।

ଆଉ କେମିତି କଥା କହିବି ?	और कैसे बात करना ? ଔର କୈସେ ବାତ କରନା ?
ମୁଁ କେମିତି କଥା କହୁଛି ? ତୁମେ କେମିତି କଥା କହୁଛ ?	मैं कैसी बात कर रहा हुँ ? तुम कैसी बात कर रहे हो ? ମୈଁ କୈସୀ ବାତ କର ରହା ହୁଁ ? ତୁମ କୈସୀ ବାତ କର ରହେ ହୋ ?
କଥା କହିବାର ଏହା କଣ ଶୈଳୀ ?	बात करने का यही तरीखा हैं क्या ? ବାତ କରନେ କା ୟହୀ ତରୀଖା ହୈ କ୍ୟା ?
ମୋର ନିନ୍ଦା କରୁଛ ?	मेरी निंदा करते हो ? ମେରୀ ନିଂଦା କରତେ ହୋ ?
ବୁଦ୍ଧି ନାହିଁ, ଏମିତି କୁହନ୍ତି ନାହିଁ ?	दिमाग नहीं है, ऐसा नहीं बोलना। ଦିମାଗ ନହୀଁ ହୈ, ଐସା ନହୀଁ ବୋଲନା ?
ମୋ ସମୟକୁ ବୃଥାରେ ନଷ୍ଟ କର ନାହିଁ।	मेरा समय व्यर्थ बर्बाद मत करो। ମେରା ସମୟ ବ୍ୟର୍ଥ ବର୍ବାଦ ମତ କରୋ।
ଏହା ଉପରେ ତୁମେ କଣ ଚିନ୍ତା କରୁଛ ?	इसके बारे में आप क्या सोच रहे हैं ? ଇସକେ ବାରେ ମେଁ ଆପ କ୍ୟା ସୋଚ ରହେ ହୈ ?।
ମୋତେ ଜଣା ନାହିଁ।	मुझे मालुम नहीं है। ମୁଝେ ମାଲୁମ ନହୀଁ ହୈ।
ଆସ୍ତେ ଆସ୍ତେ ବୁଝି ପାରୁଛି।	धीरे धीरे समझ में आता है। ଧୀରେ ଧୀରେ ସମଝ ମେଁ ଆତା ହୈ।
ଥଟା-ମଜାର କଥା ଛାଡ।	हँसी-मजाक की बात छोडो। ହଁସୀ-ମଜାକ କୀ ବାତ ଛୋଡୋ।

41. କୃତଜ୍ଞତା कृतज्ञता କୃତଜ୍ଞତା (Gratitude)

ଆପଣ ମୋତେ ଭଲ ସାହାଯ୍ୟ କଲେ ।	आपने मेरी अच्छी सहायता की। ଆପନେ ମେରୀ ଅଚ୍ଛୀ ସହାୟତା କୀ।
ଏପରି କହିବା ଆପଣଙ୍କର ଭଲଗୁଣ ।	यह बोलना आपकी अच्छाई है। ୟହ ବୋଲନା ଆପକୀ ଅଚ୍ଛାଈ ହୈ।
ତୁମେ ଜଣେ ଦୟାଳୁ ।	तुम दयालु हो। ତୁମ ଦୟାଲୁ ହୋ।
ସେହି ସମୟରେ ଆପଣ ସେପରି ସହାୟତା ନ କରିଥିଲେ ଆମେ ଏବେ ଏପରି ନ ଥାଆନ୍ତୁ ।	उस समय आप वैसे सहायता नहीं करते तो हम अब ऐसा नहीं रहते थे। ଉସ ସମୟ ଆପ ୱୈସୀ ସହାୟତା ନହୀଁ କରତେ ତୋ ହମ ଅବ ଐସା ନହୀଁ ରହତେ ଥେ।
ମୁଁ ଆପଣଙ୍କୁ ଭୁଲି ପାରୁ ନାହିଁ ।	मैं आपको नहीं भुल सकता। ମୈଁ ଆପକୋ ନହୀଁ ଭୁଲ ସକତା।
ମୁଁ କହି ପାରିବି ନାହିଁ ଯେ ମୁଁ ଆପଣଙ୍କ ଠାରେ କେତେ କୃତଜ୍ଞ ବୋଲି ।	मैं नहीं बता सकता हुँ कि मैं आपका कितना कृतज्ञ हुँ। ମୈଁ ନହୀଁ ବତା ସକତା ହୁଁ କି ମୈଁ ଆପକା କିତନା କୃତଜ୍ଞ ହୁଁ।
ଆପଣ ଯେଉଁ ଆତିଥ୍ୟ ପ୍ରଦାନ କଲେ ସେଥିପାଇଁ ଧନ୍ୟବାଦ ।	आपने जो आतिथ्य प्रदान किया इसके लिये धन्यवाद। ଆପନେ ଜୋ ଆତିଥ୍ୟ ପ୍ରଦାନ କିୟା ଇସକେ ଲିଏ ଧନ୍ୟବାଦ।
ଆପଣ ଆମ ଘରକୁ ଆସିଛନ୍ତି ଏହା ହିଁ ବଡ କଥା ।	आप मेरे घर आये यह बडी बात है। ଆପ ମେରେ ଘର ଆୟେ ୟହ ବଡୀ ବାତ ହୈ।

ଆପଣ ଦେଇଥିବା ପରାମର୍ଶ ହେତୁ ମୁଁ ବିପଦରୁ ବଂଚିଗଲି।	आपके दिए गए सलाह के कारण में समस्याओं से बच गया हुँ। ଆପକେ ଦିଏ ଗଏ ସଲାହ କେ କାରଣ ମେଁ ସମସ୍ୟାଓଁ ସେ ବଚ ଗୟା ହୁଁ।
ଆପଣଙ୍କ କଥା ଶୁଣି ମୋର ମନ ଆନନ୍ଦିତ ହେଉଛି।	आपके बातें सुन कर मेरा मन प्रसन्न हो रहा है। ଆପକେ ବାତ ସୁନ କର ମେରା ମନ ପ୍ରସନ୍ନ ହୋ ରହା ହୈ।
ଆପଣଙ୍କର ଏହି ପ୍ରକାରରେ କୃତଜ୍ଞ ହେବାକୁ ମୁଁ ଆଦୌ ବୁଝି ପାରୁ ନାହିଁ।	आपका इस प्रकार कृतज्ञ होना मुझे समझ में नहीं आर रहा है। ଆପକା ଇସ ପ୍ରକାର କୃତଜ୍ଞ ହୋନା ମୁଝେ ସମଝ ମେଁ ନହୀଁ ଆ ରହା ହୈ।
ଏହା ଆପଣଙ୍କର ମହାନତା।	यह आपका बडप्पन है। ୟହ ଆପକା ବଡପ୍ପନ ହୈ।

42. ନିମନ୍ତ୍ରଣ निमंत्रण ନିମନ୍ତ୍ରଣ (Invitation)

ପଅର ଦିନ ମୁଁ ଗୋଟିଏ ଭୋଜି ଦେଉଛି।	परसों मैं एक पार्टी दे रहा हुँ। ପରସୋଁ ମୈଁ ଏକ ପାର୍ଟି ଦେ ରହା ହୁଁ।
ଏଥର ଆପଣ ନିଶ୍ଚୟ ଆସିବେ।	आगे आपको जरुर आना है। ଆଗେ ଆପକୋ ଜରୁର ଆନା ହୈ।
କେଉଁଠି ଦେଉଛନ୍ତି ?	कहाँ दे रहे हैं ? କହାଁ ଦେ ରହେ ହେଁ ?
ନିଜ ଘରେ।	अपने घर में। ଅପନେ ଘର ମେଁ।
ସେଠାକୁ ବସ ଯାଉଛି କି ?	उधर बस जाता है क्या ? ଉଧର ବସ ଜାତୀ ହୈ କ୍ୟା ?

ଭିତରକୁ ଆସନ୍ତୁ।

अंदर आईए।

ଅଂଦର ଆଈଏ।

ସେଇଠି ପଂଖା ତଳେ ବସନ୍ତୁ।

वहॉ पंखे के नीचे बैठिए।

ୱହାଁ ପଂଖେ କେ ନୀଚେ ବୈଠିଏ।

ଆମ୍ଭେମାନେ ସମସ୍ତେ କାଲି ଗୋଟିଏ ନାଟକ ହେଉଛି, ଦେଖିବାକୁ ଯାଉଛୁ।

हम सभी कल एक नाटक का प्रदर्शन देखने के लिये जा रहे हैं।

ହମ ସଭୀ କଲ ଏକ ନାଟକ କା ପ୍ରଦର୍ଶନ ଦେଖନେ କେ ଲିୟେ ଜା ରହେ ହେଁ।

ଆପଣ ବି ଯିବେ କି ?

आप भी जायेंगे क्या ?

ଆପ ଭୀ ଜାୟେଁଗେ କ୍ୟା ?

ମୁଁ ବୁଲାବୁଲି କରିବାକୁ ଯାଏ।

हम टहलने के लिए जाते हैं।

ହମ ଟହଲନେ କେ ଲିଏ ଜାତେ ହେଁ।

ଆପଣଙ୍କୁ କଣ ବୁଲାବୁଲି କରିବାକୁ ପସନ୍ଦ ?

आपको टहलना पसंद है क्या ?

ଆପକୋ ଟହଲନା ପସନ୍ଦ ହୈ କ୍ୟା ?

ସେମିତି ନୁହେଁ, ହେଲେ କାଲି ମୋର ଆଉ କାମ ଅଛି।

वैसा नहीं है लेकिन मुझे कल एक और काम है।एक

ୱୈସା ନହୀଁ ହୈ, ଲେକିନ ମୁଝେ କଲ ଏକ ଔର କାମ ହୈ।

43. କ୍ଷମା ପ୍ରାର୍ଥନା क्षमा मांगना କ୍ଷମା ମାଁଗନା (Sorry)

ମୋତେ କ୍ଷମା କରନ୍ତୁ।

मुझे क्षमा करें।

ମୁଝେ କ୍ଷମା କରେଁ।

ମୁଁ ନୁହେଁ ଆପଣ ହିଁ ମତେ କ୍ଷମା କରନ୍ତୁ।

मैं नहीं आप ही मुझे क्षमा करें।

ମୈଁ ନହୀଁ ଆପ ହୀ ମୁଝେ କ୍ଷମା କରେଁ।

ହେଲେ ମୋତେ ସେପରି କରିବାକୁ ପଡ଼ିଲା।

लेकिन मुझे वैसा नहीं करना था।

ଲେକିନ ମୁଝେ ୱୈସା କରନା ପଡ଼ା।

ହେଉ ହେଲା। ଏହାକୁ ଭୁଲି ଯାଅ।

ठिक है। यह सब भूल जाओ।

ଠିକ ହୈ। ୟହ ସବ ଭୂଲ ଯାଓ।

ଆପଣଙ୍କୁ କୌଣସି ଅସୁବିଧାରେ ପକାଇଛି ତ ମାତେ କ୍ଷମା କରନ୍ତୁ।

आपको कोई तकलीफ दिया है तो मुझे 6 क्षमा कीजिए।

ଆପକୋ କୋଈ ତକଲିଫ ଦିୟା ହୈ ତୋ ମୁଝେ କ୍ଷମା କୀଜିଏ।

କିଛି କଥା ନାହିଁ ସେ ବିଷୟରେ ଆଦୌ ଚିନ୍ତା କର ନାହିଁ।

कोई बात नहीं उसके बारे में मत सोचो।

କୋଈ ବାତ ନହୀଁ ଉସକେ ବାରେ ମେଁ ମତ ସୋଚୋ।

ମୁଁ ସବୁକିଛି କ୍ଷମା କରିଦିଏ।

मैं सबकुछ क्षमा करता हुँ।

ମୈଁ ସବକୁଛ କ୍ଷମା କରତା ହୁଁ।

44. ପ୍ରକୃତି प्रकृति ପ୍ରକୃତି (Nature)

ଏହା ମଳୟ ପବନ।

यह मंद वायु है।

ୟହ ମଂଦ ବାୟୁ ହୈ।

ଆକାଶ ନୀଳ ରଂଗର।

आकाश नीले रंग का है।

ଆକାଶ ନୀଲେ ରଂଗ କା ହୈ।

ଆକାଶ ବାଦଲଗୁଡ଼ିକରେ ପୂରି ଉଠିଛି ।

आकाश बादलों से भरा है।
ଆକାଶ ବାଦଲୋଁ ସେ ଭରା ହୈ ।

ପତ୍ରଗୁଡିକ ପବନରେ ଉଡୁଛନ୍ତି ।

पत्ते हवा में उड रहे हैं।
ପତେ୍ତ ହଓ୍ୱା ମେଁ ଉଡ ରହେ ହେଁ ।

ମେଘମାନେ ସୂର୍ଯ୍ୟଙ୍କୁ ଢ଼ାଂକି ଦେଇଛନ୍ତି ।

मेघों ने सूरज को ढंक दिया है।
ମେଘୋଁ ନେ ସୂରଜ କୋ ଢ଼ଂକ ଦିୟା ହୈ ।

ସାରା ଜମିଟା ବର୍ଷାରେ ଭିଜି ଗଲା ।

सारा जमीन वारिश से भींग गयी है।
ସାରୀ ଜମୀନ ବାରିଶ ସେ ଭୀଗ ଗୟୀ ହୈ ।

ଆଜି ବହୁତ ଗରମ ।

आज बहुत गर्मी है।
ଆଜ ବହୁତ ଗର୍ମୀ ହୈ ।

କାଲି ସାରା ରାତି ବର୍ଷା ଅଜାଡି ହେଉଥିଲା ।

कल पूरी रात बारिश गिरती रही।
କାଲ ପୂରୀ ରାତ ବାରିଶ ଗିରତୀ ରହୀ ।

ପଅରଦିନ ତ ମୁଷଳଧାରାରେ ବର୍ଷା ହେଉଥିଲା ।

परसों तो मुसलधार बारिश हो रही थी।
ପରସୋଁ ତୋ ମୁସଲଧାର ବାରିଶ ହୋ ରହୀ ଥୀ ।

ହେଲେ ଆଜି ତ ବହୁତ ଖରା ।

लेकिन आज तो तेज धूप है।
ଲେକିନ ଆଜ ତୋ ତେଜ ଧୂପ ହୈ ।

ଏଥିପାଇଁ ଝାଳ ପ୍ରବଳ ବହୁଛି ।

इसलिए पसीना ज्यादा आ रहा है।
ଇସଲିଏ ପସୀନା ଜ୍ୟାଦା ଆ ରହା ହୈ ।

ମୁଁ ବେଙ୍ଗର ଟର୍ର-ଟର୍ର ଶୁଣିବାକୁ ଚାହୁଁଛି ।

मैं मेंढक का टर्र-टर्र सुनना चाहता हुं।
ମୈଁ ମେଁଢ଼କ କା ଟର୍ର-ଟର୍ର ସୁନନା ଚାହତା ହୁଁ ।

ଏ ବର୍ଷ ଗରମ ବହୁତ ଅଧିକ।	इस साल गर्मी बहुत ज्यादा है। ଇସ ସାଲ ଗର୍ମୀ ବହୁତ ଜ୍ୟାଦା ହୈ।
ବାହାରେ ବହୁତ ଖରା।	बाहार धूप ज्यादा है। ବହାର ଧୂପ ଜ୍ୟାଦା ହୈ।

45. ବର୍ଷା ଋତୁ वर्षा ऋतु ବର୍ଷା ଋତୁ (Rainy Season)

ମୋତେ ବର୍ଷା ଭଲ ଲାଗେ।	मुझे बारिश अच्छी लगती है। ମୁଝେ ବାରିଶ ଅଛୀ ଲଗତୀ ହୈ।
ବର୍ଷା ଆସିଲେ ଝରଣା ବହିବାକୁ ଲାଗେ।	बारीश आने से झरने बहते रहते हैं। ବାରୀଶ ଆନେ ସେ ଝରନେ ବହତେ ରହତେ ହୈଁ।
ପକ୍ଷୀ ଗଛରେ ଶୁଅନ୍ତି।	पक्षी पेडों पर सोते हैं। ପକ୍ଷୀ ପେଡୋଁ ପର ସୋତେ ହୈଁ।
ବାଦଲକୁ ଦେଖି ହୁଏ।	बादलों को देख सकते हैं। ବାଦଲୋଁ କୋ ଦେଖ ସକତେ ହୈଁ।
ଇନ୍ଦ୍ରଧନୁ ଦେଖାଯାଏ।	इन्द्रधनुष दिख रहा है। ଇନ୍ଦ୍ରଧନୁଷ ଦିଖ ରହା ହୈଁ।
ମୁଷଳଧାରାରେ ବର୍ଷା ହେଉଛି।	मुसलधार बारिश हो रही है। ମୁସଲଧାର ବାରିଶ ହୋ ରହୀ ହୈ।
ଗଲା ବର୍ଷ ବହୁତ ବର୍ଷା ହୋଇଥିଲା।	पिछले साल ज्यादा बारिश गिरी थी। ପିଛଲେ ସାଲ ଜ୍ୟାଦା ବାରିଶ ଗିରୀ ଥୀ।
ହେଲେ ଏ ବର୍ଷ ବର୍ଷା ବେଶୀ ହେବ ନାହିଁ।	लेकिन इस साल बारिश ज्यादा नहीं होगी। ଲେକିନ ଇସ ସାଲ ବାରିଶ ଜ୍ୟାଦା ନହୀଁ ହୋଗୀ।

ଆପଣ କାହିଁକି କଂପୁଛନ୍ତି ?

आप क्युँ कंप रहे हैं ?
ଆପ କ୍ୟୁଁ କଂପ ରହେ ହେଁ ?

ମୁଁ ପୂରା ଭିଜି ଯାଇଛି ।

मैं परा भिग गया हुं ।
ମେଁ ପୂରା ଭିଗ ଗୟା ହୁଁ ।

ବର୍ଷା କମିଲା ପରେ ବାହାରକୁ ଯିବେ ?

बारिश कम होने के बाद बाहर जायेंगे ।
ବାରିଶ କମ ହୋନେ କେ ବାଦ ବାହାର ଜାୟେଁଗେ ?

ତୁମ ଆଡେ ବରଫ ପଡୁଛି କି ?

तुम्हारे पास बर्फ गिर रहा है क्या ?
ତୁହ୍ମାରେ ପାସ ବର୍ଫ ଗିର ରହା ହୈ କ୍ୟା ?

46. ଋତୁ ऋतुयें ଋତୁୟେଁ (Seasons)

ଆମର ଏଠି ଛଅଟି ଋତୁ ହୋଇଥାଏ ।

हमारे यहाॅ छ: ऋतुयें होती हैं ।
ହମାରେ ୟହାଁ ଛଃ ଋତୁୟେଁ ହୋତୀ ହେଁ ।

ସେଥି ମଧ୍ୟରୁ ପ୍ରଥମଟି ହେଉଛି ବସନ୍ତ ଋତୁ ।

उसमें सबसे पहले वसंत ऋतु है ।
ଉସମେଁ ସବସେ ପହଲେ ବସନ୍ତ ଋତୁ ହୈ ।

ଶେଷରେ ଶୀତ ଋତୁ ହୋଇଥାଏ ।

आखरी शिशिर ऋतु हैं ।
ଆଖରୀ ଶିଶିର ଋତୁ ହୈ ।

ଅନ୍ୟ ଋତୁମାନଙ୍କର ନାମ ହେଉଛି ଗ୍ରୀଷ୍ମ, ବର୍ଷା, ଶରତ ତଥା ହେମନ୍ତ ଋତୁ ।

बचे हुए ऋतुओं के नाम ग्रीष्म, बर्षा, शरद, तथा हेमंत ऋतु हैं ।
ବଚେ ହୁଏ ଋତୁଓଁ କେ ନାମ ଗ୍ରୀଷ୍ମ, ବର୍ଷା, ଶରଦ, ତଥା ହେମନ୍ତ ଋତୁ ହେଁ ।

ଶ୍ରୀ ରାମ ନବମୀ ବସନ୍ତ ଋତୁରେ ପଡୁଥିବା ଏକ ଉତ୍ସବ ।

श्री राम नवमी वसंत ऋतु में आनेवाला त्योहार है ।
ଶ୍ରୀ ରାମ ନବମୀ ବସନ୍ତ ଋତୁ ମେଁ ଆନେୱାଲା ତ୍ୟୋହାର ହେଁ ।

ବସନ୍ତ ଋତୁରେ ପାଳିତ ହେଉଥିବା ଉଗାଡି (କର୍ଣ୍ଣାଟକ ବା ଆନ୍ଧ୍ର ପ୍ରଦେଶର ନୂଆ ବର୍ଷ) ମୋତେ ବହୁତ ଭଲ ଲାଗେ।	वसंत ऋतु में आनेवाला उगादी मुझे पसंद है। ବସନ୍ତ ଋତୁରେ ଆନେୱାଲା ଉଗାଦି ମୁଝେ ବହୁତ ପସନ୍ଦ ହୈ।
କୋଇଲି ଗୀତ ଗାଏ।	कोयल गाती है। କୋୟଲ ଗାତୀ ହୈ।
ସେହି ପାଗରେ ଥଣ୍ଡା ବି ନଥାଏ।	उस मौसम में सर्दी भी नहीं रहती है। ଉସ ମୌସମ ମେଁ ସର୍ଦୀ ଭୀ ନହୀଁ ରହତୀ ହୈଁ।
ଗଛ-ଲତା ସବୁଜିମାରେ ପୂର୍ଣ୍ଣ ରହିଥାଏ।	पेड और पौधे हरे रहते हैं। ପେଡ ଔର ପୌଧେ ହରେ ରହତେ ହୈଁ।
ବସନ୍ତ ଋତୁ ପରେ ଗ୍ରୀଷ୍ମ ଋତୁ ଆସିଥାଏ।	वसंत ऋतु के बाद ग्रीष्म ऋतु आती है। ବସନ୍ତ ଋତୁ କେ ବାଦ ଗ୍ରୀଷ୍ମ ଋତୁ ଆତୀ ହୈ।
ସେହି ପାଗରେ ବହୁତ ଖରା ହୋଇଥାଏ।	उस मौसम में धूप ज्यादा रहता है। ଉସ ମୌସମରେ ଧୂପ ଜ୍ୟାଦା ରହତା ହୈ।
ଦେହରେ ବସ୍ତ୍ର ରଖିବାକୁ ଇଚ୍ଛା ହୁଏ ନାହିଁ।	बदन पे कपडे रखने को मन नहीं करता। ବଦନ ପେ କପଡେ ରଖନେ କୋ ମନ ନହୀଁ କରତା।
ଗରମରେ ଶରୀର ଓ ମନ ଚିଡଚିଡା ହୋଇଯାଏ।	धूप में शरीर और मन चिडचिडा हो जाता है। ଧୂପ ମେଁ ଶରୀର ଔର ମନ ଚିଡଚିଡା ହୋ ଜାତା ହୈ।
ବର୍ଷା ଦିନେ ମନ ଖୁସୀ ରୁହେ।	बारिश के मौसम में दिल खुश होता है। ବାରିଶ କେ ମୌସମ ମେଁ ଦିଲ ଖୁଶ ହୋତା ହୈ।
ବେଂଗର ଟର୍ର-ଟର୍ର ଶୁଣି ଲୋକମାନଙ୍କ ଜୀବନ ନାଚି ଉଠେ।	मेंढक के टर्र-टर्र सुनकर लोगों की जिंदगी खिलती है। ମେଂଢ଼କ କେ ଟର୍ର-ଟର୍ର ସୁନକର ଲୋଗୋଁ କୀ ଜୀନ୍ଦଗୀ ଖିଲତୀ ହୈ।

47. ସାନ୍ତ୍ୱନା सांत्वना ସାନ୍ତ୍ୱନା (Console)

ସେଠାରେ କାହିଁକି ପାଟିତୁଣ୍ଡ ହେଉଛି ?	वहाँ कैसा शोर है ? ୱହାଁ କୈସା ଶୋର ହୈ ?
ସେଠି ଧକ୍କା ହୋଇ ଯାଇଛି ।	वहाँ टक्कर हुआ है। ୱହାଁ ଟକ୍କର ହୁଆ ହୈ ।
ହେ ଭଗବାନ ! ଏହା ତ ଅତି ଦୁଃଖର କଥା ।	ओ भगवान ! यह अफसोस की बात है। ଓ ଭଗୱାନ ! ୟହ ଅଫସୋସ କୀ ବାତ ହୈ ।
ଭୁଲ କାହାର ?	गलती किसकी है ? ଗଲତୀ କିସକୀ ହୈ ?
ଏଥିରେ ଆପଣଙ୍କର ଦୋଷ ନାହିଁ ।	इसमें आपका दोष नहीं है। ଇସମେଁ ଆପକା ଦୋଷ ନହୀଁ ହୈ ।
ମୋତେ ବହୁତ ଦୁଃଖ ଲାଗୁଛି ।	हमका बहुत दु:ख हुआ है। ହମକୋ ବହୁତ ଦୁଃଖ ହୁଆ ହୈ ।
ଭଗବାନଙ୍କ ନିର୍ଣ୍ଣୟକୁ କେହି ଟାଳି ଦେଇ ପାରିବେ ନାହିଁ ।	भगवान के निर्णय को काई रात नहीं कर सकता है। ଭଗୱାନ କେ ନିର୍ଣ୍ଣୟକୁ କୋଇ ରାତ ନହୀଁ କର ସକତା ହୈ ।
ତାହା ଶୁଣି ମୋତେ ଦୁଃଖ ଲାଗିଲା ।	वह सुनकर मुझे दु:ख हुआ है। ୱହ ସୁନକର ମୁଝେ ଦୁଃଖ ହୁଆ ହୈ ।
କୌଣସି ସାହାଯ୍ୟ କରି ହେବ ନାହିଁ ।	कोइ सहायता नहीं कर सकते हैं। କୋଇ ସହାୟତା ନହୀଁ କର ସକତେ ହେଁ ।

ମୋର ଆପଣଙ୍କ ପ୍ରତି ସହାନୁଭୂତି ରହିଛି।	हमका आपसे सहानुभुति है। ହମକୋ ଆପସେ ସହାନୁଭୂତି ହୈଁ।
କଣ ଆମେ କରି ପାରିବା ?	क्या कर सकते हैं आप ? କ୍ୟା କର ସକତେ ହୈଁ ହମ ?
ଆମେ କିଛି ବି କରି ପାରିବା ନାହିଁ।	हम कुछ भी नहीं कर सकते हैं। ହମ କୁଛ ଭୀ ନହୀଁ କର ସକତେ ହୈଁ।
ଆପଣ ଯେତିକି ସହାୟତା କରି ପାରିଥାନ୍ତେ ସେତିକି ସହାୟତା ଆପଣ କଲେ।	आप जितनी सहायता कर सकते थे उतनी सहायता आपने की। ଆପ ଜିତନୀ ସହାୟତା କର ସକତେ ଥେ ଉତନୀ ସହାୟତା ଆପନେ କୀ।
ଏହାଠାରୁ ଅଧିକ ଆପଣ କରି ପାରି ନ ଥାନ୍ତେ।	इससे ज्यादा आप नहीं कर सकते हैं। ଇସ୍‌ସେ ଜ୍ୟାଦା ଆପ ନହୀଁ କର ସକତେ ହୈଁ।
ଭଗବାନ ମଙ୍ଗଳ କରନ୍ତୁ।	भगवान भला करेगा। ଭଗୱାନ ଭଲା କରେଗା।

48. ପିଲାଦିନ बचपन ବଚପନ (Childhood)

ପିଲାଦିନ ସମସ୍ତଙ୍କୁ ପସନ୍ଦ।	बचपन सबको पसंद है। ବଚପନ ସବକୋ ପସନ୍ଦ।
ତାହାର ବୟସ କେତେ ?	उसकी उम्र कितनी है ? ଉସକୀ ଉମ୍ର କିତନୀ ହୈ ?
ସେ ତୁମଠାରୁ ସାନ।	वह तुमसे छोटा। ୱହ ତୁମସେ ଛୋଟା।

ମୁଁ ସ୍ୱୀକାର କରି ପାରୁନାହିଁ।	**मैं नहीं मानता हुँ।** ମୈଁ ନହୀଁ ମାନତା ହୁଁ।
ସେଇଟା ତୁମର ଇଚ୍ଛା।	**वह तुम्हारी मर्जी है।** ୱ୍ହ ତୁହ୍ମାରୀ ମର୍ଜୀ ହୈ।
ଆମେ ଦୁହେଁ ପିଲାଦିନର ସାଥୀ।	**हम दोनों बचपन के दोस्त हैं।** ହମ ଦୋନୋଁ ବଚପନ କେ ଦୋସ୍ତ ହୈଁ।
ପିଲାଦିନେ ତୁମେ କଣ କରିଥିଲ ଜାଣିଛ ?	**बचपन मैं तुम क्या करे मालुम है ?** ବଚପନ ମେଁ ତୁମ କ୍ୟା କରେ ମାଲୁମ ହୈ ?
ଆମେ ତିନିଜଣ ଏକା ବୟସର।	**हम तिनों एक ही उम्रवाले हैं।** ହମ ତିନୋଁ ଏକ ହୀ ଉମ୍ରୱାଲେ ହୈଁ।
ତାହାର ପିଲାଦିନରୁ ବାହାଘର ହୋଇ ଗଲା।	**उसकी बचपन में ही शादी हो गई है।** ଉସକୀ ବଚପନ ମେଁ ହୀ ଶାଦୀ ହୋ ଗଈ ହୈ।
ପିଲାଦିନର ସ୍ମୃତି ଆହୁରି ବି ଅଛି।	**बचपन की यादें और भी है।** ବଚପନ କୀ ୟାଦେଁ ଔର ଭୀ ହୈ।
ସେହି ସ୍ମୃତିକୁ ଭୁଲିବାକୁ ଗଲେ ମଧ୍ୟ ଭୁଲି ହେଉନାହିଁ।	**वे स्मृतियाँ भुलने से नहीं भुलाई जाती।** ୱେ ସ୍ମୃତିୟାଁ ଭୁଲନେ ସେ ନହୀଁ ଭୁଲାଈ ଜାତୀ।
ସେ ପୁଣି ବ୍ରହ୍ମଚାରୀ।	**वह और भी ब्रह्मचारी हैं।** ୱ୍ହ ଔର ଭୀ ବ୍ରହ୍ମଚାରୀ ହୈଁ।
ପିଲାଦିନକୁ କେହି ବି ଭୁଲି ପାରିବେ ନାହିଁ।	**बचपन को कोई भी नहीं भुल सकता।** ବଚପନ କୋ କଈ ଭୀ ନହୀଁ ଭୂଲ ସକତା।

ସେ ବୟସରେ ଛୋଟ ଜଣା ପଡୁଛନ୍ତି।	वह उम्र में छोटा दिखता है। ୱହ ଉମ୍ର ମେଁ ଛୋଟା ଦିଖତା ହୈ।
ପିଲାବେଳର ଦିନ ଭଲ ଥାଏ।	बचपन के दिन अच्छे होते हैं। ବଚପନ କେ ଦିନ ଅଚ୍ଛେ ହୋତେ ହୈଁ।

49. ଯୌବନ यौवन ୟୌୱନ (Youth)

ଯୌବନ ସମସ୍ତଙ୍କୁ ପସନ୍ଦ।	यौवन सबको पसंद है। ୟୌୱନ ସବକୋ ପସଂଦ ହୈ।
ଯୌବନର ଅର୍ଥ କୋଡିଏରୁ ଷାଠିଏ ବର୍ଷ ପର୍ଯ୍ୟନ୍ତ ବୟସ।	यौवन का मतलब बीस से साठ साल तक की उम्र है। ୟୌୱନ କା ମତଲବ ବୀସ ସେ ସାଠ ସାଲ ତକ କୀ ଉମ୍ର ହୈ।
ଯୌବନରେ କେହି ବି କିଛି କରି ପାରିବେ।	यौवन में कोई भी कुछ कर सकता है। ୟୌୱନ ମେଁ କୋଈ ଭୀ କୁଛ କର ସକତା ହୈ।
ଯୌବନରେ କେହି ପାପ ବା ପୁଣ୍ୟ କରି ପାରନ୍ତି।	यौवन में कोई पाप या पुण्य कर सकता है। ୟୌୱନ ମେଁ କୋଈ ପାପ ୟା ପୁଣ୍ୟ କର ସକତା ହୈ।
ଏଥିପାଇଁ ଆମକୁ ଯୌବନ କାଳରେ ସତର୍କ ରହିବା ଦରକାର।	इसलिए हमें यौवन काल में जागरुक रहना चाहिए। ଇସଲିଏ ହମେଁ ୟୌୱନ କାଲ ମେଁ ଜାଗରୁକ ରହନା ଚାହିଏ।
ସମସ୍ତ ଲୋକମାନେ ଯୌବନରେ ରହିବାକୁ ଚାହାନ୍ତି।	सभी लोग यौवन में ही रहना चाहते हैं। ସଭୀ ଲୋଗ ୟୌୱନ ମେଁ ହୀ ରହନା ଚାହତେ ହୈଁ।

ଯୌବନରେ ଶରୀରରେ ଅଧିକ ଶକ୍ତି ରହିଥାଏ।	**यौवन में शरीर में ज्यादा शक्ति रहती है।** ଯୌବନ ମେଁ ଶରୀର ମେଁ ଜ୍ୟାଦା ଶକ୍ତି ରହତୀ ହୈ।
ବୁଦ୍ଧି ମଧ୍ୟ ପ୍ରଖର ଥାଏ।	**बुद्धि भी तेज होती है।** ବୁଦ୍ଧି ଭୀ ତେଜ ହୋତୀ ହୈ।
ଯୌବନରେ ଶରୀର ଓ ଆଖି ଚମକୁ ଥାଏ ।	**यौवन में शरीर और आंख चमकती हैं।** ୟୌଓ୍ୱନ ମେଁ ଶରୀର ଔର ଆଁଖେ ଚମକତୀ ହୈଁ।
ଦେଶର ଆଶା ସର୍ବଦା ଯୁବାବର୍ଗଙ୍କ ଉପରେ ନିର୍ଭର କରିଥାଏ।	**देश की आशाएँ हमेशा युवा जनता ही टिकी रहती है।** ଦେଶ କୀ ଆଶାଏଁ ହମେଶା ୟୁଓ୍ୱା ଜନତା ହୀ ଟିକୀ ରହତୀ ହୈ।
ଯୌବନ କାଳରେ ଏହି ଦୁନିଆଁ ବହୁତ ସୁନ୍ଦର ଲାଗିଥାଏ।	**यौवन काल में यह दुनियाँ बहुत सुंदर लगती है।** ୟୌଓ୍ୱନ କାଲ ମେଁ ୟହୀ ଦୁନିୟାଁ ବହୁତ ସୁନ୍ଦର ଲଗତୀ ହୈ।
ବନ୍ଧୁତ୍ୱ ଓ ଶତ୍ରୁତାର ପ୍ରକୃତ ସମୟ ହେଉଛି ଯୌବନ।	**दोस्ती और दुश्मनी करने का असली समय यौवन है।** ଦୋସ୍ତୀ ଔର ଦୁଶ୍ମନୀ କରନେ କା ଅସଲୀ ସମୟ ୟୌଓ୍ୱନ ହୈ।
ଯୌବନ ଜୀବନରେ ବସନ୍ତ ଋତୁ ପରି।	**यौवन जीवन में वसंत ऋतु के जैसा है।** ୟୌଓ୍ୱନ ଜୀଓ୍ୱନ ମେଁ ବସନ୍ତ ଋତୁ କେ ଜୈସା ହୈ।
ଏହି ପବିତ୍ର ସମୟକୁ ବୃଥାରେ ନଷ୍ଟ କରିବା ଉଚିତ ନୁହେଁ।	**इस पवित्र समय को व्यर्थ बर्बाद नहीं करना चाहिए।** ଇସ ପଓ୍ୱିତ୍ର ସମୟ କୋ ବ୍ୟର୍ଥ ବର୍ବାଦ ନହୀଁ କରନା ଚାହିଏ।

50. ବାର୍ଦ୍ଧକ୍ୟ बुढापा ବୁଢ଼ାପା (Old Age)

ବାର୍ଦ୍ଧକ୍ୟ ଯୌବନ ପରେ ଆସିଥାଏ।

बुढापा यौवन के बाद आता है।

ବୁଢ଼ାପା ୟୌୱନ କେ ବାଦ ଆତା ହୈ।

ବାର୍ଦ୍ଧକ୍ୟର ଅର୍ଥ ଷାଠିଏରୁ ଶହେ ବର୍ଷ ପର୍ଯ୍ୟନ୍ତ ରହିଥାଏ।

बुढापा का मतलब साठ से सौ साल तक रहता है।

ବୁଢ଼ାପା କା ମତଲବ ସାଠ ସେ ସୌ ସାଲ ତକ ରହତା ହୈ।

ବାର୍ଦ୍ଧକ୍ୟରେ ଶରୀର ଦୁର୍ବଳ ହୋଇ ଯାଏ।

बुढापा में शरीर बलहीन हो जाता है।

ବୁଢ଼ାପା ମେଁ ଶରୀର ବଲହୀନ ହୋ ଜାତା ହୈ।

ରୋଗ ଆକ୍ରାନ୍ତ କରି କଷ୍ଟ ଦେଇଥାଏ।

रोग पकड कर तकलीफ देते हैं।

ରୋଗ ପକଡ କର ତକଲୀଫ୍ ଦେତେ ହେଁ।

ଏହାର ଅର୍ଥ ବାର୍ଦ୍ଧକ୍ୟ କଣ ଏକ ଅଭିଶାପ ?

इसका मतलब बुढापा एक शाप है क्या ?

ଇସକା ମତଲବ ବୁଢ଼ାପା ଏକ ଶାପ ହୈ କ୍ୟା ?

ମୁଁ ଏପରି କହୁନାହିଁ।

मैं ऐसा नहीं बोल रहा हुं।

ମେଁ ଐସା ନହୀଁ ବୋଲ ରହା ହୁଁ।

ବାର୍ଦ୍ଧକ୍ୟରେ ବାଳ ଧଳା ହୋଇଯାଏ।

बुढापे में बाल सफेद हो जाता हैं।

ବୁଢ଼ାପେ ମେଁ ବାଲ ସଫେଦ ହୋ ଜାତେ ହେଁ।

ବାଳ ଝଡି ପଡିଥାଏ।

बाल टुटकर गिर जाते हैं।

ବାଲ ଟୁଟକର ଗିର ଜାତେ ହେଁ।

ଦାନ୍ତ ପଡ଼ି ଯାଏ।

दांत टुट जाते हैं।

ଦାନ୍ତ ଟୁଟ ଜାତେ ହେଁ।

ହେଲେ ମନ ପ୍ରତ୍ୟେକ ଜିନିଷ ଉପରେ ଲାଗି ରହିଥାଏ।

मगर मन हर चीज के उपर लगा रहता है।

ମଗର ମନ ହର ଚୀଜ କେ ଉପର ଲଗା ରହତା ହୈ।

ଏହା ସମସ୍ତଙ୍କୁ ଜଣା।

यह सभी को मालुम है।

ୟହ ସଭୀ କୋ ମାଲୁମ ହେଁ।

ତଥାପି କେହି କମ ବୟସରେ ମରିବାକୁ ଚାହାନ୍ତି ନାହିଁ।

फिर भी कोई कम उम्र में मरना नहीं चाहता है।

ଫିର ଭୀ କୋଈ କମ ଉମ୍ର ମେଁ ମରନା ନହୀଁ ଚାହତା ହୈ।

ହେଲେ ଆଜିକାଲି କେତେକ ଲୋକ ଯୌବନରେ ହିଁ ବୁଢ଼ା ହୋଇ ଯାଉଛନ୍ତି।

लेकिन अजकल कई लोग यौवन में ही बुढे हो जाते हैं।

ଲେକିନ ଆଜକଲ କଈ ଲୋଗ ୟୌୱନ ମେଁ ହୀ ବୁଢେ ହୋ ଜାତେ ହେଁ।

ବାର୍ଦ୍ଧକ୍ୟ କଷ୍ଟଦାୟକ ହେଲେ ମଧ୍ୟ ତାହା ଅନୁଭବମାନର ହେଉଛି ଏକ ଅମୂଲ୍ୟନିଧି।

बुढापा कष्टदायक है तो भी वह अनुभबों की अमूल्य निधि हैं।

ବୁଢାପା କଷ୍ଟଦାୟକ ହୈ ତୋ ଭୀ ୱହ ଅନୁଭବୋଁ କୀ ଅମୂଲ୍ୟ ନିଧି ହେଁ।

51. ଯୋଗ योगा ୟୋଗା (Yoga)

ପ୍ରତ୍ୟେକ ମନୁଷ୍ୟଙ୍କୁ ପ୍ରତିଦିନ ଯୋଗ କରିବା ଦରକାର।

प्रत्येक मनुष्य को रोज योगा करना चाहिए।

ପ୍ରତ୍ୟେକ ମନୁଷ୍ୟ କୋ ରୋଜ ୟୋଗା କରନା ଚାହିୟେ।

ସକାଳେ ଯୋଗ କରିବା ଭଲ।

सुवह योगा करना अच्छा है।

ସୁବହ ୟୋଗା କରନା ଅଚ୍ଛା ହୈ।

ଯୋଗ ଦ୍ୱାରା ରୋଗ ଦୂର ହୋଇଥାଏ।

योगा से रोग दूर होता है।

ୟୋଗା ସେ ରୋଗ ଦୂର ହୋତା ହୈ।

ଯୋଗ ଦ୍ୱାରା କୌଣସି କ୍ଷତି ହୋଇ ନଥାଏ।

योगा से नुकसान नहीं है।

ୟୋଗା ସେ ନୁକସାନ ନହୀଁ ହୈ।

ଯୋଗ ଦ୍ୱାରା ଦୁର୍ବଳ ମଧ୍ୟ ଶକ୍ତିଶାଳୀ ହୋଇ ଯାଏ।

योगा से कमजोर भी बलवान हो जाता है।
ୟୋଗା ସେ କମଜୋର ଭୀ ବଲୱାନ ହୋ ଜାତା ହୈ।

ପ୍ରତିଦିନ ଯୋଗ କରିଲେ ସମସ୍ତ ପ୍ରକାର ରୋଗର ପରିସମାପ୍ତି ଘଟେ।

हर दिन योगा करने से सभी प्रकार के रोग खत्म हो जाते हैं।
ହର ଦିନ ୟୋଗା କରନେ ସେ ସଭୀ ପ୍ରକାର କେ ରୋଗ ଖତ୍ମ ହୋ ଜାତେ ହେଁ।

ଶରୀରରେ ରୋଗ ପ୍ରତିରୋଧକ ଶକ୍ତି ବୃଦ୍ଧି ପାଏ।

शरीर में रोग निरोधक शक्ति बढती है।
ଶରୀର ମେଁ ରୋଗ ନିରୋଧକ ଶକ୍ତି ବଢ଼ତୀ ହୈ।

ଡରକୁଳା ମଧ୍ୟ ସାହସୀ ହୋଇ ଉଠିଥାଏ।

डरपोक भी हिम्मतवाला बन जाता है।
ଡରପୋକ ଭୀ ହିମ୍ମତୱାଲା ବନ ଜାତା ହୈ।

ଯୋଗ ଦ୍ୱାରା କେତେ ଲାଭ ତାହା କହି ହେବ ନାହିଁ।

योगा से कितना फायदे हैं कि बता नहीं सकते हैं।
ୟୋଗା ସେ କିତନେ ଫାୟଦେ ହେଁ କି ବତା ନହୀଁ ସକତେ ହେଁ।

ଯୋଗ ବୟସ୍କ ଲୋକମାନେ ମଧ୍ୟ କରି ପାରିବେ।

योगा ज्यादा उम्र वाले भी कर सकते हैं।
ୟୋଗା ଜ୍ୟାଦା ଉମ୍ର ୱାଲେ ଭୀ କର ସକତେ ହେଁ।

ଅଳ୍ପ ବୟସରେ ଯୋଗ ଆରମ୍ଭ କଲେ ବହୁତ ଭଲ।

छोटी उम्र में योगा शुरु करने से अच्छा होता है।
ଛୋଟୀ ଉମ୍ର ମେଁ ୟୋଗା ଶୁରୁ କରନେ ସେ ଅଚ୍ଛା ହୋତା ହୈ।

ଯୋଗ ଦ୍ୱାର ଖରାପ ଜୀବନ ମଧ୍ୟ ଭଲ ଜୀବନରେ ପରିଣତ ହୋଇଥାଏ।

योगा से बुरी जिन्दगी भी अच्छी जिन्दगी बन जाती है।
ୟୋଗା ସେ ବୁରୀ ଜିନ୍ଦଗୀ ଭୀ ଅଚ୍ଛୀ ଜିନ୍ଦଗୀ ବନ ଜାତା ହୈ।

ଭାଗ - ୫

भाग - ५

PART - 5

1 ପତ୍ର ଲିଖନ **पत्र लिखना** ପତ୍ର ଲିଖନା (Letter Writing)

ପତ୍ର ଲେଖିବାର ନିୟମ ଓ ସୂଚନା

ପତ୍ର ଲେଖିବାପାଇଁ କେତେକ ନିୟମ ରହିଛି। ସେହି ଅନୁସାରେ ଲେଖିଲେ ଯେଉଁ ଉଦ୍ଦେଶ୍ୟରେ ପତ୍ର ଲେଖା ଯାଉଛି, ତାହା ପୂରଣ ହେବ। ବଂଧୁ-ବାନ୍ଧବ, ସାଙ୍ଗ-ସାଥୀ ତଥା ଚିହ୍ନା-ଜଣା ଲୋକଙ୍କ ନିକଟକୁ ପତ୍ର ଲେଖିବା ବେଳେ -

ନିୟମ 1 : ପତ୍ରର ଡାହଣ ପଟର ଉପର ଭାଗରେ ନିଜର ଠିକଣା ଲେଖିବାକୁ ହୋଇଥାଏ।

5-12-180/2A,
मंगा पुरम कोलोनी,
हैदराबाद–500040

ନିୟମ 2: ଠିକଣାର ତଳକୁ ତାରିଖ ଲେଖନ୍ତୁ।   23-05-2012

ନିୟମ 3: ଏହିଠାରୁ ବାମ ପଟରେ ଲେଖାଯିବ। ସଂବୋଧନ- ଏହା ବ୍ୟକ୍ତିଙ୍କ ଅନୁସାରେ ଲେଖାଯାଏ। ମାଁ ଓ ବାପାଙ୍କ ନିକଟକୁ ଲେଖୁଥିଲେ, ଲେଖା ହେବ,

पूज्य पिताजी / माता जी (ପୂଜ୍ୟ ପିତାଜୀ / ମାତା ଜୀ)

ଭାଇ, ଭଉଣୀ ଓ ସାଙ୍ଗଙ୍କ ନିକଟକୁ

प्रिय भाई / बहन / दोस्त (ପ୍ରିୟ ଭାଇ / ଭଉଣୀ / ସାଙ୍ଗ)

ନିୟମ 4: **मुख्यांश** (ମୁଖ୍ୟାଂଶ)

1. ସଂଦର୍ଭ : କାହିଁକି ଲେଖୁଛ, ବର୍ଣ୍ଣନା କର।

2. ସଂଦେଶ : କଣ କହିବାକୁ ଚାହୁଁଛ, ଲେଖ।

ନିୟମ 5: **ସମାପ୍ତି :** ପତ୍ର ଯାହାଙ୍କ ନିକଟକୁ ଲେଖା ଯାଉଛି, ସେହି ଅନୁସାରେ ସମାପ୍ତି ସୂଚକ ବାକ୍ୟରେ ଶେଷ ହେବ।

ମାଆ, ବାପା / ଭାଇ / ଭଉଣୀ / ସାଙ୍ଗଙ୍କ ନିକଟକୁ ଚିଠି ଲେଖା ଯାଉଥିଲେ,

आपका प्रिय पुत्र / भाई / बहन / दोस्त (ଆପକା ପ୍ରିୟ ପୁତ୍ର / ଭାଇ / ବହନ / ଦୋସ୍ତ)

ଅଧ୍ୟକ୍ଷ, ଉପାଧ୍ୟକ୍ଷଙ୍କ ନିକଟକୁ ଦିଆ ଯାଉଥିଲେ,

आपका आज्ञाकारी शिष्य (ଆପକା ଆଜ୍ଞାକାରୀ ଶିଷ୍ୟ)

ଅଭିଯୋଗ ପତ୍ର ହେଲେ,

ନିୟମ 1 : ପତ୍ରର ଡାହଣ କଡ଼ର ଉପରେ ସ୍ଥାନ ଓ ତାରିଖ ଲେଖ।

ନିୟମ 2 : ପତ୍ରର ବାମ ପଟର ଉପରେ **सेवामें** (ପ୍ରାପକ) ଲେଖ।

ନିୟମ 3 : ଏହା ତଳକୁ **महोदय** (ମହୋଦୟ) ଲେଖ।

ନିୟମ 4 : ଯାହା କହିବାକୁ ଚାହୁଁଛନ୍ତି **मुख्यांश** , ତାହାକୁ ସଂକ୍ଷିପ୍ତରେ ବର୍ଣ୍ଣନା କର।

ନିୟମ 5 : ସମାପ୍ତ : **भवदीय** (ଭବଦୀୟ) ଲେଖି ନିଜର ନାମ ଲେଖ ଓ ହସ୍ତାକ୍ଷର କର।

ଚାକିରୀ ପାଇଁ ଆବଦନ ପତ୍ର ଲେଖିବା ବେଳେ,

ନିୟମ 1 : ପତ୍ରର ଡାହଣ ପଟର ଉପରେ ସ୍ଥାନ ଓ ତାରିଖ ଲେଖ।

ନିୟମ 2 : ପତ୍ରର ବାମ ପଟର ଉପରେ ନିଜର ଠିକଣା ଲେଖ।

ନିୟମ 3 : ନିଜ ଠିକଣାର ତଳେ ଆପଣ ଯେଉଁ କାର୍ଯ୍ୟାଳୟପାଇଁ ପତ୍ର ଲେଖୁଥିବେ, ତାହାର ଅଧିକାରୀଙ୍କ କାର୍ଯ୍ୟାଳୟର ଠିକଣା ଲେଖ।

ନିୟମ 4 : ସଂବୋଧନ: ଯେପରି, **माननीय महोदय** (ମାନନୀୟ ମହୋଦୟ)

ନିୟମ 5 : **मुख्यांश** (ମୁଖ୍ୟାଂଶ) ନିଜେ ଦେଖିଥିବା ବିଜ୍ଞାପନ, ଆବେଦନ କରିବାକୁ ଥିବା ପଦବୀ ଓ ନିଜର ଯୋଗ୍ୟତା ଇତ୍ୟାଦିକୁ ଲେଖ।

ନିୟମ 6 : **ସମାପ୍ତ : विश्वास पात्र** (ବିଶ୍ୱାସ ପାତ୍ର) ଲେଖି ତାହାର ତଳେ ନିଜର ନାମ ଓ ହସ୍ତାକ୍ଷର ଲେଖ।

2

ଅଭିନନ୍ଦନ ପତ୍ର अभिनंदन पत्र ଅଭିନନ୍ଦନ ପତ୍ର

(Letter of Congratulation)

5-12-180/2 ଏ,
ମଂଗାପୁର କାଲୋନୀ, ମୌଲାଲୀ,
ହୈଦରାବାଦ- **500 040**

ପ୍ରିୟ ମିତ୍ର ନରେଶ ରେଡ୍‌ଡି,

କିପରି ଅଛନ୍ତି । ଆମ୍ଭେ ଏକାଠି ହୋଇଥିବାର ବହୁତ ଦିନ ହୋଇଗଲାଣି । ମୁଁ ତୁମକୁ ଦେଖିବାକୁ ଇଚ୍ଛା କରୁଛି । ଯଦି ଥରେ ଆସୁଥାନ୍ତି, ତେବେ ମୋ ଘରକୁ ନିଶ୍ଚୟ ଆସିବେ ।

ମୁଁ ଆଜିର 'ବାର୍ତା' ଖବର କାଗଜରେ ତୁମର ଫଟୋ ଦେଖିଲି । ତୁମେ ଜଣେ ଉତମ ଅଧ୍ୟାପକ ହୋଇଛ ଏବଂ ଆମ ରାଷ୍ଟ୍ରୀୟ ପୁରସ୍କାର ପାଇଛ । ଏହା ବହୁତ ଖୁସିର କଥା । ମୋର ମନ ବହୁତ ଖୁସି ହୋଇଗଲା ।

ଆପଣଙ୍କ ବଂଧୁ

ମଣିଭୂଷଣ ରାୟ

ଲଫାଫା ଉପରେ ଠିକଣା :

ଶ୍ରୀମାନ ନରେଶ ରେଡ୍‌ଡି
ଗୁଲବର୍ଗା, କର୍ଣ୍ଣାଟକ ।

2

5-12-180/2 ए,
मंगापूर कालनी, मौलाली,
हैदराबाद-500 040,

30-10-2013

प्रिय मित्र नरेश रेड्डी

कैसे हो । हम दोनों मिल कर काफी समय हो गया । मैं तुम को देखना चाहता हूँ । अगर एक बार आ सके तो मेरे घर जरूर आना ।

मैंने आज के वार्ता अखबार में तुम्हारा तस्वीर देखा । तुम उत्तम अध्यापक बने एवं हमारा राष्ट्रीय पुरस्कार पाया । यह बहुत खुशी की बात है । इससे मेरा मन प्रसन्न हुआ ।

आपका मित्र

मणिभूषण राव

लिफाफे पर पता :

श्रीमान नरेश रेड्डी
गुलबर्गा, कर्नाटक

5-12-180/2 ଏ,
ମଂଗାପୁର କାଲନୀ, ମୌଲାଲୀ,
ହୈଦରାବାଦ- **500 040**

ପ୍ରିୟ ମିତ୍ର ନରେଶ ରେଡ୍ଡି,

କୈସେ ହୋ। ହମ ଦୋନୋଁ କୋ ମିଲେ ହୁୟେ କାଫି ସମୟ ହୋ ଗୟା। ମୈଁ ତୁମ କୋ ଦେଖନା ଚାହତା ହୁଁ। ଅଗର ଏକ ବାର ଆ ସକୋ ତୋ ମେରେ ଘର ଜରୁର ଆନା।

ମୈଁନେ ଆଜ କେ ବାର୍ତା ଆଖବାର ମେଁ ତୁହ୍ମାରୀ ତସ୍ୱୀର ଦେଖୀ ହୈ। ତୁମ ଉତମ ଅଧ୍ୟାପକ ବନେ ଏବଂ ରାଷ୍ଟ୍ରୀୟ ପୁରସ୍କାର ପାୟା। ୟହ ମେରେ ଲିଏ ବହୁତ ଖୁସୀ କୀ ବାତ ହୈ। ଇସସେ ମେରା ମନ ପ୍ରସନ୍ନ ହୁଆ।

ଆପକା ମିତ୍ର
ମଣିଭୂଷଣ ରାୟ

ଲିଫାଫେ ପର ପତ୍ତା:
ଶ୍ରୀମାନ ନରେଶ ରେଡ୍ଡୀ,
ଗୁଲବର୍ଗା, କର୍ଣ୍ଣାଟକ

3

ବଂଧୁଙ୍କ ନିକଟକୁ ପତ୍ର **मित्र को पत्र** మిత్ర కో పత్ర

(A letter to friend)

ରାଜ ମହେନ୍ଦ୍ରୀ
25-11-2013

ମୋର ପ୍ରିୟ ବଂଧୁ
ଲକ୍ଷ୍ମଣ ରାଓ

ନମସ୍କାର।

ଆଶା କରୁଛି ଯେ ତୁମେ କୁଶଳରେ ଥିବ। ତୁମର ମନେ ଥିବ, ତୁମେ ମୋତେ ରାଜମହେନ୍ଦ୍ରୀ ଆସିବା ପାଇଁ କହିଥିଲ। ମୋ ନିକଟକୁ ଆସିବାପାଇଁ ତୁମକୁ ବୋଧହୁଏ ସମୟ ମିଳୁ ନଥିବ। ଠିକ ଅଛି, ସମୟ ହେଲେ ଥରେ ଏଠିକି ନିଶ୍ଚୟ ଆସିବ।

ତୁମେ ଜାଣିଛ, ଆମ ସହର ହେଉଛି ସବୁଠାରୁ ପ୍ରାଚୀନ। ଏହା ପବିତ୍ର ଗୋଦାବରୀ ନଦୀ କୂଳରେ ଅବସ୍ଥିତ। ପୁରାତନ କାଳରେ ଏହି ସହର ଆନ୍ଧ୍ର ସୀମାନ୍ତର ରାଜଧାନୀ ଥିଲା। ହେଲେ ପ୍ରଥମେ ବାହମାନୀ ସୁଲତାନ, ପରେ ପରେ ଇଂରେଜମାନେ ଆସିବା ଫଳରେ ଧୀରେ ଧୀରେ ଏହା ଖଣ୍ଡ ବିଖଣ୍ଡିତ ହୋଇଗଲା। ଏବେ ମଧ୍ୟ ଏହା ଆମର ସଂସ୍କୃତିକ ରାଜଧାନୀ।

ମୁଁ କେତେକ ଆବଶ୍ୟକ କାମ ପାଇଁ ଆସନ୍ତା ମାସ ୧୨ ତାରିଖକୁ କଲିକତା ଯାଉଛି। ହେବତ ତୁମ ସହ ଦେଖା କରିବି। ଗୁରୁଜନଙ୍କୁ ମୋର ପ୍ରଣାମ ଓ ସାନମାନଙ୍କୁ ମୋର ଆଶୀର୍ବାଦ।

ତୁମର ବଂଧୁ

କା. ସୁରେଶ

ଲଫାଫା ଉପରେ ଠିକଣା :
ଶ୍ରୀମାନ କେ. ଲକ୍ଷ୍ମଣ ରାଓ
୩-୧୦-୧୦, ଜଗଦମ୍ବା ସେଂଟର,
ବିଶାଖା ପାଟଣା (ଆ.ପ୍ର)

मित्र को पत्र

राजमहेन्द्री

25-11-2013

मेरा मनपसंद दोस्त लक्ष्मण राव

नमस्ते

आशा करता हूँ कि तुम कुशल हो । तुम को याद है, तुमने मुझे राजमहेन्द्री आने के लिए कहा था । मेरे पास आने का समय तुम्हे शायद न मिला होगा । ठीक है, समय मिलने पर एक बार यहाँ आना ।

जानते हो तुम, हमारा शहर बहुत ही प्राचीन है । यह पवित्र गोदावरी नदी के कीनारे है । पुराने समय में यह शहर आन्ध्र प्रान्त की राजधानी था । लेकिन पहले बहमनी सुल्तान, बाद में अंग्रेजों के आने से धीरे धीरे इसके राज्य टुकडे टुकडे हो गये । अब भी यह हमारा सांस्कृतिक राजधानी ही है । म ैं कुछ काम पर अगले महीने के १२ तारीख को कोलकाता जा रहा हूँ । हो सके तो तुमसे मिलूँगा । बडे लोगों को मेरा नमस्कार और छोटों को आशीर्वाद ।

तुम्हारा मित्र

का. सुरेश

लिफाफे पर पता :

श्रीमान का. लक्ष्मण राव

३-१०-१०, जगदाम्बा सेंटर,

विशाखापट्टणम (आ.प्र.).

ରାଜ ମହେନ୍ଦ୍ରୀ

25-11-2013

ମେରା ମନପସନ୍ଦ ଦୋସ୍ତ

ଲକ୍ଷ୍ମଣ ରାଓ

ନମସ୍ତେ

ଆଶା କରତା ହୁଁ କି ତୁମ କୁଶଳ ହୋ। ତୁମ କୋ ୟାଦ ହୈ, ତୁମନେ ମୁଝେ ରାଜମହେନ୍ଦ୍ରୀ ଆପେ କେ ଲିଏ କହା ଥା। ମେରେ ପାସ ଆନେ କା ସମୟ ତୁହ୍ମେ ଶାୟଦ ନ ମିଲା ହୋଗା। ଠିକ ହୈ, ସମୟ ମିଲନେ ପର ଏକ ବାର ୟହାଁ ଜରୁର ଆନା।

ଜାନତେ ହୋ ତୁମ, ହମାରା ସହର ବହୁତ ହି ପ୍ରାଚୀନ ହୈ। ୟହ ପବିତ୍ର ଗୋଦାବରୀ ନଦୀ କେ କିନାରେ ସ୍ଥିତ ହୈ। ପୁରାନେ ସମୟ ମେଁ ୟହ ଶହର ଆନ୍ଧ୍ର ପ୍ରାନ୍ତ କୀ ରାଜଧାନୀ ଥା। ଲେକିନ ପହଲେ ବହମାନୀ ସୁଲତାନ, ବାଦ ମେଁ ଅଂଗ୍ରେଜୋଁ କେ ଆନେ ସେ ଧୀରେ ଧୀରେ ଇସକେ ଟୁକଡ଼େ-ଟୁକଡ଼େ ହୋ ଗୟେ। ଅବ ଭୀ ୟହ ହମାରୀ ସଂସ୍କୃତିକ ରାଜଧାନୀ ହୈଁ।

ମେଁ କୁଛ ଆବଶ୍ୟକ କାମ ସେ ଅଗଲେ ମହୀନେ କୀ ୧୨ ତାରିଖ କୋ କୋଲକତା ଜା ରହା ହୁଁ। ହୋ ସକେ ତୋ ତୁମସେ ମିଲୁଁଗା। ବଡୋଁ କୋ ମେରା ନମସ୍କାର ଔର ଛୋଟୋଁ କୋ ଆଶୀର୍ବାଦ।

ତୁହ୍ମାରା ମିତ୍ର

କା. ସୁରେଶ

ଲିଫାଫେ ପର ପତା :

ଶ୍ରୀମାନ କା. ଲକ୍ଷ୍ମଣ ରାଓ

୩-୧୦-୧୦, ଜଗଦମ୍ବା ସେଂଟର,

ବିଶାଖା ପାଟଣମ, (ଆ.ପ୍ର)

ଛୁଟି ଦରଖାସ୍ତ **छुट्टी का पत्र** ଛୁଟ୍ଟୀ କା ପତ୍ର (Leave Letter)

विशाखापट्टणम
2-7-2013

सेवा मे,

होली मदर कान्वेंट स्कूल
डाबा गार्डेन्स
विशाखापट्टणम्

महोदय,

    निवेदन है कि मेरे भाई का शादी दि. 3-9-2013 को सिम्हाचलम में होगी । इस कारण मैं पाँच दिन पाठशाला नहीं आ सकता । अतः मुझे दिनांक 8-9-2013 तक पाँच दिन की छुट्टी देने की कृपा करें ।

    धन्यवाद ।

आपका आज्ञाकारी शिष्य

टि. सोमनाथ

5 ପୁସ୍ତକ କ୍ରୟ ପାଇଁ ଅର୍ଡର ପତ୍ର   पुस्तक का आर्डर देने के लिए पत्र

ପୁସ୍ତକ କା ଆର୍ଡର ଦେନେ କେ ଲିଏ ପତ୍ର

(Letter of order for Books)

विजयनगर
16-12-2013

प्रेषक
का. शिवकुमार
1-2-125, घन्टस्तम्भम वीधी
विजयनगरम - 1.

सेवा मे,
ओरिएन्ट ब्लाकस्वान प्रै. लिमिटेड
नारायणगुडा
हैदराबाद - 29.

प्रिय महोदय,

मुझे निम्न लिखित पुस्तकें वि.पि.पि. द्वारा भिजवाइए ।

1. **भारतीय पालन शास्त्र** - 2 **प्रतियाँ**
2. **अमलतास (सिरीज)** - 3 **प्रतियाँ**

मैं आपको आश्वासन देता हूँ कि वि.पि.पि. को मिलते ही मैं उसका भुगतान कर दूँगा ।

धन्यवाद ।

आपका

(ଦସ୍ତଖତ ରହିବ)

का. शिव कुमार

6

ଅଭିଯୋଗ ପତ୍ର **शिकायत पत्र** ଶିକାୟତ ପତ୍ର

(Complaint Letter)

वरंगल

20-06-2013

प्रेषक

का. कल्याण

8-8-288, नर्सिंग स्ट्रीट,

वरंगल.

सेवा मे,

पुलीस इन्स्पेक्टर,

वरंगल

महोदय,

विषय : वाहन चोरी - सम्बन्धी - विज्ञापन

निवेदन है कि मैने परसों रात को मेरी मोटर साईकिल मुनिसिपल मार्केट के बाहर ताला लगा के खडी की थी । अन्दर जा कर थोडी देर होने के बाद लौट आया । मेरे वाहन के लिए मैंने देखा तो वह दिखायी नहीं दी । गायब हो गई थी । मेरा वाहन सुजुकी समुराई 2005 मॉडल है और उसका नं. ए.पी. 31 एच. 2836 है।

आपसे अनुरोध है कि कृपया इस संबंध मे जल्दी से कार्रवाई करें, ताकी मुझे मेरा वाहन वापस मिल सके। आपका बड़ा आभार होगा ।

धन्यवाद

भवदीय

का. कल्याण

7 ଦରଖାସ୍ତ **आवेदन पत्र** ଆବେଦନ ପତ୍ର (Application)

हैदराबाद
22-10-2013

प्रेषक
के. आय्याप्पा
2-11-11, हेच.बी. कालनी,
मौलाली, हैदराबाद.

सेवा मे,
मैनेजर,
पुस्तक महल,
हैदराबाद

महोदय,

विषय : मार्केटिंग एग्जिक्यूटिव पोस्ट के लिए - सम्बधी - विज्ञापन ।

समाचार पत्रों के विज्ञापन के आधार पर मुझे मालुम हुआ है कि आपके कार्यालय में चार मार्केटिंग ऐग्जिक्यूटिव पोस्टस खाली है । मैं अपने को इस योग्य समझता हूँ । मेरे योग्यताएँ इस प्रकार है :

1. बि.काम.
2. भाषाओं का ज्ञान तेलुगु, हिन्दी और अंग्रेजी ।
3. मार्केटिंग में दो साल अनुभव है ।

मैं आपको आश्वासन देता हूँ कि मैं अपने कर्तव्य को निष्ठा से पूरा करूँगा

धन्यवाद ।

आपका विश्वास पात्र
के. आय्याप्पा

ଭାଗ - ୬

भाग - ६

PART - 6

ବ୍ୟାକରଣ ପଦ୍ଧତି ଅନୁଯାୟୀ ଓଡ଼ିଆ-ହିନ୍ଦୀ କଥାବାର୍ତ୍ତା ଶିଖନ୍ତୁ

व्याकरण पद्धति में ओडिआ-हिन्दी बोलना सीखें

Learn Hindi through Odia in Grammatical Way

ବନ୍ଧୁଗଣ !

ଭାରତ ଦେଶ ପରି ବିଶାଳ ଦେଶରେ ସମ୍ବିଧାନର ନିୟମାନୁସାରେ ପ୍ରାୟ **20**ଟି ଭାଷା ରହିଛି। ବର୍ତ୍ତମାନ ପର୍ଯ୍ୟନ୍ତ ଅନେକ ଭାଷା ପରିଗଣନାର ଅନ୍ତର୍ଭୁକ୍ତ ମଧ୍ୟ ହୋଇ ନାହିଁ। ଅନ୍ୟ ପକ୍ଷରେ ସବୁ ଭାଷାରେ କଥାବାର୍ତ୍ତା କରିବା ମଧ୍ୟ ଏକ କଠିଣ ବ୍ୟାପାର। ମାତ୍ର ମଣିଷ ହେଉଛି ଏକ ସାମାଜିକ ପ୍ରାଣୀ। ପରିବର୍ତ୍ତନଶୀଳ ସମାଜରେ ଯେଉଁ ପାନ୍ତର ଲୋକ ସେହି ଠାରେ ଓ ସେହି ଭାଷାରେ କଥାବାର୍ତ୍ତା କରି ଚୁପଚାପ ରହିବ, ଏହା କେବେ ସମ୍ଭବପର ନୁହେଁ। ତେଣୁ ଅନ୍ୟ ଲୋକମାନଙ୍କ ସହିତ ମିଶିବା ଓ ତାଙ୍କମାନଙ୍କ ସହିତ କଥାବାର୍ତ୍ତା କରିବା ଏବେ ତାହାପାଇଁ ଏକାନ୍ତ ଅବଶ୍ୟକ ହୋଇ ଉଠିଛି। ସବୁପ୍ରକାର ଲୋକମାନଙ୍କୁ ବିଭିନ୍ନ ଭାଷା ମାଧ୍ୟମରେ ସଂପର୍କ ସ୍ଥାପନ କରିବାକୁ ସେ ଏବେ ଅତିମାତ୍ରାରେ ଆଗ୍ରହୀ। ସମ୍ଭବତଃ ସେହି କାରଣରୁ ଲୋକମାନଙ୍କୁ ବିଭିନ୍ନ ଭାଷା ଶିକ୍ଷା କରିବାକୁ ପଡୁଛି। ସବୁ ଭାଷାତ କେବେ ଶିଖି ହେବ ନାହିଁ। ତେବେ ଆମ ଦେଶରେ **60%** ରୁ **70%** ପର୍ଯ୍ୟନ୍ତ ଲୋକମାନେ ଯେଉଁ ଭାଷାକୁ ସାଧାରଣତଃ ବ୍ୟବହାର କରିଥାଆନ୍ତି ଓ ଯାହାକୁ ଆମେ ରାଷ୍ଟ୍ରଭାଷା ବୋଲି ମଧ୍ୟ କହୁଛୁ, ସେହି ହିନ୍ଦୀ ଭାଷା ପ୍ରତି ଆମେ ପ୍ରଥମେ ଗୁରୁତ୍ୱାରୋପ କରିଛୁ। ତେଣୁ ଓଡ଼ିଶାର ଲୋକମାନେ କିପରି ଏହି ହିନ୍ଦୀ ଭାଷାକୁ ଅତ୍ୟନ୍ତ ସରଳ ଭାବରେ ଶିଖି ପାରିବେ ଓ ହିନ୍ଦୀ ମାଧରେ ପ୍ରାଞ୍ଜଳ ଭାବରେ କଥାବାର୍ତ୍ତା କରି ପାରିବେ, ସେଦିଗ ପ୍ରତି ବିଶେଷ ଭାବରେ ଏଠାରେ ପ୍ରଯତ୍ନ କରା ଯାଇଛି। ଓଡିଆ ଭାଷା ମାଧ୍ୟମରେ କିପରି ହିନ୍ଦୀ ଶିଖିହେବ ? କିପରି କଥାବାର୍ତ୍ତା କରିହେବ ? ସେହି ହିନ୍ଦୀ ଭାଷାର ଶବ୍ଦ ଓ ବାକ୍ୟମାନଙ୍କୁ କିପରି ଉଚ୍ଚାରଣ କରିହେବ ? କାରଣ ଲେଖିବା, ପଢ଼ିବା, ଶୁଣିବା, କହିବା ଓ ବୁଝିବା ମଧ୍ୟରେ ଅନେକ ପାର୍ଥକ୍ୟ ରହିଥାଏ। ଗୋଟିଏ ଉଦାହରଣକୁ ଏଠାରେ ଲକ୍ଷ୍ୟ କରା ଯାଇପାରେ।

ଯେପିରି : 'ଆପ କହାଁ ଜା ରହେ ହେଁ ?' (आप कहाँ जा रहे हैं ?)

ବାକ୍ୟକୁ କହିଲା ବେଳେ "ଆପ କାଁ ଜା ରେ ?" (आप काँ जा रे ?) ବୋଲି କୁହାଯାଇଥାଏ।

ଅର୍ଥାତ ଏଠାରେ "କହାଁ" ଶବ୍ଦ "କାଁ"ରେ ଓ "ଜା ରହେ ହେଁ" "ଜା ରେଁ" ବୋଲି କୁହା ଯାଉଛି। ଅର୍ଥାତ ଲିଖିତ ଶବ୍ଦ କୁହା ଗଲା ବେଳେ ଶେଷ ଶବ୍ଦ ପ୍ରାୟ ଉଚ୍ଚାରଣ ହେଉ ନାହିଁ ।

ଯେପିରି: ମେଁ ଓଡ଼ିଆ ମେଁ ବାତ କରତା ହୁଁ। (मैं ओडिआ में बात करता हुँ।)

ଏହି ବାକ୍ୟକୁ ଆମେ- ମେଁ ଓଡ଼ିଆ ମେଁ ବାତ "କରତୁଁ" (मैं ओडिआ में बात करतुँ।)କହୁଛୁ।

ଏଠାରେ "କରତା ହୁଁ" ଶବ୍ଦ "କରତୁଁ" ହୋଇଗଲା।

ଏହି ପରିବର୍ତ୍ତନର ଧାରାକୁ ମନେ ରଖି ଅଭ୍ୟାସ କଲେ, ଖୁବ୍ ଅଳ୍ପ ସମୟ ମଧ୍ୟରେ ଆପଣମାନେ ହିନ୍ଦୀରେ ପ୍ରାଞ୍ଜଳ ଭାବେ କଥାବାର୍ତ୍ତା କରି ପାରିବେ; ଏଥିରେ ସନ୍ଦେହ ନାହିଁ।

ଅଭ୍ୟାସ- 1 : ଅଭିବାଦନ (wishing): କାହାରି ସହିତ ହଠାତ ଦେଖା ସାକ୍ଷାତ ହୋଇଗଲେ ବା କୌଣସି ଭଲ କାମର ଆରମ୍ଭରେ ଆମକୁ ଶୁଭ କଥା ବା ଶବ୍ଦ କହିବା ଦରକାର ବୋଲି ଆମର ବୟସ୍କ ଗୁରୁଜନମାନେ କହିଥାନ୍ତି। ଯେତେବେଳେ ଆମେ ଜଣଙ୍କୁ ଶଭକାମନା ଜଣାଉ, ସେତେବେଳେ ସେ ମଧ୍ୟ ଆମକୁ ସମାନ ଭାବରେ ପ୍ରତି-ଅଭିନନ୍ଦନ ଜ୍ଞାପନ କରିଥାଏ। ଏହା ହେଉଛି ଏକ ସାଧାରଣ ପରଂପରା। ତେଣୁ କିପରି ହିନ୍ଦୀରେ ଅଭିନନ୍ଦନ ଜ୍ଞାପନ କରାଯାଏ ଓ ତାହା ପାଇଁ କିଭଳି ଶବ୍ଦ ଉଚ୍ଚାରଣ କରାଯାଏ, ତାହା ନିମ୍ନରେ ଦିଆଯାଇଛି, ତହାକୁ ସାବଧାନତା ସହକାରେ ଶିଖନ୍ତୁ।

1.	ନମସ୍ତେ / ନମସ୍କାର	नमस्ते / नमस्कार	ନମସ୍ତେ / ନମସ୍କାର
2.	ଶୁଭ ରାତ୍ରୀ	शुभ रात्री	ଶୁଭ ରାତ୍ରୀ
3.	ପୁଣି ଦେଖାହେବ	फीर मिलेंगे	ଫିର ମିଲେଙ୍ଗେ
4.	ରହୁଛି	अलविदा	ଅଲବିଦା
5.	କଣ ସବୁ ଭଲ ତ ?	क्या हाल है ?	କ୍ୟା ହାଲ ହୈ ?
6.	କିଛି ନାହିଁ।	कुछ नहीं	କୁଛ ନହୀଁ।
7.	ଆପଣଙ୍କ ଦେଖି ବହୁତ ଖୁସୀ ହେଲି।	आपसे मिलकर खुशी हुई।	ଆପସେ ମିଲକର ଖୁସୀ ହୁଇ।
8.	ମୋର ତ ବଡ ସୌଭାଗ୍ୟ।	यह मेरा सौभाग्य है।	ୟହ ମେରା ସୌଭାଗ୍ୟ ହୈ।
9.	ନବବର୍ଷର ଅଭିନନ୍ଦନ	नये साल का शुभकामनाएँ।	ନୟେ ସାଲ କୀ ଶୁଭକାମନାଏଁ
10.	ଉତ୍ସବ ପାଇଁ ଶୁଭକାମନା	त्योहार की शुभकामनाएँ।	ତ୍ୟୋହାର କୀ ଶୁଭକାମନାଏଁ

ନିଜଠାରୁ ସାନମାନଙ୍କୁ ଆଶୀର୍ବାଦ କଲା ବେଳେ:

11.	ଆଶୀର୍ବାଦ / ଚିରଞ୍ଜିବୀ ହୁଅ	आशीर्वाद / चिरंजीव	ଆଶୀର୍ବାଦ / ଚିରଂଜୀଓ୍ୱ

ମନେ ରଖ **याद रखें** ୟାଦ ରଖେଁ (Remember)

ଆମେ କଥା କହିଲା ବେଳେ ଆମ ଜିଭ ସହିତ ଦାନ୍ତ, ଓଠ, ଗାଲ, ଆଖି, ମୁଣ୍ଡ ଓ କାନ ପ୍ରଭୃତିର ବ୍ୟବହାର ମଧ୍ୟ ଆମେ କରୁଥାଉ। ଯଦି ଏହି ସବୁ ଅଙ୍ଗରୁ ଆମକୁ ପ୍ରକୃତ ସହଯୋଗ ମିଳିବ, ତେବେ ଆମେ ଠିକ ଭାବରେ ନିଜର ମନର କଥାକୁ ଅନ୍ୟଙ୍କ ସମ୍ମୁଖରେ ଉପସ୍ଥାପିତ କରି ପାରିବା। ଯେପରି ପହଁରିବା ସମୟରେ ପ୍ରଥମେ ପାଣି ଭିତରକୁ ଯାଆନ୍ତି ଓ ପାଣିରେ ଗୋଡ-ହାତ ହଲାନ୍ତି; ଠିକ ସେହିପରି ଆମକୁ ହିନ୍ଦୀ ଶିଖିଲା ବେଳେ କଥା କହିବାର ଅଭ୍ୟାସ କରିବା ନିହାତି ଦରକାର।

ଶିଷ୍ଟାଚାର **मर्यादा** ମର୍ଯାଦା (Courtesy)

1. ଦୟାକରି ବସନ୍ତୁ	कृपया बैठिए	କୃପୟା ବୈଠିଏ

2. ଦୟାକରି ଅପେକ୍ଷା କରନ୍ତୁ	कृपया प्रतीक्षा करें	କୃପୟା ପ୍ରତୀକ୍ଷା କରେଁ

3. ଦୟାକରି କ୍ଷମା କରନ୍ତୁ।	कृपया माफ कीजिए।	କୃପୟା ମାଫ କୀଜିଏ।

4. ମୁଁ ଅପାଣଙ୍କୁ ସାମାନ୍ୟ କଷ୍ଟ ଦେଉଛି।
मैं आप की थोडा कष्ट दे रही हुं। ମୈ ଆପ କୀ ଥୋଡା କଷ୍ଟ ଦେ ରହୀ ହୁଁ।

ଅନୁରୋଧ **अनुरोध** ଅନୁରୋଧ (Request)

1. ଆଜ୍ଞା ଦିଅନ୍ତୁ	आज्ञा दीजिए	ଆଜ୍ଞା ଦୀଜିଏ

2. ଦୟାକରି ଦସ୍ତଖତ କରନ୍ତୁ	कृपया हस्ताक्षर करिए	କୃପୟା ହସ୍ତାକ୍ଷର କରିଏ

3. ଦୟାକରି ଭିତରକୁ ଆସନ୍ତୁ	कृपया अंदर आइए	କୃପୟା ଅଂଦର ଆଇଏ

4. ଏପରି କରନ୍ତୁ ନାହିଁ।	ऐसा न करें।	ଐସା ନ କରେଁ।

5. ମୁଁ ଆପଣଙ୍କ ସହୃଦୟତା ନିକଟରେ ଋଣୀ

मैं आपकी सहृदयता का आभारी हुं।

ମୈଁ ଆପକୀ ସହୃଦୟତା କା ଆଭାରୀ ହୁଁ।

ଆଦେଶ **आदेश** ଆଦେଶ (Orders)

1. ମୋ ଆସିବା ପର୍ଯ୍ୟନ୍ତ ଏଇଠି ଅପେକ୍ଷା କର।	मरे आने तक इधय ही इंतेजार करें।
ମେରେ ଆନେ ତକ ଇଧର ହୀ ଇଂତଜାର କରେଁ।

2. ଏହି ଚିଠିକୁ ପଠାଇ ଦିଅ।	इन पत्र को भेज दो।
ଇନ ପତ୍ର କୋ ଭେଜ ଦୋ।

3. ଏହି ବହିଗୁଡ଼ିକୁ ଯତ୍ନରେ ରଖ।	इन किताबों को संभाल कर रखो।
ଇନ କିତାବୋଁ କୋ ସମ୍ଭାଲ କର ରଖୋ।

4. ସେପରି କର ନାହିଁ। वैसा मत करो।
ୱୈସା ମତ କରୋ।

5. ମୋ ପାଇଁ ଗୋଟିଏ ଚାହା ନେଇ ଆସ। मेरे लिये एक चाय लेकर आओ।
ମେରେ ଲିୟେ ଏକ ଚାୟ ଲେକର ଆଓ।

ଅନୁମତି अनुमति ଅନୁମତି (Permission)

1. ଆପଣ କଣ ମୋ ସହିତ ଆସି ପାରିବେ? क्या आप मेरे साथ आ सकते है ।
କ୍ୟା ଆପ ମେରେ ସାଥ ଆ ସକତେ ହେଁ।

2. ଆପଣ ମୋତେ ଭିତରକୁ ଆସିବାକୁ ଦେବେ କି? आप मुझे अंदर आने देंगे क्या?
ଆପ ମୁଝେ ଅଂଦର ଆନେ ଦେଂଗେ କ୍ୟା?

3. ମୋ ସହିତ ଆପଣ କଥାବାର୍ତ୍ତା କରିବେ କି? क्या आप मुझसे बात कर सकते हैं?
କ୍ୟା ଆପ ମୁଝସେ ବାତ କର ସକତେ ହେଁ?

4. ଦୟାକରି ମୋତେ ଖଣ୍ଡେ ବହି ଦେବେ କି? कृपया आप मुझे एक किताब देंगे क्या?
କୃପୟା ଆପ ମୁଝେ ଏକ କିତାବ ଦେଂଗେ କ୍ୟା?

ଅଭ୍ୟାସ- 2 : ବଂଧୁଗଣ! ଆପଣମାନେ ଅଭ୍ୟାସ-**1**ରେ ଅଭିନନ୍ଦନ, ଶିଷ୍ଟାଚାର, ଅନୁରୋଧ, ଆଜ୍ଞା ବା ଅନୁମତି ସଂପର୍କିତ କଥାବାର୍ତ୍ତାକୁ କିପରି କରିବାକୁ ହୁଏ ତାହା ଜାଣି ପାରିଲେ। ବର୍ତ୍ତମାନ ଆପଣ ନିଜର ମନୋଭାବ, ସାନ୍ତ୍ୱନା, ଅସନ୍ତୋଷ, କ୍ଷମା ଇତ୍ୟାଦି ସଂପର୍କିତ ବାକ୍ୟଗୁଡ଼ିକୁ ଭଲ ଭାବରେ ଶିଖି ତାହାର ଅଭ୍ୟାସ କରନ୍ତୁ। ଆପଣ ନିଜର ବଂଧୁ ବା ଅନ୍ୟମାନଙ୍କ ସହିତ କଥାବାର୍ତ୍ତା କଲା ବେଳେ ସେହି ସବୁ ଶବ୍ଦମାନଙ୍କୁ ପ୍ରୟୋଗ କରନ୍ତୁ। ଯଦି ଆପଣଙ୍କ କଥା ଶୁଣି କେହି ପରିହାସ କରନ୍ତି ବା କେହି ହସି ଉଠନ୍ତି, ତାହାହେଲେ ସେମାନଙ୍କ ପ୍ରତିକ୍ରିୟା ପ୍ରତି ଆଦୌ ଗୁରୁତ୍ୱ ଦିଅନ୍ତୁ ନାହିଁ।

ସାନ୍ତ୍ୱନା सांत्वना ସାନ୍ତ୍ୱନା (Cosole)

1. ହେ ଭଗବାନ! है भगवान! ହେ ଭଗବାନ!

2. ଏତ ଲଜ୍ଜାର କଥା यह शर्म की बात है। ୟହ ଶର୍ମ କୀ ବାତ ହୈ।

3. ଏହା ପରିତାପର କଥା। यह अफसोस की बात है। ୟହ ଅଫସୋସ କା ବାତ ହୈ।

4. ଆପଣ ଅଯଥାରେ ବ୍ୟସ୍ତ ହେଉଛନ୍ତି। आप फिजुल परेशान हो रहे हैं।
ଆପ ଫିଜୁଲ ପରେଶାନ ହୋ ରହେ ହେଁ।

5. ତୁମେ ତୁନି ତୁନି କାହିଁକି କାନ୍ଦୁଛ ? तुम चुपके से क्यों रोते हो। ତୁମ ଚୁପକେ ସେ କେ୍ୟାଁ ରୋତେ ହୋ ?

6. ଏଥିରେ ବ୍ୟସ୍ତ ହେବାର ଦରକାର ନାହିଁ। इस में फिकर की केइ बात नहीं है। ଇସ ମେଁ ଫିକର କୀ କୋଇ ବାତ ନହାଁ ହୈ।

7. ଛାନିଆଁ ହୁଅ ନାହିଁ। घाबराव मत। ଘାବରାଓ ମତ।

8. ମୋର ଆପଣଙ୍କ ଉପରେ ବିଶ୍ୱାସ ଅଛି। मुझे आप पर यकिन / बिश्वास है। ମୁଝେ ଆପ ପର ଯକିନ / ବିଶ୍ୱାସ ହୈ।

9. ସବୁ ଠିକ ହୋଇଯିବ। सब ठिक हो जाएगा। ସବ୍ ଠିକ୍ ହୋ ଯାଏଗା।

10. ଭଗବାନଙ୍କ ଉପରେ ଭରସା ରଖ। भगबान पे आस्था रखो। ଭଗବାନ ପେ ଆସ୍ଥା ରଖୋ।

11. ମୋର ତୁମ ପ୍ରତି ସହାନୁଭୁତି ରହିଛି। हमें तुम से सहानुभूति है। ହମେ ତୁମ ସେ ସହାନୁଭୂତି ହୈ।

ଅସନ୍ତୋଷ नाराजगी ନାରାଜଗୀ (Anger)

1. ତୁମେ କଣ କାମଟାକୁ ଚଂଚଳ କରି ପାରୁନ ? तुम काम जलदी नंही कर सकते क्या ? ତୁମ କାମ ଜଲ୍‌ଦୀ ନହିଁ କର ସକତେ କ୍ୟା ?

2. ତୁମେ ନିଜ କଥା ଉପରେ କଣ ଜୋର ଦିଅନାହିଁ ? तुम अपनी बातों को महत्व नंही देते क्या ? ତୁମ ଅପନୀ ବାତୋଁ କୋ ମହତ୍ୱ ନହାଁ ଦେତେ କ୍ୟା ?

3. ମୁଁ ତୁମକୁ କେବେହେଲେ କ୍ଷମା କରି ପାରିବି ନାହିଁ। मैं तुम्हें कभी क्षमा नंही कर सकती हुं। ମୈଁ ତୁହ୍ମେଁ କଭୀ କ୍ଷମା ନହାଁ କର ସକତୀ ହୁଁ।

4. ତୁମେ ସବୁକଥାରେ ଥଟ୍ଟା କରୁଛ। तुम हर बात पर मजाक करते हौ। ତୁମ ହର ବାତ ପର ମଜାକ କରତେ ହୋ।

କ୍ଷମା क्षमा କ୍ଷମା (Sorry)

1. ଏହା ଭୁଲରେ ହୋଇଗଲା। यह गलती से हुआ। ଯହ ଗଲତୀ ସେ ହୁଆ।

2. ଏମିତି ସମସ୍ତଙ୍କ ସହିତଙ୍କ ସହିତ ହେଉଛି। ऐसा सब के साथ हो सकती है। ଐସା ସବ କେ ସାଥ ହୋ ସକତା ହୈ।

3. ମୋର ଗୋଟାଏ ବ୍ୟସ୍ତ ଲାଗିଲାଣି ଯେ ଆପଣଙ୍କୁ କଷ୍ଟ ଦେବାକୁ ପଡ଼ିଲା।
मुझे चिंता है की तुम्हें तकलिफ देना पड़ा।
ମୁଝେ ଚିନ୍ତା ହୈ କି ତୁହ୍ମେ ତକଲିଫ ଦେନା ପଡ଼ା।

4. ଅଜାଣତରେ ଏପରି ହୋଇଗଲା। अनजान में वेसा हो गया। ଅନଜାନ ମେଁ ୱେିସା ହୋ ଗୟା।

6. ଏଥିରେ ଆପଣଙ୍କ କୌଣସି ଦୋଷ ନାହିଁ। इसमें आपकी कोई गलती नंही है।
ଇସମେଁ ଆପକୀ କୋଇ ଗଲତୀ ନହୀଁ ହୈ।

7. ତଥାପି ମୁଁ ଲଜ୍ଜିତ। फिर भी में शर्मिंदा हुँ। ଫିର୍ ଭୀ ମୈଁ ଶର୍ମିଂଦା ହୁଁ।

8. ଏଥିରେ ଲଜ୍ଜିତ ହେବାର କିଛି ନାହିଁ। इसमें शरमाने की कोईं बात नंही है।
ଇସମେଁ ଶରମାନେ କୀ କୋଇ ବାତ ନହୀଁ ହୈ।

9. ତୁମେ ତୁମର ଜାବାବ ଭୁଲି ଗଲ କି ? तुम अपना वादा भुल गये क्या ?
ତୁମ ଅପନା ୱାଦା ଭୁଲ ଗୟେ କ୍ୟା ?

10. ମୋତେ କ୍ଷମା କରନ୍ତୁ। मुझे माफ कीजिए। ମୁଝେ ମାଫ କୀଜିଏ।

ଅଭ୍ୟାସ- 3 : ବଂଧୁଗଣ ! ଆପଣ ଜାଣିରଖିବା ଦରକାର ଯେ ଘୃଣାରେ କୌଣସି କାମ କରି ହୁଏ ନାହିଁ। ହେଲେ ଭଲ ପାଇ ସବୁକିଛି କରି ହୁଏ। ଲୋକମାନଙ୍କ ସହିତ ଶିଷ୍ଟାଚାରରେ, ବିନମ୍ରତାରେ କଥାବାର୍ତ୍ତା କଲେ ଆମର ସମସ୍ତ ବଂଧୁ-ବାଂଧବମାନଙ୍କ ସହିତ ସଂପର୍କ ବୃଦ୍ଧି ହୋଇ ପାରିବ। ଦୀର୍ଘସ୍ଥାୟୀ ହେବ ମଧ୍ୟ। ତେଣୁ ଏହି ସବୁ ଶବ୍ଦକୁ ଶିଖି ତାହାକୁ ପ୍ରୟୋଗ କିରିବାପାଇଁ ବାରମ୍ବାର ଅଭ୍ୟାସ କରନ୍ତୁ।

କାମକୁ ଶିଘ୍ର ଶିଘ୍ର କରାଇବାର ଅଛି ତ କୁହନ୍ତୁ : ଜଲଦି ଜଲଦି କରନ୍ତୁ। जाल्दी जल्दी किजिए।
ଜଲ୍‌ଦୀ ଜଲ୍‌ଦୀ କିଜିଏ।

କାମକୁ ଧୀରେ ଧୀରେ କରାଇବାର ଅଛି ତ କୁହନ୍ତୁ : ଆସ୍ତେ ଆସ୍ତେ କରନ୍ତୁ। धीरे-धीरे कीजिए।
ଧୀରେ ଧୀରେ କରନ୍ତୁ ।

 କାମକୁ ଆହୁରି ଧୀରେ ଧୀରେ କରାଇବାର ଅଛି ତ କୁହନ୍ତୁ : ଆହୁରି ଟିକେ ଆସ୍ତେ କରନ୍ତୁ।
और धीरे धीरे कीजि,।
ଔର ଧୀରେ ଧୀରେ କୀଜିଏ।

ନିଜ କଥାକୁ କାହାରିକୁ କହିବାର ଅଛି ତ କୁହନ୍ତୁ : ଶୁଣନ୍ତୁ ଶୁଣନ୍ତୁ। सुनिए- सुनिए।

ସୁନିଏ ସୁନିଏ !

ଆପଣଙ୍କୁ କାହାର ସାହାୟତା ନେବାର ଅଛି ତ କୁହନ୍ତୁ : ଟିକିଏ ସହାୟତା କରନ୍ତୁ।
थोडा सहायता किजिए।
ଥୋଡା ସହାୟତା କିଜିଏ।

ଆପଣଙ୍କୁ କାହାରିଠାରୁ ସାହାଯ୍ୟ ଗ୍ରହଣ କରିବାର ଅଛି ତ କୁହନ୍ତୁ: ଦୟା କରନ୍ତୁ। दया कीजिए।
ମଦଦ କୀଜିଏ।

କାହାରିକୁ ବସାଇବାର ଅଛି ତ କୁହନ୍ତୁ : ଦୟାକରି ବସନ୍ତୁ। कृपया बैठिए।
କୃପୟା ବୈଠିଏ।

କାହାଠାରୁ କିଛି ଶୁଣିବାର ଅଛି ତ କୁହନ୍ତୁ : କୁହନ୍ତୁ। बताइए।
ବତାଇଏ।

କାହାରିକୁ ମନେ ପକାଇ ଦେବାର ଅଛି ତ କୁହନ୍ତୁ : ମନେ ପକାନ୍ତୁ। याद कर लो।
ୟାଦ କର ଲୋ।

ଅଭ୍ୟାସ- 4 : ବଂଧୁଗଣ ! ଦୈନନ୍ଦିନ ଜୀବନରେ ଆମେ ଅନେକ ଲୋକମାନଙ୍କୁ ଦେଖୁ ଓ ସେମାନଙ୍କ ସହିତ କଥାବାର୍ତା କରିଥାଉ। ଅଭିବାଦନ କରିଥାଉ। ଲୋକମାନେ ମଧ୍ୟ। ସେମାନେ ମଧ୍ୟ କିଛି ନା କିଛି ପଚାରିଥାନ୍ତି। ସେତେବେଳେ ସେମାନଙ୍କୁ କିଛି ଉତ୍ତରରେ କୁହା ଯାଇଥାଏ ବା ସମାଧାନ କରାଯାଇଥାଏ। ତେଣୁକରି ଏହି ପ୍ରସଂଗରେ ଏହି ଅଭ୍ୟାସରେ ଦିଆ ଯାଇଥିବା ବାକ୍ୟଗୁଡ଼ିକୁ ଆପଣମାନେ ଭଲ ଭାବରେ ମନେ ରଖନ୍ତୁ।

କାହାକୁ ଭେଟିଲେ କୁହନ୍ତୁ – କିପରି ଅଛନ୍ତି ? कैसे हैं ? କୈସେ ହେଁ ?

ସାମନାରେ ଠିଆ ହୋଇ ପଚାରିଥିବା ଲୋକଙ୍କୁ ଉତ୍ତର ଦିଅନ୍ତୁ- ଭଲ ଅଛି। ठिक हुँ।
ଠିକ ହୁଁ।

 କୁଆଡେ ଯାଉଛନ୍ତି ? कहाँ जा रहे हैं। କହାଁ ଯା ରହେ ହେଁ।

'କୁଆଡକୁ ନୁହଁ ଏଇଠିକୁ' କହିବାକୁ ହେଲେ କୁହନ୍ତୁ, – କୁଆଡ଼କୁ ନୁହଁ, ଏଇଠିକୁ। कहाँ नंही, इधर ही।
କହାଁ ନହାଁ, ଇଧର ହୀ।

କାହିଁକି ଏକେଲା ଯାଉଛି ? क्यों अकेले जा रहे हैं। କ୍ୟୁଁ ଅକେଲେ ଜା ରହେ ହେଁ ?

ଅଭ୍ୟାସ- 5 : ବଂଧୁଗଣ ! ବର୍ତମାନ ପର୍ଯ୍ୟନ୍ତ ଆପଣମାନେ ଜାଣିଲେ ଯେ କେଉଁ ପରିସ୍ଥିତିରେ କିପରି ଆମକୁ କଥାବାର୍ତା କରିବାକୁ ହେବ, ସେ ସଂପର୍କରେ ପ୍ରଶ୍ନ ଓ ତାହାର ବିହିତ ସମାଧାନ। ବର୍ତମାନ ଆମେ ଏହି ପଥରେ ଆଉ ପାଦେ ଆଗେଇ ଯିବା। ତାଳି ଓ ସଂଭାଷଣ ଉଭୟ ବସ୍ତୁତଃ ଗୋଟିଏ। କାରଣ ତାଳି ବଜାଇବା ପାଇଁ ଦୁଇଟି ହାତ ଦରକାର।

ସେହିପରି ସଂଭାଷଣ କ୍ଷେତ୍ରରେ ମଧ୍ୟ ଦୁଇଟି ଲୋକ ଭେଟାଭେଟି ହେବା ଦରକାର। ତେଣୁ ଆପଣମାନେ ସେହିପରି ଭାବରେ ବର୍ତମାନ ସଂଭାଷଣ ଅଭ୍ୟାସ କରନ୍ତୁ। ବର୍ତମାନ ଆମେ ଏହାକୁ ଦେବକାର୍ଯ୍ୟରୁହିଁ ଆରମ୍ଭ କରିବା।

ସଂଭାଷଣ-1

ଭାସ୍କର ଜୀ : ମା ମୁଁ ମନ୍ଦିରକୁ ଯାଉଛି। **माँ मैं मन्दिर जा रहा हुं।**
ମା ମୈଁ ମନ୍ଦିର ଯା ରହା ହୁଁ।

ମାଁ : ଠିକ୍ ଅଛି। **ठिव् है।**
ଠିକ୍ ହୈ।

ଭାସ୍କର : ଭାଇ ମନ୍ଦିର କେଉଁଠି ? **भाइ साब ! मंदिर काहाँ है ?**
ଭାଇ ସାବ ମନ୍ଦିର କାହାଁ ହୈ ?

ଅନ୍ୟ କେହି ଲୋକ:ସିଧା ଯାଇ ଡାହାଣକୁ ବୁଲିଯିବ। **सिधा जा के दायें मुडिए।**
ସିଧା ଜା କେ ଦାୟେଁ ତରଫ ମୁଡ଼ିଏ।

ପଣ୍ଡିତ ଜୀ : ଗୋଡ ଧୋଇ ଭିତରକୁ ଆସନ୍ତୁ। **पैर धो कर अंदर आइए।**
ପୈର ଧୋ କର ଅଂଦର ଆଇୟେ।

ଭାସ୍କର ଜୀ : ମୁଁ ପାଦ ଧୋଇ ସାରିଛି ପଣ୍ଡିତ ଜୀ। ଏବେକଣ କରିବି ? **मैंने पैर धुए पंडित जी। अब क्या करुं ?**
ମୈନେ ପୈର ଧୁଏ ପଣ୍ଡିତ ଜୀ ! ଅବ କ୍ୟା କରୁ ?

ପଣ୍ଡିତ ଜୀ : ତିନିଥର ଭଗବାନଙ୍କ ଚାରିପାଖରେ ବୁଲି ଆସନ୍ତୁ। **तिन बार भगबान के प्रदक्षिण करिए।**
ତିନ ବାର ଭଗବାନ କେ ପ୍ରଦକ୍ଷିଣା କରିଏ।

ଭାସ୍କର : ଚରିପାଖରେ ବୁଲି ଆସିଲି ପଣ୍ଡିତ ଜୀ। **प्रदक्षिणा कर लिया पंडित जी।**
ପ୍ରଦକ୍ଷିଣା କର ଲିୟା ପଣ୍ଡିତ ଜୀ।

ପଣ୍ଡିତ ଜୀ: ଆପଣ ଯାହା ଆଣିଛନ୍ତି ତାକୁ ଏ ଥାଳିରେ ରଖନ୍ତୁ। **आप जो लाया इस थाली में रखिये।**
ଆପ ଜୋ ଲାଏ ଇସ ଥାଳୀ ମେଁ ରଖିୟେ।

ଭାସ୍କର ଜୀ: ମୋ ବାପାଙ୍କ ନାମରେ ପୂଜା କରନ୍ତୁ। **मेरे पिताजी के नाम से पूजा किजिए।**
ମେରେ ପିତାଜୀ କେ ନାମ ସେ ପୂଜା କିଜିଏ।

ପଣ୍ଡିତ ଜୀ: ମୁଁ ଯେପରି କହୁଛି, ସେହିପରି କୁହ। मैं येसा बोलता हुं वेसा बोलिए।
ମୈଁ ୟୈସା ବୋଲତା ହୁଁ ୱେସା ବୋଲିଏ।

ଭାସ୍କର ଜୀ: ଠିକ୍ ଅଛି ପଣ୍ଡିତ ଜୀ। ठिक है पंडित जी।
ଠିକ ହୈ ପଣ୍ଡିତ ଜୀ।

ପଣ୍ଡିତ ଜୀ: ଆରତୀ ନିଅନ୍ତୁ। आरती लीजिए।
ଆରତୀ ଲୀଜିଏ।

ଅଭ୍ୟାସ -2

ବର୍ତ୍ତମାନ ଆପଣ ଗୋଟିଏ କାର୍ଯ୍ୟାଳୟରେ କିପରି କଥାବାର୍ତ୍ତା ଆରମ୍ଭ କରିବେ, ତାହାର ଅଭ୍ୟାସ କରନ୍ତୁ।

ବିରେନ୍ଦ୍ର: ଶୁଭୋଦୟ ଆଜ୍ଞା ! शुभोद् साब !
ଶୁଭୋଦୟ ସାବ !

ମେନେଜର : ଶୁଭୋଦୟ ! शुभोदय !
ଶୁଭୋଦୟ !

ବିରେନ୍ଦ୍ର : କ୍ଷମା କରିବେ ଆଜ୍ଞା। ସାମାନ୍ୟ ବିଳମ୍ବ ହୋଇଗଲା। क्षमा करिए साब! थोडी देर हो गई।
କ୍ଷମା କରିଏ ସାବ୍ ! ଥୋଡୀ ଦେର ହୋ ଗଈ।

ମେନେଜର : ଠିକ ଅଛି। କାଲିର କାମ କେତେ ଦୂର ଗଲ ? ठिक है। कल का काम कहाँ तक हुआ ?
ଠିକ ହୈ ! କଲ କା କାମ କହାଁ ତକ ହୁଆ ?

ବିରେନ୍ଦ୍ର : ଅଧା ହୋଇ ଯାଇଛି ଆଜ୍ଞା। ଯାହା ରହି ଯାଇଛି ତାହାକୁ ଏବେ ସାରି ଦେଉଛି।
आधा हो गया साब! बच गया सो मैं अभी करता हुं।
ଆଧା ହୋ ଗୟା ସାବ ! ବଚ ଗୟା ସୋ ମୈଁ ଅଭୀ କରତା ହୁଁ।

ମେନେଜର : ଶିଘ୍ର କର। ବହୁତ ଡେରି ହୋଇ ଗଲାଣି। जल्दी जल्दी करो। बहुत देर हो गया।
ଜଲ୍‌ଦି କରୋ। ବହୁତ ଦେର ହୋ ଗୟା।

ବିରେନ୍ଦ୍ର : କାଲି ପୂରା କରିବାକୁ ଚେଷ୍ଟା କରୁଥିଲି ଆଜ୍ଞା ! ହେଲେ ବିଜୁଳୀ ନଥିଲା।
कल ही पूरा करने की कोशिश कि साब! मगर बिजली नंही थी।
କଲ ହୀ ପୂରା କରନେ କୀ କୋଶିଶ କି ସାବ ! ମଗର ବିଜଲୀ ନହାଁ ଥୀ।

ମେନେଜର : ବିଜୁଳୀ ନଥିଲା ତ ବିଜୁଳି ବାଲାଙ୍କୁ ଫୋନ କରିଥାଆନ୍ତ।
बिजली नहीं था तो बिजली वालों को फोन करना था।
ବିଜଲୀ ନହାଁ ତୋ ବିଜଲୀ ବାଲୋଁ କୋ ଫୋନ କରନ୍ ଥା।

ବିରେନ୍ଦ୍ର: ଆଜ୍ଞା ! ଏଇ କାମଟା ସରିଲେ କଣ କରିବି ?
साब! यह काम होने के वाद क्या करना है?
ସାବ ! ୟହ କାମ ହୋନେ କେ ବାଦ କ୍ୟା କରନା ହେ ?

ମେନେଜର : ଦିଲ୍ଲୀକୁ ଫୋନ କରି ଆମ ତରଫରୁ କାମ ହୋଇଗଲା ବୋଲି ଖବର କରି ଦିଅ।
दिल्ली फोन करके हमारे तरफ का काम पूरा हो गया समाचार दे दो।
ଦିଲ୍ଲୀ ଫୋନ କରକେ, ହମାରେ ତରଫ କା କାମ ପୂରା ହୋ ଗୟା କା ସମାଚାର ଦେ ଦୋ।

ସଂଭାଷଣ : 3

ସଂଧ୍ୟାରେ ଘରକୁ ଫେରୁଥିବା ବେଳେ ରାସ୍ତା କଡ଼ରେ ମିର୍ଚମସାଲାର ଗାଡ଼ି ପାଖରେ ସମ୍ଭାଷଣ ଅଭ୍ୟାସ କରନ୍ତୁ।

ଶିବା : ଗୋଟିଏ ପ୍ଲେଟ ମିର୍ଚ ଦିଅ।

एक प्लेट मिर्च दो।

ଏକ ପ୍ଲେଟ ମିର୍ଚି ଦୋ।

ଭାଜୀ ବାଲା : ଗୋଟିଏ ପ୍ଲେଟ ମିର୍ଚର ଦାମ ଷୋଳ ଟଙ୍କା।

एक प्लेट मिर्च बज्जी सोलह रूपये है।

ଏକ ପ୍ଲେଟ ମିର୍ଚି ବଜ୍ଜୀ ସୋଲହ ରୁପୟେ ହେ।

ଶିବା : ପ୍ଲେଟରେ କେତେ ଆସୁଛି ?

प्लेट में कितने आते हैं?

ପ୍ଲେଟ ମେଁ କିତନେ ଆତେ ହେଁ ?

ଭାଜୀ ବାଲା : ଚରିଟା ଆସୁଛି।

चार आते हैं।

ଚାର ଆତେ ହେଁ।

ଶିବା : ଠିକ ଅଛି । ଦେଇ ଦିଅ ।

ठिक है। दे दो।

ଠିକ ହୈ ଦେ ଦୋ ।

ଭାଜୀ ବାଲା : ପକୁଡି ମଧ୍ୟ ଗରମ ଅଛି ଆଜ୍ଞା ।

पकौडि भी गरम है साब।

ପକୌଡି ଭୀ ଗରମ ହୈ ସାବ ।

ଶିବା : ପକୁଡି ଗରମ ଅଛି । ହେଲେ ତାହାର ରଂଗ ଭଲ ନାହିଁ ।

पकौडि गरम है। मगर उसका रंग अच्छा नहीं है।

ପକୌଡୀ ଗରମ ହୈ । ମଗର ଉସକା ରଂଗ ଅଛା ନହୀଁ ହୈ ।

ଭଜୀ ବାଲା : ରଂଗ ଦେଖନ୍ତୁ ନାହିଁ ଆଜ୍ଞା । ତାହାର ସ୍ୱାଦକୁ ଦେଖନ୍ତୁ ।

रंग मत देखना साब। उसका स्वाद देखना।

ରଂଗ ମତ ଦେଖନା ସାବ । ଉସକା ସ୍ୱାଦ ଦେଖନା ।

ଶିବା : ଆଲୁ ଭଜା, ବାଇଗଣ ଭଜା, ଅଣ୍ଡା ଭଜା ମଧ୍ୟ ଗୋଟିଏ ଗୋଟିଏ ପ୍ଲେଟ ପାର୍ସଲ କର ।

आलु भाजी, बैगन भाजी, अंडा भाजी भी एक-एक पार्सल करो।

ଆଲୁ ଭଜୀ, ବୈଗଁନ ଭଜୀ, ଅଂଡା ଭାଜୀ ଭୀ ଏକ-ଏକ ପ୍ଲେଟ ପାର୍ସଲ କରୋ ।

ଭଜୀ ବାଲା : ଆମର ଭାଜୀ ଥରେ ଖାଇଲେ ତ ବାରବାର ଏଇଠିକି ଆସିବେ ଆଜ୍ଞା । ତାହାର ସ୍ୱାଦ ସେହିଭଳି ।

हमारी भाजीयाँ एक बार खायेंगे तो बार बार इधर ही आयेंगे साब। उनका स्वाद ही वैसा उम्दा रहता है।

ହମାରୀ ଭାଜୀୟାଁ ଏକ ବାର ଖାୟେଂଗେ ତୋ ବାର ବାର ଇଧର ହୀ ଆୟେଂଗେ ସାବ । ଉନକା ସ୍ୱାଦ ହୀ ୱୈସା ଉମ୍‌ଦା ରହତା ହୈ ।

କଥାବାର୍ତ୍ତା-୪

ନୂଆ ଆସିଥିବା ଗୋଟିଏ ସିନେମା ଉପରେ କଥାବାର୍ତ୍ତାର ଅଭ୍ୟାସ କରନ୍ତୁ।

ଶରତ : ଏ ସିନେମାଟା କେମିତି ହେଇଛି ଜାଣିଛ କି ? यह सिनेमा कैसा है मालुम है क्या ?
ୟହ ସିନେମା କୈସା ହୈ ମାଲୁମ୍ ହୈ କ୍ୟା ?

କୋଟେଶ : କାନ୍ଥ ପୋଷ୍ଟର ଦେଖି ଲାଗୁଛି ତ ଭଲ ହୋଇଥିବ। वाल पोष्टरर्स देखकर तो अच्छा लग रहा है।
ୱାଲ ପୋଷ୍ଟରର୍ସ ଦେଖକର ତୋ ଅଛା ଲଗ ରହା ହୈ।

ଶରତ : କିଛି ଟିକେଟ ମିଳିବ କି ? कुछ टिकट उपलब्ध है क्या ?
କୁଛ ଟିକଟ ଉପଲବ୍ଧ ହୈ କ୍ୟା ?

କୋଟେଶ : ବାଲକୋନୀକୁ ଛାଡ଼ି ଦେଲେ ସବୁ ହୋଇ ଯାଇଛି। बालकोनी बिना सब हो गये।
ବାଲକନୀ ବିନା ସବ ହୋ ଗୟେ।

ଶତତ : ଦୟାକରି ତିନୋଟି ଟିକେଟ ଦେବେ କି ? कृपया तीन टिकेट देंगे क्या ?
କୃପୟା ତୀନ ଟିକେଟ ଦେଂଗେ କ୍ୟା ?

କୋଟେଶ : ଲୋକମାନେ କହୁଛନ୍ତି ଏହି ସିନେମାଟି ବହୁତ ଭଲ ହୋଇଛି।
लोग कह रहें है कि यह सिनेमा बहुत अच्छा है।
ଲୋଗ କହ ରହେ ହୈଁ କି ୟହ ସିନେମା ବହୁତ ଅଛା ହୈ।

ଶରତ: ଲୋକ କହୁଛନ୍ତି ମାନେ ଭଲ ହିଁ ହୋଇଥିବ।
लोग कह रहें, मतलब अच्छा ही होगा।

ଲୋକ କହ ରହେ ହୈ, ମତଲବ ଅଛା ହୀ ହୋଗା।

କୋଟେଶ : ତାହା ନୁହେଁ। ଏଥିରେ ବହୁତ ଅଭିନେତା ଆଉ ଅଭିନେତ୍ରୀମାନେ ରହିଛନ୍ତି।

वेसा नहीं है। इसमें कई अभिनेता और अभिनेत्रीयाँ है।
ୱେସା ନହୀଁ ହୈ। ଇସମେଁ କଈ ଅଭିନେତା ଔର ଅଭିନେତ୍ରୀୟାଁ ହୈ।

ଶରତ : ତାହା ତ ଠିକ୍, କାହାଣୀ ହେଉଛି ମୁଖ୍ୟ କଥା। वह तो ठिक है, लेकिन कहानी मुख्य है।
ୱହ ତୋ ଠିକ ହୈ, ଲେକିନ କହାନୀ ମୁଖ୍ୟ ହୈ।

କୋଟେଶ : ଏହାର କାହାଣୀ ଭଲ। ଏହା ଗୋଟିଏ ପୁରସ୍କାର ପ୍ରାପ୍ତ ପାରିବାରିକ ସିନେମା।
इसका कहानी अच्छी है। यह एक आवार्ड पानेवाला पारिबारिक सिनेमा है।
ଇସକୀ କାହାନୀ ଅଚ୍ଛୀ ହୈ। ୟହ ଏକ ଅୱାର୍ଡ ପାନେୱାଲୀ ପାରିୱାରିକ ସିନେମା ହୈ।

କଥାବାର୍ତା - 5

ବଂଧୁଗଣ ! ବର୍ତମାନ ହୋଟେଲରେ ହେଉଥିବା କଥାବାର୍ତାକୁ ଅଭ୍ୟାସ କରିବା।

ସର୍ଭର : ଆଜ୍ଞା ! ଆପଣଙ୍କୁ କଣ ଦରକାର ? साब ! क्या चाहिए आपको ? ସାବ ! କ୍ୟା ଚାହିଏ ଆପକୋ ?

ସୋମନାଥ: ଟିଫିନ କଣ ଅଛି ?	टिफिन क्या है ?	ଟିଫିନ କ୍ୟା ହୈ ?
ସର୍ଭର : ଇଟିଲି, ଦୋସା, ପୁରୀ।	इडाली, दोसा पुरी	ଇଡଲୀ, ଦୋସା, ପୁରୀ।
ସୋମନାଥ : ଗୋଟାଏ ପ୍ଲେଟ ପୁରୀ ଆଣ।	एक प्लेट पुरी लाओ	ଏକ ପ୍ଲେଟ ପୁରୀ ଲାଓ।
ସର୍ଭର : ଏଇ ନିଅନ୍ତୁ ଆଜ୍ଞା।	यह लीजिए साब	ୟହ ଲୀଜିଏ ସାବ।
ସୋମନାଥ : ପୁରୀ ଗରମ ନାହିଁ।	पूरी गरम नहीं है	ପୁରୀ ଗରମ ନହୀଁ ହୈ।

ସର୍ଭର : ଥଣ୍ଡା ପାଗ ଆଜ୍ଞା। ସେଇଥିପାଇଁ ସେମିତି ଲାଗୁଛି।
मौसम ठंडा है साब। इसलिये वेसा हुआ।
ମୌସମ ଠଂଡା ହୈ ସାବ। ଇସଲିଏ ୱେସା ହୁଆ।

ସୋମନାଥ : ଚାହା କେମିତି ଅଛି ? ଥଣ୍ଡା ନା ଗରମ ? चाय कैसा है ? ठंडा या गरम ?
ଚାୟ କୈସୀ ହୈ ? ଠଂଡୀ ୟା ଗରମ ?

ସର୍ଭର : ସନ୍ଦେହ ନାହିଁ ସାର। ବିଲକୁଲ ଗରମ ଅଛି। संदेह नहीं साब। बिलकुल गरम है साब।
ସନ୍ଦେହ ନହୀଁ ସାବ। ବିଲକୁଲ ଗରମ ହୈ ସାବ।

ସୋମନାଥ : ଆଛା, ତାହାଲେ ଗୋଟାଏ ଚାହା ଆଣ। अच्छा, एक चाय लाओ।
ଅଚ୍ଛା, ତୋ ଏକ ଚାୟ ଲାଓ।

କଥାବାର୍ତ୍ତା - 6

ବଂଧୁଗଣ! ବର୍ତ୍ତମାନ ବହି ଦୋକାନରେ ହେଉଥିବା କଥାବାର୍ତ୍ତାକୁ ଅଭ୍ୟାସ କରିବା।

ଶ୍ୟାମ : ଆପଣଙ୍କ ପାଖରେ ବି. ଏଣ୍ଡ ଏସ୍. ପବ୍ଲିଶର୍ସଙ୍କ ବହି ଅଛି କି?
क्या आपके पास वि एण्ड एस पब्लिशर्स की किताबें मिलती है?
କ୍ୟା ଆପକେ ପାସ ବି.ଏଣ୍ଡ ଏସ୍ ପବ୍ଲିଶର୍ସ କୀ କିତାବେଁ ମିଲତୀ ହୈ?

ସେଲ୍ସମ୍ୟାନ : ଅଛି ଆଜ୍ଞା। **मिलती है साब।** ମିଲତୀ ହୈ ସାବ।

ଶ୍ୟାମ : ହିନ୍ଦୀ ଶିଖିବା ପାଇଁ ଗୋଟିଏ ବହି ଦରକାର। **हिन्दी सीखने के लिए किताब चाहिए।**
ହିନ୍ଦୀ ସୀଖନେ କେ ଲିଏ କିତାବ ଚାହିଏ।

ସେଲ୍ସମ୍ୟାନ : ଏଇ ନିଅନ୍ତୁ ଆଜ୍ଞା। **यह लिजिए साब।** ୟହ ଲିଜିଏ ସାବ।

ଶ୍ୟାମ : ଆପଣ କଣ କହି ପାରିବେ ଯେ ଏଇଟା ହେଉଛି ଭଲ ବହି?
क्या आप कह सकते हैं कि यह एक उपयुक्त किताब है?
କ୍ୟା ଆପ କହ ସକତେ ହେଁ କି ୟହ ଏକ ଉପୟୁକ୍ତ କିତାବ ହୈ?

ସେଲ୍ସମ୍ୟାନ : ଏହାର ବିକ୍ରି ସବୁଠାରୁ ଅଧିକ, ସାଙ୍ଗେ ସାଙ୍ଗେ ବିକ୍ରି ହୋଇଯାଉଛି।
इसका सेल अच्छा है साब। फटा फट बिक रही है।
ଇସକା ସେଲ ଅଚ୍ଛା ହୈ ସାବ ଫଟା-ଫଟ ବିକ ରହୀ ହୈ।

ଶ୍ୟାମ : ଆପଣ ସତ କହୁଛନ୍ତି ବୋଲି ମୋର ମନେ ହେଉଛି।
मुझे बिश्वास है कि आप सच बोल रहे है।
ମୁଝେ ବିଶ୍ୱାସ ହୈ କି ଆପ ସଚ ବୋଲ ରହେ ହୈ।

ସେଲ୍ସମ୍ୟାନ : ଧନ୍ୟବାଦ ଅଜ୍ଞା।
धन्यबाद साब।
ଧନ୍ୟବାଦ ସାବ।

କଥାବାର୍ତ୍ତା - 7

ବଂଧୁଗଣ! ବର୍ତ୍ତମାନ ଡାକ୍ତରଖାନାରେ କରା ଯାଉଥିବା କଥାବାର୍ତ୍ତାକୁ ଅଭ୍ୟାସ କରିବା

ସୌମ୍ୟା : ଡାକ୍ତର ବାବୁ! ମୋର ମୁଣ୍ଡ ବିନ୍ଧୁଛି। **डाक्टर साब! मुझे सिर में दर्द है।**
ଡାକ୍ଟର ସାବ ମୁଝେ ସିର ମେଁ ଦର୍ଦ ହୈ।

ଡକ୍ଟର : କେବେଠାରୁ ହେଲାଣି ? कब से हुआ ?
କବ୍ ସେ ହୁଆ ?

ସୌମ୍ୟା : ଗୋଟିଏ ସପ୍ତାହ ହେଲାଣି ଆଜ୍ଞା । କମି ଯାଉଛି ପୁଣି ବିନ୍ଧା ଜୋରରେ ହେଉଛି ।
एक हप्ते से है साब। जा रहा है आ रहा है।
ଏକ ହପ୍ତେ ସେ ହୈ ସାବ । ଜା ରହା ହୈ ଆ ରହା ହୈ ।

ଡକ୍ଟର : ଆପଣଙ୍କୁ ଖାଲି ମୁଣ୍ଡବିନ୍ଧା ହେଉଛି ନା ଆଉ କିଛି ରୋଗ ହେଇଛି ?
क्या आपको सिर्फ सिर का दर्द है या दुसरी भी बीमारी है ?
କ୍ୟା ଆପକୋ ସିର୍ଫ ସିର କା ଦର୍ଦ ହୈ ୟା ଦୁସରୀ ଭି ବୀମାରୀ ହୈ ?

ସୌମ୍ୟା : ମୋର ଦେହ ଆଜିକାଲି ଆଦୌ ଭଲ ରହୁ ନାହିଁ ଆଜ୍ଞା ।
मेरी तबियत आजकल ठिक नहीं है साब।
ମେରୀ ତବିୟତ ଆଜକଲ ଠିକ ନହୀଁ ହୈ ସାବ ।

ଡକ୍ଟର : ଠିକ ରହୁ ନାହିଁ ମାନେ ?
ठिक नहीं है का क्या मतलब है ?
ଠିକ ନହୀଁ ହୈ କା କ୍ୟା ମତଲବ ହୈ ?

ସୌମ୍ୟା : ଛୋଟିଆ ମୋଟିଆ କାମ କଲେ ବି ଥକି ପଡୁଛି ।
छोटा काम करने पर भी थकान महशूश कर रहा हुँ।
ଛୋଟା କାମ କରନେ ପର ଭୀ ଥକାନ ମହସୂସ କର ରହା ହୁଁ ।

ଡକ୍ଟର : ମୁଁ ଆପଣଙ୍କୁ କିଛି ବଟିକା ଦେଉଛି । ସେହିଥିରେ ଭଲ ହୋଇଯିବ ।
मैं आपको कुछ गोलियॉं देती हुँ। उनसे ठिक हो जाएगा।
ମୈଁ ଆପକୋ କୁଛ ଗୋଲିୟାଁ ଦେତୀ ହୁଁ । ଉନସେ ଠିକ ହୋ ଜାଏଗୀ ।

....

www.ingramcontent.com/pod-product-compliance
Lightning Source LLC
Chambersburg PA
CBHW082036230426
43670CB00016B/2674
* 9 7 8 9 3 5 0 5 7 1 1 1 8 *